L’Automne du Moyen Âge

Du même auteur

Homo Ludens : *sur la fonction sociale du jeu*, Paris, Gallimard, coll. « Tel », 1988.

Johan Huizinga

L'Automne du Moyen Âge

Traduit du hollandais
par J. Bastin

Précédé d'un entretien
avec Jacques Le Goff

Petite Bibliothèque Payot

Retrouvez l'ensemble des parutions
des Éditions Payot & Rivages sur

payot-rivages.fr

TITRE ORIGINAL :
Herfsttij der Middeleeuwen
(Haarlem, 1919)

À PROPOS DE *L'AUTOMNE DU MOYEN ÂGE* :

Entretien de Claude Mettra avec Jacques Le Goff

Parce qu'elle reste étonnamment vivante et à beaucoup d'égards prophétique, l'œuvre majeure de Johan Huizinga représente un territoire que chaque génération découvre avec un regard différent. Dans sa première rencontre avec le public français, elle apparut dans une lumière agonique que soulignait son titre initial. Le XVe siècle pouvait sembler alors l'obscure nuit qui précédait l'aurore renaissante. Tout autre est le sens de l'aventure de Johan Huizinga, comme le montre ici Jacques Le Goff dans son entretien avec Claude Mettra.

Claude METTRA — Le grand livre de J. Huizinga, *L'Automne du Moyen Âge*, publié aux Pays-Bas en 1919, est traduit en France en 1932 et paraît sous le titre *Le Déclin du Moyen Âge*. Le choix de ce titre est significatif. Il se réfère à une vision chère à l'histoire du XIXe siècle : la Renaissance accouche d'un monde nouveau, et ce monde nouveau ne pouvait surgir que dans la mort du monde ancien, un monde qui avait vieilli, dépéri, précisément en ce XVe siècle qui est l'espace privilégié de J. Huizinga. Nous voici revenus à *L'Automne du Moyen Âge*. Mais quel automne ?

Jacques LE GOFF — Sans doute J. Huizinga a-t-il été influencé par le célèbre livre de Spengler : *Le Déclin de l'Occident* qu'il a d'ailleurs autant critiqué que loué. Mais la traduction française du livre est une trahison. D'abord, *L'Automne du Moyen Âge*, loin de toute cette idée de dévalorisation morale que porte le mot déclin, nous livre la beauté et la dimension poétique du livre. C'est cette poésie qui en traduit à la fois la grandeur et la limite. Mais toute la conception que J. Huizinga a de l'histoire s'exprime bien à travers le mot automne.

L'automne, c'est cette saison où semblent s'exaspérer toutes les fécondités et toutes les contradictions de la nature. Elle est ce que, dans l'art, Eugenio d'Ors appelle la phase baroque, celle où se manifeste à nu, sans masque, l'exaltation des tendances profondes d'une époque. C'est cette exaltation qui la rend si fascinante. Car. comme le chantait Agrippa d'Aubigné :

Une rose d'automne est plus qu'une autre exquise...

Dans un tel moment de l'histoire, les contrastes apparaissent avec un extraordinaire éclat, et c'est là qu'on peut le mieux comprendre ce qu'est une civilisation ; c'est là que viennent en pleine lumière les tensions qui l'habitent.

Claude METTRA — Et c'est dans cet automne que s'élaborent les ferments des printemps à venir.

Jacques LE GOFF — Je crois que si l'on avait demandé à J. Huizinga quel était le sujet fondamental de son livre, il aurait parlé d'abord de l'imbrication intime du Moyen Âge et de ce que nous appelons la Renaissance. Car le Moyen Âge du XVe siècle est un automne exaspéré, pas du tout mort, au contraire : d'une extraordinaire vitalité et tellement vivant qu'il va profondément continuer et rester présent en plein XVIe siècle, comme l'a bien montré Lucien Febvre dans son Rabelais. Et de la même manière, en plein XVe siècle, c'est déjà le siècle suivant qui se fait entendre.

En réalité, on sent combien J. Huizinga a été gêné par les périodisations impératives qui avaient cours dans la recherche historique. Les concepts de Moyen Âge et de Renaissance sont pour lui des formes vides. Il sait très bien que le problème est ailleurs que dans ce partage abstrait du temps. Dès qu'on arrive aux couches profondes de l'histoire, ce que l'on voit, ce sont des continuités.

Il y a des courants qui se poursuivent en s'exaspérant, d'autres en s'affaiblissant. D'autres naissent, lentement ; on en voit malaisément la source. À ce niveau des profondeurs, on en arrive à une impossible périodisation[1].

Claude METTRA — Et c'est peut-être cet éclatement implicite des cadres temporels qui donne à *L'Automne du Moyen Âge* cette liberté, cette allure quelque peu océanique, mieux accordées à la sensibilité de 1975 qu'à celle de 1920 ?...

Jacques LE GOFF — De fait, le livre paraît peut-être plus moderne qu'au moment où il a paru, même s'il ne produit pas le même choc.

Or, cette finalité de la vision, je crois la saisir à partir de quelques mots clés qui mettent à nu la nature authentique de cette découverte du passé.

Et d'abord, le mot « vie ». En témoignent les titres mêmes des chapitres du livre : « L'âpre saveur de la

1. Huizinga a été fasciné par ces périodes de métamorphose où le phénix renaît de ses cendres. Il a laissé des morceaux d'une histoire du XIIe siècle comme transformation du roman en gothique. Il songeait à écrire l'histoire du passage de l'Antiquité au Moyen Âge.

vie », « L'aspiration vers une vie plus belle », « L'art et la vie »... C'est un thème que l'on retrouve chez Lucien Febvre.

Mais que signifie cette hantise de la vie ? Qu'en 1919 les historiens qui ne sont pas des marxistes, mais qui ne se veulent pas les héritiers du positivisme, ont pour assise un certain vitalisme. À travers la vie, ils tentent l'incorporation de la biologie à l'histoire ; ils cherchent la présence du corps vivant, dans un environnement lui-même vivant. À la première page du livre, cette notation, fondamentale : « La maladie et la santé présentaient un plus grand contraste », et un peu plus loin : « L'opposition entre la lumière et les ténèbres, entre le silence et le bruit était aussi grande qu'aujourd'hui. »

C'est cela d'abord, la vie : l'usage du corps, l'usage des sens.

Claude METTRA — Et par rapport à ce poids du quotidien, se définit autrement ce qui est au-delà du corps, au-delà des sens. J. Huizinga va faire du rêve un personnage actif de l'histoire.

Jacques LE GOFF — Le mot même de rêve se retrouve, comme celui de vision, toutes les fois que J. Huizinga veut nous livrer la dimension globale des hommes du Moyen Âge. Il y a le rêve d'héroïsme et d'amour, hérité de la chevalerie ; il y a la vision de la mort, la présence permanente des émotions, révélées ou cachées, et des fantasmes. Il y a là une bifurcation psychanalytique[1] que l'on retrouve, dans le troisième mot clé, après vie et rêve de *L'Automne du Moyen Âge*, dans le mot « image[2] ».

---

1. Mais Huizinga qui avoue son goût pour la psychologie collective et se réclame du psychologue américain William James s'arrête au bord de Freud — son presque contemporain encore mal connu il est vrai — et du freudisme.

2. On dira qu'à chaque époque « vie », « rêve », « image » peuvent

Car ici, tout ce qui est image est mis au premier plan. J. Huizinga s'efforce de situer l'image et tout le champ imaginaire par rapport à ce que les marxistes appellent les infrastructures, c'est-à-dire l'économique. Pour les marxistes traditionnels, tout le monde des représentations appartient aux superstructures. Or, ce que montre Huizinga — et les marxistes commencent à élaborer ce renversement —, c'est que les représentations appartiennent pour une part aux infrastructures.

Et ceux qui aujourd'hui nous confirment dans cette intuition de Huizinga, ce ne sont pas les *historiens*, ce sont les ethnologues, comme Maurice Godelier par exemple, qui découvrent dans les sociétés archaïques une pensée symbolique et des représentations si profondément inscrites dans le développement humain, qu'ils les définissent comme des infrastructures. Et ce n'est pas sans raison qu'avec un pressentiment génial, Huizinga se réfère fréquemment à l'ethnologie et aux communautés primitives, même si sa connaissance en semble confuse et son comparatisme peu critique.

Claude METTRA — À ce regard sur le rêve est lié un regard sur les chimères et sur ce que nous appellerions aujourd'hui la folie. À certains égards, J. Huizinga décrivant la relation médiévale des individus et du songe semble rejoindre le souci des courants antipsychiatriques actuels, représentés par exemple par Ronald Laing. Pour lui, le XVe siècle donne à l'individu une identité personnelle inaliénable. Et l'exaspération de l'Automne médiéval c'est presque l'anti-folie.

---

se retrouver. Ce n'est pas tout à fait vrai. Ici encore Huizinga ne s'est pas livré — comment le faire en 1919 ? — à une étude quantitative et qualitative du vocabulaire. Mais qui est un peu familier de ce que nous a légué le Moyen Âge doit reconnaître que Huizinga a bien « senti ».

Jacques LE GOFF — Longtemps on a vécu sur l'idée d'un Moyen Âge ignorant la personne. C'est une des failles du beau livre d'Eric Erikson sur Luther, parce qu'il voit la personne naître avec la Réforme. En fait, au XVe siècle, la relation de l'individu et du groupe est singulière.

La personne se construit au niveau de l'affectivité, de la sensibilité, de l'émotion, et c'est ce que nous sommes en train de redécouvrir. Reste à savoir de quels matériaux dispose un historien pour décrire cette affectivité. J. Huizinga s'est appuyé beaucoup sur la littérature et sur l'art… Évidemment, ce qui a beaucoup changé depuis 1919, c'est cette approche de la littérature. Depuis cette époque, la sociologie de la littérature nous a apporté de grandes lumières sur le rapport entre les œuvres et le réel, comme en témoigne par exemple le beau livre de Erich Köhler, *L'Aventure chevaleresque : illusion et réalité dans le roman courtois*. Globalement, J. Huizinga a considéré que la littérature était l'expression de la société, et même son miroir. Non sans quelques doutes, d'ailleurs. Il soupçonne que la réalité littéraire est une réalité parmi d'autres, même si elle entretient des rapports particulièrement lourds de sens avec ces autres réalités.

Du moins les œuvres lui fournissent-elles un inventaire d'un certain nombre de phénomènes que l'histoire considère aujourd'hui comme fondamentaux : la façon dont les gens mangeaient, s'habillaient, s'amusaient, se battaient, aimaient. Depuis, les historiens tentent de fonder un « corpus » de la réalité du temps, dont Huizinga ne pouvait avoir le soupçon. Il faudrait reconstituer, par exemple, à partir des textes, de l'iconographie, le système des gestes du Moyen Âge ou d'une période du Moyen Âge, mais là est la question. En s'aidant des travaux des ethnologues, on devrait arriver à mieux cerner une des grandes intuitions de Huizinga : le fait qu'il faut aller chercher le sens d'une société dans son système de représentations et dans la place qu'occupe ce système dans les structures sociales et dans la « réalité ».

Claude METTRA — À la quête de ses représentations, J. Huizinga considère comme fondamentales l'intelligence du corps et d'abord la sensorialité. La vie se saisit à travers l'usage que les hommes font de l'oreille, de l'œil, de la bouche, de la main, du nez. *L'Automne du Moyen Âge* est habité de bruits, de parfums, et même de caresses.

Jacques LE GOFF — Comment un historien peut-il rendre compte de cet usage des sens ? Des tâches considérables sont en cours, en particulier des recherches sur les représentations du corps féminin dans la littérature, dans les traités de médecine, dans toutes les sources qui témoignent.

En gros, nous avons une documentation infiniment plus vaste que celle qu'a pu avoir J. Huizinga. Reste à la lire. Un gros progrès a été fait, grâce à des historiens et des philosophes-historiens comme Paul Zumthor et Michel Foucault qui ont proposé la notion de document-monument. Contrairement à ce que croyait l'histoire positiviste, le document n'est pas un matériau qui se trouve là par hasard : il a été sécrété par une époque, pour des raisons précises, volontaires ou involontaires, et nous ne pouvons l'utiliser que si nous analysons sa place et sa fonction dans le système d'ensemble de la société.

Il reste que le document-monument, nous ne savons pas toujours comment le trouver. Et puis, il y a les silences de l'histoire, car une société fonctionne en faisant silence sur une partie d'elle-même.

Claude METTRA — Et les gens aussi fonctionnent de la même manière.

Jacques LE GOFF — La relation de l'historien avec les silences est extrêmement significative.

Le silence, ce fut une des grandes découvertes de Michelet. Mais il l'a interprété à sa manière : il l'a vu surtout comme le miroir de l'oppression. Le silence, ce serait la parole écrasée, et avec sa vision à la fois passionnante et dangereuse de l'histoire comme résurrection intégrale du passé, il a voulu, intuitivement, remplir les silences. Mais il les a remplis avec lui-même, parce qu'il avait une personnalité dévorante. Alors, si l'on connaît Michelet, ses délires, ses obsessions, on voit les silences occupés par sa propre passion, ceux que l'historien doit enlever à l'œuvre de Michelet. D'où l'importance de l'essai de Barthes, pour nous, lecteurs critiques de l'*Histoire de France*.

Mais derrière tous ces silences se cache le psychisme profond d'une société. Comment le déchiffrer ? Ici l'historien pénètre fatalement dans les territoires de la psychanalyse. C'est ce que fait J. Huizinga, en particulier lorsqu'il accorde au thème de la mélancolie une place privilégiée, car à partir de la mélancolie (il écrit : « les hommes qui expriment le plus vivement la mélancolie ne sont pas ceux qui se sont retirés du monde »), il met à nu un concept intellectuel et artistique solidement ancré dans la sensibilité intrabiologique de l'époque[1].

Ce qui amène J. Huizinga au bord de la psychanalyse, c'est l'érotisme. Ce qui est assez étonnant en 1919, et ce qui s'explique largement par le fait que Huizinga appartient à une terre, celle des anciens Pays-Bas (qui est aussi celle de l'autre grand historien de cette génération, Henri Pirenne, vivant dans des paysages, des images de Bosch et de Breughel), dans une terre traditionnellement ouverte à cette sorte de curiosité.

C'est ce qui permet à J. Huizinga de découvrir le

1. Est-il nécessaire de rappeler les travaux de F. Waxl et de E. Panofsky sur la mélancolie ?

fondement érotique de l'esprit de courage chevaleresque. Il comprend ainsi comment l'éthique collective peut avoir pour base le refoulement collectif. Mais chaque époque a son propre refoulement. Qu'en est-il du XVe siècle ? Les gens ont alors un sentiment très vif du corps, ils vivent leur sensualité. S'il y a refoulement, c'est à un autre niveau.

Pour le comprendre, on peut s'aider de certaines analyses webériennes. Une des idées fondamentales de Max Weber, qui étudie la relation entre capitalisme et protestantisme, est celle-ci : en empêchant les énergies de se déployer dans le champ du plaisir, vers la sensualité, le protestantisme les contraint à s'investir dans le travail, dans la croissance économique, dans le désir du gain.

Pendant assez longtemps, le Moyen Âge avait réussi à intégrer le refoulement dans une certaine liberté des sens. Cette réussite était due au fait que le christianisme médiéval s'était révélé capable d'unir deux formes de religion : la religion populaire et la religion des clercs qui est ou tend à être une religion rationalisée.

Or, à la fin du Moyen Âge, cette union se brise. Ce qui triomphe, c'est la religion institutionnalisée, rationalisée. Ce sera plus vrai encore au XVIe siècle, autant dans le catholicisme que dans le protestantisme. Par conséquent la religion populaire qui n'est plus intégrée, qui est oppressée, n'a plus d'autre moyen de s'exprimer que la magie.

Claude METTRA — Et elle s'ouvre ainsi à la sorcellerie.

Jacques LE GOFF — Oui, la relation entre la nouvelle religion rationalisée et une religion populaire devenue folle, condamnée à la folie, s'exprime à travers la sorcellerie et la répression de la sorcellerie, puisque la sorcellerie n'existe qu'à travers la répression.

À cet égard le XVe siècle est une période charnière et Huizinga a une vision très claire de ces tensions extrêmes, de ces contrastes qui vont provoquer de grands bouleversements. C'est à travers cette rupture entre les deux religions que Huizinga prend conscience des deux formes de sublimation qui habitent le Moyen Âge finissant : d'un côté le travesti religieux des clercs, et s'il y a travesti nous sommes renvoyés au regard psychanalytique, et de l'autre une aspiration à la vie sublime à travers l'érotisme. Ce qui me frappe dans ce regard porté sur la société médiévale, c'est que J. Huizinga, avec sa volonté d'aller dans les profondeurs, de s'abîmer dans l'autre, découvre le XVe siècle comme l'ethnologue découvre la société archaïque, c'est-à-dire avec le sentiment qu'on reste étranger à son objet, qu'on ne comprend pas. C'est là une humilité absolument nouvelle dans la recherche historique.

Claude METTRA — Un des aspects les plus déconcertants et sans doute les plus contestables du paysage décrit par J. Huizinga, c'est sa mise en cause du symbolisme médiéval. Il voit, dans le glissement du symbolisme à l'allégorie, un système de décadence, comme si les images, ayant perdu leur signification dynamique, n'étaient plus que des formes froides, sans lien avec la sensibilité du temps.

Jacques LE GOFF — L'horizon du symbolisme médiéval s'est trouvé, depuis peu bouleversé, renouvelé, en particulier par les historiens de la littérature, tels Jollès et son étude sur les formes simples[1] et Paul Zumthor et ses essais de poétique médiévale. En peu de temps, on a vu paraître cinq livres sur le *Roman de la Rose*, et tous vont vers une réhabilitation de la partie proprement allégorique de Guillaume de Loris que, par rapport à celle de Jean de Meung, on consi-

1. Qui date de 1931 — et que Huizinga connaissait.

dérait comme purement formaliste et dépourvue de poésie comme de pensée.

On se rend compte que l'univers allégorique, loin d'être le miroir du gratuit, correspond à une véritable esthétique. Bien sûr, cette culture livresque est une culture de clercs, et il reste à savoir comment elle a été reçue, consommée, et comment le système de représentations élaboré dans les milieux privilégiés pouvait, au niveau du peuple, être nourriture pour l'imaginaire.

Claude METTRA — Je ne crois pas que le symbolisme ait jamais été agonisant ou gratuit tout au long du XVe siècle, puisqu'il se manifeste avec éclat dans toute la première Renaissance, qu'il y joue sans doute un rôle beaucoup plus grand que les résurgences du monde antique.

Jacques LE GOFF — C'est ce que souligne J. Huizinga tout à fait à la fin de son livre : « C'est de l'âme du Moyen Âge même que sont sortis les temps nouveaux et, on le reconnaît maintenant, l'Antiquité n'aurait joué, dans leur venue, qu'un rôle analogue aux flèches de Philoctète, heureuses et funestes. » En fait, la référence à l'Antiquité n'a été pour les hommes de la Renaissance qu'une ruse pour exprimer un certain nombre de découvertes et de protestations contre la routine. Ils se servent du passé pour témoigner de leur nouveauté, de leur modernité, et ils ont été pris à leur propre piège. C'est là qu'on peut mesurer combien il a été abusif d'appeler cette époque Renaissance, et combien la cristallisation qui s'est opérée sur ce terme, à la suite de Jacob Burckhardt qu'admirait tant Huizinga, doit être révisée.

Car l'originalité d'une époque ne peut pas être définie par le retour qu'accomplit une couche d'intellectuels vers une époque ancienne : il y a des continuités historiques. Et la clé d'une période ne peut jamais être prise dix siècles avant, en gommant tout ce qu'il y a dans l'intervalle. Certes, pour comprendre ce qu'est notre civilisation, il faut remonter jusqu'au néolithique, mais en remontant continûment, sans faire des bonds par-dessus des siècles entiers.

Pour comprendre ce qui se passe au moment de la Renaissance, il ne faut chercher ni à Rome, ni à Athènes jadis, mais regarder ce qui se situe immédiatement avant.

Il y en a un exemple particulièrement frappant. On attribue à la Renaissance, c'est-à-dire à la naissance du capitalisme, la considération pour le travail. Cette sacralisation du travail s'exprime avec force dans la malédiction qui pèse sur le mendiant valide, celui qui pourrait travailler et qui préfère vivre en parasite du travail des autres. Le mendiant valide est cloué au pilori ; dans les pays protestants certes, mais aussi dans les pays catholiques.

Or le moment fort de la création de cette figure particulière, c'est le XVe siècle et elle naît dès le XIIIe siècle. Des études récentes sur les béguins et les beghards, celles de Jean-Claude Schmidt, le montrent clairement. Ces marginaux, d'autant plus dangereux que ce sont des marginaux religieux, l'Église au XIVe siècle les qualifie d'hérétiques. C'est l'étiquette d'exclusion de la communauté. Au XVe siècle ils sont pareillement exclus, mais qualifiés cette fois de mendiants valides. C'est dans le cœur de l'Automne médiéval que se forge le stéréotype qui va connaître une si grande fortune dans les temps modernes.

Claude METTRA — J. Huizinga parle du Moyen Âge dans son ensemble. On peut pourtant se demander si le Moyen Âge qui l'intéresse ce n'est pas, d'abord, celui qui est le plus proche de lui, c'est-à-dire celui des Pays-Bas, et plus largement l'aire territoriale flamande et bourguignonne ?

Jacques LE GOFF — Le Moyen Âge de J. Huizinga n'est pas situé bien que le sous-titre néerlandais cite la France et les Pays-Bas. Or, la véritable unité culturelle du XVe siècle, c'est la chrétienté. À la même époque, en Italie ou en Languedoc, on trouve fondamentalement la même idéologie dominante, celle que représente l'Église, et les mêmes structures sociales. Mais le paysage culturel et mental est cependant bien différent. Et dans cette quête d'une histoire des profondeurs, il faut bien voir comment une même culture, avec toutes ses souffrances, se révèle dans une extraordinaire diversité.

Ce qui nous rend sensible à cette diversité, c'est, aujourd'hui, le rayonnement des mouvements régionalistes. On voit bien maintenant que les entités sociales sont les héritières d'un long passé profondément enraciné dans un pays particulier, un passé de nature régionale, que recouvre plus ou moins, et sur des périodes plus ou moins longues, une histoire unifiante.

Du même coup, d'ailleurs, on aperçoit mieux les limites de la revendication régionaliste. Si on ne tient compte que de la racine régionale, qui a été coupée, réduite au silence, on ignore tout le poids de l'histoire unifiante. Celle que Michelet met en scène quand il entreprend de décrire la France comme une personne géographico-historique née de l'agglomération successive des diverses provinces. Ici, c'est un peu le mouvement contraire : J. Huizinga met en scène une certaine expérience historique, celle des pays entre Rhin et Seine; et elle ne recouvre pas exactement l'expérience historique de la chrétienté tout entière.

Relisons donc Huizinga dans une perspective d'aujourd'hui. En nous rappelant que, hier, il déchira le voile d'une histoire orgueilleusement impassible et que pour nous, s'il peut être par ses à-peu-près, son esthétisme, son dilettantisme, un maître d'erreur, il est encore un ouvreur de portes qui mènent à l'histoire à faire.

L'Automne du Moyen Âge

CHAPITRE PREMIER

L'âpre saveur de la vie

Quand le monde était de cinq siècles plus jeune qu'aujourd'hui, les événements de la vie se détachaient avec des contours plus marqués. De l'adversité au bonheur, la distance semblait plus grande ; toute expérience avait encore ce degré d'immédiat et d'absolu qu'ont le plaisir et la peine dans l'esprit d'un enfant. Chaque acte, chaque événement était entouré de formes fixes et expressives, élevé à la dignité d'un rituel. Les choses capitales, naissance, mariage et mort, se trouvaient plongées, par le sacrement, dans le rayonnement du divin mystère ; les événements de moindre importance, eux aussi, voyage, tâche ou visite, étaient accompagnés d'un millier de bénédictions, de cérémonies et de formules.

Contre l'adversité et l'indigence, il était moins d'adoucissement qu'aujourd'hui ; elles étaient plus redoutables et plus cruelles. La maladie et la santé présentaient un plus grand contraste ; le froid et les ténèbres de l'hiver étaient des maux plus âprement sentis. On jouissait plus avidement de la richesse et des honneurs, car ceux-ci contrastaient plus encore que de nos jours avec la misère environnante. Un tabard fourré, un feu clair, vin et joyeux propos, un bon lit : ces choses offraient encore cette plénitude de bonheur dont la description a survécu si longtemps dans les romans anglais. Et toutes les choses de la vie jouissaient d'une publicité, ou pénible ou orgueilleuse. Les lépreux faisaient sonner leurs crécelles et marchaient en processions, les mendiants geignaient dans les églises où ils étalaient leurs difformités. Chaque état, chaque ordre, chaque profession était reconnaissable à l'habit. Les grands seigneurs ne voyageaient qu'avec un brillant étalage d'armes et de livrées qui commandait le respect ou excitait l'envie. Exécutions judiciaires, ventes, noces et enterrements, tout s'annonçait clairement par des cortèges, des cris, des lamentations et de la musique. L'amoureux portait les couleurs de sa dame ; les compagnons, l'emblème de leur confrérie ; les partis, les insignes et le blason de leur seigneur.

Entre la ville et la campagne, même contraste bien marqué. La ville médiévale ne se perdait pas en sordides banlieues ; enfermée dans ses murs, elle s'élevait, compacte, hérissée d'innombrables tours. Les maisons de pierre des nobles et des marchands étaient hautes et menaçantes, mais c'étaient les églises qui dominaient la ville de leurs masses altières.

L'opposition entre la lumière et les ténèbres, entre le silence et le bruit était aussi plus grande qu'aujourd'hui. La ville moderne ne connaît plus guère l'ombre et le silence absolus, l'effet d'une lumière ou d'un cri isolé et distant.

Les formes symboliques et les contrastes perpétuels avec lesquels toute chose se présentait à l'esprit donnaient à la vie quotidienne une émotivité qui se manifestait par ces alternatives de désespoir ou de joie délirante, de cruauté ou de profonde tendresse, entre lesquelles oscillait la vie au Moyen Âge.

Il était un son qui dominait tous les bruits de la vie active et enveloppait toute chose d'ordre et de sérénité : le son des cloches. Celles-ci étaient les bons esprits qui, de leurs voix connues, annonçaient la joie, le deuil, le calme ou le danger. On les appelait par leurs noms; la grosse Jacqueline, la cloche Roland; on connaissait la signification de leurs diverses sonneries. Et bien que celles-ci fussent continuelles, elles conservaient tout leur effet sur les esprits. Pendant le fameux duel judiciaire entre deux bourgeois de Valenciennes, en 1455, duel qui tint en haleine toute la ville et la cour de Bourgogne, la grosse cloche sonna sans arrêt, «laquelle fait hideux à oyr», dit Chastellain[1]. «Sonner l'effroy», «faire l'effroy», cela signifiait sonner le tocsin[2]. Le tocsin de Notre-Dame d'Anvers, de 1316, porte encore son nom *Orida*, c'est-à-dire horrible. Qu'on se représente l'espèce de griserie causée par les cloches de toutes les églises et de tous les couvents de Paris, lorsqu'elles tintaient du matin au soir, et même toute la nuit, pour annoncer qu'un pape était élu qui mettrait fin au schisme, ou qu'une paix était conclue entre Bourguignons et Armagnacs[3].

Les processions aussi doivent avoir eu une profonde et émouvante influence. Pendant les jours de troubles, et ceux-ci étaient nombreux, elles se déroulaient chaque jour, des semaines durant. Quand la funeste querelle entre les maisons d'Orléans et de Bourgogne eut dégénéré en guerre civile, et que le roi Charles VI, en 1412, eut pris l'oriflamme contre les Armagnacs, on ordonna à Paris, dès que le roi se trouva en territoire ennemi, des processions quotidiennes. Elles durèrent

1. *Œuvres* de Georges Chastellain, éd. Kervyn de Lettenhove, 8 vol., Bruxelles, 1863-1866, III, p. 44.

2. *Ibid.*, II, p. 267; *Mémoires d'Olivier de La Marche*, éd. Beaune et d'Arbaumont, Société de l'histoire de France, 1883-1888, 4 vol., II, p. 248.

On connaît l'étymologie du mot effroi : *exfredus*, littéralement, la cessation de la paix, puis le signal de cet état, puis la frayeur.

3. *Journal d'un bourgeois de Paris*, éd. A. Tuetey, publication de la Société de l'histoire de Paris, doc. nº 3, 1881, p. 5 et 56.

de fin mai à juillet, et ce furent chaque jour de nouveaux groupes, de nouveaux ordres, de nouvelles corporations, chaque jour par d'autres chemins et avec d'autres reliques, « les plus piteuses processions qui oncques eussent été veues de aage de homme ». Tous allaient nu-pieds, tous étaient à jeun, tant les seigneurs du Parlement que les pauvres bourgeois ; ceux qui le pouvaient portaient une chandelle ou une torche, et beaucoup d'enfants se joignaient à eux. Des villages environnants, venaient les pauvres, nu-pieds. On accompagnait la procession ou on la regardait « en grant pleur, en grans larmes, en grant dévocion ». Et presque chaque jour, il plut à verse[1].

Il y avait aussi les « joyeuses entrées » des princes, arrangées avec toutes les ressources possibles de l'art et du luxe. Et, enfin, en une suite ininterrompue, les exécutions judiciaires. La cruelle exaltation et le grossier attendrissement causés par la vue de l'échafaud formaient des éléments importants dans la vie spirituelle du peuple. C'était un spectacle *moralisé*. Pour les crimes horribles, la justice inventait d'horribles punitions. À Bruxelles, un jeune incendiaire et meurtrier est attaché par une chaîne qui tourne autour d'un pivot, au milieu d'un cercle de fagots enflammés. Il se donne en exemple au peuple en des discours émouvants « et tellement fit attendrir les cœurs que tout le monde fondoit en larmes de compassion ». « Et fut sa fin recommandée la plus belle que l'on avait oncques vue[2] ». Messire Mansart du Bois, Armagnac, décapité à Paris en 1411 pendant la terreur bourguignonne, non seulement donne l'absolution au bourreau qui, selon la coutume, la lui demande, mais encore implore celui-ci de l'embrasser. « Foison de peuple y avait, qui quasi

1. *Ibid.*, p. 20-24. *Cf. Journal de Jean de Roye, dite Chronique scandaleuse*, éd. B. de Mandrot, Société de l'histoire de France, 1894-1896, 2 vol., I, p. 330.

2. Chastellain, III, p. 461, *cf.* V, p. 403.

tous ploraient à chaudes larmes[1].» Si les victimes étaient de grands seigneurs, comme c'était souvent le cas, le peuple avait la double satisfaction de voir justice sévèrement faite, et de considérer l'inconstance de la fortune exemplifiée d'une manière plus frappante encore que dans les danses macabres. Les magistrats prenaient soin que rien ne manquât au spectacle : c'est avec les insignes de leur grandeur que les seigneurs étaient conduits au supplice. Jean de Montaigu, grand maître de l'hôtel du roi, victime de la haine de Jean sans Peur, va à l'échafaud, assis très haut sur une charrette et précédé de deux clairons ; il porte son costume d'apparat, chaperon, houppelande, des bas mi-partie rouges et blancs, aux pieds, ses éperons d'or. C'est pourvu de ces mêmes éperons d'or que le cadavre décapité est suspendu au gibet.

Victime de la vengeance des Armagnacs en 1416, le riche chanoine Nicolas d'Orgemont, revêtu d'un chaperon et d'un grand manteau violet, traverse Paris sur une charrette à ordures, pour assister à la décollation de deux compagnons ; plus tard, il est lui-même condamné à la prison perpétuelle, « au pain de doleur et à eaue d'angoisse ». La tête de maître Oudart de Bussy, de l'homme qui avait refusé une place au Parlement, est, par ordre spécial de Louis XI, exhumée, et exposée sur le marché de Hesdin, couverte du chaperon fourré, « selon la mode des conseillers de Parlement ». En dessous, un petit poème explicatif. Le roi lui-même écrit à ce sujet de féroces plaisanteries[2].

Plus rares que les processions et les exécutions judiciaires, les sermons des prédicateurs itinérants

---

1. Jean Juvénal des Ursins, 1412, éd. Michaud et Poujoulat, Nouvelle collection des mémoires, II, p. 474.

2. *Journal d'un bourgeois de Paris*, p. 670, Jean Molinet, *Chronique*, éd. Buchon. Coll. de chron. nat., 1827-1828, 5 vol., II, p. 23 ; *Lettres de Louis XI*, éd. Vaesen, Charavay, de Mandrot, Société de l'histoire de France, 1883-1809, 11 vol., 20 avril 1477, VI, p. 158 ; *Chronique scandaleuse*, II, p. 47, id. Interpolations, II, p. 364.

venaient parfois secouer le peuple de leur éloquence. Nous qui lisons les journaux, nous pouvons à peine nous imaginer l'énorme impression causée par la parole sur des esprits insatiables et ignorants. Le prêcheur populaire, frère Richard, qui assistera Jeanne d'Arc comme confesseur, prêcha à Paris, en 1429, pendant dix jours consécutifs. Il commençait le matin à cinq heures, et terminait entre dix et onze heures, prêchant surtout dans le cimetière des Innocents, sur les murs duquel était peinte la célèbre danse macabre, et le dos tourné au charnier où les crânes étaient entassés à découvert. À la fin du dixième jour, lorsqu'il annonça que ce jour serait le dernier, qu'il n'avait pas licence de prêcher davantage, « les gens grans et petiz plouroient si piteusement et si fondement, comme s'ils veissent porter en terre leurs meilleurs amis, et lui aussi ». Pensant qu'il prêcherait le dimanche suivant à Saint-Denis, une troupe de six mille personnes, dit le bourgeois de Paris, sortit de la ville le samedi soir afin de se procurer une bonne place, et passa la nuit dehors[1].

On interdit à Paris la prédication du franciscain Antoine Fradin, à cause de ses invectives contre le mauvais gouvernement. Mais ces invectives le rendaient cher aux petites gens. Ils le gardèrent jour et nuit dans le couvent des Cordeliers ; les femmes montaient la garde avec leurs munitions de cendre et de pierres. On se rit de la proclamation qui interdit cette garde : le roi n'en sait rien. Quand, enfin, Fradin, banni, dut quitter la ville, le peuple lui fit escorte, « crians et soupirans moult fort son departement[2] ».

Quand le fameux dominicain Vincent Ferrier[3] arrive pour prêcher, le peuple, les magistrats, le clergé, les évêques et les prélats eux-mêmes quittent la ville et se

---

1. *Journal d'un bourgeois de Paris*, p. 234-237.
2. *Chronique scandaleuse*, II, p. 70-72.
3. M. Gorce, *Saint Vincent Ferrier*, Paris, 1924, p. 175.

portent à sa rencontre en chantant des louanges. Il voyage, suivi d'une foule d'adeptes, qui, chaque soir après le coucher du soleil, font le tour de la ville en procession, chantant et se flagellant. Dans chaque ville, de nouvelles troupes se forment. Ferrier confie à des personnes irréprochables le soin d'héberger et de nourrir ces multitudes. Nombre de prêtres de tout ordre voyagent avec lui pour l'aider à entendre les confessions et à célébrer la messe. Quelques notaires aussi l'accompagnent, qui prendront acte des réconciliations causées par le saint prédicateur. Le magistrat de la ville espagnole d'Orihuela déclare dans une lettre adressée à l'évêque de Murcie que, dans sa ville, Ferrier a réalisé la réconciliation de 123 différends, dont 67 pour cause de meurtre. Quand Vincent Ferrier prêchait, une barrière de bois le protégeait, lui et sa suite, contre la pression de la foule qui voulait lui baiser les mains ou les vêtements. Il était rare qu'il n'émût pas ses auditeurs jusqu'aux larmes ; et parlait-il du jugement dernier, des peines de l'enfer ou des souffrances du Christ, il éclatait en sanglots avec son auditoire, et devait attendre, pour reprendre la parole, que les pleurs fussent calmés. Des malfaiteurs se jetaient à terre devant la foule et, tout en larmes, confessaient leurs péchés[1].

En 1465, pendant la prédication du carême par Olivier Maillard à Orléans, tant de personnes grimpèrent sur les toits des maisons, que le couvreur présenta, pour les réparations, une note de 64 jours de travail[2].

Et ne pensons pas que la description des exploits de Vincent Ferrier soit due à la pieuse exagération de

1. *Vita auct. Petto Ranzano O. P.* (1455), *Acta sanctorum Avril*, t. I, p. 494 *sq.*

2. J. Soyer, « Notes pour servir à l'histoire littéraire. Du succès de la prédication de frère Olivier Maillart à Orléans en 1485 », *Bulletin de la société archéologique et historique de l'Orléanais*, t. XVIII, 1919, mentionné dans la *Revue historique*, t. CXXXI, p. 351.

son biographe : le sec et sombre Monstrelet raconte presque de la même façon l'influence exercée dans le nord de la France et en Flandres, en 1328, par la prédication d'un certain frère Thomas, imposteur qui se faisait passer pour carmélite, et fut ensuite démasqué. Les magistrats se portaient à sa rencontre, tandis que des nobles tenaient les rênes de sa mule ; et beaucoup de personnes, notamment des seigneurs que Monstrelet nomme, quittèrent leurs foyers pour le suivre partout. De notables bourgeois ornaient la chaire érigée pour lui avec les plus précieuses tapisseries qu'ils pouvaient se procurer. C'était surtout en s'élevant contre le luxe et la vanité, que les prédicateurs populaires captivaient leurs auditeurs. Le peuple, dit Monstrelet, était particulièrement reconnaissant et dévoué à Thomas parce qu'il couvrait de blâme noblesse et clergé. S'il se trouvait dans son auditoire de nobles dames coiffées du hennin, il excitait contre elles les jeunes garçons (avec promesse d'indulgences, assure Monstrelet), au cri de : « Au hennin, au hennin ! » si bien que les femmes n'osaient plus porter cette coiffure et sortaient encapuchonnées comme des béguines. « Mais à l'exemple du lymeçon, dit le bon chroniqueur, lequel quand on passe près de luy retrait ses cornes par dedens et quand il ne ot plus rien les reboute dehors, ainsy firent ycelles, car en assez brief terme après que ledit prescheur se fust départy du pays, elles mesmes recommencèrent comme devant et oublièrent sa doctrine, et reprinrent petit à petit leur vieil estat, tel ou plus grant qu'elles avoient accoustumé de porter[1] ».

Frère Richard, frère Thomas : tous deux allumèrent le bûcher des choses de luxe, comme le fit Savonarole à Florence soixante ans plus tard, infligeant à l'art une perte irréparable. À Paris et en Artois, en 1426 et en 1429, hommes et femmes, de plein gré, apportèrent

---

1. Enguerrand de Monstrelet, *Chroniques*, éd. Douët d'Arq, Société de l'histoire de France, 1857-1862, 6 vol., IV, p. 302-306.

au bûcher cartes, trictracs, dés, coiffures et ornements. Ces holocaustes, dans la France et l'Italie du XVe siècle, étaient les cérémonies qui consacraient la renonciation à la vanité et au plaisir ; c'était la concrétisation d'une émotion profonde en un acte public et solennel, d'accord en cela avec l'esprit du temps et sa tendance à créer, pour chaque chose, un rituel.

Il faut se rappeler cette réceptivité, cette facilité d'émotions, cette propension aux larmes, ces retours spirituels, si l'on veut concevoir l'âpreté de goût, la violence de couleur qu'avait la vie en ce temps-là.

Un deuil public présentait alors les apparences d'une calamité. Aux funérailles de Charles VII, le peuple ressent une violente émotion à voir le cortège ; tous les dignitaires de la cour, « vestus de dueil angoisseux, lesquelz il faisait moult piteux veoir et de la grant tristesse et courroux qu'on leur veoit porter pour la mort de leurdit maistre, furent grant pleurs et lamentacions faictes parmy toute ladicte ville ». Six pages du roi montaient des chevaux caparaçonnés de velours noir. « Et Dieu scet le doloreux et piteux dueil qu'ils faisoient pour leurdit maistre ! » L'un de ces pages n'avait, de chagrin, ni bu ni mangé de quatre jours, racontait le peuple attendri[1].

Et ce ne sont pas seulement les émotions d'un grand deuil, les violentes prédications, les mystères de la foi qui font couler les pleurs. Les solennités de caractère mondain arrachent des torrents de larmes. Un ambassadeur du roi de France fond en larmes à diverses reprises en adressant sa harangue à Philippe le Bon. Au départ du jeune Jean de Coïmbre de la cour de Bourgogne, à la réception du Dauphin, à l'entrevue des rois d'Angleterre et de la France, à Ardres, tous les spectateurs fondent en larmes. On vit Louis XI pleurer à son entrée à Arras ; Chastellain le décrit

1. *Chronique scandaleuse*, I, p. 22, 1461 ; Jean Chartier, *Histoire de Charles VII*, éd. D. Godefroy, 1661, p. 320.

plusieurs fois sanglotant pendant le séjour qu'il fit, encore dauphin, à la cour de Bourgogne[1]. Naturellement, il y a quelque exagération dans ces descriptions. Jean Germain raconte qu'au congrès de la paix tenu à Arras en 1435, l'assistance, en entendant les discours des ambassadeurs, fut émue au point de se jeter à terre avec des soupirs, des sanglots et des gémissements[2]. Sans doute, il n'en fut pas ainsi ; mais l'évêque de Châlons pensait qu'il en devait être ainsi : l'exagération nous révèle le fond de vérité. Comme pour les sentimentalistes du XVIIIe siècle, les larmes étaient belles et édifiantes.

Un exemple, pris dans un autre domaine, montrera la différence d'irritabilité qui distingue le XVe siècle de notre époque. Nous pouvons à peine nous imaginer un jeu plus tranquille que celui des échecs. Cependant, La Marche dit qu'il arrivait souvent que des contestations s'élevassent autour de l'échiquier, « et le plus saige y pert patience[3] ». Les querelles de princes à propos d'échecs étaient aussi courantes au XVe siècle que dans les Chansons de geste.

Il y avait, dans la vie quotidienne, une capacité illimitée de passion et de fantaisie. L'historien du Moyen Âge qui, vu le manque de véracité des chroniques, puise le plus possible aux sources officielles, risque de temps à autre de commettre une faute grave. Les documents ne nous montrent guère la différence de couleur qui distingue cette époque de la nôtre. Ils nous font perdre de vue le violent pathos de la vie médiévale. De toutes les passions qui l'ont animée, ils ne

---

1. Chastellain, III, p. 36, 98, 124, 125, 210, 238, 239, 247 et 474 ; Jacques Du Clercq, *Mémoires (1448-1467)*, éd. de Reiffenberg, Bruxelles, 1823, 4 vol., IV, p. 40, II, p. 280 et 355, III, p. 100 ; Juvénal des Ursins, p. 405, 407 et 420 ; Molinet, III, p. 36 et 314.

2. Jean Germain, *Liber de virtutibus Philippi ducis Burgundiae*, éd. Kervyn de Lettenhove, Chron. rel. à l'hist. de la Belg. sous la dom. des ducs de Bourg, Coll. des chron. belges, 1876, II, p. 50.

3. La Marche, I, p. 61.

mentionnent que l'avidité et la violence. Qui ne s'est étonné de la fréquence avec laquelle avidité, querelles, vengeances se répètent dans les sources officielles ? Mais une fois mis en rapport avec la passion générale qui animait toute la vie, ces traits nous deviennent compréhensibles et acceptables. Et c'est pourquoi les chroniqueurs, quelque superficiels ou peu rigoureux soient-ils concernant les faits, demeurent pourtant indispensables à qui veut bien connaître le XVe siècle.

La vie avait encore, sous bien des rapports, la couleur d'un conte de fée. Les chroniqueurs de la cour, gens notables et érudits, qui voyaient leurs princes de très près, ne peuvent toutefois les décrire que d'une manière archaïque et hiératique. Dans ces conditions, que devait être, pour l'imagination naïve du peuple, l'éclat magique de la royauté ! Voici, tiré des chroniques de Chastellain, un exemple de cette conception. Le jeune Charles le Téméraire, à cette époque encore comte de Charolais, arrivé de L'Écluse à Gorkum, apprend que son père lui retire pension et bénéfices. Il fait comparaître toute sa suite, voire les marmitons, et leur fait part de ses malheurs en une allocution émouvante dans laquelle il exprime son respect pour le duc mal informé, son souci du bien-être des siens, et son amour pour toute sa suite. Que ceux qui ont les moyens de vivre restent près de lui et attendent un changement du sort ; quant aux pauvres, ils ont permission de se retirer et, dès qu'ils apprendront que la fortune du prince est rétablie, qu'ils reviennent. « Vous vous retrouverez en vos lieux sans que jamais je y boute nule autres, et me serez les bienvenus et les bien recueillis ; et desserviray [récompenserai] la patience que vous aurez portée en mon nom… » « Lors oyt l'on voix lever et larmes espandre et clameur ruer par commun accord : Nous tous, nous tous, monseigneur, vivrons avecques vous et mourrons. » Profondément ému, Charles accepte leur hommage : « Or vivez doncques et souffrez et moy je souffreray pour vous, premier que vous ayez faute. » Alors les nobles s'avancent et lui offrent ce qu'ils possèdent, « disant l'un : j'ay mille, l'autre, dix mille, l'autre ; j'ay cecy, j'ay cela pour mettre pour vous et pour attendre tout vostre advenir ». Et tout alla son train ordinaire, et il n'y eut pas une poule de moins à la cuisine[1].

L'arrangement de ce tableau est naturellement de Chastellain et nous ne savons pas en quelle mesure ce récit est conforme à la réalité. Mais ce qui importe pour nous, c'est que ce chroniqueur voit son prince sous les formes simplistes de la ballade populaire. Pour lui, toute l'affaire est dominée par les sentiments primitifs de fidélité réciproque.

Bien qu'en réalité le mécanisme du gouvernement eût assumé déjà des formes compliquées, l'imagination populaire se le représente en quelques figures fixes et simples. Les idées politiques courantes sont celles de la ballade et du roman de chevalerie. On divise, pour ainsi dire, les rois en un certain nombre de types, chacun de ceux-ci répondant plus ou moins à un motif littéraire : le prince noble et juste, le prince mal conseillé, le prince vengeur de l'honneur de sa race, le prince malheureux soutenu par la fidélité des siens. Les bourgeois du Moyen Âge, lourdement imposés, et n'exerçant aucun contrôle sur l'emploi de l'argent, vivent dans la crainte perpétuelle de voir leurs deniers dissipés ou employés à autre chose qu'au bien-être du pays. Cette méfiance prend une forme naïve : le roi est entouré de conseillers avides et rusés ; ou bien le luxe de la cour royale est la cause des maux qu'endure le pays. Ainsi, pour le peuple, les questions politiques se réduisent à des aventures. Philippe le Bon comprenait quelle langue il fallait parler au peuple. Pendant les fêtes qu'il donna à La Haye en 1456, vou-

1. Chastellain, IV, p. 333 *sq.*

lant montrer aux Hollandais et aux Frisons qu'il avait l'argent suffisant pour conquérir l'évêché d'Utrecht, il fit exposer une vaisselle précieuse de la valeur de mille marks d'argent. De plus, il fit venir de Lille deux caisses contenant deux cent mille lions d'or ; et le peuple fut invité à venir regarder et soupeser[1]. La démonstration de la solvabilité de l'État prenait ainsi la forme d'un amusement forain.

La vie du prince renfermait alors un élément fantastique qui fait penser à celle du khalife des *Mille et Une Nuits*. Parfois, au milieu des entreprises politiques les plus froidement calculées, le prince agissait avec une téméraire impétuosité et mettait sa vie et son œuvre en danger afin de satisfaire un caprice personnel. Édouard III expose sa vie, celle du prince de Galles et les affaires de l'État afin de capturer une flotte de marchands espagnols, et de se venger de quelque piraterie[2]. Philippe le Bon a conçu le dessein de marier un de ses archers à la fille d'un riche brasseur de Lille. Le père ne consent pas, en appelle au parlement de Paris ; alors le duc, enflammé de rage, laisse soudain les affaires importantes qui le retenaient en Hollande, et entreprend le dangereux voyage en mer de Rotterdam à L'Écluse afin d'exécuter son capricieux projet[3]. Et cela pendant la semaine sainte ! Une autre fois, fou de colère à propos d'une querelle avec son fils, il s'enfuit seul de Bruxelles et erre toute la nuit dans les bois. C'est au chevalier Philippe Pot qu'incombe la tâche ardue de le pacifier. L'habile courtisan trouve cette phrase heureuse : « Bonjour, Monseigneur, bonjour, qu'est cecy ? Faites-vous du roy Artus maintenant ou de messire Lancelot[4] ? »

1. *Ibid.*, III, p. 92.
2. Jean Froissart, *Chroniques*, éd. S. Luce et G. Raynaud, Société de l'histoire de France, 1869-1899, 11 vol. (pas plus loin que 1385), IV, p. 89-93.
3. Chastellain, III, p. 85 *sq.*
4. *Ibid.*, p. 279.

Quand les médecins lui prescrivent de se raser la tête, le duc Philippe décrète que tous les nobles feront de même, et charge Pierre de Hagenbach de tondre les récalcitrants[1].

Le jeune roi de France Charles VI, déguisé et monté avec un ami sur un même cheval, regarde l'entrée de sa fiancée Isabeau de Bavière et, dans la foule, est roué de coups par les gardiens de la paix[2].

Un poète du XVe siècle critique le fait que les princes élèvent au rang de ministre et de conseiller leur bouffon ou leur musicien, comme ce fut le cas pour Coquinet le fou de Bourgogne[3].

Le gouvernement n'est pas encore enfermé dans les limites de la bureaucratie et du protocole ; à tout moment, le prince peut se soustraire à ces deux influences et chercher ailleurs ses directives. Ainsi, les princes du XVe siècle demandent souvent conseil, dans les affaires de l'État, à d'ascétiques visionnaires ou à des prédicateurs exaltés. Denis le Chartreux, Vincent Ferrier parurent comme conseillers politiques ; l'orageux orateur Olivier Maillard fut mêlé aux secrètes entreprises des cours princières[4]. Une sorte de tension religieuse régnait dans la haute politique.

Vers la fin du XIVe siècle et le commencement du XVe, le théâtre politique des royaumes d'Europe était si rempli de conflits violents et tragiques, que le peuple ne pouvait s'empêcher de considérer la royauté comme une succession d'événements sanguinaires ou romanesques.

Pendant le mois de septembre 1399, le parlement anglais se réunit à Westminster pour apprendre que le

---

1. La Marche, II, p. 421
2. Juvénal des Ursins, p. 379.
3. G. Doutrepont, « Martin le Franc, le Champion des dames », *La littérature française à la cour des ducs de Bourgogne*, Bibl. du XVe siècle, t. VIII, Paris, Champion, 1909, p. 304.
4. AA SS avr., t. I, p. 496 ; A. Renaudet, *Préréforme et humanisme à Paris*, 1494-1517, Paris, Champion, 1916, p. 163.

roi Richard II vaincu et fait prisonnier par son neveu de Lancastre, a renoncé à la couronne ; en ce même mois, à Mayence, les électeurs sont réunis pour déposer leur roi, Wenceslas de Luxembourg, aussi irrésolu, aussi capricieux, aussi incapable de régner que son beau-frère d'Angleterre, mais à la destinée moins tragique. Wenceslas, en effet, demeura de longues années encore roi de Bohême ; quant à Richard, après son abdication, il fut tué secrètement dans sa prison, et ce meurtre rappelle celui de son arrière-grand-père, soixante-dix ans auparavant. La couronne n'était-elle pas, à cette époque, lourde de dangers ?

Sur le trône de France, règne un dément, Charles VI ; bientôt le pays entier sera déchiré par la guerre civile. En 1407, la rivalité des maisons d'Orléans et de Bourgogne devient une hostilité publique : Louis d'Orléans, frère du roi, tombe sous les coups de meurtriers loués par son cousin, Jean sans Peur. Douze ans plus tard, la vengeance : en 1419, Jean sans Peur, dans une entrevue solennelle sur le pont de Montereau, est tué traîtreusement. Ces deux assassinats, avec leur suite de vengeances et de combats, ont donné à l'histoire de France, pendant tout un siècle, les sombres couleurs de la haine. Car l'esprit populaire ne perçoit les malheurs de la France qu'à la lumière de ce grand et dramatique motif ; il ne conçoit, aux événements historiques, d'autres causes que des rivalités et des passions personnelles.

À ces maux s'ajoutait le péril turc, toujours grandissant. Quelques années auparavant, en 1396, les Turcs avaient anéanti à Nicopolis la magnifique chevalerie française, témérairement lancée par Jean de Bourgogne, alors comte de Nevers. Enfin, la chrétienté était déchirée par le grand schisme, qui durait depuis un quart de siècle : deux papes soutenus chacun passionnément par une partie des pays d'Occident. Et bientôt, quand le concile de Pise, en 1409, aura avorté dans son effort pour rétablir l'unité de l'Église, trois personnes se disputeront la papauté. « Le pape de la Lune », ainsi appelait-on couramment en France l'Aragonais obstiné, Pierre de Luna, qui se maintenait à Avignon sous le nom de Benoît XIII. Quels songes ce nom de pape de la Lune n'a-t-il pas dû évoquer chez le peuple ignorant ?

Dans les cours princières erraient maints rois détrônés, la plupart maigres de ressources et gros de projets, revêtus de l'éclat de ce merveilleux Orient d'où ils venaient : Arménie, Chypre, bientôt Constantinople ; et chacun d'eux semblait un personnage de la représentation familière de la roue de Fortune d'où sont précipités les rois avec leurs couronnes et leurs sceptres. Ce n'est pas à cette lignée qu'appartenait René d'Anjou, bien qu'il fût, lui aussi, un roi sans couronne. Il était mieux loti, dans ses riches possessions d'Anjou et de Provence. Et toutefois, il personnifiait, lui aussi, l'inconstance de la fortune, ce prince de la maison de France, qui avait raté les plus grandes chances, avait aspiré aux trônes de Hongrie, de Sicile et de Jésusalem, et n'avait trouvé que défaites, longs emprisonnements et fuites périlleuses. Le roi-poète sans trône se distrayait, par la pastorale et la miniature, des cruautés de sa destinée. Il avait vu mourir presque tous ses enfants, et la seule fille qui lui fût restée eut un sort plus sombre encore que le sien. Passionnée, pleine d'esprit et d'ambition, Marguerite d'Anjou avait, à l'âge de seize ans, épousé un simple d'esprit, Henri VI, roi d'Angleterre. La cour était un enfer d'inimitié. Nulle part plus qu'en Angleterre n'étaient liés à la politique, la méfiance à l'égard de la famille royale, les plaintes contre les puissants serviteurs de la couronne, les meurtres secrets ou publics accomplis soit par mesure de sécurité, soit par cabale. Marguerite avait déjà vécu de nombreuses années dans ce milieu de persécutions et d'angoisse, lorsque la querelle entre York et Lancastre, maison de son époux, devint une sanglante guerre civile. Alors Marguerite perdit trône et possessions. Les alternatives de la guerre des Deux-Roses lui avaient fait connaître de terribles dangers et la plus amère détresse. Réfugiée à la cour de Bourgogne, elle fit de vive voix à Chastellain, chroniqueur de la cour, le récit émouvant de ses aventures : comment elle avait dû s'en remettre, avec son jeune fils, à la merci d'un brigand ; comment, pour donner son offrande à la messe, elle avait demandé un denier à un archer écossais « qui demy à dur et à regret luy tira un gros d'Écosse de sa bourse et le luy presta ». Le brave historiographe, ému de tant d'infortunes, lui dédia, en guise de consolations, le *Temple de Boccace*[1], « aucun petit traité de fortune, prenant pied sur son inconstance et déceveuse nature ». Selon les recettes du temps, il pensait ne pouvoir mieux consoler l'infortunée fille de roi qu'en faisant défiler devant elle une sombre galerie de malheurs princiers. Mais ils ignoraient, lui et elle, que le pire était encore à venir : les Lancastre battus définitivement à Tewskesbury, en 1471, son fils unique tombé dans le combat ou bien tué plus tard, son mari secrètement assassiné, elle-même emprisonnée pendant cinq ans dans la Tour de Londres pour être enfin vendue par Édouard IV à Louis XI, à qui, en retour de sa libération, elle dut laisser l'héritage paternel.

Si les enfants des rois avaient de tels destins, est-il étonnant de voir les bourgeois de Paris ajouter foi aux récits de royaumes perdus et de bannissements par lesquels des vagabonds cherchaient à exciter l'intérêt et la compassion ? En 1427, une troupe de tziganes apparut à Paris, qui se faisaient passer pour des pénitents, « ung duc et ung conte et dix hommes tous à cheval ». Ils venaient d'Égypte, le pape leur avait ordonné, en châtiment de leur dissidence, d'errer pendant sept ans

1. Chastellain, IV, p. 300 *sq.*, VII, p. 75 ; cf. Thomas Basin, *De rebus gestis Caroli VII et Lud. XI historiarum libri XII*, éd. Quicherat, Société de l'histoire de France, 1855-1859, 4 vol., I, p. 158.

sans coucher dans un lit. D'abord au nombre de mille deux cents, ils avaient perdu en chemin leur roi, leur reine, et plusieurs des leurs. Comme unique consolation, le pape avait enjoint que tout évêque et tout abbé leur donnât dix livres tournois. Les Parisiens venaient en foule voir ces étrangers, se faisaient lire dans la main par les femmes, expertes à leur soutirer leur argent, « par art magicque au autrement[1] ».

Une atmosphère d'aventure et de passion entourait la vie des princes, et ce n'était pas là seulement une création de l'imagination populaire. Nous ne pouvons guère nous faire une idée de l'extravagance et de l'émotivité médiévales. Si l'on ne se base que sur les documents officiels, quelque dignes de foi qu'ils puissent être, on se fait du bas Moyen Âge une représentation à laquelle manque un élément important : la violente passion qui anime et les princes et le peuple. Sans doute, un élément passionnel règne aujourd'hui encore dans la politique ; mais il est tenu en respect par le mécanisme compliqué de la vie sociale. Au Moyen Âge, au contraire, il pénétrait librement la politique et parfois renversait les plans les plus utiles et les plus rationnels. Cette émotivité s'alliait-elle, comme chez les princes, au sentiment de la puissance, elle agissait alors avec une double violence. C'est ce qu'exprime Chastellain : il n'est pas étonnant, dit-il, que les princes vivent l'un avec l'autre dans un esprit d'inimitié, « puisque les princes sont hommes, et leurs affaires sont haulx et agus, et leurs natures sont subgettes à passions maintes comme à haine et envie, et sont leurs cœurs vray habitacle d'icelles à cause de leur gloire à régner[2] ». N'est-ce pas là à peu près ce que Burckhardt a appelé *« das Pathos der Herrschaft »* ?

Veut-on écrire l'histoire de la maison de Bourgogne, il faut que l'on fasse entendre, à travers le récit,

1. *Journal d'un bourgeois de Paris*, p. 219.
2. Chastellain, III, p. 30.

le thème de la vengeance et de l'orgueil blessé. Nous ne retournerons pas, naturellement, à la conception simpliste que le XVe siècle avait de l'histoire. Nous ne ferons pas découler l'opposition de puissance et d'intérêt qui donna lieu au conflit séculaire entre la France et l'Autriche, de la seule vengeance qui divisa les deux branches de la famille des Valois, les Orléans et les Bourguignons. Mais nous n'oublierons pas que, pour les contemporains, tant acteurs que spectateurs de ce conflit, la vengeance du sang fut le motif déterminant qui dirigea les actions et les destinées des pays et des princes. Pour eux, Philippe le Bon est, avant tout, « le vengeur », « celluy qui pour vengier l'outraige fait sur la personne du duc Jehan, soustint la gherre scize ans[1] ». Il avait pris sur lui cette vengeance comme une tâche sacrée : « en toute criminelle et mortelle aigreur, il tireroit à la vengeance du mort, si avant que Dieu luy vouldroit permettre ; et y mettroit corps et âme, substance et pays tout en l'aventure et en la disposition de fortune, plus réputant œuvre salutaire et agréable à Dieu de y entendre que de le laisser. » On sut très mauvais gré au dominicain qui, en 1419, fit le sermon aux funérailles du duc assassiné, d'avoir osé montrer le devoir chrétien de ne point se venger[2]. Selon La Marche, ce devoir d'honneur et de revanche était, pour les sujets du duc aussi, le point cardinal de leur politique : tous les États du duc, dit-il, criaient vengeance avec lui[3].

Le traité d'Arras qui, en 1435, sembla apporter la paix entre la France et la Bourgogne, commence par l'amende expiatoire du meurtre de Montereau : édifier une chapelle dans l'église de Montereau, où avait d'abord été enterré le duc Jean et où à perpétuité serait chanté chaque jour le *requiem* ; dans la même

1. La Marche, I, p. 89.
2. Chastellain, I, p. 82 et 79 ; Monstrelet, III, p. 361.
3. La Marche, I, p. 201.

ville, un couvent de Chartreux, une croix sur le pont où le meurtre avait été accompli, une messe au couvent de Champmol à Dijon, où étaient inhumés les ducs de Bourgogne[1]. Et ce n'était là qu'une partie des amendes que le chancelier Rolin avait exigées de la part du duc : églises et chapitres à Rome, Gand, Dijon, Paris, Saint-Jacques-de-Compostelle et Jérusalem, avec des inscriptions lapidaires destinées à commémorer l'acte de l'amende[2].

Un besoin de représailles qui revêt des formes si circonstanciées doit avoir été prépondérant dans l'esprit. Et qu'est-ce que le peuple aurait mieux compris dans le gouvernement de ses princes, que ces primitifs et simples motifs de haine et de vengeance ?

L'attachement au prince avait encore un caractère enfantin et impulsif; c'était un besoin spontané de fidélité et de solidarité, un élargissement de l'ancienne conception féodale. C'était un sentiment de parti, plutôt qu'un sentiment politique. Les trois derniers siècles du Moyen Âge sont l'époque des grandes luttes de partis. En Italie, les partis se consolident déjà au XIIIe siècle; en France et dans les Pays-Bas, ils prennent de l'importance au XIVe. Les recherches historiques modernes ont été impuissantes à expliquer la formation de ces partis par des causes purement politico-économiques. Les concurrences économiques qu'on leur donne comme fondement sont, en général, de pures constructions schématiques qu'on ne peut, avec la meilleure volonté, tirer des documents. Sans nier l'existence de causes économiques, on est cependant enclin à se demander si, dans l'explication des querelles de partis, le point de vue sociologique n'aurait pas, provisoirement, plus de succès que le point de vue politico-économique.

Voici à peu près comment, d'après les documents,

---

1. *Cf.* le traité, entre autres dans La Marche, I, p. 207.
2. Chastellain, I, p. 196.

on peut s'expliquer la formation des partis. Dans les temps féodaux, les inimitiés privées n'ont d'autres motifs que l'envie des possessions d'autrui ou la rivalité du rang. Orgueil de famille, besoin de vengeance, et, du côté des partisans, fidélité à toute épreuve : tels sont les facteurs directs de ces luttes. Au fur et à mesure que se fortifie et s'étend le pouvoir royal, les querelles de familles, d'abord isolées, s'unissent, s'agglomèrent en partis ; et ceux-ci ne conçoivent plus d'autres causes à leurs affinités ou à leurs inimitiés que tradition, solidarité, honneur.

Un contemporain clairvoyant de la querelle entre « Houx » et « Cabillauds » en Hollande nous déclare que cette lutte n'avait aucun motif raisonnable[1]. Et, en effet, il n'y a aucune explication satisfaisante au fait que les Egmont sont devenus « Cabillauds » et les Wassenaer, « Houx ». Car les antagonismes économiques qui divisent leurs maisons sont la conséquence de la situation de celles-ci vis-à-vis du prince, en tant qu'adhérentes à l'un ou l'autre parti[2].

Chaque page de l'histoire médiévale nous montre la profondeur et la spontanéité des sentiments de fidélité au prince. Le poète qui écrivit le Miracle *Marieken de Nimwegen* nous montre comment la méchante tante de Marieken, après s'être violemment querellée avec les bourgeoises de la ville à propos du différend entre Arnold et Adolphe de Gueldre, chasse, dans sa colère, sa nièce de sa maison ; plus tard,

1. Basin, III, p. 74.

2. Ma conception n'exclut pas les facteurs économiques ; encore moins est-elle une protestation contre l'explication historique basée sur des faits économiques ; la rapprocher de ces mots de Jaurès : « Mais il n'y a pas seulement dans l'histoire des luttes de classes, il y a aussi des luttes de partis. J'entends qu'en dehors des affinités ou des antagonismes économiques, il se forme des groupements de passions, des intérêts d'orgueil, de domination, qui se disputent la surface de l'histoire et qui déterminent de très vastes ébranlements » (*Histoire de la Révolution française*, IV, p. 1458).

furieuse de voir le vieux duc délivré de prison, elle se donne la mort. Le poète avertit ainsi des dangers de l'esprit de parti. Il choisit un exemple extrême, le suicide, exagéré sans doute, mais propre à montrer le caractère passionné de cet esprit.

Il est des exemples plus consolants. Au milieu de la nuit, les échevins d'Abbeville font sonner les cloches parce qu'un messager du comte de Charolais est arrivé, qui requiert la ville de prier pour la guérison du duc de Bourgogne. Les bourgeois effrayés se portent en foule à l'église, allument des cierges, prient et pleurent toute la nuit, agenouillés ou prosternés, tandis que les cloches sonnent à toute volée[1].

En 1429, les Parisiens, partisans des Bourguignons, apprennent que frère Richard, qui les avait tant émus par sa prédication, est Armagnac et persuade secrètement les villes ; ils le maudissent par Dieu et les saints ; au lieu de la médaille au nom de Jésus qu'il leur avait donnée, ils prennent la croix de Saint-André, insigne des Bourguignons[2]. Et l'on reprit « en despit de luy », dit le bourgeois de Paris, le jeu des dés contre lequel il s'était tant insurgé.

On a peine à croire que le schisme d'Occident, où le dogme n'était pas en cause, ait pu éveiller des passions dans des contrées éloignées de Rome et d'Avignon, où les deux papes n'étaient connus que de nom. Il y provoqua cependant une haine fanatique semblable à celle qui divise croyants et infidèles. Quand Bruges se soumit au pape d'Avignon, un grand nombre de personnes quittèrent leurs maisons, commerces ou prébendes, pour aller vivre en accord avec leurs sentiments

---

1. Chastellain, IV, p. 201, *Cf.* mon étude : « Uit de voorgeschiedenis van ons nationaal besef », dans le *Gids*, 1912, I, reproduite dans *Tien Studiën*, Haarlem, 1926.

2. *Journal d'un bourgeois de Paris*, p. 242 ; *cf.* Monstrelet, IV, p. 341.

de parti à Utrecht, à Liège ou en quelque autre diocèse fidèle à Rome[1].

Avant la bataille de Roosebeke, 1382, les dirigeants de l'armée française se demandent s'il est possible de prendre contre les Flamands l'oriflamme, étendard qui ne peut être déployé que pour une cause sacrée. La décision est affirmative, parce que les Flamands sont urbanistes, donc infidèles[2].

Pierre Salmon, écrivain et agent politique français, pendant une visite à Utrecht, ne peut trouver de prêtre qui l'admette à la communion pascale, « pour ce qu'il disoient que je estoie scismatique et que je créoie en Bénédic, l'anti-pape » ; il se confesse donc seul dans une chapelle, comme s'il était devant un prêtre et entend la messe dans le couvent des Chartreux[3].

Les sentiments de partis et la fidélité au prince étaient renforcés par le pouvoir de suggestion des signes extérieurs : couleurs, emblèmes, devises, cris, qui se succédaient, le plus souvent lourds de meurtres, rarement annonciateurs d'événements heureux. En 1380, à l'entrée du jeune Charles VI à Paris, deux mille personnes environ allèrent à sa rencontre, toutes habillées de vert et de blanc. Trois fois, de 1411 à 1413, Paris changea d'insignes : chaperons violets à la croix de Saint-André, chaperons blancs, puis de nouveau chaperons violets. Les prêtres eux-mêmes, les femmes et les enfants portaient ces emblèmes. Pendant la terreur bourguignonne, à Paris en 1411, chaque dimanche, au son des cloches, les Armagnacs étaient excommuniés. On décorait les images des saints de la croix de Saint André ; et certains prêtres, disait-on, pendant la messe ou le baptême, ne faisaient pas le

1. Jan van Dixmude, éd. Lambin, Ypres, 1839, p. 283.
2. Froissart, éd. Luce, XI, p. 52.
3. *Mémoires de Pierre de Fruictier dit Salmon*, Buchon, 3e suppl. de Froissart, XV, p. 22.

signe de la croix à la manière orthodoxe, mais le faisaient en forme de croix de Saint-André[1].

L'aveugle passion avec laquelle on suivait son parti et son seigneur était aussi, en partie, l'expression de cet inébranlable sentiment de justice, caractéristique du Moyen Âge, de cette ferme certitude que chaque fait exigeait sa pleine rémunération. Le sentiment de justice était encore aux trois quarts païen ; c'était le besoin de la vengeance. L'Église avait essayé, il est vrai, d'adoucir les coutumes judiciaires en faisant appel aux sentiments de paix, de pardon ; mais, d'un autre côté, elle avait exaspéré le besoin de justice en joignant, à ce désir de rétribution, la haine du péché. Le péché, pour des esprits violents et impulsifs, c'était le plus souvent une autre manière de nommer les actions de leurs ennemis. Le sentiment de justice avait atteint son maximum de tension entre ces deux pôles : conception barbare du talion et horreur religieuse du péché ; et, au surplus, le devoir de l'État de punir sévèrement était de plus en plus considéré comme un besoin pressant : l'état chronique d'insécurité exigeait, des autorités publiques, des actes de terrorisme. La conception du rachat des forfaits bat en retraite, au fur et à mesure que s'affirme l'idée que le crime est une menace contre la société et une insulte à la majesté divine. Ainsi, la fin du Moyen Âge est devenue, par excellence, une époque de cruauté judiciaire. On ne doutait pas un seul instant que le criminel ne méritât sa peine. Le peuple sanctionnait les châtiments les plus rigoureux infligés par le prince lui-même. De temps à autre, les magistrats entreprenaient de véritables campagnes de sévérité, soit contre le brigandage, soit contre la sorcellerie ou la sodomie.

---

1. *Chronique du religieux de Saint-Denis*, éd. Bellaguet, Coll. des documents inédits, 1839-1852, 6 vol., I, p. 34 ; Juvénal des Ursins, p. 342 et 467-471 ; *Journal d'un bourgeois de Paris,* p. 12, 31 et 44.

Ce qui nous frappe dans cette cruauté judiciaire, c'est moins la perversité que le plaisir animal et abruti, la joie de kermesse qu'y prenait le peuple.

Les citoyens de Mons achetèrent un brigand à un prix beaucoup trop élevé, pour le plaisir de le voir écarteler, « dont le peuple fust plus joyeulx que si un nouveau corps sainct estoit ressuscité[1] ». Pendant la captivité de Maximilien d'Autriche à Bruges, en 1488, le banc de torture fut installé au milieu du marché sur une haute estrade, à la vue du royal prisonnier ; et le peuple n'était jamais rassasié de voir les tourments infligés aux magistrats soupçonnés de trahison. Les exécutions qu'imploraient les malheureux étaient retardées afin que le peuple pût jouir plus longtemps de leurs tortures[2].

En France et en Angleterre existait la coutume de refuser aux condamnés à mort, non seulement le viatique, mais aussi la confession : il ne fallait pas sauver leurs âmes, mais aggraver les tourments de leur agonie par la certitude des peines de l'enfer. En vain, le pape Clément V avait-il enjoint, en 1311, d'accorder le sacrement de pénitence. L'idéaliste Philippe de Mézières insista pour l'obtenir, d'abord auprès de Charles V, puis auprès de Charles VI. Mais le chancelier Pierre d'Orgemont, dont la « forte cervelle », dit Mézières, était plus dure à remuer qu'une meule, s'y opposa, et le roi Charles V, si sage cependant et si paisible, déclara que, de sa vie, on ne changerait rien à la coutume. Ce n'est qu'après que la voix de Jean Gerson se fut jointe à celle de Mézières qu'un édit royal, du 12 février 1397, ordonna d'accorder la confession à l'accusé. Pierre de Craon, aux efforts de qui était due la décision, érigea à Paris une croix de pierre près de la potence, pour marquer l'emplacement où les Frères mineurs pouvaient assister les condamnés

1. Molinet, III, p. 487.
2. *Ibid.*, III, p. 226, 241 et 283-287 : La Marche, III, p. 289 et 302.

repentants[1]. Même alors, la barbare coutume ne disparut point ; peu après l'an 1500, l'évêque de Paris, Étienne Ponchier, dut renouveler le statut de Clément V. En 1427, un noble brigand est pendu à Paris. Au moment de l'exécution, le grand trésorier du Régent vient lui crier sa haine ; il empêche qu'on lui accorde la confession ; tout en insultant le condamné, il monte à l'échelle derrière lui, le frappe d'un bâton, et rosse le bourreau qui exhorte la victime à penser à son salut. Le bourreau, effrayé, hâte son travail ; la corde se casse, le triste malfaiteur tombe, se brise une jambe et des côtes et doit, dans cet état, remonter l'échelle[2].

Le Moyen Âge ignorait toutes les idées qui ont rendu notre conception de la justice timide et hésitante : idée de responsabilité atténuée, sentiment de faillibilité, conviction que la société est complice, désir d'améliorer plutôt que de punir. Ou plutôt, ces idées, inexprimées, étaient présentes dans les soudains sentiments de compassion et de pardon qui, indépendamment de la faute commise, venaient de temps à autre empêcher l'accomplissement cruel de la justice. Tandis que nous connaissons des peines adoucies, administrées avec hésitation, le Moyen Âge ne connaît que deux extrêmes : la punition complète ou la grâce. Et quand on pardonne, on ne se demande pas si le criminel a mérité sa grâce pour des raisons particulières ; toute faute, même la plus flagrante, peut trouver grâce. Dans la pratique, ce n'était pas toujours la pitié toute pure qui déterminait le pardon : l'intercession des parents puissants procurait au

---

1. *Clementis V constitutiones*, lib. V, tit. 9, c. i ; *Joannis Gersonii Opera omnia*, éd. L. Ellies Dupin, 2e éd. *Hagae Comitis* 1728, 5 vol., II, p. 427 ; *Ordonnances des rois de France*, t. VIII, p. 122 ; N. Jorga, *Philippe de Mézières et la croisade au XIVe siècle*, Bibliothèque de l'École des hautes études, fasc. 110, 1896, p. 438 ; *Religieux de Saint-Denis*, II, p. 533.

2. *Journal d'un bourgeois de Paris*, p. 223 et 229.

malfaiteur des lettres de rémission, et les contemporains trouvaient cela tout naturel. Cependant, la majorité de ces lettres concernent de pauvres gens du peuple[1].

Le contraste entre la cruauté et la pitié domine partout les mœurs du Moyen Âge. D'un côté, les pauvres, les malades, les déments sont l'objet des sentiments de pitié et de fraternité les plus profonds ; d'autre part, ils sont traités avec une incroyable dureté et cruellement tournés en dérision. Le chroniqueur Pierre de Fenin conclut le récit de la mort d'une bande de brigands par ces mots : « et faisoit-on grant risée, pour ce que c'estoient tous gens de povre estat[2]. »

À Paris, en 1425, a lieu un « esbatement » dans lequel quatre aveugles armés combattent pour un goret. La veille, ils parcourent la ville, revêtus de leurs armures, précédés d'un joueur de cornemuse et d'une bannière sur laquelle est peinte l'image du pourceau[3].

Les naines étaient un objet d'amusement recherché, dans les cours princières du XVe siècle, comme elles le furent à la cour d'Espagne à l'époque où Vélasquez peignit leurs figures si mélancoliques. Pendant l'« entremets » artistique des grandes fêtes de la cour, elles exhibaient leurs talents et leurs difformités. Mme d'Or, la naine blonde de Philippe de Bourgogne, était connue de tous ; on la faisait lutter avec l'acrobate Hans. Aux fêtes du mariage de Charles le Téméraire avec Marguerite d'York, en 1468, apparaît Mme de Beaugrant, « la naine de Mademoiselle de Bourgogne », déguisée en bergère, chevauchant un lion doré plus grand qu'un cheval[4]. Le lion ouvre et

---

1. Jacques Du Clercq, IV, p. 265 ; Petit-Dutaillis, *Documents nouveaux sur les mœurs populaires et le droit de vengeance dans les Pays-Bas au XVe siècle*, Bibl. du XVe siècle, Paris, Champion, 1908, p. 7 et 21.

2. Pierre de Fenin, éd. Petitot, Coll. de mém. VII, p. 593 ; *cf.* son récit du bouffon mis à mort, p. 619.

3. *Journal d'un bourgeois de Paris*, p. 204.

4. Jean Lefèvre de Saint-Rémy, *Chronique*, éd. F. Morand, Soc.

ferme la gueule et chante un couplet de bienvenue ; la bergère est offerte à la jeune duchesse et placée sur la table[1]. Aucune plainte ne nous est parvenue touchant le sort de ces naines, mais nous possédons des livres de comptes qui nous en disent encore plus long. Une duchesse s'était procuré une naine ; le père et la mère de la naine venaient parfois visiter leur enfant et recevaient une gratification : « Au pere de Belon la folle, qui estoit venu veoir sa fille... » La même année, un serrurier de Blois fournit deux collets de fer, l'un « pour attacher Belon la folle et l'autre pour mettre au col de la cingesse de Mme la duchesse[2] ».

Nous pouvons nous imaginer comment les fous étaient traités, par un détail concernant les soins donnés à Charles VI qui, en sa qualité de roi, recevait cependant un traitement bien différent de celui des simples mortels. Pour le changer de linge, on n'avait rien trouvé de mieux que de le faire surprendre par douze hommes à faces noircies, qui semblaient des diables[3].

Dans la dureté de cœur de cette époque, il y a un élément ingénu qui nous empêche presque de la condamner. Au milieu d'une épidémie qui ravageait Paris, les ducs de Bourgogne et d'Orléans demandent l'établissement d'une cour d'amour en guise de distraction[4]. Pendant une trêve à l'horrible massacre des Armagnacs en 1418, le peuple de Paris institue dans l'église Saint-Eustache la confrérie de Saint-André ; prêtres et laïcs portent une couronne de roses rouges ; l'église en est parfumée « comme s'il fust lavé d'eau

---

de l'hist. de France, 1876, 2 vol., II, p. 168 ; Laborde, *Les Ducs de Bourgogne. Études sur les lettres, les arts et l'industrie pendant le XVe siècle*, Paris, 1849-1853, 3 vol., II, p. 208.

1. La Marche, III, p. 133 ; Laborde, II, p. 325.
2. Laborde, III, p. 355 et 398 ; *Le Moyen Âge*, XX, 1907, p. 193-201.
3. Juvénal des Ursins, p. 438 et 1405 ; *cf.* toutefois *Religieux de Saint-Denis*, III, p. 349.
4. Piaget, *Romania*, XX, p. 417 et XXXI, 1902, p. 597-603.

rose[1] ». Le peuple d'Arras célébra l'annulation des procès de sorcellerie qui avaient en 1461 infesté la ville comme une épidémie, en instituant un concours pour la représentation de « folies moralisées » : premier prix, un lis d'argent ; quatrième prix, une couple de chapons. Les victimes qui avaient péri dans les tortures étaient bien oubliées[2].

La vie était si violente et si contrastée qu'elle répandait l'odeur mêlée du sang et des roses. Les hommes de cette époque, géants à têtes d'enfants, oscillent entre la peur de l'enfer et les plaisirs naïfs, entre la cruauté et la tendresse. Dédain absolu des joies de ce monde, ou fol attachement aux jouissances terrestres, haine ou bonté : ils vont toujours d'un extrême à l'autre.

Peu de chose nous a été conservé du côté clair et joyeux de cette époque : il semble que l'heureuse douceur et la sérénité de l'âme du XVe siècle se soient fondues dans sa peinture ou cristallisées dans la claire pureté de sa musique. Le rire de ces générations est éteint ; son goût de la vie et sa joie insouciante ne demeurent que dans la chanson populaire et la farce. Partout, en dehors des arts, règne l'obscurité. Dans les avertissements menaçants des sermons, les soupirs et la lassitude exprimés dans la littérature, les récits monotones des chroniques et des documents, partout crie le péché et gémit la misère.

Après le Moyen Âge, les péchés capitaux d'orgueil, de colère et d'avarice n'ont plus retrouvé l'insolence éhontée avec laquelle ils s'étalaient dans la vie des siècles antérieurs.

Toute l'histoire de la maison de Bourgogne est un poème d'orgueil héroïque : l'acte de bravoure chevaleresque qui donna naissance à la fortune de Philippe le Hardi, l'envie amère de Jean sans Peur, et le désir de représailles qui suivit sa mort, l'amour du faste de

1. *Journal d'un bourgeois de Paris,* p. 95.
2. Jacques Du Clercq, III, p. 262.

cet autre Magnifique, Philippe le Bon, et, enfin, la folle témérité et l'obstination du Téméraire. Leurs pays étaient les plus féconds de l'Occident : la Bourgogne, lourde de vins et de force, la « colérique » Picardie, les Flandres riches et gourmandes. Ce sont les pays mêmes où se déploie la splendeur de la peinture, de la sculpture, de la musique, où les plus âpres vengeances et la plus violente barbarie se donnent libre carrière chez les nobles et les bourgeois[1].

Le péché dont cette époque fut le plus consciente est la cupidité. L'orgueil est le péché des temps féodaux et hiérarchiques, pendant lesquels possessions et richesses sont encore peu mobiles. Le pouvoir n'est pas encore associé d'une manière prédominante avec l'argent ; il est plus personnel et, pour être reconnu, doit se manifester par une nombreuse suite de fidèles, des ornements précieux, les entrées impressionnantes du seigneur. La conscience d'être au-dessus des autres hommes est entretenue par les formes extérieures : génuflexions, hommages, serments de fidélité, apparat, qui font que la grandeur semble une chose réelle et justifiée.

L'orgueil est à la fois un péché symbolique et théologique. La superbe était l'origine de tous maux ; l'orgueil de Lucifer était l'origine et la cause de toute perdition. Ainsi l'avait jugé saint Augustin, ainsi continua-t-on à se le représenter. L'orgueil, dit Hugues de Saint-Victor, est la source de tous les péchés : ils sortent de lui comme la racine et la tige[2]. Mais, si les Écritures expriment cette conception : *A superbia initium sumpsit omnis perditio*[3], elles disent aussi : *Radix omnium malorum est cupiditas*[4]. Et il semble bien

1. Jacques Du Clercq, *passim* ; Petit-Dutaillis, *Documents [...]*, p. 131.

2. Hugues de Saint-Victor, *De fructibus carnis et spiritus*, Migne, CLXXVI, p. 997.

3. Tobit, 4, 13.

4. I Timothée, 6, 10.

qu'à partir du XIIIe siècle on commence à trouver que la racine de tout mal est, plutôt que l'orgueil, la cupidité, c'est-à-dire l'Avarice, la *cieca cupidigia* de Dante.

L'avarice n'a pas le caractère symbolique et théologique de l'orgueil; c'est un péché purement terrestre, l'impulsion de la nature et de la chair. La cupidité est le péché dominant de cette époque où les conditions du pouvoir ont été modifiées par la circulation de l'argent. L'évaluation de la dignité humaine devient un problème d'arithmétique. Un champ illimité s'ouvre à celui qui désire satisfaire une avidité effrénée et entasser des richesses. Et ces richesses n'ont pas encore acquis la spectrale impalpabilité que leur donnera plus tard le capitalisme basé sur le crédit : c'est l'or, jaune et tangible, qui hante les imaginations. La jouissance des richesses est directe et primitive : elle n'est pas encore atténuée par le mécanisme d'une accumulation automatique et invisible; on trouve la satisfaction d'être riche soit dans le luxe et la dissipation, soit dans l'avarice grossière. Dans la dissipation, la cupidité se joint à l'orgueil. Celui-ci était encore fort et bien vivant : la pensée féodale et hiérarchique n'avait pas encore perdu son éclat; le désir de magnificence restait très vif. Cette union de l'orgueil primitif et de la cupidité donne au Moyen Âge expirant ce ton de passion exaspérée que les époques suivantes semblent avoir perdu; car le protestantisme et la Renaissance ont apporté à l'avarice une base éthique : ils l'ont légalisée, en la reconnaissant l'utile génératrice du bien-être.

Dans les chroniques et dans toute la littérature, du proverbe au poème pieux, s'expriment la même haine contre les riches, les mêmes plaintes contre l'avidité des grands. On dirait une vague conception de luttes de classes, exprimée sur un ton d'indignation morale. Sur ce sujet, les documents sont aussi loquaces que les chroniques, car, dans toutes les pièces officielles qui ont trait à des procès, s'étale la cupidité la plus éhontée.

En 1436, une querelle entre deux mendiants fit verser quelques gouttes de sang et souilla ainsi une église de Paris. Bien que cette église fût l'une des plus importantes, le service y fut interrompu pendant vingt-deux jours ; l'évêque, Jacques du Châtelier, « ung homme très pompeux, convoicteux, plus mondain que son estat ne requeroit », refusait de la reconsacrer avant d'avoir reçu des deux misérables une certaine somme d'argent, que d'ailleurs ils ne possédaient pas. Une chose pire encore arriva sous son successeur Denys de Moulins, en 1441. Pendant quatre mois, celui-ci interdit enterrements et processions dans le cimetière des Innocents, le plus célèbre de tous, parce que l'église ne pouvait payer la taxe qu'il demandait. Cet évêque était un « homme très pou piteux à quelque personne, s'il ne recevoit argent ou aucun don qui le vausist, et pour vrai on disoit qu'il avait plus de cinquante procès en Parlement, car de lui n'avoit on rien sans procès[1] ». Il faut étudier l'histoire des « nouveaux riches » de ce temps-là, de la famille d'Orgemont, par exemple, pour comprendre la terrible haine du peuple à l'égard des riches, et les anathèmes des prédicateurs et des poètes[2].

Le peuple ne peut considérer son propre sort et le sort du pays que comme une succession de mauvais gouvernements, d'exploitation, de guerres et de pillages, de misère et de pestilences. Les guerres continuelles, les troubles incessants occasionnés dans les villes et les campagnes par une dangereuse canaille, la menace constante d'une justice dure et sujette à caution, et, de plus, l'angoissante crainte de l'enfer, du diable et des sorcières, provoquaient une inquiétude

1. *Journal d'un bourgeois de Paris,* p. 325, 343, 357 et, en note, les données des registres du Parlement.

2. L. Mirot, *Les d'Orgemont, leur origine, leur fortune* […], Bibl. du XVe siècle, Paris, Champion, 1913 ; P. Champion, *François Villon, sa vie et son temps*, Bibliothèque du XVe siècle, Paris, Champion, 1913, 2 vol., II, p. 230 *sq*.

générale qui faisait à la vie un sombre arrière-fond. Et ce n'est pas seulement la vie des pauvres gens qui se passait dans une dangereuse insécurité; celle des nobles et des magistrats est pleine de dangers et de brusques changements de fortune. Le Picard Mathieu d'Escouchy est un de ces historiens comme en a tant produit le XVe siècle : sa chronique, simple, minutieuse, impartiale, pleine de respect pour l'idéal chevaleresque et la morale courante, semble celle d'un homme honnête qui se serait voué à un travail historique consciencieux. Mais nous connaissons la vie de l'auteur, depuis que du Fresne de Beaucourt l'a exhumée des archives[1]. Conseiller, échevin, juré, prévôt de Péronne entre 1440 et 1450, nous le trouvons, dès le début de sa carrière, engagé dans une querelle avec la famille du procureur, Jean Froment, querelle qui se vide par des procès. Puis, c'est le procureur qui poursuit d'Escouchy pour faux et meurtre, « excès et attemptaz ». Le prévôt, à son tour, tend un piège à la veuve de son ennemi par une enquête de sorcellerie, dont elle était suspectée ; mais celle-ci obtient un mandat qui oblige d'Escouchy à remettre son enquête aux mains de la justice. L'affaire arrive devant le parlement de Paris, et d'Escouchy, pour la première fois, connaît la prison. À six reprises différentes, nous le retrouvons détenu, une fois comme prisonnier de guerre, les autres fois pour affaires criminelles, et souvent aux fers. Un fils de Froment le blesse dans une rencontre. Chacun des deux partis loue des brigands pour assaillir l'autre. Quand cette longue querelle disparaît enfin des documents, ce sont d'autres attentats. Le prévôt est blessé par un moine ; nouvelles plaintes. En 1461, d'Escouchy va habiter la ville de Nesles ; il est suspect de crime, semble-t-il. Cela ne l'empêche pas de faire carrière : il devient bailli, prévôt de Ribemont,

1. Mathieu d'Escouchy, *Chronique*, éd. G. du Fresne de Beaucourt, Société de l'histoire de France, 1833-1864, 3 vol., I, p. IV-XXXIII.

procureur du roi à Saint-Quentin ; il est anobli. Il combat pour le roi à Montlhéry en 1465 contre Charles le Téméraire, et y est fait prisonnier. Il revient mutilé d'une autre campagne et se marie, mais non pour commencer une vie tranquille. Il apparaît comme accusé de contrefaçon de sceaux, conduit à Paris « comme larron et murdrier », en querelle avec un magistrat de Compiègne, soumis à la torture, empêché de recourir à l'appel, condamné, réhabilité, puis encore condamné, jusqu'à ce que les traces de cette carrière de haine et de persécution disparaissent des documents.

Pour se faire une idée de l'agitation, de l'insécurité dans lesquelles vit cette époque, il faut lire les particularités que M. Pierre Champion a rassemblées concernant les personnes mentionnées ou visées par Villon dans son *Testament*[1], ou encore les annotations de M. Tuetey sur le *Journal d'un bourgeois de Paris*. Ce ne sont que procès, méfaits, querelles et persécutions sans fin. Et ce sont là des vies prises au hasard, exhumées de documents judiciaires, religieux ou autres. Des chroniques comme celle de Jacques Du Clercq, collection de forfaits, ou le *Journal* de Philippe de Vigneulles, bourgeois de Metz[2], nous donnent peut-être, de leur époque, une image poussée au noir ; il en est de même des lettres de rémission, parce qu'elles ont les crimes pour sujet. Mais toute investigation dans la carrière d'individus quelconques semble confirmer les plus sombres représentations.

C'est un monde méchant. La haine et la violence règnent, l'injustice est toute-puissante, le diable couvre de ses sombres ailes une terre de ténèbres. Et l'anéantissement universel approche. Cependant, l'humanité ne se convertit pas ; l'Église combat, les prédicateurs et les poètes se lamentent et exhortent, mais c'est en vain.

---

1. P. Champion, *François Villon, sa vie et son temps*, *op. cit.*
2. Pd. H. Michelant, Bibl. des lit., Vereins zu Stuttgart, XXIV, 1852.

CHAPITRE II

L'aspiration vers une vie plus belle

Toute époque aspire à un monde plus beau. Plus le présent est sombre et confus, plus ce désir est profond. Au déclin du Moyen Âge, la vie s'emplit d'une sombre mélancolie. Cette note de courageuse joie de vivre, de confiance en ses propres forces, qui résonne à travers l'histoire de la Renaissance, à peine l'entend-on dans le monde franco-bourguignon du XVe siècle. L'époque a-t-elle donc été plus malheureuse que les autres ? On serait parfois enclin à le croire. Si l'on interroge la tradition : historiens, poètes, sermons, traités religieux, et les sources officielles elles-mêmes, on n'y trouve guère que haine, querelles, méfaits, cupidité, brutalité et misère, et l'on se demande si cette époque n'a connu d'autres joies que celles de l'orgueil, de la cruauté et de l'intempérance, s'il n'y a eu nulle part de paisible joie de vivre. Chaque époque, il est vrai, laisse plus de traces de ses souffrances que de son bonheur : ce sont les infortunes qui font l'histoire. Une conviction irraisonnée nous dit que la somme de joie et de paix accordée aux hommes ne varie guère d'une époque à une autre. Et d'ailleurs, la joie du Moyen Âge jette encore une lueur ; elle survit dans la chanson populaire, la musique, les paisibles perspectives des paysages et les graves figures des portraits.

Mais, au XVe siècle, ce n'était ni de mode ni de bon ton, pourrait-on dire, de louer ouvertement la vie. Il convenait de n'en mentionner que les souffrances et le désespoir. Le monde s'acheminait vers sa fin, et toute chose terrestre vers la corruption. L'optimisme qui ira croissant, de la Renaissance au XVIIIe siècle, était encore étranger à l'esprit français. Quels sont les hommes qui, les premiers, parlèrent de leur temps avec espoir et satisfaction ? Ni les poètes, ni les penseurs religieux, ni les hommes d'État, mais les érudits et les humanistes. C'est la gloire d'avoir retrouvé la sagesse antique qui arracha d'abord aux hommes des cris de joie à propos de leur temps : c'est un triomphe intellectuel. L'exclamation bien connue de Ulrich de Hutten : *« O saeculum ! O literae ! Juvat vivere ! »* exprime plutôt l'enthousiasme du lettré que celui de l'homme. On pourrait citer, du commencement du XVIe siècle, nombre de louanges à l'excellence des temps ; mais elles ont trait presque exclusivement à la renaissance des choses de l'esprit ; ce ne sont pas des expressions dithyrambiques de la joie de vivre, dans un sens général. Chez l'humaniste, d'ailleurs, l'optimisme est encore tempéré par le vieux mépris religieux du monde. Mieux que les mots trop cités de Hutten, les lettres d'Érasme écrites vers 1517 nous font connaître l'estime en laquelle un humaniste tenait la vie. « Je ne suis pas si fortement attaché à la vie, écrit-il au commencement de 1517 à Wolfgang Fabricius Capito[1], soit que, étant entré dans ma cinquante et unième année, je pense avoir vécu assez longtemps, soit que je ne trouve dans la vie rien de si excellent ou de si agréable que puisse convoiter un

1. Allen, nº 541, Anvers, 26 février 1516-1517 ; *cf.* nº 542, nº 566, nº 862, nº 967.

homme à qui la croyance chrétienne a donné l'espoir d'une vie bien plus heureuse, en réserve pour ceux qui se sont attachés de toutes leurs forces à la piété. Néanmoins, à présent, je désirerais presque redevenir jeune pendant quelque temps, pour cette seule raison que je vois poindre une sorte d'âge d'or dans un avenir tout proche.» Il décrit ensuite la concorde qui règne chez les princes de l'Europe, et leur désir de paix — chose qui lui était si chère —, et continue : «Tout me confirme dans l'espoir que, non seulement les bonnes mœurs et la piété chrétienne renaîtront et fleuriront, mais aussi les pures et véritables[1] lettres et les très belles disciplines.» Entendez : grâce à la protection des princes. «C'est à leurs sentiments de piété que nous sommes redevables de ce fait que, partout, comme à un signal donné, des génies illustres s'éveillent et se dressent, et conspirent à restaurer les belles-lettres» (*ad restituendas optimas literas*).

Voilà la pure expression de l'optimisme du XVIe siècle, le sentiment qui domine la Renaissance et l'humanisme ; c'est très différent de cette joie de vivre exubérante que l'on croit généralement caractéristique de cette période. L'appréciation d'Érasme sur les joies de la vie est timide, un peu compassée et avant tout intellectuelle. Mais cependant, c'est une note qui n'avait jamais été entendue au XVe siècle, excepté en Italie. En France et dans les États bourguignons, aux environs de 1400, les écrivains tenaient encore à accabler la vie de reproches. Et, chose remarquable (mais non sans parallèle : que l'on songe au byronisme), plus ils sont en rapport avec la vie mondaine, plus leur humeur est sombre. Les hommes qui expriment le plus fortement cette mélancolie propre à l'époque ne sont pas ceux qui se sont retirés du monde pour vivre dans le cloître ou l'étude, mais plutôt les

1. *Germanae*, qui ne peut signifier ici «allemandes».

chroniqueurs et les poètes de cours. Manquant de haute culture, incapables de puiser aux joies de l'intelligence, ils se lamentent sur le déclin du monde et désespèrent de la justice et de la paix.

Personne, plus qu'Eustache Deschamps, n'a déploré la perte de tous biens :

> Temps de doleur et de temptacion,
> Aages de plour, d'envie et de tourment,
> Temps de langour et de dampnacion,
> Aages meneur près du definement,
> Temps plains d'orreur qui tout fait faussement,
> Aages menteur, plain d'orgueil et d'envie,
> Temps sanz honeur et sanz vray jugement,
> Aage en tristour qui abrege la vie[1].

Sur ce ton, il a composé des douzaines de ballades, ternes et monotones variations sur un même thème. Sans doute, il régnait dans la noblesse une disposition générale à la mélancolie ; sinon, il serait difficile d'expliquer la popularité de ces poèmes.

> Toute léesse deffaut,
> Tous cueurs ont prins par assaut
> Tristesse et merencolie[2].

Jean Meschinot, trois quarts de siècle après Deschamps, gémit encore sur le même ton :

> Ô miserable et très dolente vie !...
> La guerre avons, mortalité, famine ;

1. Eustache Deschamps, *Œuvres complètes*, éd. De Queux de Saint-Hilaire et G. Raynaud, Société des anciens textes français, 1878-1903, 11 vol., n° 31, I, p. 113 ; *cf.* n°s 85, 126, 152, 162, 176, 248, 366, 375, 386, 400, 933, 936, 1195, 1196, 1207, 1213, 1239, 1240, etc. ; Chastellain, I, p. 9 et 27, IV, 5 et 56, VI, 206, 208, 219 et 295 ; Alain Chartier, *Œuvres*, éd. A. Duchesne, Paris, 1617, p. 262 ; Alanus de Rupe, *Sermo*, II, p. 313 (*B. Alanus redivivus*, éd. J. A. Coppenstein, Naples, 1642).

2. Deschamps, n° 562, IV, p. 18.

Le froid, le chaud, le jour, la nuit nous mine ;
Puces, cirons et tant d'autre vermine
Nous guerroyent, bref, misère domine
Noz mechans corps, dont le vivre est très court.

Lui aussi, il est convaincu que tout va mal : il n'y a plus de justice, les grands exploitent les petits, et les petits s'exploitent entre eux. Il prétend avoir été conduit par son hypocondrie à deux doigts du suicide, et se décrit en ces termes :

Et je, le prouvre escrivain,
Au cueur triste, faible et vain,
Voyant de chascun le dueil,
Soucy me tient en sa main ;
Toujours les larmes à l'œil,
Rien fors mourir je ne vueil[1].

Tout ce que nous savons de l'état d'âme des grands témoigne de ce besoin sentimental de broyer du noir. Presque tous déclarent qu'ils n'ont vu que misères, qu'ils s'attendent à pis encore et ne voudraient pas refaire le chemin parcouru. « Moi douloreux homme, né en éclipse de ténèbres en espesses bruynes de lamentation » : ainsi se présente Chastellain[2]. Son successeur, le poète et chroniqueur de Charles le Téméraire, a choisi comme devise : « Tant a souffert La Marche » ; il trouve à la vie un goût amer et son portrait nous frappe par l'expression morose propre aux visages de cette époque[3].

Aucune vie ne semble remplie de plus d'orgueil terrestre et de magnificence, ni couronnée de plus de

1. A. de La Borderie, *Jean Meschinot, sa vie et ses œuvres*, Bibl. de l'École des Chartes, LVI, 1895, p. 277, 280, 305, 310, 312, 622, etc.

2. Chastellain, I, p. 10, Prologue, cf. *Complainte de fortune*, VIII, p. 334.

3. La Marche, I, p. 186, IV, p. LXXXIX ; H. Stein, *Étude sur Olivier de La Marche, historien, poète et diplomate*, Mém. couronnés, [...] de l'Académie royale de Belgique, t. XLIX, Bruxelles, 1888, frontispice.

succès que celle de Philippe le Bon. Mais, sous cette gloire aussi, se cache le découragement du siècle : ainsi, en apprenant la mort de son fils âgé d'un an, il s'écrie : « S'il avait plu à Dieu que je fusse mort si jeune, je m'estimerais heureux[1]. »

Remarquons qu'à cette époque, le mot mélancolique prend les significations combinées de tristesse, réflexion grave et fantaisie, comme si toute occupation sérieuse de l'esprit devait être identifiée avec le chagrin. À propos de Philippe d'Artevelde, perdu dans ses réflexions à la réception d'un message, Froissart écrit : « quant il eut merancoliet une espasse, il s'avisa que il rescriproit aus commissaires dou roi de France. » Et, parlant d'une chose si laide qu'elle dépasse l'imagination, Deschamps dit : « aucun artiste n'est assez merencolieux » pour la peindre[2].

Le pessimisme de ces désillusionnés, de ces blasés, renferme un élément religieux, mais toutefois peu important. Sans doute, dans leur mélancolie, il y a l'attente de la fin imminente du monde, imprimée dans les esprits avec une force et une couleur nouvelles par les prédications des ordres mendiants. La tristesse et les vicissitudes du temps, les guerres continuelles étaient bien faites, d'ailleurs, pour fortifier cette idée. Dans les dernières années du XIVe siècle exista, semble-t-il, la croyance populaire que, depuis le grand schisme, personne n'était entré au paradis[3]. Toutefois, cette dépression morale exprimée par la plupart des courtisans n'a pas grand-chose à faire avec la religion. Tout au plus peut-on dire que les

---

1. Monstrelet, IV, p. 430.

2. Froissart, éd. Luce, X, p. 275 ; Deschamps, n° 810, IV, p. 327 ; cf. *Les Quinzes Joyes de mariage*, Paris, Marpon et Flammarion, p. 54 (quinte joye) ; *Le Livre messire Geoffroi de Charny*, Romania, XXVI, 1897, p. 399.

3. *« Joannis de Varennis responsiones ad capitula accusationum »*, par. 17, dans Gerson, *Opera*, I, p. 920.

idées religieuses ont déteint sur un fond de découragement.

Ce désir de noircir la vie est, au fond, très éloigné d'une véritable inspiration religieuse. Le monde, dit Deschamps, est un vieillard rentré en enfance ; il a commencé par être innocent ; ensuite, pendant longtemps, il a été sage, juste, vertueux et brave :

> Or est laches, chetis et molz,
> Vieulx, convoiteus et mal parlant :
> Je ne voy que foles et folz...
> La fin s'approche, en vérité...
> Tout va mal[1]...

Et ce n'est pas seulement le dégoût, c'est aussi la peur de la vie et de ses inévitables ennuis. Les poèmes de Deschamps sont pleins de mesquins reproches à la vie. Heureux ceux qui n'ont pas d'enfants, car les petits ne sont que cris et saleté, ennuis et anxiété ; il faut les vêtir, les chausser, les nourrir ; ils sont toujours en danger de tomber et de se blesser. Ils contractent quelque maladie et meurent ; ou, s'ils grandissent, ils tournent mal et vont en prison. Rien que soucis et chagrins ; aucune joie ne compense nos angoisses, les peines et les frais de leur éducation. Est-il un plus grand malheur que d'avoir des enfants difformes ? Le poète n'a pas un mot de pitié pour eux, car l'homme contrefait est mauvais, dit-il, et il invoque à ce sujet l'autorité de l'Écriture. Heureux les célibataires, car si l'homme a une mauvaise femme, sa vie est un enfer ; et s'il en a une bonne, il craint toujours de la perdre. En d'autres termes, on fuit la joie aussi bien que le malheur. Le poète ne voit dans la vieillesse que maux et sujets de dégoûts, lamentable déclin de l'âme et du corps, ridicule, insipidité. La vieillesse vient tôt, à trente ans pour la femme, à cinquante pour l'homme,

1. Deschamps, nº 95, I, p. 203.

et la limite d'âge pour tous deux est soixante ans[1]. Que nous voilà loin du serein idéalisme avec lequel Dante a décrit la dignité du vieillard dans son *Convivio*[2].

Même dans l'expression d'un ascétisme plus pur et plus élevé, nous trouvons plutôt la crainte de la vie que la vraie piété. Quand l'irréprochable chancelier de l'université, lumière de la théologie, Jean Gerson, écrit pour ses sœurs un traité dans le but de les détourner du mariage, il donne, parmi ses arguments, la longue liste des malheurs attachés à cet état. Le mari peut être buveur, dépensier ou avare. S'il est bon et honnête, de mauvaises moissons, la mort du bétail ou un naufrage peuvent le dépouiller de ses possessions. Quelle misère d'être enceinte ! Combien de femmes meurent en couches ! La mère qui allaite son enfant ne connaît ni repos ni plaisir. Les enfants peuvent être difformes ou désobéissants ; le mari peut mourir et laisser sa veuve aux prises avec les soucis et la pauvreté[3].

Un profond découragement causé par l'humaine misère : voilà le sentiment qui emplit l'âme des hommes, dès qu'une joie spontanée et naïve ou les aveugles jouissances font place à la réflexion. Où donc est ce monde de beauté que désire chaque époque ?

De tout temps, trois chemins ont conduit à la vie idéale. D'abord, le renoncement au monde. Ici, la perfection se trouve au-delà de la vie et du temps, et toute attention accordée aux choses d'ici-bas ne fait que retarder le bonheur promis. Toutes les grandes civilisations ont suivi ce chemin ; le christianisme avait

---

1. Deschamps, *Le Miroir de mariage*, IX, p. 25, 69 et 81, n° 1004, V, p. 259 ; II, p. 8 et 183-187, III, p. 39 et 373, VII, p. 3, IX, p. 209, etc.
2. *Convivio*, lib., IV, cap. 27, 28.
3. « Discours de l'excellence de virginité », Gerson, *Opera*, III, p. 382 ; *cf.* Denis le Chartreux, *« De vanitate mundi »*, *Opera omnia, cura et labore monachorum sacr. ord. Cart.*, Monstrolii-Tornaci, 1896-1913, 41 vol., XXXIX, p. 472.

si fortement imprimé dans les esprits l'idéal de renoncement comme base de la perfection personnelle et sociale, qu'il fut longtemps impossible de suivre le second chemin, celui qui menait à l'amélioration et au perfectionnement conscients du monde. Ce chemin-ci, le Moyen Âge l'a à peine connu. Pour les hommes de ce temps, le monde semblait aussi bon ou aussi mauvais qu'il pouvait l'être : toutes les institutions étaient bonnes, ayant été établies par Dieu, mais le péché des hommes tenait le monde dans la misère. L'idée d'un effort conscient pour l'amélioration et la réforme des institutions politiques et sociales n'existait pas. Faire de son mieux dans sa propre voie, c'était la seule vertu qui pouvait profiter au monde et, d'ailleurs, ici aussi, le but véritable était l'au-delà. Même quand on crée une nouvelle forme sociale, on la considère d'abord comme le rétablissement de la bonne vieille loi, ou comme une réparation des abus. L'institution consciente d'un nouvel organisme est rare, même dans la grande œuvre législatrice qu'entreprit la monarchie française à partir de saint Louis et que les ducs de Bourgogne continuèrent dans leurs États. Ils sont à peine conscients du fait que, par cette œuvre, s'accomplit le développement de l'ordre social en des formes plus efficaces. Ils n'ont devant les yeux aucun avenir politique arrêté ; c'est, avant tout, en vertu de l'exercice de leur puissance et de l'accomplissement de leur tâche pour le bien-être commun, qu'ils promulguent des ordonnances et établissent des conseils.

Rien n'a plus contribué au pessimisme général que cette absence d'un ferme et général propos de perfectionner les choses du monde. S'il n'est ici-bas aucun espoir d'amélioration, l'homme qui aspire à un meilleur ordre de choses, et qui toutefois aime trop le monde pour y renoncer, tombe naturellement dans le désespoir. Avec le désir d'amélioration consciente du monde, une nouvelle ère commencera où la peur de la vie fera place au courage et à l'espoir. En réalité, c'est le XVIIIe siècle qui, le premier, apporte cette conception. La Renaissance avait puisé dans d'autres contentements son énergique acceptation de la vie. Le XVIIIe siècle élève la perfectibilité de l'homme et de la société au rang d'un dogme central ; le siècle suivant, en perdant la naïveté de cette croyance, conservera toutefois le courage et l'optimisme qu'elle engendra.

Le troisième chemin vers un monde plus beau, le plus facile et le plus fallacieux des trois, est celui du rêve. Puisque la réalité est si misérable, le renoncement au monde si difficile, vivons dans le monde de la fantaisie, oublions la réalité dans les extases de l'idéal. Un simple accord suffit pour que se déroule la fugue enivrante : un regard porté sur le bonheur d'un passé de rêve, sur son héroïsme et sa vertu, ou sur la joie de vivre dans la nature. Sur ces seuls thèmes : celui du héros, celui du sage et le thème bucolique, est basée toute la culture littéraire depuis l'Antiquité. Le Moyen Âge, la Renaissance, le XVIIIe et le XIXe siècle ne trouvent guère que des variations sur l'air ancien.

Mais ce troisième chemin vers une vie plus belle, est-il seulement affaire de littérature ? Sans aucun doute, il est plus que cela. Il intéresse à la fois la forme et le fond de la vie sociale, et cela d'autant plus fortement que la civilisation est plus primitive.

Ce rêve de la perfection passée ennoblit la vie et ses formes, les emplit de beauté, en fait une œuvre d'art. La vie se trouve réglée comme un noble jeu. Mais cet art de vivre a de hautes exigences qui ne peuvent être satisfaites que par une élite. Imiter le héros ou le sage n'est pas l'affaire de tout le monde ; donner à la vie une couleur épique ou idyllique est un plaisir coûteux. Aussi, ce rêve de beauté porte en soi, comme un vice originel, son exclusivisme aristocratique. Et nous voici arrivés à un point de vue d'où il convient de considérer la civilisation de la fin du Moyen Âge : l'embellissement de la vie aristocratique par des formes idéales, par un romantisme chevaleresque ; le monde déguisé sous la parure de la Table ronde.

Ce désir d'une vie de beauté, qui passe pour la caractéristique de la Renaissance, est beaucoup plus ancien que le *quattrocento* italien. Ici, comme ailleurs, la ligne de démarcation a été trop fortement tracée entre le Moyen Âge et la Renaissance. Les moyens d'embellissement de la vie qu'adoptent les Florentins ne sont que d'anciens motifs médiévaux : Laurent de Médicis, tout comme le Téméraire, salue encore dans l'idéal chevaleresque la forme la plus noble de la vie ; et, malgré leur barbare magnificence, il voit dans les ducs de Bourgogne, à certains points de vue, ses modèles. L'Italie a découvert de nouveaux horizons de beauté ; elle a accordé la vie sur un ton nouveau, mais l'effort pour élever et maintenir la vie à la hauteur d'une œuvre d'art, bien que généralement considéré comme caractéristique de la Renaissance, ne fut pas son invention.

Au déclin du Moyen Âge, il n'existait encore, en principe, que l'ancien choix entre Dieu et le monde : dédain complet ou téméraire acceptation, au péril de l'âme, des délices et de la beauté terrestres. La beauté portait la marque du péché. Pour en jouir en toute sécurité, il fallait la sanctifier en la mettant au service de la religion. Le caractère sacré du sujet enlevait à la peinture ou à la miniature ce qu'elles auraient eu de dangereux.

Mais le culte du corps par les sports chevaleresques et les modes de cour, mais l'orgueil et l'envie du rang et des honneurs, mais les délices de l'amour, comment les élever et les ennoblir ? Ici, le rêve de la beauté passée devenait nécessaire pour revêtir ces choses de l'éclat d'un idéal ancien et fantastique. Et c'est là le trait qui unit à la Renaissance la culture chevaleresque française du XIIe siècle.

Toute la vie aristocratique du bas Moyen Âge, en

France et en Bourgogne comme à Florence, est un effort pour représenter le spectacle d'un rêve. Toujours le même rêve, celui du héros et du sage, du chevalier et de la jeune fille, du berger simple et satisfait. La France et la Bourgogne jouent cette pièce dans l'ancien goût ; Florence, sur le même thème, invente un jeu nouveau et plus beau.

La vie des nobles et des princes est décorée jusqu'à recevoir son maximum d'expression ; leurs actions assument une forme quasi symbolique et tendent à s'élever au rang de mystères. Les événements de la vie : naissance, mariage, mort, sont encadrés dans des formes belles et sublimes. Cette tendance n'est d'ailleurs pas spécifiquement médiévale ; elle se trouve aux stades primitifs de la civilisation ; on peut aussi l'appeler chinoiserie ou byzantinisme et elle ne meurt pas avec le Moyen Âge, témoin le Roi-Soleil.

La cour était le terrain où cet esthétisme pouvait le mieux se déployer. On sait quelle importance les ducs de Bourgogne attachèrent à tout ce qui concernait le faste de leur maison. Après la gloire guerrière, dit Chastellain, le train de la cour est la première chose sur laquelle on porte les yeux ; le règlement et le maintien en sont de toute nécessité[1]. Olivier de La Marche, maître de cérémonies de Charles le Téméraire, écrivit, à la requête du roi d'Angleterre Édouard IV, son traité sur l'état de la maison de Bourgogne, modèle de cérémonial et d'étiquette[2]. Les Habsbourg héritèrent de ce protocole et le léguèrent à l'Espagne et à l'Autriche où, jusqu'aux temps les plus récents, il continua à fleurir. La cour de Bourgogne avait le renom d'être la mieux ordonnée qui fût[3]. Charles le

1. Chastellain, V, p. 364.

2. La Marche, IV, p. CXIV.

3. Christine de Pisan, *Œuvres poétiques*, éd. M. Roy, Société des anciens textes français, 1886-1896, 3 vol., I, p. 251, n° 38 ; Leo von Rozmital's Reise, éd. Schmeller, Bibl. des lit., Vereins zu Stuttgart, t. VII, 1844, p. 24 et 149.

Téméraire surtout, cet homme au violent esprit d'ordre et de règle, qui ne laissa après lui que désordre, eut la passion de la magnificence. Cette vieille illusion que le prince écoute les plaintes des petits et leur fait justice était, par lui, entretenue avec éclat et dignité. Deux ou trois fois par semaine, après le repas, il tenait une audience publique pendant laquelle chacun pouvait l'approcher et lui remettre des suppliques. Tous les nobles de sa maison devaient être présents et personne ne se risquait à s'en tenir éloigné. D'après leurs rangs, ils s'asseyaient des deux côtés du chemin qui menait à la chaire du duc. À ses pieds étaient agenouillés les deux maîtres des requêtes, l'audiencier et un secrétaire qui lisaient les pétitions et les expédiaient suivant les ordres du prince. Derrière les balustrades autour de la salle se tenaient debout les personnages inférieurs de la cour. C'était « une chose magnifique et de grand los », dit Chastellain ; toutefois, il exprime quelques doutes sur l'utilité de ces audiences qu'il n'avait jamais vues, dit-il, de son temps, chez aucun autre prince[1].

Les récréations aussi devaient, pour Charles le Téméraire, revêtir une forme solennelle. « Tournoit toutes ses manières et ses mœurs à sens une part du jour, et avecques jeux et ris entremeslés, se délitoit en beau parler et en amonester ses nobles à vertu, comme un orateur. Et en cestuy regard, plusieurs fois, s'est trouvé assis en un hautdos paré, et ses nobles devant luy là où il leur fit diverses remonstrances selon les divers temps et causes. Et toujours comme prince et chef sur tous, fut richement et magnifiquement habitué sur tous les autres[2]. » Cet art conscient est, en dépit de ses formes rigides et naïves, complètement dans l'esprit de la Renaissance. Ce que Chastellain appelle sa « haute magnificence de cœur pour estre vu

1. La Marche, IV, p. 4 *sq.* ; Chastellain, V, p. 370.
2. *Ibid.*, p. 868.

et regardé en singulières choses», c'est la qualité la plus caractéristique de l'homme de la Renaissance, d'après Burckhardt.

L'ordonnance hiérarchique de la maison prend une saveur pantagruélique lorsqu'elle concerne les choses de la cuisine. Les repas de Charles le Téméraire, ordonnés avec une dignité presque liturgique, avec leurs services de panetiers, d'écuyers tranchants, d'échansons et de maîtres-queux, ressemblaient à de grandioses représentations théâtrales. La cour mangeait par groupes de dix dans des chambres séparées, servis et traités comme le maître, le tout ordonné soigneusement suivant le rang et l'état. Après leur repas, ils venaient saluer le duc, encore assis à table, «pour lui donner gloire[1]». Dans la cuisine (qu'on se représente l'héroïque cuisine aux sept cheminées gigantesques, seul reste du palais ducal à Dijon), est assis le cuisinier, entre la cheminée et le buffet, sur un siège élevé d'où il peut surveiller tout l'appartement. En main, il tient une grande cuiller de bois qui lui sert à deux fins : goûter le potage et les sauces, chasser les marmitons vers leur travail et, au besoin, les battre. En de rares occasions, le cuisinier lui-même vient servir, un flambeau à la main, par exemple le jour où apparaissent les premières truffes ou le premier hareng frais.

Pour le courtisan qui nous raconte ces choses, ce sont de saints mystères dont il parle avec respect et avec une sorte de connaissance scolastique. Il pose à ses lecteurs d'importantes questions de préséance et d'étiquette et les résout très savamment. Pourquoi est-ce le cuisinier qui est présent au repas de son seigneur, et non l'«écuyer de la cuisine» ? Comment procède-t-on pour nommer le chef cuisinier ? Qui doit le remplacer lorsqu'il est absent ? le «hateur» (rôtisseur) ou

1. La Marche, IV, *Estat de la maison*, p. 34 *sq.*

le « potagier » ? À ceci il répond dans sa sagesse : « Quand l'office de maître-queux est vacant à la cour du prince, les maîtres d'hôtel appellent les écuyers de la cuisine et tous ceux qui servent à la cuisine, un à un ; et c'est par leur vote solennel attesté par serment que le cuisinier est nommé. » Et à la deuxième question : « Ni l'un ni l'autre ; le remplaçant sera désigné par élection » ; « pourquoi les panetiers et les échançons occupent-ils un rang supérieur à celui des écuyers tranchants et des cuisiniers ? — Parce que leur occupation concerne le pain et le vin, choses auxquelles le sacrement donne un caractère sacré[1]. »

Il y a ici, on le voit, un véritable lien entre les questions de religion et l'étiquette de cour. Mais en dehors de cela, ces questions de préséance et de politique sont mises sur le plan d'un rituel, et c'est ce qui explique l'importance extraordinaire qui leur est donnée. Parfois, la forme est tellement prépondérante qu'elle fait perdre de vue la gravité de la matière. Ainsi, avant la bataille de Crécy, quatre chevaliers français sont allés reconnaître les lignes anglaises. Le roi, impatient de leurs nouvelles, chevauche à travers champs à leur rencontre et s'arrête dès qu'il les aperçoit. Ils se frayent un chemin dans les rangs des guerriers jusqu'au roi. « Quelles sont les nouvelles, seigneurs ? » demande celui-ci. Ils se regardent sans mot dire, car aucun d'eux ne veut parler avant son compagnon. Et ils se disent l'un à l'autre : « Seigneur, dites-le, parlez au roi, je ne parlerai pas avant vous. » Ainsi, ils débattent pendant quelque temps car « par honneur » aucun ne veut être le premier à parler ; à la fin le roi ordonne à l'un d'eux de lui répondre[2].

Voici un autre exemple où le but est perdu de vue, à cause de la beauté de la forme. Messire Gaultier Rallart, chevalier du guet à Paris en 1518, ne faisait sa

1. *Ibid.*, p. 34, 20, 51 et 31.
2. Froissart, éd. Luce, III, p. 172.

ronde que précédé de trois ou quatre musiciens qui soufflaient joyeusement dans des instruments de cuivre, ce qui faisait dire au peuple que le chef de police semblait avertir les malfaiteurs de son arrivée[1].

Ce cas n'est pas isolé. En 1465, l'évêque d'Évreux, Jean Balue, fait la ronde de nuit à Paris avec des clairons, trompettes, et autres instruments de musique « qui n'estoit pas acoustumé de faire à gens faisans guet[2] ». Même sur l'échafaud, compte est tenu de l'honneur attaché au rang. Ainsi, pour le connétable de Saint-Pol, l'échafaud est richement tendu de fleurs de lis ; le coussin sur lequel il s'agenouille et le mouchoir qui lui couvrira les yeux sont de velours cramoisi, et le bourreau est un homme qui n'a jamais exécuté personne, privilège assez douteux pour la noble victime[3].

Les assauts de politesse, qui ont pris maintenant un caractère petit-bourgeois, étaient extrêmement développés dans la vie de cour du XVe siècle. C'était une honte de ne pas accorder à un supérieur la place qui lui revenait. Les ducs de Bourgogne étaient anxieux de céder le pas à leurs royaux cousins de France. Jean sans Peur ne manque jamais de témoigner le plus profond respect à sa belle-fille, Michelle de France ; il l'appelle Madame, met un genou en terre devant elle et désire la servir, ce qu'elle ne peut accepter[4]. Quand Philippe le Bon apprend que son cousin le Dauphin, par suite d'une querelle avec le roi son père, s'est réfugié en Brabant, il lève immédiatement le siège de Déventer, opération qui était cependant le premier pas vers la conquête de la Frise, et revient en hâte à Bruxelles pour y recevoir son hôte royal. Comme le

1. *Journal d'un bourgeois de Paris,* § 218, p. 105.
2. *Chronique scandaleuse*, I, p. 53.
3. Molinet, I, p. 184 ; Basin, II, p. 376.
4. Aliénor de Poitiers, *Les Honneurs de la cour*, éd. La Curne de Sainte-Palaye, *Mémoires sur l'ancienne chevalerie*, 1781, II, p. 201.

moment de la rencontre approche, c'est une véritable course à qui sera le premier à rendre hommage à l'autre. Philippe chevauche bride abattue et envoie des messagers pour supplier le Dauphin de ne pas venir à sa rencontre. Sinon, Philippe jure de rebrousser chemin et de s'en aller si loin que le Dauphin ne le trouvera plus, car ce serait pour le duc un ridicule et une honte que le monde entier lui imputerait éternellement. Renonçant au décorum ordinaire, Philippe le Bon entre à Bruxelles ; il descend hâtivement de sa monture et voit le Dauphin qui, accompagné de la duchesse, a quitté son appartement et vient à lui dans la cour d'honneur, les bras ouverts. Le vieux duc se découvre aussitôt, s'agenouille, puis continue à marcher. La duchesse retient le Dauphin pour l'empêcher de faire un pas ; le Dauphin saisit vainement le duc pour l'empêcher de s'agenouiller et essaie, sans y parvenir, de le relever. Tous deux pleurent d'émotion, dit Chastellain, et, avec eux, tous les spectateurs. Pendant tout le séjour de ce Dauphin qui deviendra plus tard le plus cruel ennemi de sa maison, le duc s'humilie ; il se qualifie, lui et son fils, « de si méchans gens », il laisse pleuvoir sur sa tête de sexagénaire et offre au Dauphin toutes ses terres[1]. « Celuy qui se humilie devant son plus grand, celuy accroist et multiplie son honneur envers soy-mesme et de quoy la bonté mesme luy resplend et redonte en face. » Ainsi conclut Chastellain, après avoir raconté comment le comte de Charolais, par humilité, refusa obstinément de se laver les mains avant le repas dans le même bassin que la reine Marguerite d'Angleterre et son jeune fils. Les nobles en parlèrent toute la journée ; le cas fut soumis au jugement de Philippe le Bon qui fit plaider par deux courtisans le pour et le contre de la conduite de Charles. Le sentiment d'honneur féodal était encore

1. Chastellain, III, p. 196-212, 290, 292 et 308, IV, p. 412-414 et 428 ; Aliénor de Poitiers, p. 209 et 212.

assez fort pour rendre ces choses intéressantes, belles et édifiantes. Les refus de prendre le pas sur quelqu'un duraient un quart d'heure et davantage[1]. Plus on refusait, plus on était prisé. La personne susceptible du baise-main cache sa main pour échapper à cet honneur. Ainsi fait la reine d'Espagne pour le jeune archiduc Philippe le Beau ; celui-ci attend un peu, et, quand l'occasion se présente, saisit la main et la baise. Et cette fois, la sérieuse cour d'Espagne ne peut se retenir de rire[2].

Toutes les manifestations de tendresse sont soigneusement réglées. L'étiquette prescrit minutieusement quelles sont les dames de la cour qui peuvent donner la main et aussi laquelle doit encourager l'autre à cette marque d'intimité, en lui faisant signe. Ce droit de faire signe, de « hucher », est une question technique pour la vieille dame d'honneur Aliénor de Poitiers qui décrit la cérémonial de la cour de Bourgogne[3]. On s'oppose au départ d'un hôte avec une insistance indiscrète. L'épouse de Louis XI est pour quelques jours l'hôtesse de Philippe de Bourgogne ; le roi a fixé le jour de son retour mais le duc refuse de la laisser partir, malgré les craintes que la reine et son entourage éprouvent de fâcher le roi[4].

Goethe a dit : *« Es gibt kein äusseres Zeichen der Höflichkeit, das nicht einen tiefen sittlichen Grund hätte »*, et Emerson a appelé la politesse, « vertu montée en graines ». Il serait exagéré de dire qu'au XVe siècle, on était conscient de la valeur éthique de la politesse ; mais sûrement, on sentait sa valeur esthétique, ce qui marque la transition entre les témoignages sincères d'affection et les formalités arides de la civilité.

---

1. *Ibid.*, p. 210 ; Chastellain, IV, p. 312 ; Juvénal des Ursins, p. 405 ; La Marche, I, p. 278 ; Froissart, I, p. 16, 22, etc.
2. Molinet, V, p. 194 et 192.
3. Aliénor de Poitiers, p. 190 ; Deschamps, IX, p. 109.
4. Chastellain, V, p. 27-33.

Naturellement, ce copieux embellissement de la vie fleurissait surtout à la cour des princes, où l'on avait le temps et l'espace nécessaires pour s'y consacrer. Le même culte des formes s'étendit toutefois aux classes moyennes et s'y maintint après qu'il fut devenu suranné dans les hautes sphères de la société. Des coutumes telles que celle d'insister pour qu'un invité se serve une seconde fois d'un plat, ou prolonge sa visite, ou celle de refuser de prendre le pas ont presque disparu de la haute bourgeoisie ; mais au XVe siècle, elles étaient scrupuleusement observées, bien qu'elles fussent en même temps un objet de satire. C'était surtout l'église qui était le théâtre de belles et longues démonstrations de civilité. À l'offrande, d'abord. Personne ne veut être le premier à mettre son aumône sur l'autel.

— Passez. — Non feray. — Or avant !
Certes si ferez, ma cousine.
— Non feray. — Huchez no voisine,
Qu'elle doit mieux devant offrir...
— Vous ne le devriez souffrir,
Dist la voisine ; n'appartient
A moy : offrez, qu'a vous ne tient
Que li prestres ne se delivre[1].

Quand enfin la personne la plus notable a pris le pas, le même débat se répète au moment de s'approcher de la « paix », c'est-à-dire du petit disque de bois, d'argent ou d'ivoire qu'il était de mode de baiser après l'*Agnus Dei*, coutume qui remplaçait celle du baiser de paix sur la bouche[2]. Au milieu des refus polis d'embrasser le premier, la « paix » passait de main en main, causant ainsi une interruption prolongée du service.

1. Deschamps, IX, *Le Miroir de mariage*, p. 109-110.
2. Collection de « paix », dans Laborde, II, n°s 43, 45, 75, 126, 140 et 5293.

Respondre doit la juene fame :
— Prenez, je ne prendray pas, dame.
— Si ferez, prenez, douce amie.
— Certes, je ne prandray mie ;
L'en me tendroit pour une sote.
— Baillez damoiselle Marote.
— Non feray, Jhesuscrit m'en gart !
Portez a ma dame Ermangart.
— Dame, prenez. — Saincte Marie,
Portez la paix a la baillie.
— Non, mais a la gouverneresse[1].

Même un saint homme comme François de Paule croyait de son devoir de suivre ces coutumes[2], et cette attitude fut considérée par les témoins de son procès de canonisation comme une marque de grande humilité, ce qui montre que l'idée éthique attachée à ces formes n'avait pas complètement disparu. Ces formalités prennent d'ailleurs une signification plus frappante si l'on considère qu'elles étaient la contrepartie de querelles violentes et acharnées pour cette même préséance à l'église que l'on offrait si courtoisement[3]. C'était l'adoucissement louable d'un orgueil de noblesse et de bourgeoisie encore très vivement senti.

Avec tous ces compliments, les services religieux prennent l'allure de menuets, car, en quittant l'église, les mêmes assauts de politesse se répètent. Il faut donner la droite à un supérieur, lui céder le pas s'il s'agit de traverser une passerelle ou d'entrer dans une rue étroite. Arrivé à la maison, il faut inviter (comme l'exige encore la coutume espagnole) toute la compa-

---

1. Deschamps, *Le Miroir de mariage*, p. 300 ; *cf.* VIII, p. 156, ballade n° 1462 ; Molinet, V, p. 195 ; *Les Cent Nouvelles Nouvelles*, éd. Th. Wright, II, p. 123 ; cf. *Les Quinze Joyes de mariage*, p. 185.
2. Procès de canonisation à Tours, *Acta Sanctorum*, avril, t. I, p. 152.
3. Sur les querelles de préséance en Bretagne, voir H. du Halgouët, *Mémoires de la société d'histoire et d'archéologie de Bretagne*, IV, 1923.

gnie à entrer et à boire; celle-ci s'excuse poliment; il convient alors de lui faire un pas de conduite, en dépit de ses protestations[1].

Ces formes futiles nous semblent touchantes, parce qu'elles émanent d'une génération sauvage et violente qui essaye ainsi de dompter son orgueil et sa colère.

Souvent, à travers la couche de politesse, perce la rudesse native. Jean de Bavière, l'élu de Liège, est l'hôte de Paris; pendant les fêtes données par les nobles en son honneur, il gagne au jeu coup sur coup. Un des princes n'y tient plus et s'écrie : « Quel diable de prêtre est-ce là ? Quoi, va-t-il nous gagner tout notre argent ? » À quoi Jean de Bavière répond : « Je ne suis pas un prêtre, et je n'ai nul besoin de votre argent. »

Et il le prend et le jette à travers la chambre, « dont ly pluseurs orent grant mervelle de sa grant liberaliteit[2] ». Hue de Lanoy frappe de son gant de fer une personne qui, agenouillée devant le duc, porte plainte contre lui; le cardinal de Bar, en face du roi, dément un prédicateur et le traite de chien[3].

Le sentiment du formalisme est si grand que toute faute contre l'étiquette blesse comme une offense mortelle. C'est pour Jean sans Peur une honte ineffaçable d'avoir salué Capeluche, le bourreau de Paris, qui vient en grande pompe à sa rencontre et de lui avoir touché la main, comme s'il était un noble seigneur; la mort du bourreau pourra seule compenser cet affront[4]. Au banquet du couronnement de Charles VI, en 1380, Philippe le Bon prend de force la place qui lui revient,

1. Deschamps, IX, p. 111-114.

2. Jean de Stavelot, *Chronique*, éd. Borgnet, Coll. des chron. belges, 1861, p. 96.

3. Pierre de Fenin, p. 607; *Journal d'un bourgeois de Paris*, p. 9.

4. Juvénal des Ursins, p. 543, et Thomas Basin, I, p. 31. Le *Journal d'un bourgeois de Paris*, p. 110, donne une autre raison pour la peine de mort; de même le *Livre des trahisons*, éd. Kervyn de Lettenhove, Chron. rel. à l'hist. de Belg. sous les ducs de Bourg., II, p. 138.

comme doyen des pairs, entre le roi et le duc d'Anjou. Déjà la suite du duc, avec des cris et des menaces, se met en devoir de vider le différend par la violence ; mais le roi la calme, en cédant aux exigences des Bourguignons[1]. Même dans le sérieux de la vie des camps, on ne souffre aucune infraction aux formes : le roi d'Angleterre s'offense de ce que l'Isle-Adam comparaisse devant lui en un vêtement de « blanc gris[2] ». Un commandant anglais renvoie un parlementaire de la ville de Sens assiégée, pour qu'il aille se faire raser[3].

L'ordre magnifique maintenu à la cour de Bourgogne et prisé des contemporains[4] ne prend sa pleine signification que comparé au désarroi de la cour de France. Deschamps, dans nombre de ses ballades, se lamente sur la misère de la vie de cour, et ces plaintes ne sont pas seulement des variations sur le thème connu du mépris de la cour. Mauvaise table et mauvais logement ; bruit et désordre continuels ; jurons et querelles ; jalousies et injures : la cour est un abîme de péchés, la porte de l'enfer[5]. Malgré le respect sacré de la royauté et la fière ordonnance des grandes cérémonies, le décorum fléchit parfois d'une manière ignominieuse dans les occasions les plus solennelles. Aux funérailles de Charles VI à Saint-Denis, en 1422, s'élève une grande querelle entre les moines de l'abbaye et la guilde des « hénouars » (officiers de la gabelle) de Paris, pour la possession du poêle qui recouvre la bière royale ; chaque parti prétend y avoir droit ; on le tire et on en vient presque aux mains, mais le duc de Bedford remet le différend aux soins

1. *Religieux de Saint-Denis*, p. 30 ; Juvénal des Ursins, p. 341.
2. Pierre de Fenin, p. 606 ; Monstrelet, IV, p. 9.
3. Pierre de Fenin, p. 604.
4. Christine de Pisan, I, p. 251, nº 38 ; Chastellain, V, p. 364, *sq.* ; Rozmital's Reise, p. 24 et 149.
5. Deschamps, I, nºs 80, 114 et 118, II, nºs 256 et 266, IV, nºs 800 et 803, V, nºs 1018, 1024 et 1029, VII, nºs 253, X, nºs 13 et 14.

de la justice, « et fut le corps enterré[1] ». Le même cas se répète en 1461, aux funérailles de Charles VII. Arrivés à la Croix de Fiens sur le chemin de Saint-Denis, les hénouars, en conséquence d'une altercation avec les moines de l'abbaye, refusent de porter plus loin la dépouille royale, à moins de recevoir dix livres parisis. Ils laissent la bière au milieu du chemin, et le cortège est forcé de faire halte quelque temps. Déjà, les bourgeois de Saint-Denis offrent de se charger de la tâche, quand le grand écuyer promet aux hénouars de les payer de sa poche. La procession se remet en marche, mais n'arrive à destination qu'à huit heures du soir. Après l'inhumation, s'élève à propos du poêle un nouveau conflit entre les moines et le grand écuyer lui-même[2]. Ces rixes pour la possession des objets servant à une cérémonie semblent avoir été plus ou moins de coutume : l'infraction aux formalités solennelles devenait elle-même une formalité[3].

La grande publicité que l'on donnait aux événements importants de la vie des rois, et qui survécut jusqu'au temps de Louis XIV, menait parfois à une lamentable rupture de discipline dans les occasions les plus solennelles. Au banquet du couronnement, en 1380, la foule des spectateurs, des hôtes et des serviteurs est si grande que le connétable et le maréchal de Sancerre doivent servir les mets à cheval[4]. Quand Henri VI d'Angleterre est sacré roi de France à Paris en 1431, le peuple se fraye un chemin, dès l'aube, dans la grande salle du palais où aura lieu le festin, pour regarder, dérober ou s'empiffrer. Les membres du

1. Information anonyme du XVe siècle, dans *Journal de l'inst. hist.*, IV, p. 353; *cf.* Juvénal des Ursins, p. 569; *Religieux de Saint-Denis*, VI, p. 492.

2. Jean Chartier, *Histoire de Charles VII*, éd. D. Godefroy, 1661, p. 318.

3. « Entrée du Dauphin comme duc de Bretagne à Rennes en 1532 », dans Th. Godefroy, *Le Cérémonial françois*, 1649, p. 619.

4. *Religieux de Saint-Denis*, I, p. 32.

Parlement et de l'Université, le prévôt des marchands et les échevins, arrivés avec grande difficulté dans la salle à manger, trouvent leurs places occupées par toutes sortes d'artisans qu'on essaye en vain de déplacer; « quant on en faisoit lever ung ou deux, il s'en assëoit VI ou VIII d'autre costé[1] ». Au sacre de Louis XI, en 1461, on prend la précaution de fermer très tôt les portes de la cathédrale de Reims et d'y placer des gardes, de manière à ne pas laisser entrer plus de personnes que le chœur n'en peut contenir. Néanmoins, les spectateurs se pressent tellement autour de l'autel où le roi doit être sacré, que les prélats assistant l'archevêque peuvent à peine se mouvoir, et que les princes du sang sont presque étouffés sur leurs sièges d'honneur[2].

L'église de Paris supportait difficilement l'idée que l'évêque était suffragant (jusqu'en 1622) de l'archevêché de Sens. On fait entendre de toutes manières au métropolitain qu'on ne veut pas de son autorité, et l'on se réclame de l'exemption papale. Le 2 février 1492, l'archevêque de Sens a célébré la messe à Notre-Dame de Paris en présence du roi. Celui-ci n'a pas encore quitté l'église, et déjà l'archevêque se retire, donnant la bénédiction et précédé de la croix. Deux chanoines suivis d'une grande troupe de serviteurs endommagent la croix, disloquent les mains du porteur et provoquent une émeute dans laquelle le servant du métropolitain a les cheveux arrachés. Tandis que l'archevêque essaie de calmer la rixe, « sans lui dire un mot, vinrent près de lui ; Lhuillier [doyen du chapitre] lui baille du coude dans l'estomac, les autres rompirent le chapeau pontifical et les cordons d'icelluy ». L'autre chanoine poursuit l'archevêque « disant plusieurs injures en luy mectant le doigt au visage, et prenant son bras que dessira son rochet ; et n'eut esté

1. *Journal d'un bourgeois de Paris,* p. 277.
2. Thomas Basin, II, p. 9.

que n'eust mis sa main au devant, l'eust frappé au visage». Il s'ensuivit un procès qui dura treize ans[1].

L'esprit de cette époque, passionné et violent, dur et en même temps compatissant, découragé du monde et cependant avide de sa multicolore beauté, ne pouvait se passer d'un strict formalisme. Il fallait que les émotions fussent contenues dans un cadre rigide de formes conventionnelles; de cette manière, du moins, la vie sociale s'ordonnait. Ainsi, les événements de la vie devenaient de beaux spectacles; la douleur et la joie étaient costumées et maquillées de façon pathétique et théâtrale. Les moyens manquaient pour exprimer les émotions de manière simple et naturelle. Le sentiment ne pouvait atteindre à ce haut degré d'expression auquel l'époque aspirait que par la représentation esthétique.

Nous ne voulons pas dire, naturellement, que ce formalisme, spécialement celui qui entoure la naissance, le mariage et la mort, ait été institué dans ce but. Les coutumes et les cérémonies sont sorties de la croyance et du culte primitifs. Mais l'idée originelle qui leur donna naissance était depuis longtemps perdue de vue, et remplacée par une nouvelle valeur esthétique.

C'est dans les pompes funèbres que cette mise en scène des émotions assumait sa forme la plus suggestive. Ici s'offrait un champ illimité à la pompeuse exagération de la douleur, contrepartie de l'exagération de la joie qui se manifestait dans les prodigieuses fêtes de la cour. Nous ne décrirons pas le sombre appareil des vêtements de deuil, le faste des services funèbres qui accompagnaient la mort des princes. Ils ne sont pas spécialement propres au déclin du Moyen Âge; les monarchies les ont conservés jusqu'à nos jours, et le corbillard bourgeois en est la survivance. L'impression causée par le noir dont, à la mort du prince, étaient

1. A. Renaudet, *Préréforme et humanisme à Paris*, p. 11, d'après les pièces du procès.

revêtus la cour, les magistrats, les corporations et le peuple, se renforçait sans doute par le contraste avec le bariolage de la vie citadine ordinaire. Les funérailles de Jean sans Peur furent manifestement organisées en vue de produire une forte impression et elles n'étaient d'ailleurs pas exemptes d'une intention politique. L'escorte de Philippe le Bon, lorsqu'il se rend à la rencontre des rois de France et d'Angleterre, déploie deux mille fanons noirs, des étendards et des bannières de sept aunes de long, aux franges de soie noire, le tout brodé ou peint d'armoiries dorées. Les sièges d'apparat et la voiture du duc ont été, pour l'occasion, peints en noir[1]. À Troyes, au solennel rendez-vous, Philippe le Bon à cheval accompagne les reines de France et d'Angleterre et porte un manteau de velours noir qui pend jusqu'à terre[2]. Longtemps après, le duc et sa suite ne se montrent que vêtus de deuil[3].

Parfois une couleur éclatante, en s'opposant au noir, en rehaussait l'effet. Ainsi, le roi de France porte le deuil en rouge, tandis que toute la cour (la reine elle-même) est vêtue de noir[4]. Et en 1393, les Parisiens virent avec étonnement les funérailles toutes blanches du roi d'Arménie Léon de Lusignan, mort en exil[5].

Sans aucun doute, ce noir recouvrait souvent une douleur vraie et profonde. L'horreur de la mort, le sentiment de parenté, l'attachement au seigneur contribuaient à faire d'une mort princière un événement vraiment émouvant. Et si l'honneur d'une famille orgueilleuse était en jeu et que la vengeance s'imposât comme un devoir sacré, ainsi que ce fut le cas lors du meurtre de Jean sans Peur, l'apparat cor-

1. De Laborde, *Les Ducs de Bourgogne*, I, p, 172 et 177.
2. *Livre des trahisons*, p. 156.
3. Chastellain, I, p. 188.
4. Aliénor de Poitiers, *Les Honneurs de la cour*, p. 254.
5. *Religieux de Saint-Denis*, II, p. 114.

respondait à la douleur du cœur. Chastellain raconte complaisamment la manière esthétique dont cette mort fut annoncée. Dans le style lourd et traînant de sa rhétorique solennelle, il controuve la longue harangue par laquelle l'archevêque de Tournai, alors à Gand, prépare le jeune duc à la terrible nouvelle, les majestueuses lamentations de Philippe et de Michelle de France, son épouse. Mais la substance même de son récit n'est pas douteuse : l'attaque de nerfs provoquée chez le jeune duc, la pâmoison de son épouse, le désarroi de la cour, les lamentations de la ville, bref, le farouche excès de douleur avec lequel fut accueillie la nouvelle[1]. Un autre récit de Chastellain porte les marques de la vérité : celui de la douleur de Charles le Téméraire à la mort de Philippe le Bon, en 1467. En cette circonstance, la secousse était moins violente : le vieux duc, à peu près tombé en enfance, s'affaiblissait depuis longtemps ; ses rapports avec son fils étaient, dans les dernières années, devenus rien moins que cordiaux ; en sorte que, comme le dit Chastellain, l'étonnement fut grand de voir Charles, près du lit de mort, pleurer, sangloter, se tordre les mains, se jeter sur le sol, « et ne tenoit règle ne mesure, et tellement qu'il fit chacun s'esmerveiller de sa démesurée douleur ». Dans la ville de Bruges où mourut le duc, « estoit pitié de oyr toutes manières de gens crier et plorer et faire leurs diverses lamentations et regrets[2] ».

Dans ces narrations il est difficile de décider quelle part revient respectivement à l'esprit curial qui admire et approuve les bruyantes démonstrations de la douleur, et à la profonde émotivité qui était propre à l'époque. Il y survit sans doute un fort élément primitif : les lamentations sur le mort, stylisées par les pleureuses et artistement représentées par les « plou-

1. Chastellain, I, p. 49, V, p. 240 : *cf.* La Marche, I, p. 201 ; Monstrelet, III, p. 358 ; Lefèvre de Saint-Rémy, I, p. 380.
2. Chastellain, V, p. 228 ; *cf.* IV, p. 210.

rants » qui, à cette date, donnaient une telle émotion à la sculpture tombale, sont de vieux éléments de civilisation.

Cette union de rituel primitif, d'émotivité et de formalisme, apparaît encore dans la grande crainte que l'on éprouvait à annoncer une mort. On cache la mort de son père à la comtesse de Charolais qui est enceinte ; on n'ose annoncer à Philippe le Bon malade aucune mort qui le touche tant soit peu, si bien qu'Adolphe de Clèves ne peut porter le deuil de son épouse. Quand le duc a vent de la mort du chancelier Nicolas Rolin, il demande à l'évêque de Tournai, qui le vient visiter, s'il est vrai que le chancelier soit mort. « Monseigneur, dit l'évêque, en vérité, il est mort, car il est vieux et cassé et ne peut guère vivre longtemps. — Déa ! s'écrie le duc je ne demande pas cela, je demande s'il est “mort de mort et trépassé.” — Ah ! Monseigneur, répond l'évêque, il n'est pas décédé, mais paralysé d'un côté et, pour cela, peut-être tenu pour mort. » Le duc se fâche : « Vechy merveilles ! dites-moi clairement s'il est mort. » Alors, enfin, l'évêque : « Oui, vraiment, Monseigneur, il est réellement mort[1]. » Cette curieuse manière d'annoncer une mort ne renferme-t-elle pas des traces d'anciennes superstitions, plutôt que le désir d'épargner un malade ? Elle dénote un état d'esprit analogue à celui de Louis XI qui ne se servait plus jamais de la robe qu'il portait ni du cheval qu'il montait au moment où de mauvaises nouvelles lui avaient été annoncées, et qui fit même abattre une partie de la forêt de Loches où il avait appris la mort de son fils nouveau-né[2]. « M. le chancelier — écrit-il le 25 mai 1483 —, je vous mercye des lettres, etc., mais je vous pry que ne m'en envoyés plus par celluy qui les m'a aportées, car je luy ay trouvé le visage terriblement changé depuis que je

1. *Ibid.*, III, p. 296 ; IV, p. 213 et 216.
2. *Chronique scandaleuse*, interpol., p. 332.

ne le vizt, et vous prometz par ma foy qu'il m'a fait grant peur ; et adieu[1]. »

Quels que soient les tabous qui s'y cachent, les usages funéraires ont une valeur civilisatrice : ils donnent la forme et le rythme à la douleur, l'embellissent et l'élèvent. Ils transportent la vie réelle dans la sphère de la tragédie et lui font chausser le cothurne. Dans les civilisations primitives, en Irlande, par exemple, les rites funéraires et les complaintes poétiques sur les morts ne font qu'un. Il en est de même d'un deuil à la cour de Bourgogne : on ne peut le comprendre que si l'on considère sa parenté avec l'élégie. Plus le rang est élevé, plus le deuil doit être héroïque. La reine de France, pendant tout un an, garde la chambre où lui est annoncée la mort de son époux. Pour les princesses, la réclusion est de six semaines. Après qu'on a fait part de la mort de son père à Mme de Charolais, Isabelle de Bourbon, elle assiste d'abord au service funèbre dans le château de Couwenberg, et demeure ensuite six semaines dans sa chambre, couchée dans son lit, soutenue par des coussins, vêtue. d'une barbette, d'une coiffe et d'un manteau. La chambre et une grande antichambre sont tendues de noir ; le plancher est recouvert d'un grand drap noir. Les dames de la noblesse restent six semaines au lit pour la mort de leur mari ; pour père et mère, neuf jours au lit et le reste des six semaines, assises devant le lit sur le grand tapis noir. Pour le frère aîné, on garde la chambre six semaines, mais pas le lit[2].

Sous ce splendide décorum, les émotions tendent facilement à disparaître ; la posture pathétique se dément derrière les coulisses. On fait une naïve distinction entre l'apparat et la vie réelle, ainsi qu'il apparaît clairement dans les écrits de la vieille dame

1. *Lettres de Louis XI*, X, p. 110.
2. Aliénor de Poitiers, *Les Hommes de la cour*, p. 254-256.

d'honneur, Aliénor de Poitiers, qui cependant vénère les cérémonies comme de saints mystères. Après avoir décrit le deuil magnifique d'Isabelle de Bourbon, elle ajoute : « Quand Madame estoit en son particulier, elle n'estoit point toujours couchée, ni en une chambre. » Le mot *chambre* signifie ici un ensemble de tapisseries, tapis, couvertures qui servait à décorer un appartement ; donc une chambre d'apparat spécialement arrangée[1]. Aliénor dit encore : « pour un mari, il faut porter pendant deux ans des vêtements de deuil, du moins si l'on ne se remarie pas. » Et précisément, les personnes de haut rang, les princes se remarient assez vite ; le duc de Bedford, régent de France pour le jeune Henri IV, après cinq mois seulement.

Après le deuil, c'est la chambre de l'accouchée qui fournit l'occasion d'un beau cérémonial et de différenciation hiérarchique. Les couleurs en sont déterminées. Le vert est, au XVe siècle, le privilège des reines et des princesses, tandis que c'était le blanc à une époque plus ancienne. « La chambre verde » n'est même pas accordée aux comtesses. La matière, la fourrure et la couleur des couvertures et des courtepointes sont prescrites. Sur le dressoir brûlent continuellement deux grands cierges dans des chandeliers d'argent, car on n'ouvre les volets de la chambre qu'au bout de quinze jours. Ce qu'il y a de plus remarquable toutefois, ce sont les lits d'apparat, qui restent vides comme les carrosses aux funérailles d'un roi d'Espagne. La jeune mère repose sur une couchette devant l'âtre, et l'enfant, Marie de Bourgogne, dans son berceau, dans la chambre d'enfant ; mais il se trouve dans la chambre de la mère deux grands lits artistement drapés de rideaux verts, dans la chambre de l'enfant, deux grands lits tendus de vert et de violet, et dans l'antichambre un grand lit recouvert de

1. *Cf.* F. M. Graves, *Deux inventaires de la maison d'Orléans*, Bibl. du XVe siècle, nº 31, 1926, p. 26.

satin cramoisi ; ils seront employés cérémonieusement pendant le baptême[1]. Cette « chambre de parement » avait été autrefois offerte à Jean sans Peur par les habitants d'Utrecht, d'où son nom de « chambre d'Utrecht ».

Le même esthétisme régnait aussi dans la vie quotidienne : une sévère hiérarchie d'étoffes, de couleurs et de fourrures différenciait les classes, en même temps qu'elle préservait et exaltait le sentiment de dignité. Ce besoin d'esthétisme ne se limitait pas aux joies et aux douleurs solennelles de la naissance, du mariage et de la mort, où la parade était commandée par les cérémonies indispensables. Tout événement éthique était volontiers entouré d'un beau décor. Cet esthétisme se retrouve dans l'administration éprouvée par l'humilité et les macérations des saints, pour les regrets du pécheur, comme la « moult belle contrition de ses péchés » d'Agnès Sorel[2].

Tous les rapports de la vie sociale ont leur style. Les relations intimes, au lieu d'être tenues secrètes, sont exhibées et deviennent une sorte de spectacle public. L'amitié elle aussi a, dans la vie du XVe siècle, ses formes soigneusement élaborées. À côté de l'ancienne fraternité de sang et d'armes, en honneur chez le peuple comme dans la noblesse[3], il existe une forme d'amitié sentimentale exprimée par le mot *mignon*. Le mignon du prince est une institution qui se maintiendra durant le XVIe siècle et une partie du XVIIe. C'est ce genre de rapports qui existe entre Jacques Ier d'Angleterre et Robert Carr ou George Villiers, entre Guillaume d'Orange et Charles V lors de l'abdication

---

1. Aliénor de Poitiers, p. 217-245 ; Laborde, II, p. 267 ; Inventaire de 1420.
2. Continuateur de Monstrelet, 1449 (Chastellain, V, p. 367).
3. *Cf.* Petit Dutaillis, *Documents nouveaux sur les mœurs populaires* [...], p. 14 ; La Curne de Sainte-Palaye, *Mémoires sur l'ancienne chevalerie*, I, p. 272.

de ce dernier. Pour comprendre les sentiments du duc envers Cesario dans *La Nuit des rois*, il faut que nous ayons devant les yeux cette forme d'amitié. Ce sentiment semble aux contemporains un parallèle de l'amour courtois : « Sy n'as darne ne mignon », dit Chastellain[1]. Il n'existe toutefois aucune allusion qui puisse nous faire comparer ces rapports à ceux de l'amitié grecque. La franchise avec laquelle on en parle, dans un temps qui stigmatisait le *crimen nefandum*, doit éteindre tout soupçon. Bernardin de Sienne propose en exemple à ses concitoyens la France et l'Allemagne où la sodomie est inconnue[2]. Ce n'est qu'à un prince détesté que l'on reproche des rapports défendus avec son favori officiel, comme ce fut le cas pour Richard II d'Angleterre et Robert de Vere[3]. En général, ce sont des rapports non suspects, à l'honneur du favori et dont il se vante. Commines raconte comment il eut l'honneur d'être distingué par Louis XI, de sorte qu'il était toujours habillé comme le roi[4]. Car c'est là le signe extérieur de ces rapports. Le roi a toujours un mignon en titre, habillé de vêtements semblables et sur lequel il s'appuie pendant les réceptions[5]. Parfois, ce sont deux amis d'âge semblable mais de rangs différents qui s'habillent de même, dorment dans la même chambre, voire dans le même lit. Cette amitié d'inséparables existe entre le

1. Chastellain, *Le Pas de la mort*, VI, p. 61.

2. Hefele, *Der h. Bernhardin v. Siena* [...], p. 42. *Poursuites contre la sodomie en France*, Jacques Du Clercq, II, p. 272, 282, 337, 338 et 350, III, 15.

3. Thomas Walsingham, *Historia Anglicana*, II, 148 (Rolls series, éd. H. T. Riley, 1864). Le caractère coupable des relations de Henri III de France avec ses mignons n'est pas douteux, mais ceci est fin du XVIe siècle.

4. Philippe de Commines, *Mémoires*, éd. B. de Mandrot (Coll. de textes pour servir à l'enseignement de l'histoire), 1901-1903, 2 vol., I, p. 316.

5. La Marche, II, p. 425 ; Molinet, II, p. 29 et 280 ; Chastellain, IV, p. 41.

jeune Gaston de Foix et son frère bâtard, entre Louis d'Orléans et Pierre de Craon, entre le jeune duc de Clèves et Jacques de Lalaing. Les princesses aussi ont une amie intime, qui s'habille de même et s'appelle *mignonne*.

Ces belles formes stylisées, qui cachaient la cruelle réalité sous une apparente harmonie, faisaient partie du grand art de vivre, mais ne laissèrent pas de traces dans l'art proprement dit. Les formules de politesse avec leur charmante fiction de modestie et d'altruisme, la pompe et l'étiquette de cour avec leur dignité et leur sérieux hiératiques, la joyeuse parure des noces et de la chambre de l'accouchée, toute cette beauté a disparu sans laisser de traces directes dans l'art et la littérature. Le moyen d'expression qui les unit n'est pas l'art, c'est la mode. Mais au XVe siècle, le domaine de la mode, ou du costume, si l'on préfère, touche de plus près à celui de l'art que nous ne sommes enclins à le croire. Non seulement l'emploi abondant des bijoux et du métal ouvré dans le vêtement de guerre apportait au costume un élément direct d'art manuel, mais encore la mode et l'art ont en commun des propriétés essentielles : le style et le rythme. La fin du Moyen Âge a continuellement exprimé, dans le costume, un style dont, à présent, les solennités de couronnement ne peuvent nous donner qu'une faible idée. Dans la vie quotidienne, la différenciation des fourrures et des couleurs, des coiffes et des chaperons accentuait la sévère ordonnance des rangs, les orgueilleuses dignités, l'état de joie ou de douleur, les tendres relations d'amitié ou d'amour.

Tous les rapports de la vie commune avaient leur esthétique élaborée de façon aussi expressive que possible. Plus ils étaient riches de beauté et de moralité, plus leur expression se rapprochait de l'art pur. La politesse, l'étiquette ne trouvent leur beauté d'expression que dans la vie elle-même, dans l'habillement et l'apparat. Le deuil, toutefois, laisse une forme d'art durable et puissante dans le monument sépulcral; sa connexion avec la religion rehausse sa valeur civilisatrice.

Toutefois, la plus riche floraison d'esthétisme était réservée à ces trois éléments de la vie : le courage, l'honneur et l'amour.

CHAPITRE III

La conception hiérarchique de la société

Quand, vers la fin du XVIIIe siècle, au début du romantisme, l'histoire médiévale commença à devenir un sujet d'intérêt et d'admiration, la première chose que l'on découvrit fut la chevalerie, que le romantisme naissant avait tendance à identifier avec le Moyen Âge. On ne voyait partout que panaches ondoyants, et, quelque paradoxal que cela semble, on avait, en un certain sens, raison. Une étude plus approfondie nous a appris que la chevalerie n'est qu'une des branches de la culture de cette époque, et que le développement politique et social s'est, en grande partie, effectué en dehors d'elle. L'âge de la pure féodalité et de la floraison chevaleresque va déjà vers son déclin au XIIIe siècle ; ce qui vient ensuite, c'est la période communale et princière, pendant laquelle les facteurs dominants de l'État et de la société sont la puissance commerciale de la bourgeoisie étayant la puissance monétaire des princes. Nous nous sommes accoutumés, et non sans raison, à fixer nos regards davantage sur Gand, Lyon et Augsbourg, sur le capitalisme naissant et les nouvelles formes politiques, que sur la noblesse qui, d'ailleurs, avait déjà partout plus ou moins les ailes rognées. Les recherches historiques elles-mêmes se sont, depuis le romantisme, démocratisées. Toutefois, celui qui est habitué à voir la fin du Moyen Âge sous son aspect politico-économique ne peut manquer d'être frappé du fait que les chroniques et la littérature du XVe siècle accordent à la noblesse et à la chevalerie une place bien plus grande que ne l'exigerait notre conception de l'époque. La raison de cette disproportion réside dans ce fait que les formes de la vie chevaleresque maintinrent leur empire sur la société longtemps après que la noblesse, en tant qu'organisme social, eut perdu sa signification prépondérante. Dans l'esprit du XVe siècle, la noblesse, élément social, prend encore incontestablement la première place ; son importance est exagérée par les contemporains, tandis que celle de la bourgeoisie est sous-estimée. Les hommes de ce temps-là ne voient pas que les vraies forces motrices du développement social se trouvent ailleurs que dans la vie et les actions d'une noblesse belliqueuse. Ainsi, pourrait-on arguer, l'erreur procède du XVe siècle lui-même et du romantisme qui, dans son manque d'esprit critique, se rangea à l'opinion du XVe siècle, tandis que les recherches modernes ont mis au jour les véritables rapports de la vie au Moyen Âge. En ce qui concerne la vie politique et économique, oui. Mais, pour la connaissance de la civilisation d'une époque, l'illusion même dans laquelle ont vécu les contemporains a la valeur d'une vérité. Même si la chevalerie n'avait été qu'un vernis sur la vie, il serait indispensable pour l'histoire de voir revêtue cette vie de l'éclat de ce vernis.

Mais elle fut bien plus que cela. La conception de la division de la société en « ordres » pénétrait jusqu'à la moelle toute considération théologique et politique. Cela ne se limite pas aux trois ordres : clergé, noblesse et tiers état. Le concept « ordre » a une valeur bien plus grande et une plus vaste portée. En général, chaque groupement, chaque fonction, chaque métier devient un « ordre », si bien que, à côté de la division de la société en trois ordres, il peut s'en présenter une en douze[1]. Car l'« estat », c'est l'« ordo » ; il s'y trouve l'idée d'une réalité voulue par Dieu. Les mots « estat » et « ordre » s'appliquent, au Moyen Âge, à un grand nombre de groupements humains qui nous semblent très dissemblables : les états du royaume, mais aussi les métiers, l'état de mariage et celui de virginité, l'état de péché, les quatre « estats de corps et de bouche » à la cour : panetiers, échansons, officiers tranchants et maîtres-queux, les ordres cléricaux : prêtres, diacres, sous-diacres, etc., les ordres monastiques, les ordres chevaleresques. Dans la pensée médiévale, le concept « état » ou « ordre » reçoit son unité de la conviction que chacun de ces groupes représente une institution divine, qu'il est un élément dans l'organisme de la Création, aussi réel, aussi respectable que les trônes célestes et les puissances de la hiérarchie angélique.

Dans l'image magnifique que l'on se faisait de l'État et de la société, une fonction était assignée à chacun des ordres, non pas conformément à son utilité éprouvée, mais conformément à son éclat et à son degré de sainteté. On pouvait donc déplorer la dégénérescence du clergé, la décadence des vertus chevaleresques, sans renoncer en aucune sorte à l'image idéale : les péchés des hommes peuvent empêcher la réalisation de l'idéal, mais celui-ci demeure le fondement et la directive de la pensée sociale. L'image que le Moyen Âge se fait de la société est statique, non dynamique.

Chastellain, l'historiographe attitré de Philippe le Bon et de Charles le Téméraire, dont l'œuvre opulente reste un des meilleurs miroirs de la pensée de l'époque, voit la société de son temps sous une étrange lumière. Cet homme, nourri dans les prés de la Flandre, avait sous les yeux le brillant développement de la

1. Deschamps, II, p. 226 ; *cf.* A. Pollard, *The Evolution of Parliament*, Londres, 1920, p. 58-80.

bourgeoisie ; et cependant, aveuglé par l'éclat de la cour de Bourgogne, il ne découvre dans l'État, comme source de toute force, que le courage et la vertu chevaleresques.

Dieu a fait naître le peuple pour qu'il travaille, laboure le sol, procure par le commerce les commodités nécessaires à la vie ; il a créé le clergé pour l'œuvre de la foi, mais la noblesse pour qu'elle cultive la vertu et maintienne la justice, pour que, par ses faits et ses mœurs, elle soit à tous un modèle. Les plus hautes tâches de l'État sont assignées par Chastellain à la noblesse : protéger l'Église, renforcer la foi, défendre le peuple contre l'oppression, maintenir la prospérité publique, combattre la violence et la tyrannie, consolider la paix. Vérité, bravoure, moralité et libéralité sont les qualités propres à la classe noble. Et la noblesse de France, dit ce pompeux panégyriste, répond entièrement à cette image idéale[1]. Dans toute son œuvre, il apparaît que Chastellain voit les événements de son époque à travers l'illusion de sa conception aristocratique.

L'incompréhension de l'importance de la bourgeoisie provient de ce fait que le type sous lequel on se représentait le tiers état n'avait encore nullement été corrigé ni remis au point. Ce type était aussi simple et succinct qu'une miniature de calendrier ou un bas-relief représentant les travaux de l'année : le laboureur harassé de travail, l'artisan habile ou l'actif marchand. La figure du puissant patricien supplantant le gentilhomme ne trouvait parmi ces types lapidaires pas plus de place que celle du représentant militant d'une guilde et son idéal de liberté. Dans le concept du tiers état, les bourgeois et les ouvriers n'étaient pas séparés, et il en fut de même jusqu'à la Révolution

1. Chastellain, *Le Miroir des nobles hommes en France*, VI, p. 204 ; *Exposition sur vérité mal prise*, VI, p. 416 ; *L'Entrée du roy Loys en nouveau règne*, VII, p. 10.

française. L'image du pauvre paysan alterne avec celle du bourgeois opulent[1] et oisif, mais ce tiers état ne reçoit aucune définition en accord avec sa vraie fonction économique et politique. En 1412, un programme de réforme émanant d'un moine augustin demande sérieusement que toute personne non noble en France se consacre à un métier ou au labour, sous peine d'être chassée du pays[2].

Ainsi il devient compréhensible qu'un homme comme Chastellain, susceptible d'illusions éthiques et naïf en matières politiques, attribue les plus hautes qualités à la noblesse et les vertus inférieures et serviles au tiers état. « Pour venir au tiers membre qui fait le royaume entier, c'est l'estat des bonnes villes, des marchans et des gens de labeur, desquels il ne convient de faire si longue exposition que des autres, pour cause que de soy il n'est gaires capaple de hautes attributions, parce qu'il est au degré servile. » Ses vertus sont le zèle et l'humilité, l'obéissance au roi et la docilité à faire le bon plaisir des seigneurs[3].

Peut-être cette étrange conception, en empêchant d'entrevoir un avenir de liberté et de puissance bourgeoises, a-t-elle contribué à engendrer le pessimisme dans des esprits comme Chastellain qui n'attendaient le bonheur de l'humanité que des vertus de la noblesse ?

Chastellain appelle encore simplement les riches citadins des « vilains[4] ». Il n'a pas la moindre idée de l'honneur bourgeois. Philippe le Bon avait l'habitude d'abuser de son pouvoir pour faire épouser à ses archers ou à ses serviteurs de petite noblesse les veuves ou les filles de riches bourgeois. Afin d'éviter

1. Froissart, éd. Kervyn, XIII, p. 22 ; Jean Germain, *Liber de virtutibus ducis Burg.*, p. 108 ; Molinet, I, p. 83 ; III, p. 100.
2. Monstrelet, II, p. 241.
3. Chastellain, VII, p. 13-16.
4. *Ibid.*, III, p. 82 ; IV, p. 170 ; V, p. 279 et 309.

ces alliances, les parents mariaient leurs filles aussi tôt que possible ; pour la même raison, une veuve se remaria deux jours après l'enterrement de son mari[1]. Une fois, le duc se heurte au refus obstiné d'un riche brasseur de Lille. Le duc fait mettre la jeune fille en sûreté ; le père outragé se transporte avec ses possessions à Tournai afin d'être hors de la juridiction du duc et de pouvoir porter plus facilement l'affaire devant le parlement de Paris. Ceci ne lui donne que soucis et difficultés ; il tombe malade de chagrin et, en fin de compte, le duc rend la fille à la mère qui est venue l'en supplier, mais il ajoute au pardon des paroles d'ignominie et d'humiliation. Chastellain qui parfois ne craint pas de désapprouver son seigneur, accorde ici toute sa sympathie au duc ; pour le père outragé, il n'a que ces mots : « ce rebelle brasseur rustique », « et encore si meschant vilain[2] ».

Dans son *Temple de Boccace*, temple dans lequel la gloire et l'infortune chevaleresques sonnent creux, Chastellain n'admet le grand financier Jacques Cœur qu'avec un mot d'excuse, tandis que Gilles de Rais, en dépit de ses terribles méfaits, y trouve un accès facile, grâce à sa haute naissance[3]. Chastellain estime inutile de mentionner les noms des bourgeois qui tombèrent devant Gand dans le grand combat[4].

À côté de ce dédain pour le tiers état, il y a dans l'idéal chevaleresque même et l'exercice des vertus et de la tâche dévolues à la noblesse, un élément contrastant de sympathie pour le peuple. D'une part, la raillerie haineuse et méprisante envers le villageois, telle qu'elle s'exprime dans le poème flamand *Kerelslied* et dans les *Proverbes del vilain* ; d'autre part, la compassion pour le pauvre peuple qui, éprouvé par la

1. Jacques Du Clercq, II, p. 245 ; *cf.* p. 339.
2. Chastellain, III, p. 82-89.
3. *Ibid.*, VII, p. 90 *sq.*
4. *Ibid.*, II, p. 345.

guerre, exploité par les fonctionnaires officiels, vit dans les privations et la misère.

Si fault de faim perir les innocens
Dont les grans loups font chacun jour ventrée,
Qui amassent a milliers et a cens
Les faulx tresors ; c'est le grain, c'est la blée,
Le sang, les os qui ont la terre arée
Des povres gens, dont leur esperit crie
Vengence à Dieu, vé à la seignourie[1].

Chacun vit aux dépens des paysans ; ils souffrent patiemment : « le prince n'en sait rien », et si parfois ils murmurent et vilipendent l'autorité : « povres brebis, povre fol peuple », le seigneur, d'un mot, les calme et les remet à raison. Sous l'influence des dévastations et de l'insécurité qui, en conséquence de la guerre de cent ans, s'étaient peu à peu étendues sur toute la France, l'inlassable complainte sur le villageois prend une forme spéciale : le paysan pillé, incendié, maltraité par les soldats des deux camps, dépouillé de son bétail, chassé de sa maison. Ces plaintes sont exprimées par les hauts dignitaires du clergé amis de la réforme, vers l'an 1400 : Nicolas de Clemanges dans son *Liber de lapsu et reparatione justitiae*[2], ou Gerson dans le courageux et émouvant sermon politique qu'il prononça devant les régents et la cour sur le thème *Vivat Rex*, le 7 novembre 1405 au palais de la reine à Paris. « Le pauvre homme n'aura pain à manger, sinon par advanture aucun peu de seigle ou d'orge ; sa pauvre femme gerra, et auront quatre ou six petits enfants au fouyer, ou au four, qui par advanture sera chauld ; demanderont du pain, crieront à la rage de faim. La pauvre mère si n'aura que bouter es dens que un peu de pain ou il y ait du sel. Or, devrait bien suffire

1. Deschamps, n° 113, t. I, p. 230.
2. N. de Clemanges, *Opera*, éd. Lydius, Leiden, 1613, p. 48, ch. IX.

cette misere : — viendront ces paillards qui chergeront tout… tout sera prins, et happé ; et querez qui paie[1] ». Jean Jouvenel, évêque de Bauvais, expose en termes amers les misères du peuple, aux états de Blois en 1433, à ceux d'Orléans en 1439[2]. Sous la forme d'un débat, ce thème de la misère du peuple, opposé aux complaintes des autres états, se retrouve dans le *Quadriloge invectif* d'Alain Chartier[3], et dans un autre poème inspiré de ce dernier : le *Débat du laboureur, du prestre et du gendarme* de Robert Gaguin[4]. Les chroniqueurs reviennent souvent sur ce même thème : leur matière les y invite[5]. Molinet rime une *Ressource du petit peuple*[6], le sérieux Meschinot ne cesse d'avertir les grands de l'abandon dans lequel vit le peuple :

> Ô Dieu, voyez du commun l'indigence,
> Pourvoyez-y à toute diligence :
> Las ! par faim, froid, paour et misère tremble,
> S'il a péché ou commis negligence,
> N'est-ce pitié des biens que l'on lui emble ?
> Il n'a plus bled pour porter au molin,
> On lui oste draps de laine et de lin,
> L'eaue, sans plus, lui demeure pour boire[7].

1. Dans la traduction latine, Gerson, *Opera*, IV, p. 583-622 ; le texte français a été publié en 1824 ; paroles citées par D. H. Carnahan, dans *The Ad Deum vadit of Jean Gerson*, University of Illinois studies in language and literature, 1927, III, nº 1, p. 13 ; voir Denifle et Chatelain, *Chartularium Univ. Paris*, IV, nº 1819.

2. Denifle, *La Désolation des églises, […] en France*, Paris, 1897-1899, vol. I, p. 497-513.

3. Alain Chartier, *Œuvres*, éd. Duchesne, p. 402.

4. *Rob. Gaguini Epistole et orationes*, éd. L. Thuasne, Bibl. litt. de la Renaissance, t. II, Paris, 1903, 2 vol., II, p. 321 et 350.

5. Froissart, éd. Kervyn, XII, p. 4. *Le Livre des trahisons*, p. 19 et 26 ; Chastellain, I, p. XXX, III, p. 325, V, p. 260, 275 et 325, VII, p. 466-480 ; Thomas Basin, *passim*, surtout I, p. 44, 56 et 115 ; *cf. La Complainte du povre commun et des povres laboureurs de France* (Monstrelet, VI, p. 176-190).

6. *Les Faictz et Dictz de messire Jehan Molinet*, Paris, Jehan Petit, 1537, f. 87 vº.

7. « Ballade 19 », A. de La Borderie, *Jan Meschinot, Sa vie et ses*

Dans un cahier, présenté au roi à l'occasion des états de Tours en 1484, cette plainte prend le caractère d'une remontrance politique[1]. Toutefois, la compassion pour le peuple reste stéréotypée et négative : elle n'a rien d'un programme, rien d'un désir de réformes sociales. Ce même thème, inchangé, se retrouvera chez La Bruyère, chez Fénelon et jusqu'au XVIIIe siècle, car les plaintes du marquis de Mirabeau, « l'ami des hommes », ne renferment rien de plus, bien qu'elles fassent déjà pressentir la rébellion.

Comme on peut s'y attendre, les partisans attardés de l'idéal chevaleresque font chorus dans ces manifestations de pitié : n'était-ce d'ailleurs pas exigé par le devoir chevaleresque, qui est de protéger les faibles ? Également particulières à l'idéal courtois, également stéréotypées et théoriques sont les idées que la véritable noblesse est celle de la vertu et qu'au fond, tous les hommes sont égaux. On a parfois exagéré la signification historique de ces deux conceptions. L'idée que la vraie noblesse est celle du cœur a été considérée comme un triomphe de la Renaissance ; on a cité à ce propos la pensée exprimée par le Pogge dans son *De nobilitate*. On aime à reconnaître le premier signe d'égalitarisme dans la phrase révolutionnaire de John Ball : « Quand Adam bêchait et qu'Ève filait, qui donc était gentilhomme ? » Et l'on croit que la noblesse devait trembler.

Ces deux concepts étaient depuis longtemps des lieux communs de la littérature courtoise, tout comme ils le furent dans les salons de l'ancien régime. L'idée de la noblesse du cœur était sortie de la poésie des troubadours et de l'exaltation de l'amour courtois.

œuvres, Bibl. de l'École des chartes, LVI, 1895, p. 296 ; *cf. Les Lunettes des princes*, *ibid.*, p. 607 et 613.

1. Masselin, *Journal des états généraux de France tenus à Tours en 1484*, éd. A. Bernier, coll. des documents inédits, p. 672.

Elle restait une considération morale dépourvue d'aucun but social.

Dont vient a tous souveraine noblesce ?
Du gentil cuer, paré de nobles mours.
… Nulz n'est villains se du cuer ne lui muet[1].

La notion d'égalité avait été empruntée par les Pères de l'Église à Cicéron et à Sénèque. Grégoire le Grand avait donné au Moyen Âge naissant la phrase : « *Omnes namque homines natura aequales sumus* ». Elle fut répétée sur tous les tons, mais sans aucun propos de diminuer l'inégalité existante. Car, pour l'homme du Moyen Âge, cette idée visait, non point une impossible égalité future dans cette vie, mais la très proche égalité dans la mort. Chez Eustache Deschamps, nous la trouvons en rapport direct avec la représentation de la danse macabre, faite pour consoler de l'injustice de ce monde. C'est Adam lui-même qui parle à sa postérité :

Enfans, enfans, de moy, Adam, venuz,
Qui après Dieu suis peres premerain
Créé de lui, tous estes descenduz
Naturelment de ma coste et d'Evain ;
Vo mere fut. Comment est l'un villain
Et l'autre prant le nom de gentillesce
De vous, freres ? dont vient tele noblesce ?
Je ne le scay, se ce n'est des vertus,
Et les villains de tout vice qui blesce :
Vous estes tous d'une pel revestus.

Quant Dieu me fist de la boe ou je fus,
Homme mortel, faible, pesant et vain,
Eve de moy, il nous créa tous nuz,

1. Deschamps, VI, n° 1140, p. 67. L'idée de l'égalité des hommes et de la noblesse du cœur est exprimée dans les paroles de Ghismonda à son père Tancrède dans la première nouvelle du quatrième jour du *Décaméron*.

Mais l'esperit nous inspira a plain
Perpétuel, puis eusmes soif et faim,
Labour, dolour, et enfans en tristesce ;
Pour noz pechiez enfantent a destresce
Toutes femmes ; vilment estes conçuz.
Dont vient ce nom : vilain, qui les cuers blesce ?
Vous estes tous d'une pel revestuz.

Les roys puissans, les contes et les dus,
Li gouverneur du peuple et souverain,
Quant ilz naissent, de quoy sont ilz vestuz ?
D'une orde pel.
… Prince, pensez, sanz avoir en desdain
Les povres gens, que la mort tient le frain[1].

C'est conformément à ces idées que d'enthousiastes adeptes de l'idéal chevaleresque mettent parfois en relief les actions des héros paysans, afin d'enseigner à la noblesse « que parfois ceux-là qu'ils estiment villageois sont animés du plus grand courage[2] ».

Car le fond de toutes ces idées est ceci : la noblesse a la vocation d'étayer et de purifier le monde, par l'observation de l'idéal courtois. La vie et la vertu des nobles sont les remèdes aux malheurs des temps ; d'elles dépendent le bien-être et la paix de l'Église et, du royaume, l'accomplissement de la justice[3]. Le très noble et très excellent ordre de chevalerie est institué pour protéger, défendre, tenir en paix le peuple, car celui-ci est généralement le plus éprouvé par les malheurs de la guerre[4]. Dans la vie de Boucicaut, l'un des plus purs représentants de l'idéal chevaleresque attardé, nous lisons ceci : deux choses ont été instituées

1. Deschamps, VI, n° 1176, p. 124.

2. Molinet, II, p. 104-107 ; Jean Le Maire de Belges, *Les Chansons de Namur*, 1507.

3. Chastellain, *Le Miroir des nobles hommes de France*, VI, p. 203, 211 et 214.

4. *Le Jouvencel*, éd. C. Favre et L. Lecestre, Société de l'histoire de France, 1887-1889, 2 vol., I, p. 13.

par la volonté de Dieu, comme deux piliers pour étayer l'ordre des lois divines et humaines ; sans elles, le monde ne serait que confusion ; ces deux piliers sont « chevalerie et science, qui moult bien conviennent ensemble[1] ». « Science, Foy et Chevalerie sont les trois lis du *Chapel des fleurs de lis* de Philippe de Vitry ; elles représentent les trois états ; la noblesse a le devoir de protéger les deux autres[2].

L'équivalence de dignité accordée à la chevalerie et à la science, équivalence qui s'exprime dans la tendance à donner au titre de docteur les mêmes droits qu'à celui de chevalier[3], prouve la très grande valeur éthique attribuée à l'idéal courtois. On honore d'une part le grand courage, et d'autre part, le grand savoir ; on consacre ainsi deux manières de dévotion à une vie plus haute. Mais des deux, c'est l'idéal chevaleresque qui a la portée la plus grande, parce qu'il contient, outre la valeur éthique, une variété d'éléments esthétiques qui exercent sur les esprits la plus grande suggestion.

---

1. *Livre des faicts du mareschal de Boucicaut*, Petitot, Coll. de mém., VI, p. 375.

2. Philippe de Vitri, *La Chapel des fleurs de lis* (1335), éd. A. Piaget, Romania, XXVII, 1898, p. 80 *sq*.

3. Voir à ce propos La Curne de Sainte-Palaye, *Mémoires sur l'ancienne chevalerie*, 1781, II, p. 94-96.

CHAPITRE IV

L'idée de chevalerie

La pensée médiévale en général est saturée de conceptions religieuses. De la même manière, dans une sphère plus restreinte, la pensée de tous ceux qui vivent dans les cercles de la cour et de la noblesse est imprégnée de l'idéal chevaleresque. Cette conception envahit même le domaine de la religion : la prouesse de l'archange saint Michel était « la première milice et prouesse chevaleureuse qui oncques fut mis en exploict » ; c'est de lui que procède la chevalerie qui, en tant que « milicie terrienne et chevalerie humaine » est une imitation des chœurs des anges autour du trône de Dieu[1]. Le poète espagnol Juan Manuel l'appelle une espèce de sacrement, qu'il compare au baptême et au mariage[2].

Cette haute espérance fondée sur la noblesse, prend-elle une forme concrète ? Mène-t-elle à des idées politiques déterminées concernant les devoirs

1. Molinet, I, p. 16-17.

2. *El libro del cavallero et del escudero* (commencement du XIVe siècle), éd. Gräfenberg, Romanische Forschungen, VII, 1893, p. 453.

de cette classe ? Oui, et ces idées sont la lutte pour la paix universelle basée sur l'« union des rois, la conquête de Jérusalem et l'expulsion des Turcs. Cet infatigable bâtisseur de projets, Philippe de Mézières, rêvant d'un ordre de chevalerie qui eût surpassé les anciennes puissances des Templiers et des Hospitaliers, a conçu, dans le *Songe du vieil pelerin*, un plan destiné à assurer le bonheur du monde dans un proche avenir. Le jeune roi de France — ceci est écrit vers 1388, alors que tant d'espoirs étaient encore fondés sur l'infortuné Charles VI — fera facilement la paix avec Richard d'Angleterre qui est aussi jeune que lui, et aussi irresponsable des vieilles luttes. Ils doivent s'entretenir personnellement l'un l'autre de cette paix, se raconter les merveilleuses révélations qui l'ont annoncée, renoncer aux intérêts mesquins qui ne laisseraient pas de créer des obstacles, si les pourparlers étaient confiés aux membres du clergé, de la jurisprudence ou aux chefs d'armées. Que le roi de France cède donc quelques villes-frontières et quelques châteaux. Dès que la paix sera conclue, la croisade pourra se préparer. Partout seront apaisées les vieilles querelles et les vieilles inimitiés ; le gouvernement tyrannique des pays sera réformé. Si les prédications ne suffisent pas à convertir Tartares, Turcs, Juifs et Sarrasins, un concile général appellera les princes de la chrétienté au combat[1]. Selon toute vraisemblance, ces importants projets furent encore discutés pendant les entretiens familiers de Mézières avec le jeune Louis d'Orléans dans le couvent des Célestins à Paris. Orléans, lui aussi, vivait le rêve de paix et de croisade, bien qu'il s'y mêlât des idées politiques pratiques et intéressées[2].

Cette illusion d'une société basée sur la chevalerie contrastait curieusement avec la réalité. Prenons

---

1. N. Jorga, *Philippe de Mézières*, p. 469.
2. *Ibid.*, p. 506.

n'importe lequel des chroniqueurs français connus du XIVe et du XVe siècle : Froissart, Monstrelet, d'Escouchy, Chastellain, La Marche, Molinet, tous, à l'exception seulement de Commines et de Thomas Basin, commencent leur livre en nous assurant, d'une manière grandiloquente, qu'ils écrivent dans le but d'exalter la vertu chevaleresque et les glorieux faits d'armes[1]. Aucun d'eux, toutefois, ne peut tenir sa parole jusqu'au bout, et c'est encore Chastellain qui y réussit le mieux. Froissart, auteur du poème *Méliador*, ce fruit tardif et super-romanesque de l'épopée chevaleresque, a l'esprit farci d'idéales prouesses et de « grans apertises d'armes », mais sous sa plume de journaliste ne se trouvent guère que trahisons et cruautés, cupidité et abus de pouvoir. Molinet oublie continuellement son intention chevaleresque et raconte les événements purement et simplement (abstraction faite de son style ampoulé) ; de temps à autre, il les interrompt pour se ressouvenir de la noble parure qu'il s'était imposée.

La conception chevaleresque constituait pour l'esprit superficiel de ces auteurs une clé magique à l'aide de laquelle ils s'expliquaient les événements contemporains. En réalité, les guerres, tout comme la politique de leur temps, étaient extrêmement informes, et apparemment incohérentes. La guerre était un état chronique d'escarmouches isolées s'étendant sur un vaste domaine ; la diplomatie, un instrument compliqué et défectueux, dominé d'une part par des idées traditionnelles très générales, et, d'autre part, par un ensemble inextricable de questions de droit isolées et mesquines. L'histoire, n'étant pas en mesure de discerner un réel développement social, se servait de la fiction de l'idéal chevaleresque à l'aide

1. Froissart, éd. Luce, I, p. 2-3 ; Monstrelet, I, p. 2 ; d'Escouchy, I, p. 1 ; Chastellain, prologue, II, p. 116 ; VI, p. 266 ; La Marche, I, p. 187 ; Molinet, I, p. 17 ; II, p. 54.

de laquelle elle réduisait le monde aux proportions d'une belle image d'honneur princier et de vertu courtoise, et créait l'illusion de l'ordre. Ce critérium historique, comparé au jugement d'un Thucydide, par exemple, semble de mauvais aloi. L'histoire ainsi conçue se réduit à l'exposé de beaux faits d'armes et de cérémonies solennelles. Considérés de ce point de vue, quels seront les vrais historiens ? Les hérauts et les rois d'armes, pense Froissart ; ils sont témoins, en effet, de ces nobles actions et doivent les juger officiellement ; ils sont experts en matière de gloire et d'honneur, et ces deux choses sont le sujet même de l'histoire[1].

Les statuts de la Toison d'or enjoignaient la relation des faits d'armes chevaleresques ; Lefèvre de Saint-Rémy, surnommé Toison d'or, et le héraut Berry sont des types de hérauts d'armes historiographes.

En tant qu'idéal de vie, la conception chevaleresque est d'un caractère très particulier. Dans son essence, c'est un idéal esthétique, sorti de la fantaisie et des émotions héroïques, mais assumant les apparences d'un idéal éthique : la pensée médiévale ne pouvait lui accorder une noble place qu'en l'apparentant à la religion et à la vertu. Toutefois, la chevalerie ne sera jamais entièrement à la hauteur de cette fonction éthique : son origine terrestre l'en empêche. Car l'essence de cet idéal est l'orgueil, élevé jusqu'à la beauté. C'est ce que Chastellain a bien compris, lorsqu'il dit : « La gloire des princes pend en orgueil et en haut péril emprendre ; toutes principales puissances conviengnent en un point estroit qui se dit orgueil[2]. » L'orgueil, stylisé et exalté, a donné naissance à l'honneur qui est le pôle de la vie chevaleresque. Tandis

1. Lefèvre de Saint-Rémy, II, p. 249 ; Froissart, éd. Luce, I, p. 1 ; cf. *Le Débat des hérauts d'armes de France et d'Angleterre*, éd. L. Pannier et P. Meyer, Soc. des anciens textes français, 1887, p. 1.
2. Chastellain, V, p. 443.

que l'intérêt, dit Taine[1], est le ressort principal dans les rapports sociaux des classes moyennes et inférieures, c'est l'orgueil qui est le grand mobile de l'aristocratie : « Or, parmi les sentiments profonds de l'homme, il n'en est pas qui soit plus propre à se transformer en probité, patriotisme et conscience, car l'homme fier a besoin de son propre respect, et, pour l'obtenir, il est tenté de le mériter. » Taine a, sans aucun doute, une tendance à embellir l'aristocratie ; en réalité, l'histoire de la noblesse offre partout l'image de l'orgueil allié à un égoïsme éhonté. Toutefois, ces paroles demeurent une bonne définition de l'idéal aristocratique. Elles sont apparentées au jugement de Burckhardt sur le sentiment de l'honneur à l'époque de la Renaissance. Ce mélange étrange de conscience et d'égoïsme, dit-il, est compatible avec beaucoup de vices et susceptible d'illusions extrêmes ; pourtant tout ce qui, dans un homme, est resté pur et noble pourra s'y étayer et y puiser des forces nouvelles[2].

Le désir de gloire personnelle est considéré par Burckhardt comme la caractéristique de l'homme de la Renaissance[3]. À l'honneur et à la gloire de classes, qui animent la vie médiévale en dehors de l'Italie, il oppose un sentiment de gloire et d'honneur humains, auquel depuis Dante, et sous l'influence de modèles antiques, aspire l'esprit italien. Il me semble que c'est ici l'un des points où Burckhardt exagère la distance qui sépare le Moyen Âge de la Renaissance, l'Europe occidentale de l'Italie. Cette soif de gloire et d'honneur, propre à l'homme de la Renaissance, est, dans son essence, l'ambition chevaleresque d'une époque antérieure ; elle est d'origine française ; c'est l'honneur de classes étendu, dépouillé du sentiment féodal et

1. *Les Origines de la France contemporaine, La Révolution*, I, p. 190.

2. *Die Kultur der Renaissance in Italien*, II, p. 155.

3. *Ibid.*, I, p. 152-165.

fécondé par la pensée antique. Le désir passionné d'être prisé par la postérité n'était pas plus étranger au chevalier courtois du XIIe siècle et aux rudes capitaines du XIVe, qu'aux beaux esprits du *quattrocento*. D'après Froissart, l'accord conclu avant le combat des trente (27 mars 1351) entre messire Robert de Beaumanoir et le capitaine anglais Robert Bamborough se termina par les paroles de ce dernier : « et ainsi nous ferons en sorte qu'on en parle dans les temps à venir, en salles et en palais, sur les places publiques et en autres lieux du monde entier[1]. » Chastellain, bien que complètement médiéval par l'estime en laquelle il tient l'idéal chevaleresque, n'en exprime pas moins l'esprit de la Renaissance, lorsqu'il dit :

> Honneur semont toute noble nature
> D'aimer tout ce qui noble est en son estre.
> Noblesse aussi y adjoint sa droiture[2].

En un autre endroit, il dit que l'honneur était plus cher aux juifs et aux païens parce qu'il était, chez eux, cultivé pour lui-même, et dans l'attente d'une louange terrestre, tandis que les chrétiens ont reçu l'honneur par la religion, dans l'espérance d'une récompense céleste[3].

Déjà, Froissart recommandait la bravoure dépourvue de motifs religieux ou moraux, la bravoure pure et simple, pour gagner gloire et honneur et aussi — enfant terrible qu'il est — pour faire carrière[4].

La recherche de la gloire et de l'honneur chevaleresque est inséparablement liée au culte du héros, dans lequel se fondent des éléments médiévaux et des éléments de la Renaissance. La vie chevaleresque est une imitation ; imitation des héros du cycle d'Arthur

1. Froissart, éd. Luce, IV, p. 112, ou Bamborough, nommé aussi Bembro, Brembo, est défiguré en Brandebourch.
2. *Le Dit de vérité*, Chastellain, VI, p. 221.
3. *Le Livre de la paix*, *ibid.*, VII, p. 362.
4. Froissart, éd. Luce, I, p. 3.

ou des héros antiques, peu importe. Alexandre n'était-il pas, depuis l'époque de floraison des romans courtois, entré dans la sphère de la chevalerie ? L'Antiquité se confond encore avec le pays merveilleux de la Table ronde. Dans un de ses poèmes, le roi René décrit sa vision des tombeaux de Lancelot, César, David, Hercule, Paris, Troïlus, tous côte à côte et ornés de leurs blasons[1]. La chevalerie, elle-même, passait pour avoir une origine romaine. « Et bien entretenoit — est-il dit de Henri V d'Angleterre — la discipline de chevalerie, comme jadis faisoient les Romains[2]. » Le classicisme, au fur et à mesure qu'il prend de l'importance, apporte quelques épurations à l'image qu'on se faisait de l'Antiquité. Le noble Portugais, Vasque de Lucène, traduisant Quinte-Curce pour Charles le Téméraire, déclare, comme l'avait fait Jacob van Maerlant un siècle et demi auparavant, offrir un Alexandre authentique, dépouillé des mensonges avec lesquels les autres auteurs défiguraient son histoire[3]. Mais d'autant plus forte est son intention de donner au prince un exemple à suivre, et peu de princes désirèrent plus consciemment que Charles égaler les grandes et brillantes actions des anciens. Déjà dans son enfance, il s'était fait lire les faits héroïques de Gauvain et de Lancelot ; plus tard, il accorda sa préférence aux anciens. Avant de se coucher, il écoutait pendant une heure ou deux la lecture des « haultes histoires de Romme[4] ». Il avait une prédilection marquée pour César, Hannibal et Alexandre, « lesquels il vouloit ensuyre et contrefaire[5] ». Tous ses contemporains ont vu dans cette imitation intentionnelle le ressort de

---

1. *Le Cuer d'amours èpris, Œuvres du roi René*, éd. De Quatrebarbes, Angers, 1845, 4 vol., t. III, p. 112.
2. Lefèvre de Saint-Rémy, II, p. 68.
3. Doutrepont, p. 183.
4. La Marche, II, p. 216 et 334.
5. Ph. Wielant, *Antiquités de Flandre*, éd. De Smet, *Corp. chron. Flandriæ*, IV, p. 56.

toute sa conduite. « Il désiroit grand gloire — dit Commines — qui estoit ce qui plus le mettoit en ses guerres que nulle autre chose ; et eust bien voulu ressembler à ses anciens princes dont il a esté parlé après leur mort[1]. » Chastellain lui vit mettre en pratique pour la première fois ce goût des grandes actions et du beau geste antique. Ce fut lors de son entrée comme duc, à Malines, en 1467. Il avait à punir une révolte ; l'affaire était entendue et jugée selon les formes, un des meneurs condamné à mort, un autre, à l'exil perpétuel. Le duc est assis devant l'échafaud dressé sur la place du marché ; déjà, le coupable est agenouillé, l'épée du bourreau tirée ; alors, Charles, qui avait jusqu'alors caché son intention, s'écrie : « Arrêtez ! Enlevez-lui ce bandeau et qu'il se relève ! »

« Et me perçus de lors — dit Chastellain — que le cœur luy estoit en haut singulier propos pour le temps à venir, et pour acquérir gloire et renommée en singulière œuvre[2]. »

L'exemple de Charles le Téméraire est bien fait pour montrer comment l'esprit de la Renaissance, l'aspiration à la beauté de la vie selon le modèle des anciens, a sa racine dans l'idéal chevaleresque. Si l'on compare le Téméraire à un Italien de la même époque, il n'y a entre eux qu'une différence de lecture et de goût. Charles lisait encore ses classiques dans une traduction, et les formes qu'il affectionnait appartenaient au gothique flamboyant.

L'élément chevaleresque et l'élément Renaissance sont encore indissolublement liés dans le culte des neufs preux. Ce groupe de neuf héros, dont trois sont païens, trois juifs et trois chrétiens, apparaît pour la première fois dans les *Vœux du paon* de Jacques de Longuyon, vers l'an 1312[3]. Le choix des héros trahit un

1. Commines, I, p. 390 ; *cf.* l'anecdote dans Doutrepont, p. 185.
2. Chastellain, V, p. 316-319.
3. P. Meyer, *Bulletin de la Société des anciens textes français*,

rapport étroit avec le roman de chevalerie : Hector, César, Alexandre, Josué, David, Judas Maccabée, Arthur, Charlemagne et Godefroi de Bouillon. Eustache Deschamp hérita cette idée de son maître Guillaume de Machaut et consacra aux neuf héros nombre de ses poèmes[1]. C'est lui probablement qui, obéissant au besoin de symétrie si fort au Moyen Âge, ajouta aux neuf preux la série des neuf preuses. Il tira de Justin et d'autres écrivains un groupe assez bizarre d'héroïnes classiques, entre autres : Penthésilée, Tomyris, Sémiramis, et ne se fit pas scrupule de défigurer leurs noms. Ceci n'empêcha pas l'idée de faire fortune, et nous retrouvons les preux et les preuses dans les productions postérieures, telles que *Le Jouvencel*. Les tapisseries les représentent, on leur invente des blasons ; à son entrée à Paris en 1431, Henri VI d'Angleterre est précédé du groupe complet[2].

Combien cette représentation demeura populaire est attesté par la parodie : Molinet essaya sa verve sur les neuf « preux de gourmandise[3] ». François Ier s'habillait encore de temps à autre à l'antique, pour représenter un des preux[4].

Deschamps alla plus loin. Il relia le culte des

1883, p. 45-55 ; sur le poème, voir *Histoire littéraire de la France*, XXXVI, 1927.

1. Deschamps, n°s 12, 93, 207, 239, 362, 403, 432 et 652, I, p. 86 et 199 ; II, p. 29 et 69 ; X, p. XXXV, LXXVI *sq*.

2. *Journal d'un bourgeois de Paris*, p. 274. Un poème de 9 strophes sur les 9 preux dans plusieurs manuscrits de règlements de la ville de Haarlem ; voir mes *Rechtsbronnen van Haarlem*, p. XLVI *sq*. Cervantes les appelle « todos los nueve de la fama », *Don Quichotte*, I, c. 5. En Angleterre ils restent célèbres sous le nom de « nine worthies » jusqu'au XVIIe siècle, *cf*. John Coke, *The Debate Between the Heraldes*, éd. L. Pannier et P. Meyer, *Le débat des hérauts d'armes*, p. 108, par. 171 ; R. Burton, *The Anatomy of Melancholy*, éd. London, 1886, III, p. 173. Thomas Heywood écrivit : « The exemplary lives and memorable acts of Nine the most worthy women of the world », où la reine Élisabeth clôt la série.

3. Molinet, *Faictz et dictz*, f. 151 v°.

4. La Curne de Sainte-Palaye, II, p. 88.

anciens héros au patriotisme militaire naissant, et ajouta un dixième preux, contemporain et français, Bertrand Du Guesclin[1]. Cette idée eut du succès; Louis d'Orléans fit élever dans la grande salle du château de Coucy la statue du vaillant connétable, en dixième preux[2]. C'était avec raison qu'Orléans honorait la mémoire de Du Guesclin : celui-ci l'avait tenu sur les fonts baptismaux et avait mis une épée dans sa petite main. Comme dixième preuse, on s'attend à Jeanne d'Arc. Et en effet, le XVe siècle lui a assigné ce rang. Louis de Laval, petit-fils par alliance de Du Guesclin, frère des camarades d'armes de Jeanne d'Arc, donna l'ordre à son chapelain Sébastien Mamerot d'écrire une histoire des neuf preux, et d'y joindre Du Guesclin et Jeanne d'Arc. Ces deux noms manquent toutefois dans le manuscrit qui nous a conservé l'œuvre de Mamerot[3], et, en ce qui concerne Jeanne d'Arc, rien ne prouve que l'idée ait eu du succès. Le culte national des héros, qui naît en France au XVe siècle, se rattache tout d'abord à la personne du brave et prudent Breton. Des généraux de toutes sortes, qui avaient combattu pour ou contre Jeanne, prirent dans l'imagination des contemporains une place plus grande et plus honorable que la petite paysanne de Domrémy. Plusieurs en parlent encore sans émoi ni vénération, simplement comme d'une curiosité. Chastellain, qui savait à l'occasion mettre de côté ses sentiments bourguignons pour faire preuve d'un pathétique loyalisme français, écrit un « mystère » sur la mort de Charles VII, dans lequel tous les chefs qui avaient, au service du roi, combattu les Anglais, apparaissent comme dans une galerie de braves et viennent

1. Deschamps, n°s 206, 239, II, p. 27 et 69; n° 312; II, p. 324; *Le Lay du tres bon conestable B. du Guesclin*.

2. S. Luce, *La France pendant la guerre de cent ans*, p. 231; *Du Guesclin, dixième preux*.

3. M. Lecourt, *Romania*, t. XXXVII, 1908, p. 529-539.

réciter une strophe relatant leurs exploits : Dunois, Jean du Bueil, Xaintrailles, La Hire y figurent, et d'autres, moins connus[1]. Mais on y cherche en vain la Pucelle.

Les ducs de Bourgogne gardaient, dans leurs trésors, un grand nombre de curieuses reliques de héros : une épée de saint Georges, ornée de ses armes, une autre épée ayant appartenu à « messire Bertran de Claiquin » (Du Guesclin), une dent du sanglier de Garin de Loherain, le psautier dans lequel saint Louis avait étudié dans son enfance[2]. Comme se rejoignent ici la fantaisie chevaleresque et l'imagination religieuse ! Un pas de plus, et nous nous trouvons en face du bras de Tite-Live, accepté solennellement par le pape Léon X, comme une relique[3].

Ce culte des héros à la fin du Moyen Âge a trouvé sa forme littéraire dans les biographies de chevaliers parfaits. Parfois, ce sont des figures légendaires, comme Gilles de Trazegnies ; les plus intéressantes, toutefois, sont celles des contemporains, comme Boucicaut. Jean le Meingre, communément appelé le maréchal Boucicaut, avait servi son pays en des temps de détresse. Il s'était trouvé avec Jean de Nevers à Nicopolis en 1396, où l'armée française, partie pour chasser les Turcs de l'Europe, avait été anéantie par le sultan Bajazid. Il fut de nouveau fait prisonnier à Azincourt en 1415 et mourut après six ans de captivité. En 1409 déjà, un de

1. *La Mort du roy Charles VII*, Chastellain, VI, p. 440.

2. Laborde, II, nº 4091, p. 242, nº 242, p. 138, *ibid.*, nº 3343, p. 146, nº 4220, p. 260, nº 4255, p. 266. Le psautier, acquis par Jean van den Berg, commissaire d'État en Belgique, pendant la guerre de succession d'Espagne, se trouve maintenant à la bibliothèque de l'Université de Leyde. On trouve en France, en Angleterre et en Italie des épées de Tristan, d'Ogier le Danois, du forgeron Wieland ; voir H. Jenkinson, « *The Jewels Lost in Wash* », *History*, VIII, 1923, p. 161 ; J. Loth, *L'Épée de Tristan*, Comptes rendus de l'Académie des inscriptions et belles-lettres, 1923, p. 117 ; G. Rotondi, *Archivio. storico Lombardo*, XLIX, 1922.

3. Burckhardt, *Kultur der Ren.*, I, 10, p. 246.

ses admirateurs écrivit ses exploits, de sources très certaines, mais avec l'intention de produire, non pas une page d'histoire contemporaine, mais une image du parfait chevalier[1]. Les réalités de cette vie mouvementée disparaissent sous les apparences de l'héroïsme idéal. La terrible catastrophe de Nicopolis n'a, dans *Le Livre des faicts*, qu'une couleur bien pâle. Boucicaut est présenté comme le type du chevalier sobre, pieux et pourtant courtois et lettré. Le mépris des richesses, propre au chevalier, est exprimé par le père de Boucicaut, qui n'avait jamais voulu ni augmenter ni diminuer ses possessions, disant : « Si mes enfants sont honnêtes et braves, ils auront assez ; et s'ils sont indignes, ce serait dommage de leur laisser tant de fortune[2]. » La piété de Boucicaut a un caractère puritain. Il se lève tôt et passe bien trois heures en prières. Quelque pressé ou occupé qu'il soit, il entend chaque jour deux messes, à genoux. Le vendredi, il s'habille de noir ; le dimanche et les jours de fête, il fait à pied un pèlerinage, écoute la lecture de vies de saints ou des histoires des « vaillans trespassez, soit Romains ou autres », ou bien s'entretient de sujets dévots. Il est sobre, parle peu et, s'il parle, c'est de Dieu, des saints, de vertu et de chevalerie. Il a accoutumé ses serviteurs à la décence et à la dévotion et les a déshabitués de jurer[3]. Il est un des zélés partisans du culte de la femme, et fonde l'ordre « de l'écu verd à la dame blanche » pour la défense des femmes, ce qui lui vaut les louanges de Christine de Pisan[4]. À Gênes, où il se trouvait en sa qualité de régent du roi de France Charles VI, il répondit un jour courtoisement à la révérence de deux dames qu'il rencontra. « "Monseigneur, dit son écuyer, qui sont ces

---

1. *Le Livre des faicts du mareschal Boucicaut*, éd. Petitot, coll. de mémoires, Ire série, t. VI et VII.

2. *Ibid.*, VI, p. 379.

3. *Ibid.*, VII, p. 214, 185, 200 et 201.

4. Christine de Pisan, « Le débat des deux amants », *Œuvres poétiques*, II, p. 96.

deux femmes à qui vous avez si grans révérences faictes ? — Huguenin, dit-il, je ne sçay." Lors luy dist : "Monseigneur, elles sont filles communes — Filles communes, dist-il ; Huguenin, j'ayme trop mieulx faire reverence à dix filles communes que avoir failly à une femme de bien[1]". » Sa devise : « Ce que vous vouldrez », est intentionnellement mystérieuse, comme il convient à une devise. Signifie-t-elle le don de sa volonté à sa dame, ou bien doit-on y voir une résignation générale devant la vie, attitude qu'on ne s'attendrait à trouver qu'à une époque plus tardive ?

Tels sont les sentiments de piété, d'austérité et de fidélité que l'on attribuait au chevalier idéal. Qui s'étonnera que le vrai Boucicaut n'ait pas toujours répondu à cette image ? La violence et la cupidité, si communes dans sa classe, ne furent pas toujours étrangères à cette noble figure[2].

Le chevalier modèle est parfois d'un autre type. *Le Jouvencel*, roman biographique de Jean du Bueil, fut écrit environ un demi-siècle après la vie de Boucicaut et ceci explique en partie la différence de conception. Jean du Bueil était un capitaine qui avait combattu sous la bannière de Jeanne d'Arc et avait été mêlé plus tard à la révolte de la Praguerie et à la guerre du bien public. Il mourut en 1477. Tombé en disgrâce auprès du roi, il suggéra, vers 1465, à trois de ses serviteurs, un récit de sa vie[3]. Contrairement à la vie de Boucicaut, où la forme historique recouvre un fond romanesque, *Le Jouvencel*, sous l'aspect de la fiction, cache un caractère fortement réaliste, du moins dans sa première partie, car dans le reste de l'ouvrage, les auteurs se sont noyés dans un romantisme à l'eau de

1. Antoine de La Salle, *La Salade*, chap. III, Paris, M. Le Noir, 1521, f° 4 v°.

2. *Le Livre des cent ballades*, éd. G. Raynaud, Société des anciens textes français, p. LV.

3. *Le Jouvencel*, éd. C. Favre et Lecestre, Société de l'histoire de France, 1887-1889.

rose. On y trouve, par exemple, présentés dans le cadre usé de la pastorale, la terrible expédition des bandes françaises en territoire suisse en 1444 et le combat de Saint-Jacques sur la Birse, où les paysans bâlois trouvèrent leurs Thermopyles.

Mais, en revanche, dans la première partie, *Le Jouvencel* nous donne, de la guerre de ce temps-là, un tableau si sobre et si vrai qu'on chercherait en vain son pareil dans la littérature de l'époque. Les trois auteurs passent, eux aussi, Jeanne d'Arc sous silence, bien que leur maître ait été son frère d'armes ; ils se bornent à exalter les exploits de celui-ci. Mais quel fidèle récit Jean du Bueil a-t-il dû leur donner de ses faits d'armes ! Ici s'annonce cet esprit français qui créera plus tard les figures militaires du mousquetaire, du grognard et du poilu. L'intention chevaleresque ne se trahit que dans le début du livre qui encourage les jeunes gens à apprendre les armes dans cet écrit, et qui les prévient contre l'orgueil, l'envie et la cupidité. L'élément pieux, de même que l'élément amoureux que nous trouvons dans la vie de Boucicaut, sont absents de la première partie du *Jouvencel*. Ce que nous lisons ici, ce sont les misères de la guerre, ses privations et ses ennuis, et le courage de supporter la disette et les dangers. Un seigneur assemble sa garnison ; il n'a que quinze chevaux, maigres, la plupart non ferrés. Sur chacun d'eux, il met deux hommes ; presque tous sont borgnes ou contrefaits. Pour pouvoir raccommoder les vêtements du capitaine, on vole le linge de l'ennemi. En lisant la description d'une expédition nocturne dans les champs, nous nous sentons vraiment entourés de l'air de la nuit et du silence[1]. Dans *Le Jouvencel*, le type du chevalier passe à celui du militaire national : le héros délivre les prisonniers, pourvu qu'ils deviennent de bons Français.

---

1. *Le Jouvencel*, I, p. 25.

Arrivé aux honneurs, le Jouvencel regrette sa vie d'aventures et de liberté.

Ce type réaliste du chevalier est une production bien française. La littérature bourguignonne, de caractère plus archaïque, plus solennelle et plus emprisonnée dans les formes féodales, n'aurait pu le produire. À côté du Jouvencel, le héros bourguignon, Jacques de Lalaing, est une curiosité antique faite, comme Gillon de Trazegnies, sur le vieux cliché du chevalier errant. Le livre des exploits de ce héros est plus rempli de tournois romanesques que de guerres véritables[1].

Jamais le courage guerrier n'a été plus simplement ni plus expressivement décrit que dans ce passage du *Jouvencel*[2] : « C'est joyeuse chose que la guerre… On s'entr'ayme tant à la guerre. Quand on voit sa querelle bonne et son sang bien combatre, la larme en vient à l'ueil. Il vient une doulceur au cœur de loyaulté et de pitié de veoir son amy, qui si vaillamment expose son corps pour faire acomplir le commandement de nostre createur. Et puis on se dispose d'aller mourir ou vivre avec luy, et pour amour ne l'abandonner point. En cela vient une délectation telle que, qui ne l'a essaiié, il n'est homme qui sceust dire quel bien c'est. Pensez-vous que l'homme qui face cela craingne la mort ? Nennil ; car il est tant reconforté, il est si ravi, qu'il ne scet où il est. Vraiement il n'a paour de rien. »

Ces paroles pourraient aussi bien avoir été écrites par un soldat moderne que par un chevalier du XVe siècle. Elles n'ont rien de spécifiquement médiéval. Elles nous révèlent l'essence de la bravoure guerrière : l'oubli de soi-même au milieu du danger, l'attendrissement sur le courage du camarade, l'allégresse de la fidélité et du sacrifice. Cet ascétisme primitif est la

---

1. *Le Livre des fais du bon chevalier messire Jacques de Lalaing*, éd. Kervyn de Lettenhove, Chastellain, *Œuvres*, VIII.

2. II, p. 20.

base sur laquelle l'idéal chevaleresque s'élève jusqu'à la noble représentation de la perfection virile, l'aspiration vers une vie de beauté, telle qu'elle s'exprime dans le *Kalokagathia* des Grecs. Pendant des siècles, cet idéal restera une source d'énergie… et aussi le masque derrière lequel se cache tout un monde d'égoïsme et de violence.

CHAPITRE V

Le rêve d'héroïsme et d'amour

Partout où l'idéal chevaleresque est le plus instamment poursuivi, l'élément ascétique qu'il contient gagne en importance. Au temps des croisades, cet idéal, s'unissant aux aspirations monacales, a produit les ordres militaires et religieux, comme celui des Templiers. Le chevalier errant doit être pauvre et exempt de liens terrestres. Cet idéal du noble guerrier dépourvu de tout bien, dit William James, régit encore, « sentimentalement, sinon réellement, la conception militaire et aristocratique de la vie. Nous glorifions dans le soldat l'homme complètement libre de toute entrave. Ne possédant que sa vie seule, et prêt à tout moment à la risquer, si la cause l'exige, il est le représentant de l'intégrale liberté orientée vers des directions idéales[1] ».

Il serait donc injuste de considérer comme factices et superficiels les rapports de l'idéal chevaleresque avec les éléments éthiques : compassion, fidélité, justice. Toutefois ce ne sont ni ces sentiments ni le

1. W. James, *The Varieties of Religious Experience*, Gifford lectures, 1901-1902, Londres, 1903, p. 318.

courage viril, où cependant elle puise ses racines, qui élevèrent la chevalerie à la conception d'une vie de beauté ; ce fut l'amour qui donna à cet ensemble d'idées et d'aspirations la chaleur de la vie.

L'ascétisme, l'esprit de courageux sacrifice, caractéristiques de l'idéal chevaleresque, ont une base érotique ; peut-être même ne sont-ils que la transformation éthique de désirs contenus. Rappelons-nous aussi que le besoin de donner à l'amour une forme et un style ne se satisfait pas seulement par la littérature et les arts plastiques, mais encore dans la vie même, par les conversations courtoises, les jeux de société et les sports. Ici aussi, l'amour trouve son expression sublime et romanesque. Si la vie emprunte donc des formes à la littérature, celle-ci, en fin de compte, puise tout dans la vie. Le caractère chevaleresque de l'amour est né, non dans la littérature, mais dans la vie. Ce sont les rapports réels de la vie qui ont fourni le thème du chevalier et de la bien-aimée.

Le chevalier et la dame, l'héroïsme par amour — voilà le motif romanesque qui apparaîtra partout et toujours. C'est la transformation immédiate du désir sensuel en un sacrifice de soi-même, sacrifice qui semble faire partie du domaine de l'éthique. Cet abandon de toute la personne naît de la volonté de montrer son courage à la femme aimée, de courir un danger, de souffrir et d'être fort — aspiration propre à l'adolescence. L'expression et la satisfaction du désir, qui semblent toutes deux impossibles, se transforment en une chose plus élevée : l'action héroïque entreprise par amour. La mort devient alors la seule alternative à l'accomplissement du désir, et la délivrance est donc de toute manière assurée.

Mais ce rêve d'héroïsme, qui emplit le cœur, va se développant. Le premier thème, simple, est vite usé ; la passion impose de plus fortes couleurs au rêve de souffrance et de renoncement : l'action héroïque consistera à délivrer la femme d'un pressant danger et, de cette manière, un stimulant nouveau s'ajoutera à l'idée primitive. En général, le motif essentiel de la poésie chevaleresque amoureuse sera la délivrance de la vierge par le jeune héros. Peu importe que l'agresseur soit parfois un dragon : la cause érotique s'y trouve cachée.

On est surpris de voir la mythologie comparée d'il y a cinquante ans recourir aux phénomènes météorologiques pour l'explication de ce thème de la délivrance de la vierge, dont l'inspiration est si près de nous, dans la vie même. Usé par de fréquentes répétitions, il sera parfois abandonné, mais réapparaîtra, créant de nouveaux types, par exemple celui du cow-boy dans les films romanesques.

Le Moyen Âge a cultivé ces clichés avec une insatiabilité juvénile. Tandis que, dans les genres plus élevés de la littérature, la poésie lyrique par exemple, l'expression du désir amoureux a pris une forme plus raffinée, plus sobre ou plus spirituelle, mais d'autant plus suggestive, le roman se rajeunit indéfiniment et, avec la répétition de la même aventure, garde cependant un charme, pour nous presque incompréhensible. Nous sommes enclins à nous imaginer que le *Méliador* de Froissart ou le *Perceforest*, romans chevaleresques tardifs, étaient déjà des anachronismes au XIVe siècle. Mais ils ne l'étaient pas davantage que ne le sont aujourd'hui les romans à sensation. Toutefois, ce n'est pas là de la littérature au sens strict du mot ; c'est plutôt de l'art appliqué. C'est le besoin de modèles pour l'imagination érotique qui vivifie et renouvelle le genre. À l'époque de la Renaissance, ces modèles réapparaissent dans le cycle d'Amadis de Gaule. Quand, dans la seconde moitié du XVIe siècle, François de la Noue affirme que les romans d'Amadis causaient « un esprit de vertige » dans sa génération — qui cependant avait subi la trempe de l'humanisme —, nous pouvons nous imaginer combien grande fut la réceptivité romanesque de la génération mal équilibrée de l'an 1400.

Les transports de l'amour romanesque ne devaient pas seulement être présentés sous forme de lecture, mais surtout donnés en spectacle. Ce jeu peut revêtir deux formes : la représentation dramatique et le sport. Celui-ci est, au Moyen Âge, de beaucoup le plus important. Le drame ne traitait encore, en général, que la matière sacrée ; l'aventure amoureuse n'y était qu'exceptionnelle. Le sport médiéval, au contraire, et surtout le tournoi, était lui-même dramatique au plus haut point et contenait, en outre, une forte dose d'érotisme. Partout et toujours, le sport a associé ces deux facteurs : dramatique et amoureux ; mais, tandis que les sports modernes sont presque retournés à la simplicité grecque, le tournoi de la fin du Moyen Âge, avec ses riches ornements et sa mise en scène, pouvait remplir les fonctions du drame lui-même.

Le XVe siècle est une de ces périodes de déclin où la vie sentimentale et intellectuelle de l'aristocratie tend à devenir un jeu de société. La réalité est violente, dure et cruelle ; on la réduit au rêve de l'idéal chevaleresque. On porte le masque de Lancelot : c'est un leurre énorme, et qui ne peut se supporter que tempéré d'un soupçon de raillerie. Toute la culture chevaleresque du XVe siècle est en équilibre instable entre la sentimentalité et la raillerie. Les conceptions chevaleresques de l'honneur, de la fidélité et de l'amour sont traitées avec le plus grand sérieux, mais, de temps à autre, cette rigide dignité se détend en un rire. Toutefois, ce n'est qu'en Italie que prévaudra la parodie consciente, dans la *Morgante* de Pulci et l'*Orlando innamorato* de Boiardo. Et le même sentiment chevaleresque reprend du terrain, car, avec l'Arioste, nous nous élevons au-delà du sérieux et du rire, dans une sphère de sérénité où ce sentiment trouve son expression la plus classique.

Qui pourrait douter du sérieux de l'idéal chevaleresque dans la société française des environs de l'an 1400 ? Chez le noble Boucicaut, type du chevalier modèle, le fond romanesque est encore très solide. C'est l'amour, dit-il, qui fait naître dans les jeunes cœurs le désir des nobles exploits chevaleresques. Il sert sa dame selon les anciennes règles de l'amour courtois : « Toutes servoit, toutes honnoroit pour l'amour d'une. Son parler estoit gracieux, courtois et craintif devant sa dame[1]. »

Pour nous, il existe un contraste presque incompréhensible entre l'attitude littéraire de Boucicaut et la cruelle réalité de sa carrière. Cet homme d'action se trouve au premier plan de la politique de son temps. En 1388, il entreprend vers l'Orient un premier voyage pendant lequel, avec ses trois frères d'armes : Philippe d'Artois, le sénéchal de celui-ci et un certain Cresecque, il abrège le temps en composant *Le Livre des cent ballades*, poème à la défense de l'amour courtois[2]. Sept ans plus tard, comme mentor du jeune duc de Nevers (plus tard Jean sans Peur), il prend part à la croisade contre le sultan Bajazid, téméraire aventure ; il est témoin du désastre de Nicopolis où il perd ses trois compagnons, et voit mettre en pièces la fleur de la noblesse française. Ne pourrait-on alors le supposer revenu de ses illusions chevaleresques ? Il n'en est rien, cependant. Il fonde l'ordre de « l'escu verd à la dame blanche », pour la défense des femmes opprimées, et prend ainsi parti dans le débat littéraire entre l'amour sérieux et l'amour frivole, débat qui, vers l'an 1400, passionna les milieux courtois.

Comme toutes les formes romanesques vidées de leur contenu passionnel, cette représentation de l'amour courtois dans la littérature et dans la vie nous semble parfois fade et ridicule. La passion s'est éteinte, qui s'exprimait dans les vers élaborés et les pompeux

1. *Le Livre des faicts*, p. 398.
2. Éd. G. Raynaud, Société des anciens textes français, 1905.

tournois ; elle ne vit plus que dans quelques rares productions de génie. Mais toute cette œuvre, inférieure en tant qu'œuvre d'art, a eu une grande signification comme ornement de la vie et expression du sentiment ; pour comprendre cette importance, il faut lui insuffler de nouveau la passion animatrice. Quand nous lisons les poèmes d'amour et les descriptions de tournois, de quoi nous sert la connaissance des détails historiques, si nous n'évoquons pas les yeux, clairs ou sombres, sous le vol de mouettes des sourcils et les fronts étroits ; éteints depuis des siècles, ils furent un jour plus importants que toute la littérature qui leur survit, entassée comme des ruines.

Aujourd'hui, c'est une lueur de hasard qui nous fait entrevoir la signification passionnelle de ces formes sociales. Voici comment, dans *Le Vœu du héron*, s'exprime Jean de Beaumont, tandis qu'on l'exhorte à faire un vœu chevaleresque de combat :

Quant sommes ès tavernes, de ces fors vins buvant,
Et ces dames delés qui nous vont regardant,
À ces gorgues polies, ces coliés tirant,
Chil œil vair resplendissent de biauté souriant,
Nature sous semont d'avoir cœur désirant.
[…] Adonc conquerons-nous Yaumont et Agoulant [1]
Et li autre conquierrent Olivier et Rollant.
Mais, quant sommes as camps sus nos destriers courans,
Nos escus à no col et nos lansses baissans,
Et le froidure grande nous va tout engelant,
Li membres nous effondrent, et derrière et devant,
Et nos ennemis sont envers nous approchant,
Adonc vorrièmes estre en un chelier si grant
Que jamais ne fussions vëu tant ne quant [2].

« Hélas, écrit Philippe de Croy, du camp de Charles le Téméraire, où sont dames pour nous entretenir,

1. Deux héros du roman d'Aspremont.

2. *Le Vœu du héron*, v. 354-371, éd. Soc. des bibliophiles de Mons, n° 8, 1839.

pour nous amonester de bien faire, ne pour nous enchargier amprinses, devises, volets ne guimpes[1] ! »

L'élément érotique du tournoi apparaît clairement dans la coutume du chevalier de porter le voile ou un vêtement de sa dame. Dans la fièvre du combat, les femmes jettent leurs parures l'une après l'autre ; le tournoi fini, elles restent nu-tête, sans manches[2]. Ceci a été exprimé d'une manière piquante dans un fabliau de la seconde moitié du XIIIe siècle, *Des trois chevaliers et del chainse*[3]. Une dame a un époux plein de noble générosité, mais peu enclin au combat. Elle envoie à trois chevaliers qui la servent son *chainse*, sorte de vêtement, pour que l'un d'eux le porte dans le prochain tournoi, en guise de cotte d'armes et sans aucune cuirasse. Les deux premiers chevaliers déclinent l'offre. Le troisième, qui est pauvre, embrasse le chainse avec passion et le porte au tournoi. Il est grièvement blessé, le chainse déchiré et maculé de sang. Le chevalier, ayant reçu le prix de sa valeur, exige de sa dame une récompense : il lui renvoie le vêtement afin qu'elle le porte au-dessus de sa robe pendant le festin qui clôture le tournoi. Elle baise tendrement le chainse taché de sang et s'en revêt. La plupart des assistants la blâment, l'époux est couvert de honte, et le trouvère nous demande : « Lequel des deux amants fit le plus grand sacrifice pour l'autre ? »

L'atmosphère de passion, qui entourait les tournois, explique l'hostilité de l'Église pour ces sports. Ceux-ci provoquaient parfois d'éclatants adultères, comme le témoigne, à propos du tournoi de 1389, le *Religieux de Saint-Denis* et, sur la foi de celui-ci, Jean Juvénal

1. Lettre du comte de Chimay à Chastellain, *Œuvres*, VIII, p. 266 ; *cf.* aussi Commines, éd. Calmette, I, p. 59.

2. Perceforest, dans *Quatrebarbes, Œuvres du roi René*, II, p. XCIV.

3. *Des trois chevaliers et del chainse*, par Jakes de Baisieux, éd. Scheler, Trouvères belges, I, 1876, p. 162.

des Ursins[1]. La justice ecclésiastique les avait depuis longtemps défendus : institués à l'origine pour l'exercice du combat, ils étaient, à cause des abus, devenus intolérables[2]. Les moralistes les méprisaient[3], les humanistes aussi. « Où lit-on, demande Pétrarque, que Cicéron et Scipion aient tenu des tournois ? » Et le Bourgeois de Paris dit, à propos d'un tournoi fameux : « prindrent par ne sçay quelle folle entreprinse champ de bataille[4]. »

En revanche, la noblesse accordait aux tournois et aux joutes la plus grande importance. L'ancien usage voulait qu'on élevât une pierre commémorative sur le lieu d'un combat célèbre. Près de Saint-Omer, « la croix pélerine » rappelait le combat entre le bâtard de Saint-Pol et un chevalier espagnol pendant le fameux pas d'armes de la Pélerine. Un demi-siècle plus tard, Bayard, avant un tournoi, se rendit en pèlerinage à cet endroit[5]. Les décors et les costumes qui avaient servi pendant le pas d'armes de la Fontaine des pleurs furent, après les festivités, solennellement portés à Notre-Dame de Boulogne et suspendus dans l'église[6].

Les tournois et les joutes du Moyen Âge sont beaucoup moins simples que l'athlétisme grec ou les sports modernes. L'orgueil aristocratique, l'amour et l'art

---

1. *Religieux de Saint-Denis*, I, p. 594 *sq.* ; Juvénal des Ursins, p. 379.

2. Entre autres, défendu par le concile du Latran en 1215 ; de nouveau par le pape Nicolas III en 1279, voir Raynaldus, *Annales ecclesiastici*, III (Baronius XXII) 1279, XVI-XX ; Dionysii Cartusiani, *Opera*, t. XXXVI, p. 206. Les défenses émanant du pouvoir temporel sont aussi très fréquentes. La coutume de refuser l'assistance de l'Église à ceux qui succombaient dans un tournoi trahit la crainte (bien fondée d'ailleurs) qu'avait l'Église de l'élément païen caché dans ces combats.

3. Deschamps, I, nº 108, p. 222 ; *ibid.*, nº 109, p. 223.

4. *Journal d'un bourgeois de Paris*, p. 56 et 59.

5. La Marche, II, p. 119 et 144 ; d'Escouchy, I, p. 245-247 ; Molinet, III, p. 460.

6. Chastellain, VIII, p. 238.

leur donnent du piquant. Surchargés d'ornements, entourés de splendeur, remplis de fantaisie héroïque, les tournois sont la représentation dramatique, la mise en action des désirs et des rêves. La carrière militaire et la vie de cour offraient peu d'occasions pour les sentiments d'héroïsme amoureux, mais l'âme en était pleine, on voulait les vivre et, par le somptueux tournoi, on se créait une vie plus belle. L'élément de vrai courage n'est certainement pas moins important dans le tournoi chevaleresque que dans le pentathlon. C'est justement le caractère érotique dont nous avons parlé qui exigeait la sanglante violence. Par les motifs qui l'animent, le tournoi s'apparente de très près aux combats de l'ancienne épopée hindoue ; dans le *Mahâbhârata* aussi, la pensée centrale est le combat pour la femme.

La mise en scène des tournois était celle des romans de la Table ronde, c'est-à-dire qu'elle avait la fantaisie enfantine d'un conte de fées ; l'aventure fictive avec ses rencontres de géants et de nains s'y liait au sentimentalisme de l'amour courtois. Un pas d'armes du XVe siècle est basé sur une aventure romanesque imaginaire. Le décor porte un nom émouvant : la Fontaine des pleurs, l'arbre Charlemagne. La fontaine est construite à cet effet[1]. Pendant une année entière, tous les premiers du mois, un chevalier anonyme viendra déployer, devant la fontaine, une tente dans laquelle est assise une dame (une effigie naturellement) ; celle-ci tient une licorne qui porte trois écus. Tout chevalier qui touche l'écu s'engage à un combat dans les conditions décrites dans les « chapitres » du pas d'armes[2]. C'est à cheval qu'il faut toucher les boucliers : les chevaliers trouveront toujours des chevaux prêts, à cet usage.

---

1. La Marche, I, p. 292.
2. « Le livre des faicts de Jacques de Lalaing », dans Chastellain, VIII, p. 188 *sq*.

Dans le cas de « l'emprise du dragon », quatre chevaliers se tiennent à un carrefour ; aucune dame ne peut passer ce chemin sans être accompagnée d'un chevalier qui, pour elle, brise deux lances ; sinon elle doit donner un gage[1]. Le jeu des gages, auquel s'appliquent encore les enfants, est un reste de cet ancien combat amoureux, comme en témoigne un article des « chapitres » de la Fontaine des pleurs : celui qui, dans le combat, est renversé à terre, doit porter un bracelet d'or muni d'une serrure, jusqu'à ce qu'il trouve la dame qui possède la clé. Elle le délivrera à condition qu'il la serve. Une autre fois, c'est un géant qui tient un nain emprisonné ; il se trouve près de là un arbre d'or et « une dame de l'isle célée ». Ou bien, c'est un « noble chevalier esclave et serviteur à la belle géande à la blonde perruque, la plus grande du monde[2] ». Le chevalier est toujours inconnu ; c'est « le blanc chevalier », « le chevalier mesconnu », « le chevalier à la pélerine » ; parfois il apparaît en héros de roman et s'appelle le chevalier au cygne, ou porte les armes de Lancelot, de Tristan et de Palamedes[3].

Le plus souvent, un voile de mélancolie est répandu sur toute l'action : le nom de la Fontaine des pleurs est éminemment suggestif. Les écus sont blancs, violets et noirs, semés de larmes blanches ; on les touche par pitié pour la « Dame des pleurs ». À l'emprise du dragon, célébré à l'occasion du départ de sa fille Marguerite devenue reine d'Angleterre, le roi René apparaît en noir, sur un cheval noir caparaçonné de noir, avec une lance noire et un écu de sable aux larmes d'argent. Pour l'arbre Charlemagne, les écus sont noirs et violets aux larmes noires ou or[4]. Le ton n'est

1. *Œuvres du roi René*, I, p. LXXV.
2. La Marche, III, p. 123 ; Molinet, V, p. 18.
3. La Marche, II, p. 118, 121, 122, 133 et 341 ; Chastellain, I, p. 256, VIII, p. 217 et 246.
4. La Marche, II, p. 173, I, p. 285 ; *Œuvres du roi René*, I, p. LXXV.

pas toujours aussi sombre : le roi René, à Saumur, fait fête pendant quarante jours dans le château de bois de la « joyeuse garde » avec son épouse, sa fille et Jeanne de Laval, qui deviendra sa seconde femme. C'est pour celle-ci que la fête est secrètement préparée. Le château est bâti pour l'occasion, peint et tendu de rouge et de blanc. À son « pas d'armes de la Bergère », le décor est pastoral, les dames et les chevaliers sont des bergères et des bergers portant houlettes et cornemuses, le tout en gris rehaussé d'or et d'argent[1].

1. *Ibid.*, I, p. LXXXVI ; II, p. 57.

CHAPITRE VI

Ordres de chevalerie et vœux

Le rêve de noblesse, de courage et de fidélité ne disposait pas seulement du tournoi comme moyen d'expression ; il en avait un autre, tout aussi important : les ordres de chevalerie. Ceux-ci, comme les tournois et les adoubements, plongent leurs racines dans les rites sacrés d'époques lointaines. L'accolade est le rite de la puberté, la prise d'armes du jeune guerrier, auquel on a donné une portée éthique et sociale. Le tournoi est également très ancien et possédait autrefois une signification sacrée. L'ordre de chevalerie ne peut être séparé des « confréries » chez les peuples sauvages.

Ce rapport ne peut toutefois qu'être présenté ici comme une thèse dépourvue de preuves : il ne s'agit pas d'étayer une hypothèse sociologique, mais plutôt de mettre sous les yeux la valeur des idées de la chevalerie en sa pleine éclosion ; et que, dans cette valeur, il reste quelque chose des éléments primitifs, qui le niera ?

Sans doute, l'élément chrétien y tient une grande place : on pourrait envisager les ordres et les vœux comme des institutions médiévales. Pourtant, cet élément chrétien y est secondaire et postérieur, ainsi qu'on le démontrerait, en citant les parallèles ethnologiques du monde entier.

Les trois grands ordres de Terre sainte et les trois ordres espagnols, nés de la pénétration mutuelle de l'idéal monastique et de l'idéal féodal, avaient bientôt pris le caractère de grandes institutions politiques et économiques. Tant que les Templiers et les chevaliers de Saint-Jean étaient actifs en Terre sainte, la chevalerie remplissait une réelle fonction politique et sociale. Cependant, leurs éléments religieux et chevaleresques s'étaient effacés devant leur importance politique et financière. C'est dans les ordres d'origine plus récente que reparaît la conception de club, de jeu, de fédération aristocratique.

Aux XIVe et XVe siècles, les ordres de chevalerie, fondés en grand nombre, ont perdu leur importance politique et militaire et se réduisent à de nobles jeux. Les aspirations qu'ils professent restent celles d'un haut idéalisme éthique et politique, mais ce n'est que rêve, illusion, vains projets. Philippe de Mézières, ce remarquable idéaliste, désire remédier aux maux de l'époque par la création d'un nouvel ordre de chevalerie, celui de la Passion[1]. Les trois états y prendront part. (Les grands ordres des croisades s'étaient déjà, il est vrai, assuré la collaboration des non-nobles.) La noblesse fournira les grands maîtres et les chevaliers ; le clergé, le patriarche et ses suffragants ; les bourgeois seront les frères, et les laboureurs, les servants. De cette manière, l'ordre de la Passion sera une union de toutes les classes pour la lutte contre les Turcs. Les trois vœux monastiques : pauvreté, obéissance, chasteté, sont modifiés en ce sens que le troisième, pour des raisons de climat et d'attrait, est remplacé par celui de fidélité conjugale. Philippe de Mézières en

1. N. Jorga, *Philippe de Mézières*, p. 348.

ajoute un quatrième, celui de perfection individuelle, la *summa perfectio*. Il confia le soin de propager la *Militia passionis Jhesu Christi* à quatre « messaiges de Dieu et de la chevalerie » (parmi lesquels, le célèbre Othe de Granson) qui iront « en divers pays et royaumes preschier et annoncer la dicte sainte chevalerie, comme quatre Évangélistes ».

Le mot *ordre* conservait encore en grande partie une signification religieuse : on le remplaçait parfois par le mot *religion*, qu'il ne faut pas croire limité aux seuls ordres religieux. Olivier de La Marche parle d'un Portugais « chevalier de la religion de Avys[1] ». Chastellain appelle la Toison d'or une « religion » et en parle comme d'un mystère sacré[2]. Les règles de cet ordre sont d'ailleurs conçues dans un esprit ecclésiastique ; elles accordent une place importante à la messe et aux obsèques ; les chevaliers sont assis dans des stalles, comme des chanoines.

Rien d'étonnant donc à ce que les membres se sentent unis par un lien sacré. Les chevaliers de l'Étoile, du roi Jean II, sont dans l'obligation de renoncer autant que possible à d'autres ordres[3]. Le jeune Philippe de Bourgogne décline l'honneur de l'ordre de la Jarretière, que lui offre instamment le duc de Bedford, afin de ne pas se sentir uni pour toujours au roi d'Angleterre[4]. Et plus tard, Charles le Téméraire, acceptant cet ordre, est accusé par Louis XI d'avoir rompu le traité de Péronne qui défendait de faire alliance avec l'Angleterre, sans le consentement du roi de France[5].

En dépit de ces airs sacrés, les cercles princiers des XVe et XVIe siècles ont le sentiment que les ordres de

1. La Marche, I, p. 109.
2. Chastellain, II, p. 7 ; IV, p. 233 ; *cf.* 269, VI, p. 154.
3. « Statuts de l'ordre », dans Luc d'Achéry, *Spicilegium*, III, p. 730.
4. Chastellain, II, p. 10.
5. *Chronique scandaleuse*, I, p. 236.

chevalerie sont considérés par la multitude comme de vains amusements. De là, les affirmations répétées que les ordres ont un but élevé et important. Le rimeur Michault Taillevent nous dit que le noble duc Philippe de Bourgogne a institué la Toison d'or :

> Non point pour jeu ne pour esbatement,
> Mais à la fin que soit attribuée
> Loenge a Dieu trestout premièrement,
> Et aux bons, gloire et haulte renommée[1].

De même, Guillaume Fillastre écrit un livre sur la Toison d'or afin, dit-il au début, d'en démontrer la haute signification et pour que l'on sache que l'ordre n'est pas une œuvre de vanité. « Votre père, dit-il en s'adressant à Charles le Téméraire, n'a pas, comme dit est, en vain institué ycelle ordre[2]. »

Il était nécessaire d'accentuer son noble but, si l'on voulait donner à la Toison d'or la première place comme le désirait Philippe le Bon. Car la création d'ordres de chevalerie était devenue une mode, depuis le milieu du XIVe siècle. Tout prince, tout membre de la haute aristocratie désirait avoir son ordre. Nous avons vu que Boucicaut créa le sien. Le roi Jean créa, en 1351, l'ordre des chevaliers Nostre-Dame de la Noble Maison, généralement appelés, d'après leur insigne, chevaliers de l'ordre de l'Étoile. La Noble Maison avait à Saint-Ouen, près de Saint-Denis, une « table d'oneur » où, pendant les solennités, prenaient place les trois princes, les trois bannerets et les trois bacheliers les plus braves. Pierre de Lusignan fonda l'ordre de l'Épée, qui exigeait que ses membres menassent une vie pure ; l'emblème de l'ordre pendait à une chaîne d'or dont les chaînons avaient la

---

1. « Le songe de la thoison d'or », dans Doutrepont, p. 154.
2. Fillastre, *Le Premier volume de la Toison d'or*, Paris, 1515, fº 2.

forme d'S, ce qui signifiait Silence. Puis, ce fut Amédée de Savoie avec l'Annonciade, Louis de Bourbon avec l'Écu d'or et le Chardon, Enguerrand de Coucy avec une couronne retournée (car il avait désiré la couronne impériale), Louis d'Orléans avec son Porc-Épic, Hollande-Hainaut avec son ordre de Saint-Antoine, la croix en T et la clochette, visibles sur tant de portraits de l'époque[1].

Parfois, un ordre était fondé afin de commémorer un événement important : c'est ainsi que Louis de Bourbon fêta son retour de la prison militaire anglaise. D'autres fois, c'était dans un but politique, comme le Porc-Épic d'Orléans, qui tournait ses piquants vers la Bourgogne ; ou encore, le caractère religieux était prépondérant : ainsi l'ordre de saint Georges en Franche-Comté, fut fondé quand Philibert de Miolans revint d'Orient avec des reliques de ce saint.

Il arrive qu'un ordre ne soit qu'une corporation pour la défense mutuelle de ses membres : c'est le cas de l'ordre du Lévrier, que fondèrent, en 1416, les nobles du duché de Bar.

La cause qui donna le premier rang à la Toison d'or fut la richesse de la maison de Bourgogne. Peut-être la magnificence dont l'ordre était entouré y fut-elle pour quelque chose, de même que l'heureux symbole. Originairement, la Toison d'or devait représenter celle des Argonautes. L'aventure de Jason était connue ; Froissart, dans une pastourelle, la met dans la bouche d'un berger[2]. Mais, dans l'héroïsme de Jason, il y avait une paille : il avait parjuré sa foi, et c'était là le sujet d'allusions désagréables à la politique des Bourguignons envers la France. Ainsi, ces vers d'Alain Chartier :

---

1. Boucicaut, I, p. 504 ; Jorga, *Philippe de Mézières*, p. 83 et 463 ; *Romania*, XXVI, p. 395 et 306 ; Deschamps, XI, p. 28 ; *Œuvres du roi René*, I, p. XI ; Monstrelet, V, p. 119.

2. Froissart, *Poésies*, éd. A. Scheler, Acad. royale de Belgique, 1870-1872, 3 vol. II, p. 341.

À Dieu et aux gens detestable
Est menterie et trahison,
Pour ce n'est point mis à la table
Despreux l'image de Jason,
Qui pour emporter la toison
De Colcos se veult parjurer :
Larrecin ne se peult celer[1].

Jean Germain, l'érudit évêque de Châlons, chancelier de l'ordre, fit alors remarquer à Philippe l'existence d'une toison que Gédéon étendit afin d'y recevoir la rosée du ciel[2]. Ce fut là une heureuse inspiration du chancelier, car la toison de Gédéon était un des symboles les plus expressifs de la conception de la Vierge. Ainsi, le héros biblique éclipsa le héros païen comme patron de la Toison d'or, et Jacques Du Clercq put affirmer que Philippe le Bon avait intentionnellement refusé Jason, parce que celui-ci avait brisé son serment[3]. Un panégyriste de Charles le Téméraire appelle l'ordre *Gedeonis signa*[4], mais le chroniqueur Théodoricus Pauli, et d'autres, continuent à parler de « Vellus Jasonis ». L'évêque Guillaume Fillastre, successeur de Jean Germain comme chancelier de l'ordre, surpassa son prédécesseur et trouva dans les Écritures quatre nouvelles toisons : une de Jacob, une de Mesa, roi de Moab, une de Job et une de David[5]. Il leur fit représenter les quatre vertus cardinales et se disposa à consacrer un livre à chacune des six toisons. C'était aller trop loin ; Fillastre, prenant

1. Alain Chartier, *La Ballade de Fougères*, p. 718.
2. Juges, 6.
3. La Marche, IV, p. 164 ; Jacques Du Clercq, II, p. 6 : *cf.* aussi *Le Songe de la thoison d'or*, de Michaut Taillevent.
4. Liber Karoleidos, v. 88, Chron. rel. à l'hist. de Belg. sous la domination des ducs de Bourgogne, III.
5. Genèse, 30, 32 ; 4 Rois (2), 3, 4 ; Job, 31, 20 ; Psaume 71, 6 (édition officielle 72, 6 : *nigras*, aux endroits où la Vulgate a le mot *vellus*).

pour une toison « les moutons tachetés et marquetés » de Jacob, leur fit représenter la Justice[1]. Il avait simplement pris tous les endroits où la Vulgate mentionne le mot *vellus*, sans discrimination de sens. Voilà où l'avait conduit le désir de l'allégorie. Son idée ne semble pas avoir eu de succès.

Un des usages communs à tous les ordres de chevalerie mérite d'être signalé parce qu'il met en lumière le caractère originel de ces institutions, celui d'un jeu primitif et sacré. Les rois d'armes, les hérauts et les poursuivants portent des noms symboliques. Dans l'ordre de la Toison d'or, le roi d'armes s'appelle Toison d'or. Les hérauts portent des noms de pays : Charolais, Zélande. Le premier des poursuivants s'appelle Fusil, d'après le briquet, emblème de Philippe le Bon. D'autres ont des noms de caractère romanesque, comme Montréal ; ou moral, comme Persévérance ; ou encore symbolique : Humble Requeste, Doulce Pensée, Léal Poursuite, ces trois derniers empruntés au *Roman de la Rose*. L'Angleterre d'aujourd'hui a encore ses rois d'armes, Garter, Norroy, un poursuivant Rouge Dragon ; l'Écosse a son roi d'armes Lyon, un poursuivant Licorne, etc. Aux grandes fêtes, les poursuivants, aspergés de vin, sont solennellement baptisés par le grand maître de l'ordre, ou bien leurs noms sont changés, par suite de l'élévation de leur rang[2].

Les vœux qu'impose l'ordre ne sont qu'une forme fixe et collective des vœux individuels que prononçait le chevalier lorsqu'il promettait d'accomplir un acte d'héroïsme. C'est ici qu'apparaissent les fondements mêmes de l'idéal chevaleresque. Le caractère

---

1. Guillaume Fillastre, *Le Second Volume de la toison d'or*, Paris, François Regnault, 1516, f^ol^. 1, 2.

2. La Marche III, p. 201, IV, p. 67 ; Lefèvre de S. Rémy, II p. 292 ; le cérémonial d'un de ces baptêmes, dans Nicolas Upton, héraut de Humphrey de Glocester, *De officio militari*, éd. E. Bysshe (Bissaeus), Londres, 1654, lib. I, c. XI, p. 19.

de barbarie est si manifeste dans les vœux, qu'il est impossible de douter du rapport qui unit la chevalerie, le tournoi et les ordres aux coutumes primitives. Nous avons affaire à des restes d'anciens rites dont nous trouvons des parallèles dans le *vratam* de l'Inde ancienne, chez les juifs et, plus clairement encore, dans les coutumes scandinaves des sagas de l'Islande.

Ici aussi, nous laissons de côté le point de vue ethnologique, et nous nous occupons seulement de la question de savoir quelle valeur il faut attribuer aux vœux, dans la vie spirituelle du bas Moyen Âge. Le vœu chevaleresque peut avoir une signification religieuse et éthique, ce qui le met sur le même pied que le vœu religieux ; il peut être aussi de nature romanesque et amoureuse, et enfin, il est possible qu'il dégénère en un amusement courtois. Ces trois caractères sont encore, en fait, présent et unis ; le vœu est la consécration de la vie à un idéal sérieux ; il est aussi la raillerie qui se joue un peu du courage, de l'amour et des intérêts de l'État. L'élément jeu devient-il plus puissant, les vœux ne servent plus qu'à donner le lustre et l'éclat aux fêtes de cour. Toutefois, ils restent encore liés aux sérieuses entreprises guerrières : l'invasion d'Édouard III en France, le projet de croisade de Philippe le Bon.

Ici, nous devons répéter ce que nous avons dit à propos des tournois ; les pas d'armes nous semblent insipides et usés, et de même, les vœux du faisan, du héron et du paon sont vains et mensongers, à moins que nous ne retrouvions la passion qui les animait. Ces formes ont été la réalisation d'un rêve de beauté, tout comme le furent à Florence les fêtes d'un Cosme, d'un Laurent, d'un Julien de Médicis.

Cette union d'ascétisme et d'érotisme, qui est à la base du tournoi, nous la retrouvons dans les vœux chevaleresques. Le chevalier de la tour Landry, dans son livre d'instructions à ses filles, parle d'un ordre étrange d'amoureux et d'amoureuses de noble naissance, qui existait en Poitou et en d'autres lieux, au temps de sa jeunesse. Ils s'appelaient Galois et Galoises[1] et obéissaient à « une ordonnance moult sauvaige » : en été, ils devaient se revêtir de vêtements chauds, de pelisses et de chaperons fourrés, et brûler du feu dans l'âtre, tandis qu'en hiver, ils ne portaient qu'une robe sans fourrure. Ni manteau, ni chapeau, ni gants, même s'il gelait à pierre fendre. En hiver, ils jonchaient le sol de feuilles, ils cachaient la cheminée sous des branchages et n'avaient qu'une légère couverture sur leur lit[2]. Dans cette étrange aberration, on ne peut guère voir autre chose que le désir d'exalter le désir amoureux par l'ascétisme. La règle des Galois et des Galoises a également un caractère primitif : le mari d'une Galoise devait abandonner à son hôte sa maison et sa femme, sous peine de déshonneur. Plusieurs membres de l'ordre, ajoute le chevalier de la tour Landry, périrent de froid : « Si double moult que ces Galois et Galoises qui moururent en cest estat et en cestes amouretes furent martirs d'amour[3]. »

On pourrait citer d'autres exemples pour montrer le caractère barbare des vœux chevaleresques. *Le Vœu du héron*, récit de peu de valeur historique, décrit la cour d'Édouard III au moment où Robert d'Artois incite le roi et les nobles à faire la guerre contre la France. Le comte de Salisbury est assis pendant le festin aux pieds de sa dame. Quand son tour est venu de faire un vœu, il lui demande de lui mettre un doigt sur l'œil droit. « Oui, et deux aussi », dit-elle, joignant le

1. Du verbe « galer », se réjouir.

2. C'est probablement à cet ordre que Deschamps fait allusion dans l'envoi de sa ballade sur l'ordre amoureux de la Feuille, n° 767, IV, p. 262 ; *cf.* 763 : « Royne sur fleurs en vertu demourant, Galoys, Dannoy, Mornay, Pierre ensement De Tremoille [...] vont loant [...] vostre bien qui est grant », etc.

3. *Le Livre du chevalier de la Tour Landry*, éd. A. de Montaiglon, Bibl. elzévirienne, Paris, 1854, p. 241 *sq.*

geste à la parole. « Belle, est-il bien clos ? — Oyl, certainement. »

À dont, dist de le bouche, du cuer le pensement
Et je veu et prometh a Dieu omnipotent,
Et à sa douche mère que de beauté resplent,
Qu'il n'iert jamais ouvers, pour oré, ne pour vent,
Pour mal, ne pour martire, ne pour encombrement,
Si seray dedans Franche, où il a bonne gent,
Et si aray le lu bouté entièrement
Et serai combatus à grant efforchement
Contre les gens Philype, qui tant a hardement,
[...] Or, aviegne qu'aviegne, car il n'est autrement.
À donc osta son doit la puchelle au cors gent,
Et li iex clos demeure, si que virent la gent[1].

Ce motif littéraire n'est pas sans fondement réel ; Froissart raconte avoir vu des Anglais qui se cachaient un œil avec un linge, en exécution du vœu qu'ils avaient fait, de ne voir que d'un œil jusqu'à ce qu'ils eussent accompli quelque action d'éclat en France[2]. La sauvagerie d'un passé barbare s'exprime dans *Le Vœu du héron* : Jehan de Faukemont jure de n'épargner ni couvent ni autel, ni femme enceinte ni enfant, ni parent ni ami, pour servir le roi Édouard. La reine, Philippa de Hainaut, demande au roi de prononcer un vœu à son tour :

Adonc, dist la roine, je sai bien que piech'a
Que sui grosse d'enfant, que mon corps senti l'a.
Encore n'a il gaires qu'en mon corps se tourna.
Et je voue et prometh a Dieu qui me crea [...]
Que ja li fruis de moi de mon corps n'istera,
Si m'en arès menée ou païs par de-là
Pour avanchier le veu que vo corps voués a ;
Et s'il en voelh isir, quant besoin n'en sera,
D'un grant coutel d'achier li miens corps s'ochira ;
Sera m'asme perdue et li fruis perira !

1. *Le Vœu du héron*, éd. Soc. des bibl. de Mons, p. 17.
2. Froissart, éd. Luce, I, p. 124.

Un silence d'horreur suit cette promesse sacrilège, et le poète ajoute :

> Et quand li rois l'entent, moult forment l'en pensa,
> Et dist : certainement, nuls plus ne vouera.

Dans ces vœux de la fin du Moyen Âge, les cheveux et la barbe auxquels, d'ailleurs, est partout attribuée une puissance magique, jouent un rôle important. Benoît XIII, enfermé à Avignon, jure de ne pas se faire raser avant d'avoir recouvré la liberté[1]. En 1568 encore, Lumey, le farouche gueux de mer, fait de même, au sujet de la vengeance du comte d'Egmont.

En général, par le vœu, on s'impose une privation qui sera un stimulant dans l'exécution de l'action promise. Souvent, cette privation concerne la nourriture. Le premier chevalier admis par Philippe de Mézières dans sa « chevalerie de la Passion » était un Polonais qui, depuis neuf ans, ne s'était pas assis pour manger ou pour boire[2]. Bertrand Du Guesclin est très enclin à faire des promesses de ce genre. Un Anglais le provoque : Du Guesclin jure de ne manger que trois soupes (pain trempé dans du vin), en l'honneur de la Trinité, jusqu'à ce qu'il ait combattu celui qui le défie. Une autre fois, il promet de ne pas manger de viande et de ne pas se déshabiller avant d'avoir pris Montcontour. Et même, il ne mangera pas du tout avant d'avoir effectué une rencontre avec l'Anglais[3].

Évidemment, un aristocrate du XIVe siècle n'avait plus conscience de la signification magique qui est à la

---

1. *Religieux de Saint-Denis*, III, p. 72. Harald Harfagri fait la promesse de ne pas se laisser couper les cheveux avant d'avoir conquis toute la Norvège, Haraldarsaga Harfagra, cap. 4; *cf.* Voluspa 33.

2. Jorga, *Philippe de Mézières*, p. 76.

3. Claude Menard, *Histoire de Bertrand Du Guesclin*, p. 39, 55, 410 et 488; La Curne, I, p. 240.

base du jeûne. Cette signification magique, nous la trouvons également dans l'usage de porter des fers en signe de promesse. Le 1er janvier 1415, Jean de Bourbon, « désirant eschiver oisiveté, pensant y acquérir bonne renommée et la grâce de la très belle de qui nous sommes serviteurs », fait, avec seize autres chevaliers et écuyers, la promesse de porter chaque dimanche pendant deux ans, à la jambe gauche, des fers de prisonniers d'or ou d'argent suivant le rang, jusqu'à ce qu'ils trouvent seize chevaliers prêts à les combattre à pied et à « outrance[1] ». Jacques de Lalaing rencontre à Anvers, en 1445, un chevalier sicilien, Jean de Boniface, venu de la cour d'Aragon comme « chevalier aventureux ». Il porte à la jambe gauche un fer tenu par une chaîne d'or ; c'est une « emprise » qui signifie son désir de combattre[2].

Dans *Le Petit Jehan de Saintré*, le chevalier Loiselench porte un anneau d'or à la jambe et un autre au bras jusqu'à ce qu'il trouve un chevalier qui le « délivre » de son « emprise[3] ». La Curne de Sainte-Palaye déjà avait remarqué que le même usage existait chez les anciens Chatti dont parle Tacite[4]. Les entraves, portées par les pénitents en pèlerinage, ou par les pieux ascètes, se rattachent aux même racines que les « emprises » chevaleresques.

Quand Philippe le Bon, à Lille, 1454, en préparation à la croisade, offre le banquet où ont lieu les célèbres *Vœux du faisan*, nous assistons à la dernière manifestation d'un ancien usage, devenu un bel ornement courtois. Naturellement, l'habitude de faire un vœu en cas de danger ou de forte émotion ne s'est pas

---

1. Douet d'Arcq, *Choix de pièces inédites relatives au règne de Charles VI*, Société de l'histoire de France, 1863, I, p. 370.
2. Chastellain, *Le Livre des faits de Jacques de Lalaing*, chap. XVI *sq.*, VIII, p. 70.
3. *Le Petit Jehan de Saintré*, chap. XLVIII.
4. *Germania*, cap. 31 ; La Curne, I, p. 236.

perdue ; elle a de fortes racines psychologiques et ne dépend ni de la civilisation ni de la croyance religieuse. Mais le vœu chevaleresque, en tant que coutume élevée au rang de décor de la vie, entre dans sa dernière phase avec la magnifique extravagance de la cour de Bourgogne.

Le rituel est très ancien. On fait la promesse pendant un repas, on jure sur une volaille qui est apportée sur la table et ensuite consommée. Les Normands en état d'ivresse, pendant les festins, prononçaient des vœux, renchérissaient les uns sur les autres, en touchant un sanglier qu'on apportait vivant avant de le préparer[1]. Cette dernière forme s'était conservée encore au temps des Bourguignons : c'est un faisan vivant sur lequel on jure au festin de Lille[2]. Les vœux sont faits à Dieu, à la Vierge, aux dames et à l'oiseau. Il n'est pas risqué de supposer que la divinité ne joue pas le rôle principal : la plupart ne vouent qu'à la dame et à l'oiseau[3]. Dans les privations qu'on s'impose, il est peu de changements. Elles concernent surtout la nourriture et le sommeil. Un chevalier ne couchera pas dans un lit le samedi avant d'avoir combattu un Sarrasin, et il ne demeurera pas dans la même ville quinze jours de suite. Un autre ne mangera pas de viande avant d'avoir saisi la bannière du Grand Turc. Un autre encore accumule les privations : ne plus porter d'armure, ne pas boire de vin le samedi, ne pas coucher dans un lit, ne pas s'asseoir à table, et porter un cilice. La manière d'accomplir l'exploit promis est minutieusement décrite[4].

Devons-nous prendre tout cela au sérieux ? Quand messire Philippe Pot a fait le vœu de combattre les

1. Heimskringla, Olafssaga Tryggvasonar, cap. 35 ; Weinhold, *Altnordisches Leben*, p. 462.
2. La Marche, II, p. 366.
3. *Ibid.*, p. 381-387.
4. *Ibid.*, l. c. ; d'Escouchy, II, p. 166 et 218.

Turcs, le bras droit découvert, le duc apporte un correctif à cette promesse faite par écrit : « Ce n'est pas le plaisir de mon très redoubté seigneur, que messire Phelippe Pot voise en sa compaignie ou saint voyage qu'il a voué, le bras désarmé ; mais il est content qu'il voist aveuc lui armé bien et soufisamment, ainsy qu'il appartient[1]. » On voyait donc encore dans les vœux un ferme propos et un danger. La promesse du duc de combattre le Grand Turc en combat singulier éveille une émotion générale[2]. Quelques chevaliers font des vœux prudents et conditionnels, ce qui prouve qu'on a une sérieuse intention, mais qu'on cherche une échappatoire[3]. Certains vœux ressemblent déjà au jeu de « Philippine » qui en est un pâle dérivé[4].

Le terrible *Vœu du héron* ne manque pas d'un certain élément de raillerie. Robert d'Artois présente le héron, c'est-à-dire le plus peureux des oiseaux, au roi qui est représenté ici comme peu enclin à la guerre. Quand Édouard a fait son vœu, tout le monde rit. Jean de Beaumont, à la même occasion, fait la cynique promesse de servir le seigneur dont il attend la plus grande générosité ; et là-dessus, les seigneurs anglais se mettent à rire[5]. Malgré la pompe et la solennité des *Vœux du faisan*, nous pouvons juger de l'humeur qui régna autour de la table, par le vœu de Jennet de Rebreviettes : s'il ne gagne pas les faveurs de sa dame avant l'expédition, il épousera, à son retour, la première femme qui possédera vingt mille écus… « se elle veult[6] ». Cependant, le même Rebreviettes part comme « povre escuier » chercher aventure, et combat les Maures à Ceuta et à Grenade.

1. D'Escouchy, II, p. 189.
2. Doutrepont, p. 513.
3. *Ibid.* p. 110 et 112.
4. Chastellain, III, p. 376.
5. « Chronique de Berne », Molinier, nº 3103, dans Kervyn, Froissart, II, p. 531.
6. D'Escouchy, II, p. 220.

Ainsi une aristocratie blasée rit de son propre idéal. Après avoir orné son rêve d'héroïsme de toutes les ressources de l'imagination, de l'art et de la richesse, elle pense que la vie n'est pas si belle, après tout, et elle en rit.

CHAPITRE VII

Importance de l'idéal chevaleresque dans l'art militaire et dans la politique[1]

L'historien moderne qui, dans les documents, essaye de suivre le développement des faits et des situations à la fin du Moyen Âge, accorde, en général, peu d'importance aux idées chevaleresques, qu'il considère comme une mode sans valeur réelle, un simple ornement de la société. Les hommes qui firent l'histoire de ces temps-là, princes, nobles prélats ou bourgeois, ne furent pas des rêveurs, mais des hommes politiques et des marchands froids et calculateurs. Sans doute ; mais l'histoire de la civilisation doit s'occuper aussi bien des rêves de beauté et de l'illusion romanesque que des chiffres de la population et des impôts. Et, de plus, il est possible que cet idéal chevaleresque, si compliqué et si usé, ait eu sur l'histoire politique du XVe siècle une influence plus puissante qu'on ne se le figure généralement.

Le décorum qui entourait la vie des nobles avait pour les bourgeois un tel charme, qu'ils l'adoptaient quand ils le pouvaient. Nous nous représentons les

1. Ce chapitre a paru sous une forme différente dans la *Revue d'histoire diplomatique*, 25e année, no 2, 1921.

van Artevelde comme des hommes du tiers état, fiers de leur bourgeoisie et de leur simplicité. Nous nous trompons : Philippe van Artevelde menait un train princier. « Tous les jours, par ses menestrés, il faisoit sonner et corner devant son hostel ses disners et ses soupers, et se faisait servir en vaisselle couverte d'argent, ensi comme s'il fust conte de Flandres » ; « il se vestoit de sanguines et d'escarlattes et se fourroit de menu vair ensi que faisoit li dus de Braibant ou li contes de Hainnau » ; il sortait à cheval, précédé de sa bannière déployée qui figurait son blason, de sable à trois chaperons d'argent[1]. Qui donc nous semble plus moderne que ce magnat de l'argent, Jacques Cœur, le financier de Charles VII ? Et toutefois, si l'on en croit le biographe de Jacques de Lalaing, le grand banquier aurait éprouvé un vif intérêt pour la chevalerie errante démodée du héros hennuyer[2].

Pour comprendre pleinement l'importance sociologique de l'idéal chevaleresque, il faudrait suivre celui-ci, à travers l'époque de Shakespeare et de Molière, jusque dans le gentleman moderne. Mais, ici, notre tâche consiste à indiquer l'influence de cet idéal sur la réalité, à la fin du Moyen Âge. La politique, la guerre se laissaient-elles dominer en quelque mesure par le point de vue chevaleresque ? Oui, sans aucun doute, et généralement, pour leur plus grand dommage. Les tragiques erreurs du Moyen Âge eurent plus d'une fois leur source dans cet idéal, de même que, de nos jours, elles procèdent souvent du nationalisme et de l'orgueil de race. La création d'une Bourgogne quasi indépendante, la plus grande erreur politique que pût commettre la France, eut un motif chevaleresque : le roi Jean, cet esprit brouillon, offrit en 1363 le duché à son fils cadet qui, à Poitiers, avait tenu bon à ses côtés,

1. Froissart, éd. Luce, X, p. 240 et 243.
2. Chastellain, *Le Livre des faits de Jacques de Lalaing*, VIII, p. 158-161.

tandis que les aînés s'enfuyaient. De même l'idée qui, dans l'esprit des contemporains, justifiait la politique anti-française de la Bourgogne après 1419, était la vengeance du meurtre de Montereau, la défense de l'honneur chevaleresque. On peut tout expliquer, je le sais, par une politique calculée, voire prévoyante, mais il n'empêche que l'acte de 1363 eut pour les contemporains cette valeur et ce symbole : courage chevaleresque princièrement récompensé. La Bourgogne, en sa rapide croissance, est un résultat de réflexions et de calculs. Mais cette politique bourguignonne revêt toujours les formes de l'idéal de chevalerie. Les surnoms donnés aux ducs : sans Peur, le Hardi, Qui qu'en Hongne (destiné à Philippe, mais remplacé par le Bon), sont, de la part des littérateurs de cour, des trouvailles intentionnelles destinées à placer le prince dans le rayonnement de ce même idéal[1]. Une des grandes aspirations politiques de l'époque se trouvait indissolublement liée au rêve chevaleresque : la croisade, Jérusalem. Car c'était encore là le nom donné à la plus grande des idées politiques que les princes de l'Europe eussent devant les yeux. Ici, le contraste est singulier entre le véritable intérêt de la chrétienté et la forme que cette idée avait prise. La chrétienté des XIVe et XVe siècles se trouvait face à face avec une question d'Orient des plus urgente : repousser les Turcs qui s'étaient déjà emparés d'Andrinople (1378) et avaient détruit le royaume de Serbie (1389). C'est dans les Balkans qu'était le danger. Et cependant, la tâche la plus importante et la plus inéluctable de la politique européenne ne pouvait parvenir à se dégager de la vieille idée de croisade. L'Europe considérait la question turque comme faisant partie du grand devoir sacré, dans l'accomplissement duquel les ancêtres avaient échoué : la délivrance de Jérusalem.

1. Voir mon article, « L'État bourguignon », *Le Moyen Âge*, 1930-1931.

Par cette idée, l'idéal chevaleresque se retrouvait placé au premier rang et devait exercer une influence particulièrement grande. La délivrance de Jérusalem ne pouvait être qu'une œuvre de piété, d'héroïsme, c'est-à-dire de chevalerie. Et, dans une certaine mesure, le manque de succès de la guerre contre les Turcs doit être attribué au fait que, dans la discussion de la question d'Orient, l'idéal religieux et chevaleresque tenait une place prépondérante. Les expéditions, qui auraient nécessité surtout des calculs précis et de patients préparatifs, étaient au contraire projetées au milieu d'une excitation d'esprit qui ornait de couleurs romanesques un projet vain ou fatal. La catastrophe de Nicopolis, en 1396, avait montré combien il était dangereux d'entreprendre contre un ennemi belliqueux une expédition importante, comme s'il se fût agi d'aller tuer une poignée de païens en Prusse ou en Lituanie. Qui donc formait ces projets de croisade ? Un rêveur comme Philippe de Mézières, qui y consacra sa vie ; un politicien fantasque, comme l'était Philippe le Bon, en dépit de ses calculs et de ses ruses.

À cette époque, tout roi se trouvait encore virtuellement forcé de délivrer Jérusalem. En 1422, Henri V d'Angleterre est mourant. Le jeune conquérant de Rouen et de Paris est emporté au milieu de l'œuvre qui avait jeté la France dans la misère. Les médecins l'ont averti qu'il ne lui reste plus deux heures à vivre ; le confesseur et le clergé sont là ; on lit les Psaumes de la pénitence : *Benigne fac, Domine, in bona voluntate tua Sion, ut aedificentur muri Jerusalem*[1]. À ces mots, le roi commande le silence et dit tout haut que son propos avait été d'aller délivrer Jérusalem, après avoir rétabli la paix en France : « se ce eust esté le plaisir de Dieu son créateur de le laisser vivre son aage. » Il

1. Ps. 50,19 (51, 20).

ordonne ensuite de poursuivre la lecture, et meurt peu après[1].

La croisade était depuis longtemps devenue un prétexte à la levée d'impôts spéciaux ; Philippe le Bon en usa largement. Toutefois, chez lui, le projet de croisade ne peut être mis entièrement sur le compte de la cupidité[2]. Dans son cas il existe un mélange de sentiments : effort sérieux, et aussi dessein de se poser en sauveur de la chrétienté et d'éclipser ainsi la gloire du roi de France et du roi d'Angleterre. « Le voyage de Turquie » fut un atout qu'il ne joua jamais. Chastellain s'efforce de nous montrer que le duc prenait le projet au sérieux, mais qu'il s'élevait de grosses difficultés : les temps n'étaient pas venus ; les personnes influentes regrettaient que le prince, à son âge, entreprît une expédition si dangereuse pour le pays et pour la dynastie. Déjà le pape a envoyé la bannière, reçue religieusement par Philippe, à La Haye, et déployée dans une procession solennelle ; déjà, au banquet de Lille, les vœux sont prononcés ; déjà Joffroy de Toisy explore les ports syriens, Jean Chevrot, évêque de Tournai, organise les collectes, Guillaume Fillastre prépare son équipement, et les vaisseaux sont réquisitionnés ; et cependant, on a un vague pressentiment que l'expédition n'aura pas lieu[3]. Le vœu ducal, à Lille, était d'ailleurs bien conditionnel : le duc partirait, pourvu que les pays que Dieu lui avait confiés fussent en paix et en sécurité[4].

D'ailleurs, les expéditions militaires minutieusement préparées et annoncées à son de trompe, mais dont il ne sortait presque rien, semblent avoir été,

1. Monstrelet, IV, p. 112 ; Pierre de Fenin, p. 363 ; Lefèvre de Saint-Rémy, II, p. 63 ; Chastellain, I, p. 331.

2. J. D. Hintzen, *De Kruistochtplannen van Philips den Goede*, Rotterdam, 1918.

3. Chastellain, III, p. 6, 10, 34, 77, 118, 119, 178 et 334 ; IV, p. 125, 128, 171, 431, 437, 541 et 470 ; V, p. 49.

4. La Marche, II, p. 382.

indépendamment de l'idéal des croisades, un moyen de réclame politique. Il en fut ainsi de l'expédition anglaise contre les Flandres, en 1383 ; de l'expédition de Philippe le Hardi contre l'Angleterre en 1387, expédition pour laquelle la magnifique flotte avait déjà appareillé dans le port de l'Écluse ; et enfin de celle de Charles VI contre l'Italie, en 1391.

Une forme très particulière de fiction chevaleresque sentait fortement la réclame politique : c'étaient les duels princiers qui, souvent annoncés, n'étaient toutefois jamais exécutés. J'ai déjà exposé ailleurs[1] comment les différends politiques étaient, au XVe siècle, considérés comme querelles de partis, affaire personnelle. On sert la « querelle des Bourguignons ». Il était donc bien naturel que le prince lui-même se battît pour terminer la cause. Et, en fait, cette solution, qui satisfait à la fois un primitif sentiment de justice et la fantaisie chevaleresque, était souvent à l'ordre du jour. Quand on lit les longs préparatifs de ces duels princiers, on se demande si tout cela n'était qu'une belle feinte, ou si les champions s'attendaient réellement à combattre. Les historiographes de l'époque, en tout cas, prennent la chose au sérieux. En 1383, Richard II d'Angleterre offre de combattre, avec ses trois oncles, les ducs de Lancastre, d'York et de Gloucester, contre le roi de France Charles VI et ses oncles, les ducs d'Anjou, de Bourgogne et de Berry[2]. Monstrelet, au début de sa *Chronique*, consacre une large place au défi jeté par Louis d'Orléans au roi d'Angleterre Henri IV[3]. Philippe le Bon surtout met en honneur ce mode de règlement. Il défie Humphrey de Gloucester en 1425. Motif du défi : « pour éviter effusion de sang chrestien et la destruc-

1. *Uit de voorgeschiedenis van ons nationaal besef*, Tien Studièn, I.
2. Rymer, *Fœdera*, III, pars 3, p. 158 ; VII, p. 407.
3. Monstrelet, I, p. 43 *sq*.

tion du peuple, dont en mon cuer ay compacion»; «que par mon corps sans plus ceste querelle soit menée à fin, sans y aler avant par voies de guerres, dont il conviendroit mains gentilz hommes et aultres, tant de vostre ost comme du mien, finer leurs jours piteusement[1]». Tout est prêt pour le combat : l'équipement précieux et les magnifiques vêtements que portera le duc sont confectionnés; on fait les tentes, les étendards et les bannières, les cottes d'armes des hérauts et des poursuivants, le tout orné des blasons de ses pays et de ses emblèmes : le briquet et la croix de Saint-André. Le duc s'entraîne «tant en abstinence de bouche comme en prenant painne pour luy mettre en alainne[2]». Dans son parc de Hesdin, il s'exerce chaque jour avec des maîtres d'armes expérimentés[3]. Les comptes mentionnent les dépenses occasionnées par ces préparatifs et, en 1460 encore, on pouvait voir à Lille la tente magnifique confectionnée à cette occasion[4]. Toutefois, le duel n'eut jamais lieu.

Cela n'empêcha pas le duc d'offrir de régler personnellement, par un duel, le différend avec le duc de Saxe, concernant Luxembourg. Au banquet de Lille, Philippe, âgé de soixante ans, fit la promesse d'aller combattre le Grand Turc corps à corps, si c'était son gré[5].

Cette attitude se maintient encore au temps de la Renaissance italienne. Francesco Gonzaga offre de combattre César Borgia : il délivrera l'Italie du tyran, par l'épée et la dague. L'intervention du roi de France, Louis XII, empêche le duel, et le tout se termine par

1. *Ibid.*, IV, p. 219.
2. Pierre de Fenin, p. 626-627; Monstrelet, IV, p. 244; *Liber de Virtutibus*, p. 27.
3. Lefèvre de Saint-Rémy, II, p. 107.
4. Laborde, I. p. 201 *sq.*
5. La Marche, II, p. 27 et 382.

une touchante réconciliation[1]. Charles-Quint lui-même, à deux reprises différentes, en 1526 et en 1536, propose au roi de France de mettre fin à leur querelle par un combat singulier[2]. Et, en 1674, le défi que le comte palatin Charles-Louis envoie, non à Louis XIV il est vrai, mais à Turenne, s'ajoute à la série[3].

Un vrai duel, très semblable à un duel princier, eut lieu en 1397 à Bourg-en-Bresse. Le célèbre Othe de Grandson, chevalier et poète, accusé de complicité dans le meurtre d'Amédée VII de Savoie, y fut tué de la main de Gérard d'Estavayer, champion des villes du pays de Vaud. Ce duel causa une vive émotion[4].

Dans les États bourguignons et le nord de la France, si querelleur, le duel, judiciaire ou spontané, était fortement enraciné dans les mœurs.

De haut en bas de l'échelle sociale, il était considéré comme la décision par excellence. Cette conception avait en elle-même peu de rapports avec l'idéal chevaleresque ; elle était beaucoup plus ancienne. La chevalerie donna au combat en champ clos la consécration de la vogue, mais le duel fut honoré aussi en dehors des cercles de la noblesse. Si le combat n'a pas lieu entre nobles, il porte aussitôt la marque de la rudesse des temps, et les chevaliers jouissent d'autant mieux du spectacle que celui-ci se passe en dehors de leur code d'honneur. Rien de plus remarquable que l'intérêt éveillé chez les nobles et les historiographes par un duel judiciaire qui eut lieu en 1455 entre deux

---

1. F. van Bezold, *Aus dem Briefwechsel der Markgräfin Isabella von Este-Gonzaga*, Archiv f. Kulturgesch., VIII, p. 396.

2. Papiers de Granvelle, I, p. 360 *sq.* ; Baumgarten, *Geschichte Karls des V.* II, p. 641 ; Fueter, *Geschichte des europäischen Staatensystems*, 1492-1559, p. 307. *Cf.* aussi la lettre d'Érasme à Nicolas Beraldus, 25 mai 1522, dédicace du traité *De ratione conscribendi epistolas*, Allen, nº 1284.

3. Erdmannsdörffer, *Deutsche Geschichte 1648-1740*, I, 595.

4. A. Piaget, *Romania*, XIX, 1890, Oton de Granson et ses poésies.

bourgeois de Valenciennes[1]. C'était chose rare ; rien de pareil n'était arrivé depuis une centaine d'années. Les gens de Valenciennes voulaient à tout prix que le duel eût lieu, car le maintien d'un de leurs anciens privilèges était en jeu. Mais le comte de Charolais qui, en l'absence de Philippe, exerçait le pouvoir, en remettait l'exécution de jour en jour et les deux antagonistes, Jacotin Plouvier et Mahuot, étaient gardés comme de précieux coqs de combat. Dès la rentrée du duc, le duel fut décidé. Philippe lui-même voulut y assister ; à cet effet, se rendant de Bruges à Louvain, il fit un détour et passa par Valenciennes. Les chroniqueurs, comme Chastellain et La Marche, qui, dans leurs descriptions de « Pas d'armes » entre la noblesse, ne savent jamais trouver l'accent de la réalité, ont réussi cette fois à donner toute la couleur d'un réalisme vigoureux. Le rude Flamand reparaît dans Chastellain décrivant avec verve tous les détails de la « moult belle sérémonie » ; il décrit minutieusement la lice et les bancs qui l'entourent. Les pauvres victimes ont leurs maîtres d'armes. Jacotin, le demandeur, entre le premier, nu-tête, les cheveux courts ; il est très pâle. Il est cousu dans un vêtement de cordouan. Après les génuflexions et les révérences au duc, assis derrière un treillage, les champions attendent, assis en face l'un de l'autre sur deux chaises tendues de noir. Les seigneurs murmurent leurs appréciations ; rien n'échappe à l'attention. Mahuot blêmit en baisant les évangiles. Deux serviteurs enduisent les combattants de graisse, de la tête aux pieds. Chez Jacotin, la graisse pénètre immédiatement dans le cuir, mais non chez Mahuot : pour lequel des champions cet augure est-il favorable ?

1. Chastellain, III, p. 38-49 ; La Marche, II, p. 400 *sq.* ; d'Escouchy, II, p. 300 *sq.* ; *Corp. chron. Flandr.*, III, p. 525 ; Petit Dutaillis, *Documents nouveaux*, p. 113 et 137.

Sur une forme de duel judiciaire non dangereuse, voir Deschamps, IX, p. 21.

Les champions se frottent les mains avec de la cendre, prennent du sucre en bouche ; alors, on leur apporte des massues et des boucliers sur lesquels sont peintes des images de dévotion qu'ils baisent. Ils portent les boucliers la pointe en haut, et tiennent dans la main « une bannerolle de dévocion ».

Mahuot, qui est petit, ouvre le combat en prenant du sable avec la pointe de son écu et en le jetant aux yeux de Jacotin. S'ensuit un corps à corps furieux qui se termine par la chute de Mahuot ; l'autre se jette sur le défaillant, lui enfonce du sable dans la bouche et les yeux, mais Mahuot serre entre ses dents un doigt de l'adversaire. Celui-ci lui enfonce les pouces dans les orbites, et malgré les cris de pitié, saute sur le dos de Mahuot pour le briser. Mahuot, mourant, demande en vain de se confesser ; il s'écrie : « Ô monseigneur de Bourgogne, je vous ay si bien servi en vostre guerre de Gand ! Ô monseigneur, pour Dieu, je vous prie mercy, sauvez-moi la vie ! »... Ici se termine le récit de Chastellain : quelques feuillets manquent. D'autres sources nous racontent que Mahuot, demi-mort, fut pendu par le bourreau. Peut-être Chastellain terminait-il son récit par une noble et chevaleresque méditation ? C'est ce que fait La Marche. Il nous annonce la honte que ressentit la noblesse du fait d'avoir été présente. Et, ensuite, dit l'incorrigible poète de cour, Dieu permit qu'un duel chevaleresque eût lieu, où tout se passa d'une manière irréprochable.

C'est dans la guerre que le conflit entre l'esprit de chevalerie et la réalité est le plus fortement perceptible. Bien que l'idéal chevaleresque ait peut-être donné au sentiment guerrier sa forme et sa force, on peut dire que son influence fut plutôt néfaste, car il poussait à sacrifier les droits de la stratégie à ceux de l'esthétique. En mainte occasion, les meilleurs chefs, les rois eux-mêmes, s'exposent aux dangers d'une aventure romanesque. Édouard III risque sa vie dans une attaque hasardeuse contre un convoi de bateaux espagnols[1]. Les chevaliers de l'ordre de l'Étoile jurent que, dans le combat, ils ne reculeront jamais de plus de quatre arpents ; sinon il devront mourir ou se rendre. Et cette règle étrange, si l'on en croit Froissart, coûta la vie, dès le début de l'ordre, à plus de quatre-vingt-dix d'entre eux[2].

En 1415, Henri V d'Angleterre va à la rencontre des Français, avant la bataille d'Azincourt. Par erreur, le soir, il dépasse le village que les fourrageurs lui ont assigné pour y dormir cette nuit là. Or, le roi, « comme celuy qui gardoit le plus les cérémonies d'honneur très loable », vient justement d'ordonner que les chevaliers en reconnaissance abandonnent leur cotte d'armes afin de ne pas être, en revenant, obligés de reculer en vêtement guerrier. Maintenant, revêtu de sa cotte d'armes, il ne peut donc revenir sur ses pas ; il passe la nuit dans l'endroit où il est et fait se ranger l'avant-garde conformément à ce nouveau plan[3].

Pendant les délibérations qui précèdent la grande attaque française dans les Flandres, en 1382, l'esprit de chevalerie s'oppose continuellement à la bonne stratégie. « Se nous querons autres chemins que le droit — répond-on aux conseils de Clisson et de Coucy qui désirent entrer par des chemins imprévus —, nous ne monsterons pas que nous soions droites gens d'armes[4]. »

Il en est de même pendant l'invasion des Français sur la côte anglaise à Dartmouth, en 1404. L'un des chefs, Guillaume Du Chatel, veut prendre par le flanc les Anglais qui se sont retranchés dans un fossé sur le rivage. Mais le sire de Jaille considère les défenseurs comme une troupe de paysans : ce serait une honte de s'écarter du chemin pour eux. Il excite donc ses

1. Froissart, éd. Luce, IV, p. 89-94.
2. *Ibid.*, p. 127-128.
3. Lefèvre de Saint-Rémy, I, p. 241.
4. Froissart, XI, p. 3.

compagnons à la bravoure. Le mot pique Du Châtel au vif : « un noble cœur breton ne craindra pas ; je tenterai ma chance, bien que je prévoie plutôt la mort que le succès. » Il ajoute la promesse de ne pas demander de quartier, attaque et se fait tuer, tandis que toute sa bande est pitoyablement battue[1].

Pendant la guerre des Flandres, on s'efforce de faire partie de l'avant-garde ; un chevalier, commandé pour l'arrière-garde, proteste énergiquement[2].

Nous retrouvons l'idéal chevaleresque appliqué à la guerre dans les combats singuliers, entre deux ou plusieurs adversaires. Le cas type est le fameux combat des Trente qui eut lieu en 1351 à Ploërmel en Bretagne, entre trente Français commandés par Beaumanoir et un groupe d'Anglais, d'Allemands et de Bretons. Froissart le trouve très beau, mais note, toutefois, à la fin de son récit : « Li aucun le tenoient à proèce, et li aucun à outrage et grant outrecuidance[3]. » Un duel entre Guy de La Tremoïlle et l'Anglais Pierre de Courtenay, en 1386, duel qui devait prouver la supériorité des Anglais ou des Français, fut interdit par les régents français Bourgogne et Berry, au tout dernier moment[4]. *Le Jouvencel* exprime sa désapprobation pour cet étalage de prouesses ; c'est dans ce livre, d'ailleurs, comme nous l'avons déjà observé, que l'esprit de chevalerie fait place à l'esprit militaire. Quand, dans ce même roman, le duc de Bedford offre un combat de douze contre douze, le chef français répond : « un proverbe dit qu'il ne faut rien faire sur l'initiative de l'ennemi. Nous sommes ici pour le chasser de ses positions, et cela nous donne assez à faire. » Et le défi fut refusé. À un autre endroit, le Jou-

1. *Religieux de Saint-Denis*, III, p. 175.
2. Froissart, XI, p. 24 *sq.*, VI, p. 156.
3. *Ibid.*, IV, p. 110 et 115. D'autres combats du même genre, dans Molinier, *Sources*, IV, n° 3707 ; Molinet, IV, p. 294.
4. *Religieux de Saint-Denis*, I, p. 392.

vencel refuse un duel à un de ses officiers, déclarant (il revient du reste à la fin sur sa décision) qu'il ne donnerait jamais sa permission pour une entreprise semblable. Ce sont des choses défendues. Celui qui désire un duel veut prendre à un autre son honneur afin de s'attribuer à lui-même une vaine gloire, tandis qu'il néglige le service du roi et de la chose publique[1]. Ceci semble une voix sortie des temps nouveaux. Toutefois, l'habitude de ces combats singuliers persista jusqu'au-delà du Moyen Âge. Les guerres d'Italie en présentent un exemple fameux dans la « Sfida di Barletta », duel entre Bayard et Sotomayor, en 1501 ; on en trouve d'autres cas dans les guerres des Pays-Bas contre l'Espagne.

En général, la tactique de guerre repousse à l'arrière-plan les conceptions chevaleresques ; cependant, la raison ne l'emporte pas toujours. Henri de Transtamare désire à tout prix combattre son ennemi dans la plaine, abandonne de plein gré sa position avantageuse et perd la bataille de Najera (ou Navarrete, 1367). En 1333, une armée anglaise propose aux Écossais de descendre dans la plaine, pour mieux pouvoir combattre. Quand le roi de France s'aperçoit de la difficulté de dégager Calais, il invite poliment les Anglais à choisir un autre terrain de bataille. Guillaume de Hainaut va même plus loin ; il propose au roi de France une trêve de trois jours pour jeter un pont au moyen duquel les armées pourront se rencontrer[2]. Dans les cas précités, la demande chevaleresque essuie un refus ; la stratégie reprend ses droits. Il en est de même chez Philippe le Bon : son honneur chevaleresque pâtit lorsqu'il refuse la bataille qui, le même jour, lui est offerte par trois fois[3].

Si l'idéal chevaleresque le cédait à des intérêts plus

1. *Le Jouvencel*, I, p. 209 ; II, p. 99 et 103.
2. Froissart, I, p. 65 ; IV, p. 49 ; II, p. 32.
3. Chastellain, II, p. 140.

sérieux, il n'en restait pas moins important dans le magnifique décor de la guerre. Pendant la nuit qui précéda Azincourt, les deux armées, l'une en face de l'autre dans l'obscurité, s'excitaient au combat à son de trompettes, et les Français se plaignirent de n'en avoir pas eu assez « pour eulx resjouyr », ce qui fut cause que leur courage fut moins soutenu[1].

Vers la fin du XVe siècle, les lansquenets introduisirent l'usage du tambour, d'origine orientale[2]. Avec son effet hypnotique et inharmonieux, le tambour symbolise la transition entre l'époque de la chevalerie et celle de l'art militaire moderne ; il est un élément dans la mécanisation de la guerre. Mais, vers l'an 1400 encore, les cimiers et les blasons, les bannières et les cris de guerre, conservent aux combats un caractère individuel et l'apparence d'un noble sport. Tout le jour retentissent les cris des seigneurs, rivalisant dans leur orgueil. Avant et après la bataille, celle-ci est consacrée par les cérémonies de l'accolade et de l'élévation des rangs : les chevaliers deviennent bannerets en coupant « la queue de leurs pennons[3] ». Le camp célèbre de Charles le Téméraire devant Neuss ressemble à une fête de cour : quelques-uns des chefs ont fait bâtir leur tente « par plaisance » en forme de châteaux, avec galeries et jardins[4].

Le point de vue chevaleresque préside, chez les chroniqueurs, à la classification des exploits guerriers. Ces écrivains s'efforcent de distinguer une bataille d'un simple engagement, car chaque combat doit prendre sa propre place dans les annales de la gloire. « Si fut de ce jour en avant ceste besongne appellée le rencontre de Mons en Vimeu. Et ne fu déclairée à estre bataille, pour ce que les parties rencontrèrent

1. Monstrelet, III, p. 101 ; Lefèvre de Saint-Rémy, I, p. 247.
2. Froissart, III, p. 187 ; XI, p. 22.
3. Chastellain, II, p. 374.
4. Molinet, I, p. 65.

l'un l'autre aventureusement, et qu'il ne avoit comme nulles bannières desploiées[1].» Henri V baptise sa grande victoire : bataille d'Azincourt, «pour tant que toutes batailles doivent porter le nom de la prochaine forteresse où elles sont faictes[2]». Passer la nuit sur le champ de bataille était le signe certain et reconnu de la victoire[3].

La bravoure du prince dans la bataille revêt parfois un caractère plus ou moins factice. Froissart décrit un combat d'Édouard III contre un noble Français, à Calais, en termes qui nous font douter du sérieux de cette rencontre : «La se combati li rois à monsigneur Ustasse moult longuement et messires Ustasse à lui, et tant que il les faisait moult plaisant veoir.» À la fin, le Français se rend, et le combat se termine par un souper qu'offre le roi à son prisonnier[4]. Dans le combat de Saint-Riquier, Philippe de Bourgogne, à cause du danger, fait porter par un autre son magnifique équipement; mais les chroniqueurs disent que c'était pour mieux prouver sa valeur, en combattant comme un simple guerrier[5]. Les jeunes ducs de Berry et de Bretagne, suivant le Téméraire dans sa guerre du bien public, portent, nous dit Commines, des cuirasses de satin à clous d'or[6].

En dépit des efforts qui sont faits afin de conserver l'illusion de la chevalerie, celle-ci se heurte de toutes parts à la réalité et doit chercher refuge dans la littérature, les fêtes et les jeux. L'idéal de vie héroïque n'était à sa place que dans les limites d'une caste.

Il est surprenant en effet de voir combien l'esprit chevaleresque fait défaut dans les cas où il s'agit de

---

1. Monstrelet, IV, p. 65.
2. *Ibid.*, III; Lefèvre de Saint-Rémy, I, p. 259.
3. Basin, III, p. 57.
4. Froissart, IV, p. 80.
5. Chastellain, I, p. 260; La Marche, I, p. 89.
6. Commines, I, p. 55.

personnes d'un rang inférieur. Le noble Chastellain ne comprend nullement cet honneur bourgeois qui fait que le riche brasseur refuse sa fille à l'archer du duc, et risque, dans sa résistance, sa vie et ses biens. Froissart conte, sans le moindre respect, comment Charles VI traita le cadavre de Philippe d'Artevelde. « Quand on l'eust regardé une espasse on le osta de là et fu pendus à un arbre. Vela le darraine fin de che Philippe d'Artevelle. » Le roi se permit de heurter le corps du pied « en le traitant de vilain[1] ». Froissart garde tout son enthousiasme pour la chevalerie, même en face des cruautés exercées parles nobles contre les bourgeois de Gand ; en 1382, Chastellain, qui raconte si complaisamment les exploits de Jacques de Lalaing, mentionne froidement l'acte de courage accompli par un jeune Gantois inconnu qui, seul, attaqua Lalaing[2]. Parlant des exploits accomplis par un Gantois du peuple, La Marche dit naïvement que ces faits auraient été importants s'ils avaient émané d'un « homme de bien ».

En tant que principe militaire, la chevalerie était devenue insuffisante ; la tactique avait depuis longtemps renoncé à se conformer à ses règles : la guerre, au XIVe et au XVe siècle, était faite d'approches furtives, d'incursions et de raids. La coutume de faire combattre les chevaliers à pied était venue d'Angleterre et avait été adoptée par les Français[3], bien qu'elle fût en opposition avec l'esprit de chevalerie. Combien les conceptions chevaleresques ne nous apparaissent-elles pas puériles et insuffisantes quand nous lisons le *Débat des hérauts d'armes de France et d'Angleterre*, traité écrit vers 1455 et qui expose la préséance de la

1. Ms. Chronique d'Audenarde, dans le *Religieux de Saint-Denis*, I, p. 299.

2. Chastellain, II, p. 259.

3. *Ibid.*, I, p. 28 ; Commines, I, p. 31 ; cf. Petit Dutaillis dans Lavisse, *Histoire de France*, IV, vol. 2, p. 33.

France sur l'Angleterre. Le héraut anglais demande à son collègue français pourquoi le roi de France n'entretient pas une grande force navale, comme le fait le roi d'Angleterre. Eh bien, répond naïvement le Français, d'abord, il n'en a pas besoin, et puis, la noblesse préfère les combats sur terre « car [en mer] il y a danger et perdiction de vie, et Dieu scet quelle pitié quant il fait une tourmente, et si est la malladie de la mer forte à endurer à plusieurs gens. Item, et la dure vie dont il faut vivre, qui n'est pas bien consonante à noblesse[1] ». Mais le canon, bien que d'action encore restreinte, annonçait les changements qui allaient se produire dans l'art militaire. Et n'est-ce pas une ironie du sort qui fit que cette fleur des chevaliers errants à la mode de Bourgogne, Jacques de Lalaing, fut tué par un boulet de canon[2] ?

Il y avait à la noble carrière des armes un côté financier qui n'échappait à personne. À chaque page de l'histoire militaire de la fin du Moyen Âge, nous lisons l'importance qu'il y avait à faire prisonniers de grands personnages, à cause de la rançon. Froissart ne néglige pas de signaler combien l'auteur d'un coup de main heureux gagna à cette attaque[3]. Et, à part les profits directs, il y avait aussi pour le chevalier l'espoir de pensions, de rentes et de places de gouverneurs. L'avancement est couramment envisagé comme un but. « Je suis uns povres homs qui desire mon avancement », dit Eustache de Ribeumont. Froissart raconte ses faits divers afin de les donner en exemple aux braves « qui se desirent à avanchier par les armes ». Deschamps écrit une ballade où les chevaliers, les valets et les sergents de la cour de Bourgogne aspirent à la paye :

1. *Le Débat des hérauts d'armes*, par. 86, 87, p. 33.
2. Chastellain, *Le Livre des faits*, VIII, p. 252 et XIX.
3. Froissart, éd. Kervyn, XI, p. 24.

Et quant venra le tresorier[1] ?

Chastellain trouve naturel que celui qui désire atteindre à la gloire terrestre soit cupide, « fort veillant et entendant à grand somme de deniers, soit en pensions, soit en rentes, soit en gouvernements ou en pratiques[2] ». Et le noble Boucicaut lui-même n'est pas dépourvu de convoitise[3]. Commines estime un noble d'après son salaire : « ung gentilhomme de vingt escuz[4] ».

Au milieu de la glorification bruyante de la vie chevaleresque, nous entendons parfois une note discordante. Les nobles eux-mêmes entrevoyaient la misère dorée et la fausseté de cette vie de guerre et de tournois[5]. Il n'est donc pas étonnant que les deux esprits sarcastiques qui n'avaient pour la chevalerie qu'ironie et mépris se soient trouvés : Louis XI et Philippe de Commines. La description par Commines de la bataille de Montlhéry est, dans son réalisme, tout à fait moderne. Ni faits héroïques ni action dramatique, mais le récit légèrement sarcastique d'allées et venues continuelles, de doutes et de craintes. Commines semble prendre plaisir à raconter la fuite ignominieuse et le courage qui revient après le danger. Il emploie peu le mot honneur et traite la chose elle-même comme un mal nécessaire. « Mon advis est que s'il eust voulu s'en aller ceste nuyt, il eust bien faict [...] Mais sans doubte, là où il avoit de l'honneur, il n'eust point voulu estre reprins de couardise. » Même quand il parle de rencontres sanglantes, on cherche en vain dans son récit la terminologie chevaleresque[6].

1. Deschamps, IV, n° 785, p. 289.
2. Chastellain, V, p. 217.
3. Le songe véritable, Mém. de la soc. de l'hist. de Paris, t. XVII, p. 325, dans Raynaud, *Les Cent Ballades*, p. LV.
4. Commines, I p. 295.
5. « Livre messires Geoffroi de Charny », *Romania*, XXVI.
6. Commines, I, p. 36-42, 86 et 164.

La chevalerie n'aurait pas été l'idéal de plusieurs siècles si elle n'avait possédé des éléments de grande valeur pour le développement social, si elle n'avait été nécessaire du point de vue éthique et esthétique. Dans la magnifique exagération même, se trouvait la force de cet idéal. L'esprit médiéval, cruellement passionné, ne pouvait être tenu en laisse, semble-t-il, que par un idéal trop haut placé, celui de l'Église, celui de la chevalerie : « Sans cette violence de direction qu'ont les hommes et les femmes, sans un grain de bigoterie et de fanatisme, il n'y a ni passion ni efficacité. Nous visons plus haut que le but, pour atteindre le but. Toute action possède en elle-même une certaine fausseté d'exagération[1]. »

Mais, plus un idéal social exige de vertus trancendantes, et plus le désaccord s'agrandit entre le formalisme social et les réalités. L'idéal chevaleresque, avec sa teneur semi-religieuse, ne pouvait être vécu que par une époque capable de fermer les yeux aux plus impérieuses nécessités et de se laisser enchanter par les plus grandes illusions. La nouvelle société naissante exigeait que ces trop hautes aspirations fussent abandonnées. Le chevalier devient le gentilhomme français du XVIIe siècle, qui possède encore un assortiment de notions d'honneur et de préjugés de caste, mais ne se donne plus pour le défenseur de la foi, le protecteur des faibles. Et le type du noble français fait place à celui du « gentleman » sorti, lui aussi, en droite ligne du chevalier, mais tempéré et raffiné.

Ainsi, dans ses transformations successives, l'idéal tend à se conformer à une conception de la vie moins hyperbolique.

---

1. Emerson, *Nature*, éd. Routledge, 1881, p. 230-231.

CHAPITRE VIII
L'amour stylisé

Quand, au XIIe siècle, les troubadours placèrent de désir insatisfait au centre de leur conception poétique de l'amour, l'esprit médiéval atteignit un tournant important : un idéal amoureux se développait, pour la première fois, sur une base négative. L'Antiquité avait, il est vrai, chanté les désirs et les tourments d'aimer, mais elle les avait conçus comme l'attente ou comme l'aiguillon d'un bonheur certain. Le « moment » sentimental de récits tragiques comme Pyrame et Thisbé, Céphale et Procris, se trouve, non dans l'inanité de l'espoir, mais dans la cruelle séparation, par la mort, de deux amants déjà réunis. L'émotion douloureuse n'y est pas causée pas l'insatisfaction, mais par l'infortune. C'est dans l'amour courtois que, pour la première fois, le désir insatisfait devient le thème essentiel. Ainsi se trouva créé un idéal érotique capable d'absorber des aspirations éthiques de toute nature, sans renoncer pour cela à sa connexion avec l'amour sensuel. C'est de celui-ci qu'était sorti le culte de la femme, culte qui renonçait à tout espoir de récompense. L'amour devint le champ où fleurirent toutes les perfections esthétiques et morales. L'amant courtois sera, du fait de son amour, vertueux et pur. L'élément spirituel prit de plus en plus d'importance dans la poésie lyrique jusqu'à ce que, enfin, dans la *Vita nuova*, l'amour devînt un état de sainte béatitude et de sainte connaissance. Dans le *Dolce stil nuovo* de Dante et de ses contemporains, nous atteignons à un extrême, et une régression s'impose.

Pétrarque hésite entre l'idéal de l'amour courtois et l'inspiration nouvellement tirée des modèles de l'Antiquité ; et, de Pétrarque à Laurent de Médicis, la poésie lyrique, en Italie, retrace son chemin vers la sensualité naturelle qui pénétrait aussi les œuvres antiques tant admirées. En France, et dans tous les pays qui subissaient l'ascendant de l'esprit français, l'évolution de la pensée érotique fut plus compliquée. Le cadre de l'amour courtois résiste, mais l'esprit s'en renouvelle. Avant que la *Vita nuova* n'eût trouvé l'harmonie éternelle dans la passion spiritualisée, le *Roman de la Rose* avait versé des idées nouvelles dans les anciennes formes de l'amour courtois. L'œuvre, commencée avant 1240 par Guillaume de Lorris, fut terminée avant 1280 par Jean Chopinel de Meung-sur-Loire. Peu de livres ont exercé une influence aussi profonde et aussi prolongée sur la vie d'une époque que le *Roman de la Rose*. Sa vogue a duré deux siècles au moins. Il a déterminé la conception aristocratique de l'amour au déclin du Moyen Âge ; et de plus, en raison de sa richesse encyclopédique, il a été le trésor où la société laïque cultivée a puisé le plus clair de son érudition. Il est digne d'attention ce fait que la classe dominante de toute une époque reçut ses notions intellectuelles et morales dans les cadres d'un *ars amandi*. L'idéal de culture se fondant avec celui de l'amour : voilà un amalgame que n'a connu aucune autre époque. De même que la scolastique représente l'effort grandiose de l'esprit du Moyen Âge pour unifier toute la pensée philosophique, de même la théorie de l'amour courtois a voulu, dans un domaine moins élevé, embrasser tout ce qui concernait la vie noble. Le *Roman de la Rose* ne détruisit pas le système ; il en modifia les tendances et en enrichit le contenu.

Donner un style à l'amour : telle est la réalisation suprême des aspirations à la vie belle, dont on a retracé plus haut l'expression cérémonielle et l'expression héroïque. Plus que dans l'orgueil ou dans la force, la beauté réside dans l'amour. C'est aussi une nécessité sociale, un besoin d'autant plus impérieux que les mœurs sont plus féroces. Il faut élever l'amour à la hauteur d'un rite. La violence débordante de la passion l'exige. À moins que les émotions ne se laissent encadrer dans des formes et des règles, c'est la barbarie. L'Église avait la tâche de réprimer la brutalité et la licence du peuple, mais elle n'y suffisait pas. L'aristocratie, en dehors des préceptes de la religion, avait sa culture à elle, à savoir la courtoisie, et elle y puisait les normes de sa conduite. La littérature, la mode et la conversation s'évertuaient à mettre un frein à la vie érotique, à la régler et à l'affiner. Si elles n'y réussissaient pas, elles créaient du moins les apparences d'une vie sociale adaptée aux normes de l'amour courtois. Dans la réalité, la vie sexuelle des hautes classes demeurait d'une rudesse étonnante.

Il y a, dans les conceptions du Moyen Âge relatives à l'amour, comme deux courants divergents. Une impudence extrême, qui s'étale librement dans les mœurs comme dans la littérature, s'oppose à un haut formalisme qui touche à la pruderie. Le duc de Bourgogne, attendant à Valenciennes une ambassade anglaise, fait réserver les bains de la ville « pour eux et pour quiconque avoient de famille, voire bains estorés de tout ce qu'il faut au mestier de Vénus, à prendre par choix et par élection ce que on desiroit mieux, et tout aux frais du duc[1] ». On reproche à Charles le Témé-

1. Chastellain, IV, p. 165.

raire sa continence, que l'on trouve malseyante chez un prince[1]. Parmi les amusements mécaniques du jardin de plaisance de Hesdin, les comptes mentionnent : « ung engien pour moullier les dames en marchant par dessoubz[2] ». Aux cours royales ou princières, les noces s'accompagnaient de toutes sortes de plaisanteries licencieuses, dont l'usage n'avait pas encore disparu deux siècles plus tard. À propos du mariage de Charles VI avec Isabeau de Bavière, Froissart nous dépeint les ricanements obscènes de la cour[3]. Deschamps a dédié à Antoine de Bourgogne un épithalame d'une impudicité extrême[4]. « Noble homme Jean Régnier fait une ballade lascive à la requête de Madame de Bourgogne et de toutes les dames de sa cour[5]. »

Pareilles coutumes semblaient être en contraste absolu avec la contrainte et la pudeur qu'imposait la courtoisie. Les mêmes milieux qui montraient tant de sans-gêne dans les rapports sexuels faisaient profession de vénérer l'idéal de l'amour courtois. Faut-il voir, dans leur théorie, de l'hypocrisie, ou, dans leurs mœurs, l'abandon cynique des formes gênantes ?

Ce sont plutôt deux couches de civilisation superposées, coexistant tout en se contredisant. À côté du style courtois, d'origine littéraire et assez récente, les formes primitives de la vie érotique gardaient toute leur force, car une civilisation compliquée comme celle du Moyen Âge héritait d'une foule de conceptions, de motifs, de formes, qui tantôt s'opposaient et tantôt se confondaient.

La poésie érotique des âges primitifs est avant tout

1. Basin, II, p. 224.
2. La Marche, II, p. 350.
3. Froissart, IX, p. 223-236.
4. Deschamps, VII, n° 1282.
5. Pierre Champion, *Histoire poétique du XV*e *siècle*, I, p. 262 ; *cf.* Deschamps, VIII, p. 43.

l'épithalame. Mariages et fêtes nuptiales ne forment d'abord qu'un seule rite sacré, dont le rapprochement des sexes est le mystère par excellence. L'Église s'est bientôt opposée à ce qu'on le célébrât comme une chose sainte; elle s'est réservé le mystère en transférant dans le sacrement l'élément sacré du mariage. Mais l'apparat épithalamique n'en garde pas moins son importance. Les accessoires du mystère primitif, dépouillés de tout caractère sacré et transportés dans les fêtes nuptiales, se développent librement dans les mœurs populaires. La licence même de ces usages, d'un symbolisme grossier, était inévitable. L'Église était impuissante à la refréner. Ni la discipline catholique, ni le puritanisme réformé n'ont pu faire disparaître des mœurs la quasi-publicité du lit nuptial, restée en vogue jusqu'en plein XVIIe siècle.

C'est donc du point de vue ethnologique qu'il faut envisager l'amas d'obscénités, d'équivoques, de symbolisme érotique que l'on rencontre dans la civilisation du Moyen Âge et qui s'étalait dans le genre épithalamique. Restes de mystères, dégénérés en jeux et amusements. Évidemment les hommes de l'époque n'avaient pas le sentiment de manquer aux prescriptions du code courtois. C'était un autre terrain et où la courtoisie n'avait pas cours.

Il serait exagéré de dire qu'en littérature érotique tout le genre comique soit sorti de l'épithalame. Certainement le conte grivois, la farce, la chanson scabreuse formaient depuis longtemps un genre à part dont les moyens d'expression étaient peu variés. L'allégorie obscène y dominait; chaque métier s'y prêtait; la littérature du temps abonde en symbolismes empruntés au tournoi, à la chasse ou à la musique, mais c'est le travesti religieux des choses érotiques qui jouissait de la plus grande vogue. S'écartant du comique grossier des *Cent Nouvelles Nouvelles*, qui joue sur l'homonymie de saints et seins ou emploie dans un sens obscène les mots bénie et confesser, l'allégorie érotico-ecclésiastique prit une forme plus raffinée. Les poètes de l'entourage de Charles d'Orléans assimilent leurs tristesses amoureuses aux souffrances de l'ascète et du martyr. Ils se nomment « les amoureux de l'observance », faisant ainsi allusion à la réforme sévère que venait de subir l'ordre des Franciscains. Charles d'Orléans a chanté :

> Ce sont ici les dix commandemens,
> Vray Dieu d'amours[1]...

Il pleure la bien-aimée défunte :

> J'ay fait l'obsèque de ma dame
> Dedens le moustier amoureux,
> Et le service pour son âme
> À chanté Penser doloreux.
> Mains sierges de Soupirs piteux
> Ont esté en son luminaire,
> Aussi j'ay fait la tombe faire
> De Regrets[2]...

Dans un poème très tendre et très pur de la fin du siècle, *L'Amant rendu cordelier de l'observance d'amour*, l'amant inconsolable entre au moutier des martyrs de l'amour. Ici, on trouve réunis tous les effets d'un comique doux et mélancolique. C'est comme si la poésie érotique devait chercher à tout prix ce contact avec les choses saintes dont l'avait privé la religion chrétienne.

On aime à opposer l'esprit gaulois aux conventions de l'amour courtois et à y voir la conception naturaliste de l'amour, en opposition avec la conception romantique. Or, la gauloiserie, aussi bien que la courtoisie, est une fiction romantique. La pensée érotique, pour

---

1. Charles d'Orléans, *Poésies*, éd. P. Champion, coll. des classiques français du Moyen Âge, 1923.
2. *Ibid.*, p. 95.

acquérir une valeur de culture, doit être stylisée. Elle doit représenter la réalité complexe et pénible sous une forme simplifiée et illusoire. Tout ce qui constitue la gauloiserie : la licence fantaisiste, le dédain de toutes les complications naturelles et sociales de l'amour, l'indulgence pour les mensonges et les égoïsmes de la vie sexuelle, la vision d'une jouissance infinie, tout cela ne fait que donner satisfaction au besoin humain de substituer à la réalité le rêve d'une vie plus heureuse. C'est encore une aspiration à la vie sublime, tout comme l'autre, mais cette fois du côté animal. C'est un idéal quand même : celui de la luxure.

La réalité de tous les temps a été plus mauvaise et plus brutale que ne le voulait l'esthétisme raffiné de la courtoisie, mais aussi plus chaste que cette vulgarité de ton que l'on prend à tort pour du réalisme.

La poésie érotique n'est un élément de culture qu'en tant qu'elle est indirecte. Si elle prend pour thème l'assouvissement lui-même, comme le fait l'épithalame, elle est toute circonstancielle. Pour embellir la vie mondaine, pour donner des modèles, elle doit avoir pour thème la possibilité du bonheur, la promesse, le désir, la langueur, l'attente. Ainsi elle saura traiter de l'amour également en mineur et en majeur, elle en comprendra les tristesses comme les joies, et elle sera d'une valeur esthétique et éthique infiniment plus haute, parce qu'elle introduira dans le domaine de l'amour l'honneur, le courage, la fidélité et tous les autres éléments de la vie morale.

L'esprit encyclopédique du XIIIe siècle avait eu son triomphe profane dans le *Roman de la Rose*. Là, la pensée amoureuse avait trouvé son expression complète et systématique. Le célèbre poème était un véritable trésor de doctrine, de rituel et de légendes en matière mondaine. Et la nature ambiguë du *Roman*, œuvre de deux poètes de caractère si différent, le rendit plus utilisable encore comme bible de la doctrine amoureuse ; on y trouvait des textes pour tous les usages.

Guillaume de Lorris, le premier en date des deux auteurs, avait encore cultivé l'ancien idéal courtois. De lui venait le plan si attrayant et la douce et joyeuse idée du sujet. C'est le vieux thème du songe. Le poète sort un matin de mai pour aller écouter le rossignol et l'alouette. Son chemin le mène au long d'une rivière jusqu'au mur du mystérieux jardin d'amour, sur lequel sont peintes les images de Haine, Trahison, Vilenie, Avarice, Envie, Mélancolie, Vieillesse, Papelardise et Pauvreté : les qualités anti-courtoises. Mais Dame oiseuse, l'amie de Déduit, lui ouvre la porte du jardin où Liesse mène la danse. Le Dieu d'Amour danse une carole avec Beauté, Richesse, Bonté, Franchise, Courtoisie et Joie. Tandis que le poète, près de la fontaine de Narcisse, est perdu dans la contemplation du bouton de rose qu'il y trouve, le Dieu d'Amour lui lance ses flèches : Beauté, Simplesse, Courtoisie, Compagnie et Beau-Semblant. Le poète se déclare l'homme-lige d'Amour ; celui-ci lui ferme le cœur avec une clé et lui révèle les commandements d'Amour, les maux d'Amours et ses biens : Espérance, Doux-Penser, Doux-Parler, Doux-Regard.

Bel-Accueil, le fils de Courtoisie, l'invite à se rapprocher de la rose, mais alors surviennent les gardiens de celle-ci : Danger, Male-Bouche, Peur et Honte qui chassent l'amant. Ici commence l'intrigue. Raison descend de sa tour pour « chastoyer » l'amant. Amour le console. Vénus déploie ses artifices contre Chasteté ; Franchise et Pitié le ramènent vers Bel-Accueil qui lui permet de baiser la rose. Mais Male-Bouche le raconte, Jalousie arrive, et un mur solide est bâti autour de la Rose. Bel-Accueil est enfermé dans une tour ; Danger et sa bande gardent les portes. C'est sur la plainte de l'amant que se termine l'œuvre de Guillaume de Lorris. Alors est venu Jean de Meung qui a donné à l'œuvre une suite et une fin bien plus compréhensives. La suite de l'action, l'attaque et la prise du château de la Rose par Amour et les vertus courtoises, tout est noyé dans le flot de digressions, considérations, récits, par lesquels l'auteur a fait de l'ouvrage une véritable encyclopédie. Mais voici ce qui est d'importance : Jean de Meung est un esprit comme le Moyen Âge en a peu produits : exempt de préjugés, sceptique, froid, cyniquement cruel ; en plus de cela, un excellent écrivain. L'idéalisme léger et naïf de Guillaume de Lorris fait place au scepticisme d'un auteur qui ne croit ni aux sceptres ni aux magiciens, ni à l'amour fidèle, ni à l'honnêteté des femmes, qui a l'esprit ouvert aux problèmes pathologiques et qui met dans la bouche de Vénus, de Nature et de Genius la plus courageuse défense de l'amour sensuel. Quand Amour craint d'être battu avec son armée, il envoie Franchise et Doux-Regard à Vénus, sa mère, qui écoute son appel et vient à l'aide, sur son char traîné par des colombes. Amour lui raconte l'état des choses ; elle jure de ne laisser aucune pudeur aux femmes et excite Amour à faire le même serment à l'égard des hommes.

Cependant Nature, dans sa forge, s'occupe de la conservation des espèces, lutte séculaire contre la mort. Elle se plaint de ce que, seul de toutes les créatures, l'homme se dérobe à ses commandements et s'abstienne d'engendrer. Sur son ordre, Genius, son prêtre, se rend à l'armée de l'amour pour lancer la malédiction que Nature a formulée contre ceux qui enfreignent ses ordres. Amour fait porter à Genius une chasuble, une bague, un bâton et une mitre. Vénus, riant aux éclats, lui met en main un cierge allumé « qui ne fu pas de cire vierge ». Genius prononce l'excommunication dans un style où une symbolique effrontée s'unit au mysticisme le plus raffiné. La virginité est condamnée, l'enfer réservé à ceux qui n'observeront pas les commandements de Nature et d'Amour. Aux autres, les prairies fleuries et incorruptibles où le Fils de la Vierge paît ses blanches brebis, éternellement. Quand Genius a lancé son cierge dans la forteresse, les flammes allument le monde entier et le combat pour la tour commence. Vénus aussi jette sa torche ; Honte et Peur s'enfuient, et Bel-Accueil accorde à l'amant de cueillir la rose.

Ici donc, et consciemment, le motif sexuel était encore placé au centre même du poème, et enveloppé d'un tel mystère, revêtu d'un caractère si sacré qu'il n'était pas possible de porter un plus grand défi à l'idéal religieux. Par sa tendance toute païenne, le *Roman de la Rose* représente un progrès vers la Renaissance. Par sa forme extérieure, il est purement médiéval ; la personnification des sentiments et des circonstances de l'amour est poussée à l'extrême. Les figures du *Roman de la Rose* : Bel-Accueil, Doux-Regard, Faux-Semblant, Male-Bouche, Danger, Honte, Peur, sont les sœurs des représentations des vices et des vertus sous la forme humaine : allégorie, ou, mieux, mythologie à demi prise au sérieux. Mais où tracer la limite entre ces représentations, et les nymphes et satyres de la Renaissance ? Ils sont pris à une autre sphère, mais leur valeur symbolique est la même et les figures de la Rose font penser parfois aux silhouettes fantastiques et fleuries de Botticelli.

Le rêve d'amour avait trouvé une forme aussi artistique que passionnée. L'allégorie y satisfaisait toutes les exigences de l'imagination médiévale. Sans ces personnifications, l'esprit n'aurait pu comprendre les mouvements de l'âme. La couleur variée et la ligne élégante de ces incomparables marionnettes étaient nécessaires ; on employait les figures de Danger, Nouvel-Penser, Male-Bouche comme la terminologie d'une psychologie scientifique. Le caractère passionné du thème central empêchait l'ennui et tempérait le pédantisme, tout en tenant le lecteur en haleine. Car, au lieu de la femme mariée que le troubadour avait placée en dehors de toute atteinte, comme un objet d'adoration, nous avons ici le motif naturel : l'excitation causée par le mystère de la virginité, symbolisé par la Rose ; la conquête de la Rose, à force d'art et de persévérance.

En théorie, l'amour, dans le *Roman de la Rose*, est resté courtois et noble. Le jardin des délices n'est accessible qu'à quelques élus, et par l'amour. Qui veut y entrer, doit abandonner haine, infidélité, vilenie, cupidité, avarice, envie, vieillesse, papelardise. Mais les vertus positives qu'il doit posséder montrent que l'idéal n'est plus éthique comme dans l'amour courtois, mais seulement aristocratique. Ces vertus sont : loisir, plaisir, gaieté, amour, beauté, richesse, générosité, franchise et courtoisie. Ce ne sont plus des perfections créées par l'amour même ; ce sont des moyens vertueux de conquérir l'objet désiré. Et ce qui anime l'œuvre, ce n'est plus l'adoration, vraie ou feinte, de la femme, mais, chez Jean de Meung, le mépris cruel de sa faiblesse, mépris qui a son origine dans le caractère sensuel de cet amour.

En dépit de son immense influence sur les esprits, le *Roman de la Rose* n'avait pu détruire complètement l'ancienne conception de l'amour. À côté de la glorification de la séduction, professée dans le *Roman de la Rose*, se maintenait la représentation de l'amour pur et fidèle, qui faisait partie de l'idéal de vie chevaleresque. Laquelle de ces deux conceptions de l'amour est-elle préférable pour le parfait chevalier ? C'était là le sujet d'une querelle littéraire, dans les cercles aristocratiques de la cour de France et des cours de Berry et de Bourgogne. Le noble Boucicaut, pendant son voyage en Orient, en 1388, s'était fait le champion de la fidélité chevaleresque, et avait passé le temps en rimant le *Livre des cent ballades*. Le choix entre l'amour léger et la fidélité y est proposé aux beaux esprits de la cour.

C'est avec une conviction plus profonde que Christine de Pisan se jeta dans la bataille, avec son *Épistre au Dieu d'Amour*, dans laquelle le Dieu d'Amour prend la défense de l'honneur et des droits féminins contre la perfidie et les outrages des hommes[1]. Elle s'indignait à la lecture du *Roman de la Rose*. Quelques esprits se joignirent à elle ; toutefois, l'œuvre de Jean de Meung gardait des avocats passionnés ; une querelle s'ensuivit, dans laquelle défenseurs et détracteurs prirent tour à tour la parole[2]. Et les amis du *Roman de la Rose* n'étaient pas des hommes de peu d'importance. Des érudits, assurait le prévôt de Lille, Jean de Montreuil, plaçaient cette œuvre si haut qu'il lui vouaient une sorte de culte *(paene ut colerent)*, et qu'ils se fussent plus volontiers passé de leur chemise que de ce livre[3].

Ce Jean de Montreuil, successivement secrétaire du Dauphin et du duc de Bourgogne, échangeait sur ce sujet des lettres en latin avec ses amis Gontier et Pierre Col et encourageait d'autres personnes à prendre la défense de Jean de Meung. C'est dans ce même cercle d'ailleurs que se développèrent les premiers germes de l'humanisme français. Jean de Montreuil est l'auteur d'un grand nombre d'épîtres cicéroniennes. De même que ses amis, Gontier et Pierre Col, il échange une correspondance avec Nicolas de Clémanges, le grand théologien réformateur. C'est avec sérieux qu'il se lance dans la défense du *Roman de la Rose*. « Plus je sonde, écrit-il à un détracteur, la gravité des mystères et le mystère de la gravité de cette œuvre profonde et célèbre, et plus je m'étonne de votre désapprobation. » Jusqu'à son dernier souffle, il le défendra, et ils sont nombreux ceux qui, par la plume

1. Christine de Pisan, *Œuvres poétiques*, éd. M. Roy, II, p. 1. *Cf.* Marie-Josèfe Pinet, *Christine de Pisan, 1364-1436, étude biographique et littéraire*, Paris, Champion, 1927.

2. Les quinze traités qui ont rapport à cette querelle ont été publiés par Ch. F. Ward, *The Epistles on the Romance of the Rose and Other Documents in the Debate*, University of Chicago, 1911.

3. Martène et Durand, *Amplissima collectio*, II, col. 1421.

ou la parole, serviront la même cause[1]. Ce qui prouve que, dans cette querelle, l'enjeu concernait autre chose qu'un simple amusement de cour, c'est le fait que Jean Gerson, le célèbre théologien et chancelier de l'Université de Paris, prit aussi la parole. C'est de sa librairie, du 18 mai 1402, qu'il data son traité contre le *Roman de la Rose*, réponse à une attaque que Pierre Col avait dirigée contre un de ses précédents écrits[2]. L'œuvre de Jean de Meung lui semble une peste dangereuse, la source de toute immoralité. À plusieurs reprises, il combat l'influence pernicieuse « du vicieux roman de la rose[3] ». S'il en possédait un exemplaire unique, dit-il, et qui valût un millier de livres, il le brûlerait plutôt que de le vendre et de le voir divulgué.

Gerson emprunta la forme de sa démonstration à l'ouvrage même qu'il combattait : c'est une vision allégorique. Un matin, en s'éveillant, il sent son cœur lui échapper, « moyennant les plumes et les eles de diverses pensées, d'un lieu en autre jusques à la cour saincte de crestienté[4] ». Là, il rencontre Justice, Conscience et Sapience, et entend Chasteté se plaindre de ce que le Fol amoureux (Jean de Meung) l'ait banni de la terre. Ses « bonnes gardes » sont justement les mauvaises figures du roman : « Honte, Paour et Dangier, le bon portier, qui ne oseroit ne daigneroit ottroyer neis un vilain baisier ou dissolu regart ou ris attraiant ou parole legiere. » Chasteté adresse au Fol amoureux une série de reproches : « Il gette partout feu plus ardent et plus puant que feu gregois ou de souffre. » Il fait enseigner par de vieilles éhontées

1. Joh. de Monasteriolo, *Epistolæ* ; Martène et Durand, *Amplissima collectio*, II, p. 1409, 1421 et 1422.

2. Le texte original, en français, a été publié par E. Langlois, *Romania*, t. XLV, 1918. La traduction latine, *Opera*, éd. Dupin, III, p. 293-309, est de la fin du XVe siècle.

3. A. Piaget, *Études romanes dédiées à Gaston Paris*, p. 119.

4. Gerson, *Opera*, III, p. 597 ; Gerson, *Considérations sur saint Joseph*, III, p. 866 ; *Sermo contra luxuriem*, III, p. 923, 925, 930 et 968.

« comment toutes jeunes filles doivent vendre leurs corps tost et chierement sans paour et sans vergoigne, et qu'elles ne tiengnent compte de decevoir ou parjurer ». Il honnit le mariage et la vie du cloître ; il dirige l'imagination vers les plaisirs de la chair, et, qui pis est, il met dans la bouche de Vénus, de Nature et de Dame Raison, des paroles qui mêlent les idées du paradis et les mystères chrétiens aux notions de plaisirs sensuels.

Et, en effet, c'est bien là qu'était le danger. Cet ouvrage imposant, avec son mélange de sensualité, de cynisme méprisant et d'élégant symbolisme, éveillait dans les esprits un mysticisme voluptueux qui représentait, aux yeux de l'austère théologien, un abîme de péché. L'adversaire de Gerson, Pierre Col, avait osé affirmer[1] que seul le Fol amoureux pouvait juger de la valeur de la passion, car celui qui ne la connaît pas ne la voit que dans un miroir et comme une énigme. Il empruntait ainsi, pour défendre l'amour terrestre, les paroles sacrées de saint Paul dans l'épître aux Corinthiens et parlait de la passion sensuelle dans les termes où le mystique parle de son extase. Pierre Col ne se faisait pas scrupule d'affirmer que le Cantique des cantiques avait été écrit à la louange de la fille de Pharaon. Ceux qui ont diffamé le *Roman de la Rose*, déclarait-il, ont plié le genou devant Baal. La Nature ne veut pas qu'un homme suffise à une femme, et le Genius de Nature, c'est Dieu. Il osa faire un usage sacrilège du texte de l'Évangile selon saint Luc, II, 23, afin de prouver qu'auparavant, les organes génitaux de la femme, la rose du roman, étaient sacrés. Confiant en ses blasphèmes, il fit appel aux défenseurs du livre, et prédit que Gerson lui-même sombrerait dans un fol amour, partageant en cela le sort d'autres théologiens.

---

1. Suivant Gerson ; *cf.* la lettre de Pierre Col, dans Ward, l. c., n° 9.

Les attaques de Gerson n'obscurcirent point l'éclat de cette œuvre célèbre. En 1444, un chanoine de Lisieux, Estienne Legris, offre à Jean Lebègue, greffier à la Chambre des comptes de Paris, un *Répertoire du Roman de la Rose*, sorti de sa plume[1]. Et dans les dernières années du XVe siècle, Jean Molinet déclare que les citations du roman sont proverbiales[2]. Il se sent la vocation d'écrire un commentaire moralisé de l'œuvre : la fontaine y devient le symbole du baptême ; le rossignol, poussant ses cris amoureux, représente la voix des prédicateurs et des théologiens ; et la rose elle-même, c'est Jésus. Clément Marot donna un remaniement modernisé de l'œuvre, et Ronsard se servit encore des figures allégoriques de Belacueil et de Fausdanger[3].

Tandis que combattaient les graves érudits, l'aristocratie trouvait dans cette querelle un prétexte à des amusements pompeux. Boucicaut puisa peut-être dans l'estime que lui portait Christine de Pisan le stimulant nécessaire pour la fondation de son ordre, « de l'écu verd à la dame blanche », pour la défense des femmes opprimées. Il ne put rivaliser avec le duc de Bourgogne et son ordre fut éclipsé par la grande « Cour d'Amour » instituée le 14 février 1401, en l'hôtel d'Artois, à Paris. Philippe le Hardi, ce vieux diplomate rusé, et Louis de Bourbon avaient prié le roi d'instituer cette cour d'amour pour servir de divertissement pendant l'épidémie de peste qui ravageait Paris, « pour passer partie du tempz plus gracieusement et affin de trouver esveil de nouvelle joye[4] ». Elle était fondée « à l'onneur, loenge et recommandacion

1. Bibl. de l'École des chartes, LX, 1899, p. 569.

2. E. Langlois, *Le Roman de la Rose*, Société des anciens textes français, 1914, t. I, introduction, p. 36.

3. Ronsard, *Amours*, n° 161.

4. A. Piaget, « La cour amoureuse dite de Charles VI », *Romania*, XX, p. 417 ; XXXI, p. 599 ; Doutrepont, p. 367.

et service de toutes dames et damoiselles». Les membres reçurent des titres brillants : les deux fondateurs et Charles VI étaient grands Conservateurs. Parmi les Conservateurs, se trouvaient Jean sans Peur, son frère Antoine de Brabant, son jeune fils Philippe. Il y a un Prince d'Amour : Pierre de Hauteville, des Ministres, Auditeurs, Chevaliers d'honneur, Conseillers, Chevaliers trésoriers, Grands veneurs, Écuyers d'amour, Maîtres des Requêtes, Secrétaires; bref, le système entier de la cour et du gouvernement y est imité. À côté de princes et de prélats, on trouve aussi des bourgeois et des hommes du bas clergé. L'activité et le cérémonial sont soigneusement réglés; la cour ressemble beaucoup à une Chambre de rhétorique. On donnait aux membres des refrains qu'ils devaient traiter dans toutes les formes poétiques connues : «ballades couronnées ou chapelées», chansons, sirventois, complaintes, rondeaux, lais, virelais, etc. Des débats y étaient tenus «en forme d'amoureux procès, pour différentes opinions soustenir». Les dames distribuaient les prix; défense était faite d'attaquer, dans les poèmes, l'honneur féminin.

Il est remarquable, bien que compréhensible, de voir la cour soutenir l'ancien idéal de noble fidélité. Toutefois, les sept cents membres connus ne furent pas tous des détracteurs du *Roman de la Rose*. Ce que nous savons des mœurs d'Antoine de Brabant et des autres grands seigneurs les rendait peu propres à se poser en défenseurs de l'honneur féminin. Un des membres, Regnault d'Azincourt, est l'auteur d'une tentative de rapt qui avait pour but de s'emparer de la jeune veuve d'un marchand; le tout exécuté en grand style, avec vingt chevaux et un prêtre[1]. Un autre membre, le comte de Tonnerre, est coupable d'un délit semblable. Et, qui plus est, on trouve dans la

1. Leroux de Lincy, *Tentative de rapt [...] en 1405*, Bibl. de l'École des chartes, 2e série, III, 1846, p. 316.

cour d'amour les adversaires de Christine de Pisan dans la querelle du *Roman de la Rose* : Jean de Montreuil et Pierre Col[1]. Évidemment, cette « cour » n'était qu'un divertissement social.

1. Piaget, *Romania*, XX, p. 447.

CHAPITRE IX

Les conventions amoureuses

C'est dans la littérature que nous apprenons à connaître les formes de la pensée érotique de l'époque, mais nous devons, en imagination, les replacer dans la vie même. Il existait tout un système de conceptions et d'usages amoureux qui remplissaient la vie du jeune aristocrate. Combien de symboles et de représentations de l'amour auxquels les siècles suivants ont renoncé ! Autour de l'Amour, se trouvaient groupées les figures de la bizarre mythologie du *Roman de la Rose.* Car, sans aucun doute, Bel-Accueil, Doux-Penser, Faux-Semblant et le reste, en dehors même des productions littéraires proprement dites, ont vécu dans les imaginations. Il y avait aussi la tendre signification des couleurs du vêtement, des fleurs et des ornements. La symbolique des couleurs, qui n'est pas encore complètement oubliée de nos jours, prenait une place importante dans la vie amoureuse du Moyen Âge. Qui ne la connaissait pas trouvait une initiation dans le *Blason des couleurs*, écrit vers 1458 par le héraut Sicile[1], et mis en vers au XVIe siècle. Rabelais

1. Publié dans le *Trésor des pièces rares ou inédites*, 1860, par

tourna cet ouvrage en ridicule, non pas tant par mépris de la matière que parce qu'il avait le désir d'écrire lui aussi sur le même sujet[1]. Quand Guillaume de Machaut aperçoit pour la première fois sa bien-aimée, il est ravi de lui voir porter une robe blanche et un chaperon bleu ciel avec un dessin de perroquets verts, car le vert est la couleur du nouvel amour, et le bleu celle de la fidélité. Plus tard, quand l'espoir commence à l'abandonner, il voit en rêve le portrait de sa dame, pendu au-dessus de son lit, se détourner de lui ; la dame est cette fois vêtue de vert qui « nouvelleté signifie ». Il rime à ce propos une ballade de reproches :

En lieu de bleu, dame, vous vestez vers[2].

Bagues, voiles, bijoux et présents d'amoureux avaient leur fonction particulière, avec leurs devises et leurs emblèmes mystérieux, parfois dégénérés en rébus des plus compliqués. Le Dauphin, en 1414, porte sur son étendard un K en or, un cygne et un L, ce qui devait se lire Cassinelle, surnom d'une dame d'honneur de sa mère[3]. Rabelais, un siècle plus tard, se moquera des « glorieux de court et transporteurs de noms » qui figurent leur « espoir » par une « sphère », « peine » par « pennes d'oiseaux », « mélancolie » par « l'ancolie[4] ».

Il y avait aussi les petits jeux de société, comme Le Roi qui ne ment, Le Chastel d'Amours, Ventes

---

H. Cocheris qui a mal compris le rapport entre l'œuvre originale de Sicile et une addition postérieure.

1. *Œuvres* de Rabelais, éd. Abel Lefranc, I, *Gargantua*, ch. IX, p. 96.

2. Guillaume de Machaut, *Le Livre du voir-dit*, éd. P. Paris, Société des bibliophiles françois, 1875, p. 82, 213, 214, 240, 299, 309, 313, 347 et 351.

3. Juvénal des Ursins, p. 496.

4. *Gargantua*, ch. IX.

d'Amours, Jeux à Vendre. La jeune fille donne le nom d'une fleur ou d'un autre objet ; le jeune homme doit, sur ce nom, rimer un compliment :

Je vous vens la passerose.
— Belle, dire ne vous ose
Comment Amours vers vous me tire,
Si l'apercevez tout sanz dire[1].

Le Chastel d'amours était un jeu de questions et de réponses basé sur les personnages du *Roman de la Rose* :

Du chastel d'amours vous demant :
Dites le premier fondement !
— Amer loyaument.

Or me nommez le mestre mur
Qui joli le font, fort et seur !
— Celer sagement.

Dites moy qui sont le crenel,
Les fenestres et li carrel !
— Regart atraiant.

Amis, nommez moy le portier.
— Dangier mauparlant.

Qui est la clef qui le puet deffermer ?
— Prier courtoisement[2].

Depuis le temps des troubadours, une grande place dans les conversations courtoises était remplie par la casuistique de l'amour. C'était, si l'on peut dire, la curiosité et la médisance élevées au rang de littérature.

1. Christine de Pisan, *Œuvres poétiques*, I, p. 187 *sq.*
2. E. Hoepffner, Frage-und Antwortspiele in der Franz. Literatur des 14 Jahrh., dans *Zeitschr. f. rom. Phil.*, XXXIII, 1909, p. 695 et 703.

La cour de Louis d'Orléans avait comme agréments des repas, non seulement « beaulx livres, dits, ballades », mais aussi « demandes gracieuses[1] ». Celles-ci sont surtout posées aux poètes. Une compagnie de dames et de seigneurs vient vers Machaut avec une série de « partures d'amours et de ses aventures[2] ». Dans son *Jugement d'amour*, le poète avait défendu cette thèse : la dame à qui la mort enlève son amant est moins à plaindre que l'amante d'un ami infidèle. Chaque cas est ainsi discuté d'après des normes sévères. « Beau sire, que préféreriez-vous : ou entendre dire du mal de votre dame et n'en pas trouver en elle, ou en entendre dire du mal et n'y trouver que du bien ? » À quoi la conception très formaliste de l'honneur obligeait de répondre : « Dame, j'aroie plus chier que j'en oïsse bien dire et y trouvasse mal. »

Si une dame est trahie par son premier amant, agit-elle déloyalement en en prenant un second plus fidèle ? Un chevalier qui a perdu tout espoir de voir sa dame, sévèrement gardée par un mari jaloux, peut-il enfin se tourner vers un nouvel amour ? Si un chevalier délaisse la bien-aimée pour une dame de haut parage qui le refuse, et si, après cela, il désire rentrer dans les grâces de la première, celle-ci peut-elle honorablement le lui accorder[3] ?

De cette casuistique, il n'y a qu'un pas vers le traitement de questions d'amour sous forme de procès, comme dans les *Arrestz d'Amour* de Martial d'Auvergne.

Toutes ces formes sociales, nous ne les connaissons que par leur cristallisation dans la littérature. Mais

1. Christine de Pisan, « Le dit de la rose », v. 75, *Œuvres poétiques*, II, p. 31.
2. Machaut, « Remède de fortune », v. 3879 *sq.*, *Œuvres*, éd. Hœpffner, Soc. des anc. textes fr., 1908, II, p. 142.
3. Christine de Pisan, « Le livre des trois jugements », *Œuvres poétiques*, II, p. 111.

elles appartiennent à la vie réelle. Le code courtois ne servait pas exclusivement à la poésie ; il avait la prétention d'être appliqué dans la vie aristocratique, ou du moins, dans la conversation. Il est très difficile de discerner la vie de l'époque à travers les voiles de la poésie. Même quand un amour véritable nous est minutieusement décrit, il n'en reste pas moins vrai que c'est d'après un idéal et avec tout le système technique des conceptions amoureuses courantes. C'est le cas, par exemple, dans le récit trop long de l'amour qui unit un poète âgé à une jeune fille entreprenante du XIVe siècle, *Le Livre du voir-dit*, de Guillaume de Machaut[1]. Le poète avait environ soixante ans quand Péronnelle d'Armentières[2], jeune fille de dix-huit ans, descendante d'une grande famille de Champagne, lui envoie, en 1362, son premier rondeau dans lequel elle offre son cœur au poète célèbre qu'elle n'a jamais vu ; elle lui demande d'engager avec lui une correspondance amoureuse en vers. Le pauvre poète, maladif, borgne, goutteux, s'enflamme séance tenante. Il répond au rondeau et un échange de lettres et de poèmes s'ensuit. Péronnelle est fière de cette relation littéraire ; elle n'en fait d'abord aucun secret. Elle désire que le poète raconte en un livre toute l'histoire de leur amour, et qu'il y intercale leur correspondance. Il s'acquitte de cette tâche avec plaisir : « Je feray, a vostre gloire et loenge, chose dont il sera bon memoire[3]. » Et il lui écrit encore : « Et, mon très-dous cuer, estes courrecié de ce que nous avons si tart commencié ? [Comment eût-elle pu le faire plus tôt ?] Par Dieu aussi suis-je [avec plus de raisons] ; mais ves-cy le remède : menons si bonne vie que nous porrons, en

1. *Le Livre du voir-dit*, *op. cit.* L'hypothèse que ce récit n'avait pas une base réelle manque de fondement ; c'est cependant celle que soutient Hanf, dans *Zeitschr. f. Rom. Phil.*, XXII, p. 145.

2. Un château près de Château-Thierry.

3. *Le Livre du voir-dit*, lettre II, p. 20.

lieu et temps, que nous recompensions le temps que nous avons perdu ; et qu'on parle de nos amours jusques à cent ans cy après, en tout bien et en toute honneur ; car s'il y avoit mal, vous le celcriez à Dieu, se vous poviés[1]. »

Le récit dans lequel Machaut encastre lettres et poèmes nous apprend tout ce qui était jugé compatible avec un amour « en tout bien tout honneur ». Le poète reçoit, à sa demande, le portrait de la jeune fille, et lui voue un véritable culte. C'est plein d'anxiété à cause de ses défauts physiques, qu'il se rend au premier rendez-vous ; aussi sa joie est-elle sans borne quand il voit que son aspect n'effarouche pas la jeune aimée. Sous un cerisier, la tête dans le giron du vieillard, Péronnelle dort, ou feint de dormir. Elle lui accorde d'autres faveurs. Un pèlerinage à Saint-Denis et à la foire du Lendit fournit l'occasion de passer quelques jours ensemble. Ils sont accompagnés de quelques personnes. Un après-midi, la petite société, fatiguée par la chaleur (c'est la mi-juin), trouve dans la ville remplie de monde, un gîte chez un bourgeois qui leur cède une chambre à deux lits. Dans l'un des lits se couche, pour la sieste, la belle-sœur de Péronnelle ; dans l'autre, Péronnelle et sa femme de chambre. Elle invite le timide poète à se coucher entre elles deux ; il n'ose remuer, de peur de les déranger ; au réveil elle lui ordonne de l'embrasser. Comme la fin du voyage approche, elle remarque le chagrin du poète et lui accorde de venir l'éveiller pour dire adieu. Et bien que, en cette circonstance aussi, il continue à nous parler d'« onneur » et « onnesteté », nous ne voyons pas bien, dans ce récit sans détours, ce que Péronnelle pouvait encore lui refuser. Elle lui donne la clé d'or[2] de son honneur, pour qu'il garde ce trésor, ou ce qui en restait. Le sort ne réservait pas d'autres bonheurs

1. *Ibid.*, lettre XXVII, p. 203.
2. *Ibid.*, p. 20, 96, 146, 154 et 162.

au poète qui remplit la deuxième partie de son livre avec de longs récits mythologiques. Finalement, la jeune fille lui fait savoir que leurs rapports doivent prendre fin : sans doute se marie-t-elle. Mais il prend la résolution de l'aimer et l'honorer toujours ; après leur mort, il demandera à Dieu la permission de pouvoir, dans la gloire éternelle, continuer à la nommer Toute-Belle[1].

Sur les mœurs et les sentiments, le *Voir-Dit* nous en dit plus long que le reste de la littérature amoureuse du temps. D'abord, la liberté extraordinaire que s'accorde la jeune fille sans donner lieu au scandale. Ensuite, la tranquillité naïve avec laquelle tout, même le plus intime, se passe en présence de témoins : belle-sœur, camériste, secrétaire. Tandis que les amoureux sont sous le cerisier, le secrétaire invente une ruse ; il pose une feuille verte sur la bouche de la jeune fille et invite le poète à y mettre un baiser. Quand celui-ci s'y risque, le secrétaire tire la feuille, de manière que les bouches puissent se toucher[2]. Chose digne de remarque : les devoirs d'amour et ceux de la religion marchent côte à côte. Le fait que Machaut est chanoine de Reims et appartient au clergé ne doit pas être interprété d'une manière trop sévère. Les ordres mineurs, suffisants pour le canonicat, n'exigeaient pas le célibat. Pétrarque aussi fut chanoine. Qu'un pèlerinage soit un lieu de rendez-vous, rien d'étonnant : les pèlerinages étaient très recherchés pour les aventures amoureuses et n'en étaient pas accomplis moins dévotement[3]. Dans une précédente entrevue, les deux amoureux entendent la messe ensemble : il est assis derrière elle :

---

1. *Ibid.*, p. 371.
2. Sur le baiser avec une feuille comme isolant, voir « Le grand garde derrière », str. 6 ; W. Byvanck, *Un poète inconnu de la société de François Villon*, Paris, Champion, 1891, p. 27.
3. *Le Livre du voir-dit*, p. 143 et 144.

Quant on dist : Agnus dei,
Foy que je doy à saint Crepais,
Doucement me donna la paix,
Entre deux piliers du moustier,
Et j'en avoie bien mestier,
Car mes cuers amoureux estoit
Troublés quant si tost se partoit[1].

La paix était le petit disque que l'on baisait à la ronde, et cette coutume remplaçait l'ancien usage du baiser sur la bouche. Ici, le poète nous fait comprendre que Péronnelle lui tendit les lèvres. Il l'attend au jardin, tout en lisant ses heures. Pendant une neuvaine, en entrant dans l'église, il fait en lui-même le vœu de composer, chacun de ces neuf jours, une poésie pour sa bien-aimée, ce qui ne l'empêche pas de nous parler de la grande dévotion qu'il mit dans ses prières[2].

Et ne songeons pas à une arrière-pensée frivole ou profane ; Guillaume de Machaut est, tout compte fait, un poète sérieux et plein de dignité. Mais nous avons ici un exemple de l'ingénuité étonnante avec laquelle, avant le concile de Trente, les services religieux se trouvaient mêlés aux occupations de la vie quotidienne. Nous aurons lieu d'y revenir.

Le sentiment qui s'exprime dans ces lettres et dans cette description d'amour est mou, doucereux, un peu morbide. L'expression des sentiments reste mêlée aux ratiocinations, à l'allégorie et aux songes. Il y a quelque chose de touchant dans la ferveur avec laquelle le poète à cheveux blancs décrit son bonheur et l'excellence de Toute-Belle, sans se douter qu'en réalité, elle a joué avec lui et avec son cœur à elle.

De la même époque à peu près que le *Voir-Dit*, il existe un autre livre qui pourrait lui servir de pendant, *Le Livre du chevalier de la Tour Landry pour l'ensei-*

1. *Ibid.*, p. 110.
2. *Ibid.*, p. 70 et 98.

gnement de ses filles[1]. Cette fois, il ne s'agit plus d'un vieux poète amoureux ; c'est un père d'une tournure d'esprit assez prosaïque, gentilhomme angevin, qui raconte des souvenirs de ses jeunes années, des récits et anecdotes : « pour mes filles aprandre à roumancier ». Nous dirions : « pour leur apprendre civilité et culture en matière d'amour ». Les exemples et enseignements de ce père prudent ont pour but de mettre ses filles en garde contre les dangers du *flirt* romanesque. Méfiez-vous des gens « bien emparlés », qui sont toujours pleins de « faulx regars longs et pensifs et petits soupirs et de merveilleuses contenances affectées et ont plus de paroles à main que autres gens[2] ». Ne soyez pas trop complaisantes. Jeune homme, il avait été emmené par son père dans un château afin de faire la connaissance d'une jeune fille avec laquelle on désirait le voir se marier. Celle-ci l'avait accueilli des plus aimablement. Pour l'éprouver, il lui parla de différents sujets. La conversation tomba sur les prisonniers, et le jeune gentilhomme fit un cérémonieux compliment : « Mademoiselle, il vaudroit mieulx cheoir à estre votre prisonnier que à tout plain d'autres, et pense que vostre prison serait pas si dure comme celle des Angloys. — Si me respondit qu'elle avoyt veu nagaires cel qu'elle vouldroit bien qu'il feust son prisonnier. Et lors je luy demanday se elle luy feroit male prison, et elle me dit que nennil et qu'elle le tandroit ainsi chier comme son propre corps, et je lui dis que celui estoit bien eureux d'avoir si doulce et si noble prison. Que vous dirai-je ? Elle avait assez de langaige et lui sambloit bien, selon ses parolles, qu'elle savoit assez, et si avoit l'ueil bien vif et legier. » En prenant congé, elle lui demande deux ou trois fois de revenir bientôt, comme si elle le connaissait depuis

1. *Le Livre du chevalier de la Tour Landry*, éd. A. de Montaiglon, Bibl. elzévirienne, 1854.
2. *Ibid.*, p. 245.

longtemps. « Et quant nous fumes partis, mon seigneur de père me dist : “Que te samble de celle que tu as veue. Dy m'en ton avis.” » Mais les encouragements par trop pressants de la jeune fille avaient enlevé au jeune homme tout désir de faire plus ample connaissance. « Mon seigneur, elle me semble belle et bonne, mais je ne luy seray ja plus de près que je suis, si vous plaist. » Les fiançailles n'eurent pas lieu, et le chevalier dit avoir eu plus tard des raisons de ne pas s'en repentir[1]. Des morceaux de ce genre, pris sur le vif, et qui nous montrent comment les mœurs s'alliaient à l'idéal, sont malheureusement excessivement rares au siècle qui nous occupe. Que le chevalier ne nous en a-t-il dit un peu plus long sur sa propre vie !

La plus grande partie du livre se compose de considérations d'ordre général. Pour ses filles, il songe d'abord à un bon mariage. Et le mariage n'avait pas grand-chose à faire avec l'amour. Il retrace le long « débat » qu'il eut avec sa femme sur le sujet de l'amour permis, « le fait d'amer par amours ». Il est, lui, d'avis qu'une jeune fille, en certains cas, peut aimer en tout bien tout honneur, par exemple « en esperance de mariage ». Son épouse est d'opinion contraire. Il est préférable pour une jeune fille de ne pas tomber amoureuse, même de son fiancé. Cela l'écarterait de la véritable piété. « Car j'ay ouy dire à plusieurs, qui avoient esté amoureuses en leur jeunesce, que, quant elles estoient à l'église, que la pensée et la merencolie leur faisoit plus souvent penser à ces estrois pensiers et deliz de leurs amours que ou [au] service de Dieu, et est l'art d'amours de telle nature que quant l'en [on] est plus au divin office, c'est tant comme le prestre tient nostre seigneur sur l'autel, lors leur venoit plus de menus pensiers[2]. » Machaut et Péronnelle auraient pu le confirmer.

1. *Ibid.*, p. 28.
2. *Ibid.*, p. 249 et 252-254.

Mais, en général, quelle différence de conception chez le poète et chez le chevalier ! Et comment concilier l'austérité de la Tour Landry avec le fait que ce père, pour l'enseignement de ses filles, raconte des histoires si scabreuses qu'elle ne seraient pas mal à leur place dans *Les Cent Nouvelles Nouvelles* ?

Le peu de rapports qui existaient entre les formes esthétiques de l'idéal d'amour courtois et la réalité des fiançailles et des mariages était justement cause que cet élément de jeu, de conversation, de plaisir littéraire pouvait se développer plus librement dans toutes les choses qui concernaient la vie amoureuse raffinée. L'idéal de l'amour, la belle fiction de fidélité et de sacrifice ne tenaient aucune place dans les considérations très matérielles qui présidaient au mariage, spécialement au mariage entre gens de la noblesse. Cet idéal ne pouvait être vécu que sous la forme d'un jeu enchanteur et sublime. Le tournoi donna à ce jeu de l'amour romanesque sa forme héroïque. L'idée pastorale lui fournit sa forme idyllique.

CHAPITRE X

Le rêve de vie idyllique

La conception chevaleresque de la vie était trop chargée d'idéal de beauté, de vertu et d'efficacité. La considérait-on d'un point de vue purement réaliste, comme le faisait Commines, toute cette chevalerie si fameuse semblait inutile et fausse : une parade, un risible anachronisme ; les véritables motifs qui poussaient les hommes à l'action et déterminaient le sort des états et des communautés n'avaient aucun rapport avec la chevalerie.

Si l'utilité sociale de l'idéal chevaleresque était devenue extrêmement faible, plus faible encore semblait sa valeur éthique. En comparaison de pures aspirations spirituelles, toute cette vie noble n'était que péché et vanité.

Et, d'autre part, d'un point de vue purement esthétique, cet idéal n'était plus satisfaisant : la beauté même de ces formes sociales était de toutes parts en butte aux dénégations. Cette vie chevaleresque pouvait encore parfois sembler désirable aux bourgeois, mais la lassitude et l'insatisfaction venaient de la noblesse elle-même. Le noble jeu de la vie courtoise était trop bigarré, trop faux, trop rempli ; il fallait sortir de ces artifices péniblement élaborés et trouver la simplicité, la sécurité, le repos.

Pour sortir de cet idéal chevaleresque, il se présentait deux voies différentes : l'une menait à la vie active, réelle, à l'esprit moderne de recherche ; l'autre au renoncement. Mais cette dernière voie, comme l'Y de Pythagore, se divisait en deux : le chemin principal était celui de la vie spirituelle ; le chemin secondaire longeait le monde et ses délices.

Le désir de beauté de vie était si grand, que là où la vanité et l'inadmissibilité de la vie courtoise et guerrière étaient reconnues, une autre issue semblait ouverte sur un rêve de beauté plus doux et plus léger encore. L'ancienne illusion attachée à la vie du berger, promesse d'un bonheur naturel, était encore aussi vivante qu'au temps de Théocrite. La grande délivrance semblait pouvoir se faire sans combat, simplement par la fuite, loin de la rivalité haineuse et envieuse pour le rang et les honneurs, loin de la richesse et de la pompe oppressives, de la guerre cruelle et dangereuse.

L'éloge de la vie simple est un thème que la littérature médiévale a hérité de l'Antiquité. Ce thème n'est pas identique à la pastorale ; nous avons affaire à l'expression positive et à l'expression négative du même sentiment. Dans la pastorale est peint le contraste positif avec la vie curiale ; l'expression négative est la louange de l'*aurea mediocritas*, le renoncement à l'idéal de vie aristocratique, que l'on fuit en se réfugiant dans l'étude, le repos solitaire, le travail. Toutefois, les deux motifs s'entrecroisent constamment. Sur le thème des misères de la vie de cour, Jean de Salisbury et Gautier Map avaient, au XIIe siècle, écrit leurs traités : *De nugis curialium*. En France, au XIVe siècle, cette idée avait reçu son expression classique dans *Le Dit de Franc Gontier*[1], poème de Philippe de Vitri,

1. A. Piaget, XXVII, 1898, p. 63.

évêque de Meaux, musicien et poète estimé de Pétrarque.

La fusion avec la pastorale y est complète.

> Soubz feuille vert, sur l'herbe delitable,
> Lez ru bruiant et prez clere fontaine
> Trouvay fichee une borde portable ;
> Ilec mengeoit Gontier o [avec] dame Helayne
> Fromage frais, laict, burre, fromaigee,
> Craime, matton, pomme, nois, prune, poire,
> Aulx et oignons, escaillongne froyee
> Sur crouste bise, au gros sel, pour mieulx boire.

Après le repas, ils se baisent l'un l'autre, « et bouche et nez, polie et bien barbue » ; ensuite, Gontier s'en va au bois abattre un arbre, tandis que dame Helayne se met à la lessive.

> J'oÿ Gontier en abatant son arbre
> Dieu mercier de sa vie sëure :
> « Ne sçay — dit-il — que sont pilliers de marbre,
> Pommeaux luisans, murs vestus et paincture ;
> Je n'ay paour de traïson tissue
> Soubz beau semblant, ne qu'empoisonné soye
> En vaisseau d'or. Je n'ay la teste nue
> Devant thirant, ne genoil qui s'i ploye.
> Verge d'ussier jamais ne me deboute,
> Car jusques la ne m'esprent convoitise,
> Ambicion, ne lescherie gloute.
> Labour me paist en joieuse franchise ;
> Moult j'ame Helayne et elle moy sans faille,
> Et c'est assez. De tombel n'avons cure. »
> Lors je dy : « Las ! serf de court ne vault maille,
> Mais Franc Gontier vault en or jame pure. »

Ce poème demeura, pour les générations suivantes, l'expression classique de l'idéal de la vie simple, avec sa sécurité, son indépendance, ses plaisirs de frugalité, de santé, de travail et d'amour conjugal sans complications.

Eustache Deschamps l'imita dans nombre de ballades dont l'une suit de près son modèle :

> En retournant d'une court souveraine
> Où j'avoie longuement sejourné,
> En un bosquet, dessus une fontaine
> Trouvay Robin le franc, enchapelé,
> Chapeauls de flours avoit cilz afublé
> Dessus son chief, et Marion sa drue[1]...

Il élargit le thème par la satire de la vie guerrière et de la chevalerie : il n'est pas de pire condition que celle du guerrier; celui-ci commet tous les jours les sept péchés capitaux; la cupidité et la vaine gloire sont l'essence même de la guerre :

> Je vueil mener d'or en avant
> Estat moien, c'est mon oppinion,
> Guerre laissier et vivre en labourant :
> Guerre mener n'est que dampnacion[2].

Il feint de maudire celui qui voudrait le défier en duel, ou se fait formellement défendre par sa dame le duel qu'on lui propose au sujet de cette dame même. Mais, le plus souvent, c'est le thème pur et simple de l'*aurea mediocritas* :

> Je ne requier à Dieu fors qu'il me doint
> En ce monde lui servir et loer,
> Vivre pour moy, cote entière ou pourpoint,
> Aucun cheval pour mon labour porter,
> Et que je puisse mon estat gouverner
> Moiennement, en grace, sanz envie,
> Sanz trop avoir et sanz pain demander,
> Car au jour d'ui est la plus seure vie[3].

---

1. Deschamps, III, n° 315, p. 1.
2. *Ibid.*, I, n° 65, p. 161 ; *cf.* I, n° 7, p. 78 ; n° 75, p. 175.
3. *Ibid.*, VII, n°s 1287, 1288, 1289, p. 33 ; *cf.* I, n° 178, p. 313.

La recherche de la gloire et du gain n'apporte que misères ; le pauvre est heureux ; il passe une longue vie dans la tranquillité :

> Un ouvrier et uns povres chartons
> Va mauvestuz, deschirez et deschaulx,
> Mais en ouvrant prant en gré ses travaulx
> Et liement fait son eurve fenir.
> Par nuit dort bien ; pour ce uns telz cuers loiaulx
> Voit quatre roys et leur regne fenir[1].

Cette idée qu'un simple ouvrier voit le règne de quatre rois lui plaisait tant qu'il la répéta plusieurs fois[2].

L'éditeur des œuvres de Deschamps, Gaston Raynaud, suppose que tous les poèmes de cette inspiration[3] (plusieurs d'entre eux sont parmi les meilleurs que l'auteur ait composés) datent de la dernière période de sa vie, de l'époque où, privé de ses fonctions, abandonné, désillusionné, il a enfin appris à connaître la vanité de la vie de cour[4]. Ce serait donc un repentir. Ne serait-ce pas plutôt une réaction, un symptôme de lassitude ? La noblesse elle-même, dans sa vie d'agitation passionnée et de surabondance, a, me semble-t-il, désiré et goûté ces productions de son poète Deschamps qui, autre part, a prostitué son talent pour satisfaire leur besoin de rire le plus grossier.

Le cercle où l'on cultive le thème du mépris de la vie curiale est celui du pré-humanisme français des environs de l'an 1400, cercle étroitement lié au parti réformateur des grands conciles. Pierre d'Ailly lui-même,

1. *Ibid.*, I, n° 184, p. 320.
2. *Ibid.*, n°s 1124, p. 307 ; VI, p. 41 ; II, p. 213 ; Lai de Franchise.
3. *Cf.* aussi Deschamps, n°s 199, 200, 201, 258, 291, 970, 973, 1017, 1018, 1021, 1201 et 1258.
4. *Ibid.*, XI, p. 94.

l'éminent théologien et politicien de l'Église, rime, comme pendant à *Franc Gontier*, l'image du tyran et de sa vie d'esclave pleine de craintes[1]. Les esprits apparentés : Nicolas de Clemanges[2] et Jean de Montreuil[3] emploient la forme de l'épître latine, nouvellement remise en honneur. À ce cercle appartenait le Milanais Ambroise de Miliis, secrétaire du duc d'Orléans ; il écrivit à Gontier Col une épître dans laquelle un courtisan dissuade son ami d'entrer au service de la cour[4]. Cette lettre, tombée dans l'oubli, fut traduite en français et prit place dans l'œuvre d'Alain Chartier, le célèbre poète de cour, sous le titre *Le Curial*[5]. *Le Curial* fut retraduit en latin par l'humaniste Robert Gaguin[6].

Un certain Charles de Rochefort traita le même thème dans un poème allégorique, l'*Abuzé en court*, attribué au roi René[7]. Jean Meschinot rime comme ses prédécesseurs :

> La cour est une mer, dont sout
> Vagues d'orgueil, d'envie orages [...]
> Ire esmeut debats et outrages,
> Qui les nefs jettent souvent bas ;
> Traison y fait son personnage,
> Nage [navigue] aultre part pour tes ébats[8].

---

1. *Romania*, XXVII, 1898, p. 64.
2. N. de Clémanges, *Opera*, éd. 1613, *Epistolæ*, n° 14, p. 57, n° 18, p. 72, n° 104, p. 296.
3. Joh. de Monasteriolo, *Epistolæ* ; Martène et Durand, *Amplissima Collectio*, II, c. 1398.
4. *Ibid.*, c. 1459.
5. Alain Chartier, *Œuvres*, éd. Duchesne, 1617, p. 391.
6. Voir Thuasne, I, p. 37 ; II, p. 202.
7. *Œuvres du roi René*, *op. cit.*, IV, p. 73 ; *cf.* Thuasne, II, p. 204 ; cf. aussi la notice de E. Droz, introduction à l'*Abuzé en court*, collection des Livres à gravures imprimés à Lyon au XVe siècle, t. II. Contre l'attribution au roi René voir l'article de V. Chichmaref dans *Romania*, t. LV, avril 1929, p. 218 *sq.*
8. Meschinot, éd. 1522, f. 94, par La Borderie, Bibl. de l'École des chartes, LVI, 1895, p. 313.

Au XVIe siècle, le vieux thème gardait encore tout son charme[1].

Sécurité, repos, indépendance : tels sont les biens qui font préférer à la vie de cour une existence frugale et laborieuse, en pleine nature. Mais, réduit à cela, l'idéal demeure négatif. Car, en définitive, ce qu'on cherche, ce n'est pas tant la joie du travail et de la simplicité que celle de l'amour naturel.

La pastorale, dans son sens le plus complet, est quelque chose de plus qu'un genre littéraire. C'est un besoin de réformer la vie. Il ne s'agit pas seulement de décrire l'existence des bergers et ses plaisirs innocents, mais de l'imiter, sinon en réalité, du moins en rêve. L'idéal bucolique sera le remède qui délivrera les esprits de la contrainte de l'amour courtois, des fadeurs de l'allégorie, et aussi de la réalité terre à terre. L'amour simple et facile, au milieu des innocentes joies de la nature : tel semblait être le partage de Robin et Marion, de Gontier et Helayne. Ceux-ci étaient les heureux du monde, les enviables : le villageois tant méprisé devenait à son tour un idéal.

Le Moyen Âge à son déclin est encore si profondément aristocratique et si désarmé en face de l'illusion, que l'enthousiasme pour la vie naturelle ne peut le conduire à un réalisme robuste, mais se borne, en pratique, à une ornementation élaborée des mœurs courtoises. La noblesse du XVe siècle joue aux bergers et aux bergères, mais ce n'est qu'un jeu. Trois siècles plus tard, quand Marie-Antoinette trait les vaches et bat le beurre à Trianon, cet idéal bucolique a déjà tout le sérieux des physiocrates : Nature et Travail sont déjà les grande divinités de l'époque, bien qu'elles sommeillent encore. Un siècle de plus, et l'idéal de la pastorale sera devenu une sérieuse aspiration sociale :

1. *Cf.* Thuasne, *op. cit.*, p. 205.

la jeunesse russe des environs de 1870 se rend parmi les paysans pour vivre de leur vie. Et cela aussi paraîtra finalement n'être qu'une illusion.

Il y avait une forme poétique qui représentait la transition entre la véritable pastorale et la réalité : c'était la Pastourelle, poème court qui chantait la facile aventure d'un chevalier et d'une bergère. L'érotisme direct y trouvait une forme fraîche, élégante, qui l'élevait au-dessus des platitudes et toutefois gardait le charme du naturel. Dans la pastorale proprement dite, l'amant s'imagine être un berger et tout contact est perdu avec la réalité. Les éléments de l'amour courtois se trouvent simplement transposés dans le cadre bucolique : un paysage ensoleillé, plein du son des flûtes et du chant des oiseaux, où les chagrins et les désirs d'amour ont eux-mêmes de la douceur.

Toute artificielle qu'elle soit, la pastorale met l'âme aimante en contact avec les beautés de la nature ; elle devient ainsi le genre où se développe l'expression du sentiment de la nature. À l'origine, elle s'occupe moins de la description des beautés naturelles que du plaisir causé par le soleil, l'été, l'ombre, l'eau fraîche, les fleurs et les oiseaux. L'observateur et la peinture ne viennent qu'en second lieu ; le but principal est le rêve d'amour. C'est comme sous-produit que la poésie bucolique donne le charmant réalisme des descriptions rurales. À ce point de vue, le poème de Christine de Pisan, *Le Dit de la pastoure*, inaugure un genre.

Une fois acceptée comme idéal courtois, la « bergerie » devient une mascarade. Tout peut revêtir ce travesti bucolique. La fantaisie de la pastorale se mêle à celle du romantisme chevaleresque. Ainsi, un tournoi prend la forme d'une églogue : le roi René tient son Pas d'armes de la bergère.

Les contemporains semblent encore tenir pour sincères ces représentations pastorales : Chastellain mentionne dans ses *Merveilles du monde* le roi René jouant au berger :

J'ay un roi de Cécille
Vu devenir Berger
Et sa femme gentille
De ce mesme mestier,
Portant la pannetière,
La houlette et chappeau,
Logeans sur la bruyère
Auprès de leur trouppeau[1].

Une autre fois, une satire politique des plus diffamatoire prendra la forme de la pastorale. Il n'est pas d'œuvre plus étrange que ce long poème bucolique : *Le Pastoralet*[2]. L'auteur, un partisan des Bourguignons, se sert de ce gracieux déguisement pastoral pour décrire le meurtre de Louis d'Orléans et innocenter Jean sans Peur. Léonet et Tristifer sont les surnoms bucoliques de Jean sans Peur et de Louis d'Orléans. Les ducs ennemis sont représentés dans un entourage de fleurs et de danses champêtres. La bataille d'Azincourt elle-même revêt le déguisement pastoral[3].

L'élément bucolique n'était jamais absent des fêtes de cour. Il se prêtait merveilleusement aux mascarades qui, sous le nom d'entremets, rehaussaient l'éclat des festins ; de plus, il s'adaptait facilement à l'allégorie politique. Ici, la conception pastorale se rencontrait

1. Chastellain, *Recollection des merveilles*, VII, p. 200 ; *cf.* la description des joutes de Saint-Inglevert dans un poème mentionné par Froissart, éd. Kervyn, XIV, p. 406.

2. *Le Pastoralet*, éd. Kervyn de Lettenhove, Chron. rel. à l'hist. de Belg. sous la domination des ducs de Bourg., II, p. 573. *Le Pastoralet* a un parallèle dans la composition pastorale que l'Arioste consacra à la défense de son protecteur le cardinal Ippolito d'Este, dans l'affaire de la conjuration d'Albertino Boschetti (1506). La cause du cardinal était à peine meilleure que celle de Jean sans Peur, et l'attitude de l'Arioste à peine plus sympathique que celle de l'auteur inconnu du *Pastoralet*. Voir G. Bertoni, *L'Orlando furioso e la rinascenza a Ferrara*, Modène, 1919, p. 42 et 247.

3. P. 215.

avec l'idée biblique que le prince est un pasteur et le peuple son troupeau. Meschinot dira dans *Les Lunettes des princes* :

> Seigneur, tu es de Dieu bergier ;
> Garde ses bestes loyaument,
> Mets les en champ ou en vergier,
> Mais ne les perds aucunement ;
> Pour ta peine auras bon paiement
> En bien le gardant, et se non,
> À male heure reçus ce nom[1].

Dès que des idées de ce genre sont mises en scène, elles prennent l'apparence de la pastorale proprement dite. Aux fêtes qui, à Bruges, en 1468, accompagnèrent le mariage de Charles le Téméraire avec Marguerite d'York, un « entremets » glorifie les « nobles bergères qui par cy devant ont esté pastoures et gardes des brebis de pardeça[2] ». À Valenciennes, un jeu célébrait le retour de France de Marguerite d'Autriche en 1493, et montrait le rétablissement du pays après les dévastations de la guerre, « le tout en bergerie[3] ». Même au milieu des combats, la fiction pastorale tient bon. Les « bombardes » du Téméraire devant Granson sont nommées « le berger et la bergère ». Les Français ayant, par mépris, traité les Flamands de bergers incapables aux choses de la guerre, Philippe de Ravestein entre en campagne avec vingt-quatre gentilshommes, tous costumés en pâtres, portant boulettes et panetières[4].

À la représentation des bergers de Bethléem dans

---

1. Meschinot, *Les Lunettes des princes*, dans La Borderie, *op. cit.*, p. 606.
2. La Marche, III, p. 135 et 137 ; *cf.* Molinet, *Recollection des merveilles sur l'emprisonnement de Maximilien de Bruges* ; « Les moutons detenterent, En son parc le bergier », *Faictz et dictz*, f. 208 v°.
3. Molinet, IV, p. 389.
4. *Ibid.*, I, p. 190 et 194 ; III, p. 138 ; *cf.* Juvénal des Ursins, p. 382.

les Mystères, se joignaient presque fatalement des motifs pastoraux ; mais ici, le caractère sacré du sujet traité empêchait l'allusion amoureuse, et les bergers n'étaient pas accompagnés de bergères[1].

L'idéal bucolique devint, de même que le *Roman de la Rose*, le sujet d'une querelle littéraire. La vie aristocratique, élaborée, surabondante, de la fin du Moyen Âge ressemblait bien peu à l'idéal de simplicité, de vérité et d'amour fidèle au milieu de la nature ! On avait fait nombre de variations sur le thème de Franc Gontier, type de la simplicité de l'âge d'or. Chacun déclarait désirer le repas de Gontier sur l'herbe, à l'ombre, en compagnie de dame Helayne, le menu de fromage, de beurre, de crème, de pommes, d'oignons et de pain bis, le joyeux travail du bûcheron, la liberté, l'insouciance :

> Mon pain est bon ; ne faut que nulz me veste ;
> L'eaue est saine qu'à boire sui enclin,
> Je ne doubte ne tirant ne venin[2].

Parfois, il est vrai, on sortait de ce rôle. Le même Eustache Deschamps, qui chante la vie de Robin et de Marion et les louanges de la simplicité dans la nature, déplore que la cour danse au son de la cornemuse, « cet instrument des hommes bestiaulx[3] ». Mais il fallait le scepticisme d'un Villon pour démasquer ce rêve de vie. Dans *Les Contrediz de Franc Gontier*, il oppose à l'insouciance de ce paysan idéalisé, à son repas d'oignons « qui causent fort alaine », et à son amour sous l'églantier, l'aise du gras chanoine qui jouit des plaisirs de l'amour dans une chambre « bien nattée », avec un

1. Voir P. Champion, *Histoire poétique du xve siècle*, II, p. 173.
2. Deschamps, II, p. 213 ; Lay de franchise ; *cf.* Christine de Pisan, *Le Dit de la pastoure ; Le Pastoralet* ; roi René, Regnault et Jehanneton, Martial d'Auvergne, Vigilles du roi Charles VII, etc.
3. Deschamps, n° 923 ; *cf.* XI, p. 322.

bon feu, du vin, un lit moelleux. Quant au pain bis et à l'eau de Franc Gontier :

> Tous les oyseaulx d'ici en Babiloine
> À tel escot une seule journée
> Ne me tendroient, non une matinée[1].

1. Villon, éd. Longnon, p. 83.

CHAPITRE XI

La vision de la mort

Aucune autre époque que le Moyen Âge à son déclin n'a donné autant d'accent et de pathos à l'idée de la mort. Sans cesse résonne à travers la vie l'appel du *memento mori*. Dans son *Directoire de la vie des nobles*, Denis le Chartreux exhorte le noble en ces termes : « Et quand il se met au lit, qu'il considère ceci : de même qu'il s'étend lui-même sur sa couche il sera bientôt mis par d'autres dans son tombeau[1]. »

La religion avait, de tout temps, imprimé dans les esprits l'idée constante de la mort ; mais les traités pieux des époques antérieures n'atteignaient que ceux qui s'étaient déjà retirés du monde. Avec les ordres mendiants, la prédication populaire s'étendit ; alors, les objurgations s'enflèrent en un sombre chœur qui retentit à travers la vie avec la persistance d'un motif de fugue. Vers la fin du Moyen Âge, à la parole du prédicateur se joignit une nouvelle forme de représentation, la gravure sur bois, qui pénétra dans tous les rangs de la société. Ces deux moyens d'expression :

1. *Directorium vitæ nobilium, Dionysii Opera*, t. XXXVII, p. 550 ; t. XXXVIII, p. 358.

prédication et image, s'adressant aux masses, ne pouvaient donner à la représentation de la mort qu'une forme simple, directe et facilement accessible. Toutes les méditations des moines d'autrefois sur la mort se condensèrent alors en une image très primitive. Du grand complexe d'idées relatives à la mort, cette image ne retenait qu'un seul élément : la notion du périssable, de l'éphémère. Il semble que le Moyen Âge à son déclin n'ait vu la mort que sous ce seul aspect. Trois thèmes sont distincts dans cette éternelle complainte sur la caducité des splendeurs terrestres. Le premier s'exprime par cette question : « Où sont ceux qui remplirent un jour la terre de leur renommée ? » Le second motif est l'affreux spectacle de la décomposition de la beauté humaine. Enfin, le troisième est celui de la danse de mort : la mort entraînant à sa suite les personnes de tout âge et de toute condition.

Comparé aux deux derniers, le premier de ces thèmes n'était qu'une légère et élégiaque lamentation. Il est antique et répandu dans le monde de la chrétienté et de l'islam. Il sort du paganisme grec ; les Pères de l'Église le connaissent ; on le trouve chez Hafiz ; Byron l'utilisera encore[1]. Il connut une grande vogue à la fin du Moyen Âge. On le trouve exprimé dans les lourds hexamètres rimés du moine de Cluny, Bernard de Morlay, vers 1140 :

Est ubi gloria nunc Babylonia ? nunc ubi dirus
Nabugodonosor, et Darii vigor, illeque Cyrus ?
Qualiter orbita viribus incita praeterierunt,
Fama relinquitur, illaque figitur, hi putruerunt.
Nunc ubi curia, pompaque Julia ? Caesar abisti !
Te truculentior, orbe potentior ipse fuisti.
. . . .

1. *Don Juan*, c. 11, 76-80 ; *cf.* C. H. Becker, *Ubi sunt qui ante nos in mundo fuere*. Mémoire dédié à Ernst Kuhn, 7, II, 1916, p. 87-105 ; Supplément à Anglia, 28, 1917, p. 362.

Nunc ubi Marius atque Fabricius inscius auri ?
Mors ubi nobilis et memorabilis actio Pauli ?
Diva philippica vox ubi cœlica nunc Ciceronis ?
Pax ubi civibus atque rebellibus ira Catonis ?
Nunc ubi Regulus ? aut ubi Romulus, aut ubi Remus ?
Stat rosa pristina nomine, nomina nuda tenemus[1].

Le même thème résonne dans des vers qui, en dépit de leur brève facture, conservent encore la monotonie de l'hexamètre rimé, je veux dire dans la poésie franciscaine du XIIIe siècle. Jacopone di Todi, le joculator Domini, est, selon toute probabilité, l'auteur des strophes intitulées : *Cur mundus militat sub vana gloria*, dont voici un extrait :

Die ubi Salomon, olim tam nobilis
Vel Sampson ubi est, dux invincubilis.
Et pulcher Absalon, vultu mirabilis,
Aut dulcis Jonathas, multum amabilis ?
Quo Cesar abiit, celsus imperio ?
Quo Dives splendidus totus in prandio ?
Dic ubi Tullius, clarus eloquio,
Vel Aristoteles, summus ingenio[2] ?

Le même motif a été mis en vers par Deschamps à différentes reprises, utilisé par Gerson dans un sermon, et par Denis le Chartreux dans son traité sur les quatre fins dernières de l'homme, *De Quator hominum novissimis*. Chastellain le développe dans un long poème, *Le Miroir de mort*[3].

1. Bernardi Morlanensis, *De contemptu mundi*, éd. Th. Wright, « The Anglo-latin satirical poets and epigrammatists of the twelfth century », *Rerum Britannicarum medii ævi scriptores*, Londres, 1872, 2 vol., II, p. 37 (au 3e vers l'édition porte *« orbita viribus inscita »*, ce qui n'a aucun sens. La correction *« incita »*, qui rétablit le sens et la mesure du vers, m'a été fournie par M. Hans Paret, de Berlin)

2. Autrefois attribué à Bernard de Clairvaux ; rangé par certains critiques parmi les œuvres de Gautier Map ; *cf.* H. L. Daniel, *Thesaurus hymnologicus*, Leipzig, 1841-1856, IV, p. 288.

3. Deschamps, III, nos 330, 345, 368 et 399 ; Gerson, *Sermo* III, *De*

Villon sut donner à ce thème un accent nouveau de douce mélancolie dans sa *Ballade des dames du temps jadis*, au refrain bien connu :

> Mais où sont les neiges d'antan[1] ?

Il y ajoutera quelque ironie dans la *Ballade des seigneurs du temps jadis* où, parmi les rois, les papes et les princes de son temps, il place :

> [...] le bon roy d'Espaigne
> Duquel je ne sçay pas le nom[2].

Le brave courtisan Olivier de La Marche ne se serait pas permis cette licence quand, dans son *Parement et triumphe des dames*, il employait le vieux thème pour plaindre les princesses défuntes de son temps.

Que reste-t-il de la beauté et de la gloire humaines ? Un souvenir, un nom. Mais la mélancolie de cette pensée ne suffit pas à satisfaire le besoin d'horreur. Aussi l'époque tiendra-t-elle devant ses yeux la représentation concrète du périssable, la pourriture du cadavre.

Les ascètes médiévaux s'étaient complus à la pensée de la cendre et des vers : dans les traités religieux sur le mépris du monde, s'étalaient complaisamment les horreurs de la décomposition. Mais c'est plus tard que les écrivains se plairont au raffinement des détails.

---

defunctis, Opera, III, p. 1568 ; Denis le Chartreux, *De quator hominum novissimis, Opera*, III, t. XLI, p. 511 ; Chastellain, VI, p. 52, où le poème porte le titre de « Le Pas de la mort ». Dans le texte même, il est nommé « Miroir de mort ». Pierre Michault rima un « Pas de la mort », éd. Jules Petit, Soc. des Bibliophiles de Belgique, 1869 ; il est ici question d'un Pas d'armes près de la Fontaine des plours, où se tient Dame Mort.

1. Villon, *op. cit.*, p. 33.
2. *Ibid.*, p. 34.

Vers la fin du XIVe siècle, les arts plastiques s'emparent du thème; vers 1400, en effet, la sculpture et la peinture acquièrent les moyens d'expression réaliste nécessaires au traitement de ce sujet. En même temps, le motif passe de la littérature cléricale à la littérature populaire. Jusque bien avant dans le XVIe siècle, les tombes seront ornées des images hideuses de cadavres nus et pourris, pieds et poings rigides, bouche béante, entrailles dévorées de vers. L'imagination se plaît à ces horreurs sans faire un effort de plus pour se figurer la corruption se convertir en terre et donner des fleurs.

Est-elle véritablement pieuse la pensée qui s'attache si fort au côté terrestre de la mort? N'est-elle pas plutôt une réaction contre une excessive sensualité? Est-ce la peur de la vie qui traverse l'époque, le sentiment de désillusion et de découragement? Tous ces sentiments sont présents dans l'expression des pensées sur la mort.

La peur de la vie, la renonciation à la beauté et au bonheur, parce que la détresse et la douleur s'y trouvent liées : il existe une extraordinaire ressemblance entre l'expression bouddhique et l'expression chrétienne médiévale de ce sentiment. C'est la même crainte de la vieillesse, de la maladie et de la mort, ce sont les mêmes couleurs de pourriture. Odon de Cluny, montrant tout ce que la beauté humaine a de superficiel, en fait une cruelle analyse : « La beauté du corps est tout entière dans la peau. En effet, si les hommes voyaient ce qui est sous la peau, doués comme les lynx de Béotie d'intérieure pénétration visuelle, la vue seule des femmes leur serait nauséabonde : cette grâce féminine n'est que saburre, sang, humeur, fiel. Considérez ce qui se cache dans les narines, dans la gorge, dans le ventre : saletés partout… Et nous qui répugnons à toucher même du bout du doigt de la vomissure ou du fumier, comment donc pouvons-nous désirer de serrer dans nos bras le sac d'excréments lui-même[1] ? »

L'éternel refrain du mépris du monde avait trouvé place dans maints traités, notamment dans celui d'Innocent III intitulé : *De contemptu mundi*, qui semble n'avoir reçu sa grande diffusion que vers la fin du Moyen Âge. N'est-il pas étonnant de penser que ce puissant homme d'État assis sur le trône de saint Pierre, mêlé à tant d'affaires et d'intérêts terrestres, ait été, dans sa jeunesse, l'auteur de ces lignes : « *Concipit mulier cum immunditia et fetore, parit cum tristitia et dolore, nutrit cum angustia et labore, custodit cum, instantia et timore*[2] ». La femme conçoit dans l'impureté et la puanteur, engendre avec tristesse et douleur, nourrit avec angoisse et labeurs, veille avec instances et peurs. « *Quis unquam vel unicam diem totam duxit in sua delectatione jucundam [...] quem denique visus vel auditus vel aliquis ictus non offenderit*[3] ? » « Qui a jamais passé ne fût-ce qu'un seul jour entièrement agréable dans sa jouissance [...] sans qu'au moins un regard ou un son ou quelque heurt l'ait offensé ? »

Sans aucun doute, il y a en tout ceci un esprit de matérialisme qui ne pouvait supporter la pensée de la destruction de la beauté sans douter de cette beauté même. Et, du moins dans la littérature, sinon dans les arts plastiques, c'est surtout le beauté féminine que l'on regrette. Il est à remarquer que les exhortations pieuses à penser à la mort et les exhortations profanes à profiter de la jeunesse en viennent presque à se confondre.

Dans le couvent des Célestins à Avignon, se trou-

1. Odon de Cluny, *Collationum*, lib. III, Migne, t. CXXXIII, p. 556. Le thème et son développement ont comme modèle Jean Chrysostome : Sur les femmes et la beauté, *cf. Opera*, éd. B. de Montfaucon, Paris, 1735, t. XII, p. 523.

2. Innocentius III, *De contemptu mundi sive de miseria conditionis humanæ libri tres*, Migne, t. CCXVII, p. 702.

3. *Ibid.*, p. 713.

vait avant la Révolution un tableau que la tradition attribuait au fondateur, le roi René lui-même. Il représentait un corps de femme debout, enveloppé dans un linceul, la tête magnifiquement coiffée, les entrailles rongées de vers. L'inscription au bas du tableau commençait par ces vers :

Une fois fus sur toute femme belle
Mais par la mort suis devenue telle.
Ma chair estoit très belle, fraische et tendre ;
Or est-elle toute tournée en cendre.
Mon corps estoit très plaisant et très gent,
Je me souloye souvent vertir de soye ;
Or en droict fault que toute nue soye.
Fourrée estoit de gris et menu vair,
En grant palais me logeois à mon vueil ;
Or suis logiée en ce petit cercueil.
Ma chambre estoit de beaux tapis ornée ;
Or est d'aragnes ma fosse environnée[1].

Ici, le *memento mori* prédomine encore. Il tend insensiblement à faire place à la plainte très mondaine de la femme qui voit se faner ses charmes, dans les vers suivants du *Parement et triumphe des dames*, d'Olivier de La Marche :

Ces doulx regards, ces yeulx faiz pour plaisance,
Pensez y bien, ilz perdront leur clarté,
Nez et sourcilz, la bouche d'éloquence
Se pourriront...
Se vous vivez le droit cours de nature
Dont LX ans est pour ung bien grant nombre,
Vostre beaulté changera en laydure,
Vostre santé en maladie obscure,
Et ne ferez en ce monde qu'encombre.
Se fille avez, vous luy serez ung umbre,

1. *Œuvres du roi René*, *op. cit.*, I, p. CL. Après les vers 5 et 8, il manque un vers. Probablement avec « menu vair » rimait quelque chose dans le genre de « mangé des vers ».

Celle sera requise et demandée,
Et de chascun la mère habandonnée[1].

Toute tendance pieuse ou moralisante a disparu dans la ballade de Villon : *Les Regrets de la belle Heaulmière*, dans laquelle la vieille courtisane compare aux irrésistibles charmes de sa jeunesse la triste déchéance de son corps :

Qu'est devenu ce front poly,
Ces cheveulx blons, sourcils voultiz
Dont prenoie les plus soubtilz ;
Ce beau nez droit, grant ne petiz,
Ces petites joinctes oreilles,
Menton fourchu, cler vis traitiz
Et ces belles lèvres vermeilles ?
. . . .
Le front ridé, les cheveux gris,
Les sourcilz cheuz, les yeuls estains[2]...

L'affreuse horreur provoquée par la dissolution du corps après la mort a comme résultat l'importance extrême attribuée à l'incorruptibilité de la dépouille de certains saints, comme sainte Rose de Viterbe. L'Assomption de la Vierge Marie, qui sauva son corps de la corruption, était considérée comme la plus précieuse des grâces[3].

Un esprit de matérialisme, incapable de ne pas songer au corps, se manifeste dans le soin méticuleux avec lequel on traitait certains cadavres. On avait coutume de peindre au pinceau le visage des défunts de marque, tout de suite après la mort, afin de rendre invisible la corruption jusqu'au jour de l'enterrement[4].

---

1. Olivier de La Marche, *Le Parement et triumphe des dames*, Paris, Michel Le Noir, 1520.
2. Villon, *Le Testament*, v. 453 *sq.*, *op. cit.*, p. 39.
3. Molinet, *Faictz et dictz*, f° 4, f° 42 v°.
4. Procès de canonisation de Pierre de Luxembourg, 1390, *Acta sanctorum*, Juillet, I, p. 562. Comparer le renouvellement régulier de la cire qui entourait les cadavres des rois d'Angleterre et de leurs proches, Rymer, Fœdera, VII, 361, 433 ; III, 140, 168, etc.

Le cadavre d'un prédicateur hérétique de la secte des Turlupins, mort en prison avant la sentence, est conservé quinze jours dans de la chaux afin d'être livré aux flammes en même temps qu'une hérétique vivante[1]. D'après une coutume généralement répandue, si un homme important mourait loin de sa résidence, on coupait le cadavre, on le faisait bouillir jusqu'à ce que la chair se séparât des os ; ceux-ci étaient placés dans un coffre et envoyés au lieu où ils devaient être solennellement inhumés, tandis que les entrailles et la chair étaient enterrées sur place. Cette coutume est très en vogue au XIe et au XIIIe siècle ; on l'applique aux évêques comme à nombre de rois[2]. En 1299 et en 1300, le pape Boniface VIII défend formellement cette habitude, « *detestandæ feritatis abusus, quem ex quodam more horribili nonulli ſideles improvide prosequuntur* », c'est-à-dire : « un abus d'abominable sauvagerie, que pratiquent quelques fidèles d'une manière horrible et inconsidérément ». Au XIVe siècle, les successeurs de Boniface accordèrent des dispenses et, au XVe siècle, la coutume est encore en usage chez les Anglais en France. Les cadavres d'Édouard d'York, de Michel de La Pole, comte de Suffolk, morts à Azincourt, furent encore traités de cette manière[3]. Il en est de même pour Henri V lui-même, pour Guillaume Glasdale qui périt à Orléans au temps de la délivrance de la ville par Jeanne d'Arc, pour un neveu de sir John Fastolfe tué en 1435 au siège de Saint-Denis[4].

---

1. *Les Grandes Chroniques de France*, éd. Paulin Paris, Paris, 1836-1838, 6 vol., VI, p. 334

2. Voir l'étude étendue de Dietrich Schaefer, « Mittelalterlicher Brauch bei der Überführung von Leichen », *Sitzungsberichte der preussischen Akademie der Wissenschaften*, 1920, p. 478-498.

3. Lefèvre de Saint-Rémy, I, p. 260, où le mot Suffolk doit être substitué à Oxford.

4. Juvénal des Ursins, p. 567 ; *Journal d'un bourgeois de Paris*, p. 237, 307 et 671.

Le personnage de la Mort, depuis des siècles, avait revêtu des formes diverses dans les représentations plastiques ou littéraires : c'était le cavalier de l'Apocalypse, passant par-dessus un tas de gens renversés par terre ; c'était, au Campo Santo de Pise, la mégère aux ailes de chauve-souris ; c'était le squelette avec la faux ou avec l'arc et la flèche, parfois traîné sur un char par des bœufs, ou encore chevauchant un bœuf ou une vache[1].

Au XIVe siècle, apparaît le mot bizarre de « macabre », ou plutôt tel qu'il se prononçait à l'origine « macabré ». « Je fis de Macabré la dance », dira le poète Jean Le Fèvre en 1376. Quelle qu'en soit l'étymologie très contestée[2], ce mot est un nom propre. Ce n'est que plus tard qu'on tire de l'expression : « danse macabré » l'adjectif qui a pris pour nous une nuance si caractéristique que nous pouvons qualifier de ce mot la vision de la mort aux derniers siècles du Moyen Âge. Cette conception macabre de la mort, dont nous trouvons les derniers vestiges dans les épitaphes et les symboles des cimetières de village, a exprimé, à la fin du Moyen Âge, la pensée de toute une époque. À la représentation de la mort se mêlait un élément nouveau, hallucinant et fantastique, un frisson sorti du domaine des terribles épouvantes spectrales. La pensée religieuse, dominatrice,

1. Voir à ce sujet Konrad Burdach, *Der Ackermann aus Böhmen*, p. 243-249, Vom Mittelalter zur Reformation, III, 1, 1917. C'est à tort que A. de Laborde, *Origine de la représentation de la mort chevauchant un bœuf*, Comptes rendus de l'Ac. des inscr. et belles lettres, 1923, p. 100-113, assigne comme source à cette représentation le poème de Pierre Michaut, « La danse des aveugles », car elle existe déjà dans le Missel d'Amiens de 1323, Bibl. royale de La Haye, et aussi dans l'Ackermann qui date d'environ 1400.

2. Il existe une abondante littérature sur ce sujet. Voir surtout G. Huet, « Notes d'histoire littéraire », III, dans *Le Moyen Âge*, XX, 1918, p. 148.

convertit cet élément en morale, le transforma en un *memento mori*, mais usa volontiers de la suggestion d'horreur produite par le caractère spectral de cette représentation.

Autour de la Danse macabre se groupèrent quelques conceptions connexes également propres à servir d'épouvantail et d'exhortation morale. La priorité appartient au *Dit des trois morts et des trois vifs* dont la plus ancienne rédaction est antérieure à l'année 1280[1]. Trois jeunes nobles rencontrent soudainement trois morts affreux qui leur racontent leur grandeur passée et avertissent les trois vivants de leur fin prochaine. La plus ancienne représentation de ce thème existe encore dans l'émouvante fresque du Campo Santo de Pise. Les sculptures du portail de l'église des Innocents à Paris, que le duc de Berry fit exécuter en 1408, représentaient le même sujet ; elles ont disparu. La miniature et la gravure sur bois firent entrer ce thème dans le domaine public. La peinture murale aussi s'en servit abondamment. La représentation des trois morts et des trois vifs forme le chaînon qui relie l'horrible image de la putréfaction et l'idée de la danse macabre : l'égalité devant la mort. Ce thème, comme celui de la danse macabre, semble avoir eu son origine en France. Est-il sorti de la peinture ou de la représentation scénique ? On sait que la thèse de M. Mâle, qui considérait les motifs de la peinture du XVe siècle comme empruntés aux représentations dramatiques, n'a pu, dans son ensemble, résister à la critique. Toutefois, il se pourrait qu'il fallût faire une exception en faveur de la danse macabre et qu'ici, en effet, la représentation scénique eût précédé celle des arts plastiques. En tout cas, la danse macabre a été jouée aussi bien que peinte et gravée. Le duc de Bourgogne la fit représenter en 1449 dans

1. Éd. S. Glixelli, Paris, 1914. Sur ce sujet, voir E. Mâle, *L'Art religieux à la fin du Moyen Âge*, II, « La mort ».

son hôtel de Bruges[1]. Que ne pouvons-nous nous faire une idée de cette mise en action : des couleurs, des mouvements, du jeu des ombres et de la lumière sur les personnages ! Mieux que les gravures de Guyot Marchant et de Holbein, cette représentation nous ferait comprendre la profonde épouvante engendrée dans les esprits par la danse macabre.

Les gravures sur bois dont l'imprimeur parisien Guyot Marchant orna, en 1485, la première édition de la *Danse macabré* étaient très probablement empruntées à la plus célèbre de ces représentations, notamment celle qui, dès l'an 1424, couvrait les murs de la galerie dans le cimetière des Innocents, à Paris. Les vers imprimés par Marchant étaient écrits sous ces peintures murales ; peut-être ont-ils leur origine dans le poème perdu de Jean Le Fèvre qui, à son tour, semble avoir suivi un original latin. Quoi qu'il en soit, la Danse macabre du cimetière des Innocents, détruite au XVIIe siècle, est la représentation la plus populaire que le Moyen Âge ait connue. Des milliers de personnes, dans le lieu de rendez-vous bizarre et macabre qu'était ce cimetière, regardant les peintures et lisant les strophes dont chacune se terminait par un proverbe, se sont consolées à la pensée de la mort égalitaire, ou ont frémi en appréhendant leur fin.

Elle était là bien à sa place, cette mort simiesque et ricanante, à la démarche guindée de vieux maître à danser, qui entraîne à sa suite le pape, l'empereur, le noble, le journalier, le moine, l'enfant, le fou, toutes les professions, tous les états.

Les gravures de 1485 ne nous donnent sans doute qu'une faible impression de la fameuse fresque ; comme le prouvent les costumes, elle n'en est pas une exacte copie. Pour nous faire une idée plus ou moins juste de l'effet produit par la danse macabre du cime-

1. Laborde, II, I, p. 393.

tière des Innocents, regardons plutôt les peintures murales de l'église de la Chaise-Dieu, où l'état inachevé de l'œuvre en accentue encore le caractère spectral[1].

Le danseur, qui revient quarante fois pour chercher les vivants, n'est pas à l'origine la Mort, mais le mort. Les strophes écrites au bas appellent ce personnage « le mort ou la morte », suivant qu'il s'agit de la danse des hommes ou de celle des femmes. C'est une danse des morts, non de la Mort. Et ce n'est pas encore un squelette, c'est un cadavre non décharné, au ventre creux et ouvert. Ce n'est que vers l'an 1500 que le grand danseur devient ce squelette que nous connaissons par la gravure de Holbein. Dans l'intervalle, le mort, vague sosie de l'homme vivant, a été remplacé par la Mort, active, individuelle, ravageuse de vies humaines. *« Yo so la muerte cierta à todas criaturas »* : ainsi commence l'impressionnante danse macabre espagnole de la fin du XVe siècle[2]. Dans les danses antérieures, l'infatigable danseur est encore le vivant lui-même, tel qu'il sera dans un proche avenir, double terrifiant de sa personne ; c'est l'image qu'il voit dans le miroir, et non, comme certains le prétendent, un mort de même rang et de même dignité. « C'est vous-même », disait au spectateur l'horrible vision, et c'est ce qui donnait à la danse macabre toute sa force d'épouvante.

Dans la fresque qui ornait la voûte du monument funéraire du roi René et de son épouse Isabelle, dans

---

1. Quelques reproductions par Mâle, *op. cit.*, et dans la *Gazette des beaux-arts*, avril-juin 1918, p. 167. Les investigations de Huet, *op. cit.*, ont rendu vraisemblable l'hypothèse que le motif original a été une danse des morts ; Goethe y a inconsciemment repris ce motif dans sa *Totentanz*.

2. Considérée autrefois, mais à tort, comme bien plus ancienne (vers 1350) ; *cf.* G. Ticknor, *Geschichte der schönen Literatur in Spanien*, I, p. 77, II, p. 598 ; Gröber, *Grundriss*, II, 1re partie, p. 1180 ; II, 2e partie, p. 428.

la cathédrale d'Angers, c'est encore en fait le roi lui-même qui était représenté par ce squelette au long manteau, assis sur un trône doré, et repoussant du pied mitres, livres, couronnes, globes du monde. La tête était appuyée sur une main desséchée qui cherchait à soutenir une couronne chancelante[1].

La danse macabre ne représentait d'abord que des hommes. Au rappel de la vanité des choses du monde, on joignait une leçon d'égalité sociale, et cette intention mettait, par la nature des choses, les hommes à l'avant-plan. La danse des morts n'était pas seulement une pieuse exhortation, mais aussi une satire sociale : les vers qui l'accompagnent ne sont pas exempts d'une certaine ironie. Le succès de sa publication donna à Guyot Marchant l'idée de publier une danse macabre des femmes, et Martial d'Auvergne fut chargé d'en rédiger les vers. Le graveur inconnu qui fit les images ne se montra pas égal au modèle que lui fournissait la première édition ; il n'y eut d'original dans sa danse que la hideuse figure du squelette sur le crâne duquel flottent quelques maigres cheveux de femme. Dans le texte réapparaissent l'élément sensuel et le thème de la beauté tournée en corruption. Comment pouvait-il en être autrement ? On ne trouvait pas à énumérer quarante professions ou dignités de femmes : avec la reine, la femme noble, l'abbesse, la nonne, la marchande, la provision était épuisée. Pour remplir le reste, on avait recours aux différentes périodes de la vie féminine : la vierge, l'aimée, la fiancée, la jeune mariée, la femme enceinte. Et de nouveau, ce sont les lamentations sur la joie perdue et la beauté passée qui accentuent le ton du *memento mori*.

À la terrifiante représentation de la mort, il manquait une image : celle de l'heure de la mort. Pour imprimer plus vivement dans les esprits la crainte de

---

1. *Œuvres du roi René*, I, p. CLII.

la mort, on ne pouvait mieux faire que de rappeler Lazare : après sa résurrection, selon la croyance populaire, il avait vécu dans une horreur continuelle du trépas dont il avait déjà l'expérience. Et si le juste devait craindre, que devait donc faire le pécheur[1] ?

L'agonie était la première des quatre fins dernières, *Quatuor hominum novissima*, que l'homme devait avoir constamment à l'esprit : la mort, le jugement, l'enfer ou le paradis. Étroitement lié au thème des quatre fins dernières, nous trouvons l'*Ars moriendi*, création du XVe siècle qui se propagea largement comme la danse macabre, grâce à l'imprimerie et à la gravure sur bois. Il traite des cinq tentations, par lesquelles le diable tourmente le moribond : doute des vérités de la religion, désespoir sur ses péchés, attachement aux possessions terrestres, désespoir de ses souffrances et enfin orgueil de ses vertus. À chaque tentation, un ange écarte les pièges de Satan et console le mourant. La description de l'agonie elle-même était un sujet souvent traité et dont le modèle était fourni par la littérature religieuse[2].

Dans son *Miroir de mort*[3], Chastellain a réuni tous les motifs dont nous venons de parler. Il débute par un récit émouvant qui, même dans sa solennelle prolixité, ne manque pas son but. Sa bien-aimée mourante l'a appelé à lui pour lui dire d'une voix brisée :

Mon amy, regardez ma face.
Voyez que fait dolante mort
Et ne l'oubliez désormais ;
C'est celle qu'aimiez si fort ;
Et ce corps vostre, vil et ort,
Vous perderez pour un jamais ;
Ce sera puant entremais

1. Chastellain, *Le Pas de la mort*, VI, p. 59.

2. *Cf.* Innocent III, *De contemptu mundi*, II, c. 42 ; Denis le Chartreux, *De IV hominum novissimis*, t. XLI, p. 496.

3. *Œuvres*, VI, p. 49, voir plus haut, p. 245.

À la terre et à la vermine
Dure mort toute beauté fine.

Là-dessus, l'auteur fait un *Miroir de mort*. D'abord, il traite le sujet : où sont les grands de la terre ; et il le traite d'une manière prolixe, un peu pédante, sans rien de la légère mélancolie de Villon. Ensuite vient une sorte de première ébauche de danse macabre, mais sans puissance d'imagination. Enfin, l'*Ars moriendi*. Voici sa description de l'agonie :

Il n'a membre ne facture
Qui ne sente sa pourreture ;
Avant que l'esperit soit hors,
Le cœur qui veult crevier au corps
Haulce et souliève la poitrine
Qui se veult joindre a son eschine.
— La face est tainte et apalie,
Et les yeux treillés en la teste.
La parolle luy est faillie,
Car la langue au palais se lie,
Le pouls tressault et sy halette.
. . . .
Les os desjoindent a tous lez ;
Il n'a nerf qu'au rompre ne tende[1].

Villon condense tous ces traits en un demi-couplet, combien plus émouvant. Toutefois, on reconnaît dans ces deux traitements un modèle commun :

La mort le fait frémir, pallir,
Le nez courber, les vaines tendre,
Le col enfler, la chair mollir,
Joinctes et nerfs croistre et estendre.

Et puis l'idée sensuelle, latente dans toutes ces descriptions :

1. *Ibid.*

Corps femenin, qui tant es tendre,
Poly, souef, si precieux,
Te fauldra il ces maulx attendre ?
Oui, ou tout vif aller es cieulx[1].

Nulle part, les images de la mort n'étaient rassemblées d'une manière plus évocatrice que dans le cimetière des Innocents à Paris. Là, l'esprit savourait les affres du macabre dans toute leur plénitude. Tout contribuait à donner à ce lieu l'horreur sacrée que goûtait si vivement l'époque. Les saints eux-mêmes à qui l'église était dédiée, ces Innocents massacrés au lieu du Christ, éveillaient par leur pitoyable martyre la cruelle compassion et la sanglante tendresse où se complaisait la fin du Moyen Âge. Et justement, au XVe siècle, la vénération des Innocents prit de l'importance. On en possédait plus d'une relique. Louis XI donna à l'église « un Innocent entier » dans une châsse de cristal[2]. Ce cimetière était préféré à tout autre champ de repos. Un évêque de Paris fit déposer dans sa fosse un peu de cette terre où il ne pouvait être inhumé[3].

Pauvres et riches y étaient enfouis pêle-mêle, mais pas pour longtemps, car vingt paroisses y ayant droit d'inhumation on déterrait les ossements et on vendait les pierres tombales après un laps de temps assez court. On croyait que dans cette terre-là un cadavre se décomposait en neuf jours jusqu'aux os[4]. Crânes et ossements étaient alors entassés dans les ossuaires, le long des arcades qui entouraient le cimetière de trois côtés ; ils s'étalaient aux regards, prêchant à tous une leçon d'égalité. Le noble Boucicaut et d'autres personnes avaient donné de l'argent pour la construction

---

1. Villon, *Le Testament*, XLI, v. 321-328, *op. cit.*, p. 33.
2. P. Champion, *Villon*, I, p. 303.
3. Mâle, *op. cit.*, p. 389.
4. Leroux de Lincy, *Le Livre des légendes*, p. 95.

de ces « beaux charniers[1] ». Le duc de Berry, qui désirait être inhumé en cet endroit, avait fait sculpter sur le portail de l'église la représentation des trois morts et des trois vifs. Au XVIe siècle, cette exhibition de symboles funèbres fut complétée par une grande statue de la Mort, aujourd'hui au Louvre, seul reste de cette macabre collection.

Ce lieu était d'ailleurs, pour les Parisiens du XVe siècle, une sorte de lugubre préfiguration du Palais royal de 1789. C'était, en dépit des inhumations et exhumations incessantes, une promenade publique et un lieu de rendez-vous. On y trouvait des petites boutiques près des charniers et des femmes publiques sous les arcades. Il y avait même une recluse murée sur un des côtés de l'église. Parfois, un moine mendiant venait prêcher en ce lieu qui était lui-même un sermon symbolique de style médiéval. Une procession d'enfants (12 500, dit le bourgeois de Paris) s'y assembla, cierges en mains, porta en triomphe un Innocent jusqu'à Notre-Dame et le rapporta au cimetière. Des fêtes même s'y donnaient. Tant l'horrible était devenu familier.

Le désir de donner une image concrète de la mort menait à sacrifier tout ce qui ne se prêtait pas à une représentation directe. Ainsi, les aspects les plus grossiers de la mort s'imprimaient seuls dans les esprits. À cette macabre vision manquaient la tendresse et la consolation. Ce visage de la mort était, au fond, bien égoïste. Ce n'est pas l'absence des chers disparus qui fait pleurer, c'est la crainte de la mort, considérée comme le plus effroyable des maux. Nulle pensée de mort consolatrice, de terme des souffrances, de repos désiré, de tâche remplie ou interrompue ; pas de tendre souvenir, nul apaisement, rien de la *divine depth of sorrow*.

---

1. *Le Livre des faits*, II, p. 184.

De temps à autre, un accent plus ému ; ainsi, la mort parle au laboureur :

Laboureur qui en soing et painne
Avez vescu tout vostre temps,
Morir fault, c'est chose certainne,
Reculler n'y vault ne contens.
De mort devez estre contens
Car de grand soussy vous delivre…

Mais le laboureur regrette la vie, dont il a parfois souhaité la fin.

Dans la danse macabre des femmes de Martial d'Auvergne, une petite fille morte dit à sa mère : garde bien ma poupée, mes osselets, ma jolie robe. Mais cette note touchante est rare. La littérature de l'époque, dans la lourde raideur du grand style, a si peu connu l'enfant !

Lorsqu'Antoine de La Salle dans *Le Réconfort de madame du Fresne*[1] essaye de consoler une mère de la mort de son fils, il ne trouve à lui présenter que le récit de la mort, plus cruelle encore, d'un enfant pris comme otage. Pour l'aider à vaincre sa douleur, il ne lui offre que le conseil de ne pas s'attacher aux choses terrestres. Mais il ajoute un petit récit, version du conte populaire de l'enfant mort qui revient prier sa mère de ne plus pleurer afin que son linceul puisse sécher. Et ici s'exprime une émotion bien plus profonde que dans les *memento mori* répétés sur des tons si divers. Le conte et la chanson populaires de cette époque n'ont-ils pas conservé des sentiments presque ignorés de la littérature ?

La pensée cléricale de la fin du Moyen Âge ne connaissait, à l'endroit de la mort, que deux extrêmes : plainte sur la brièveté des choses terrestres, jubilation

1. Éd. J. Nève, Paris, 1903.

sur le salut de l'âme. Tous les sentiments intermédiaires restaient inexprimés. L'émotion se pétrifiait dans la représentation réaliste de la mort hideuse et menaçante.

CHAPITRE XII

La pensée religieuse se cristallise en images

La figuration de la mort fournit un exemple de cette cristallisation de la pensée en images, qui est caractéristique de la fin du Moyen Âge. La pensée, dans son entité, cherche des représentations concrètes ; le lingot d'or se détaille en menue monnaie. L'époque éprouve le besoin impérieux de représenter tout ce qui est sacré, de donner aux choses religieuses une figuration déterminée qui s'imprimera dans l'esprit comme une gravure aux traits fortement accusés. Cette tendance à la représentation matérielle expose la pensée religieuse au danger de s'extérioriser à l'excès, de se figer dans la matière.

La vie de la chrétienté médiévale est, dans toutes ses manifestations, saturée de représentations religieuses. Pas de choses ou d'actions, si ordinaires soient-elles, dont on ne cherche constamment à établir le rapport avec la foi. Mais dans cette atmosphère de saturation, la tension religieuse, l'idée transcendantale, l'élan vers le sublime ne peuvent être toujours présents. Viennent-ils à manquer, tout ce qui était destiné à stimuler la conscience religieuse dégénère en profane banalité, en choquant matérialisme à prétentions d'au-delà. Même chez un mystique de l'envergure d'un Henry Suson, le sublime nous semble parfois frôler le ridicule. Il est sublime quand, par piété envers la Vierge, il rend hommage à toutes les femmes et marche dans la boue pour laisser passer une pauvresse. Sublime encore, quand il suit les usages de l'amour profane et célèbre le jour de l'an et le 1er Mai en offrant une couronne et une chanson à sa fiancée, la Sagesse éternelle. Mais que penser du reste ? À table, il mange les trois quarts d'une pomme en l'honneur de la Trinité, et le dernier quart par amour pour la Mère céleste qui donnait à manger une pomme à son tendre enfant Jésus ; et ce dernier quart, il le mange avec la peau, parce que les petits garçons ne pèlent pas leurs pommes. Après Noël, au temps où l'Enfant est trop jeune pour manger des fruits, Suson ne mange pas ce dernier quart, mais l'offre à Marie qui le donnera à son fils. Il prend sa boisson en cinq traits pour les cinq plaies du Seigneur ; mais il double la cinquième gorgée parce que du flanc de Jésus, coula du sang et de l'eau[1]. Voilà la sanctification de la vie poussée à ses extrêmes limites.

La piété du XVe siècle, considérée dans ses formes extérieures et indépendamment de la profondeur du sentiment qui l'anime, semble se multiplier en pousses et excroissances. L'accroissement quantitatif de pratiques et d'interprétations religieuses remplit d'effroi les théologiens qui redoutent de le voir marcher de pair avec un affaiblissement qualitatif. L'esprit réformateur du XVe siècle ne se tourna pas tant contre l'impiété ou la superstition des nouvelles pratiques que contre la surcharge de la foi. Les signes d'une grâce

1. Heinrich Seuse, *Leben*, éd. Bihlmeyer, *Deutsche Schriften*, 1907, p. 24-25. Comparez la conduite de John Tiptoft, comte de Worcester, âme damnée d'Édouard IV, et en même temps fervent humaniste, qui prie le bourreau de le décapiter en trois coups, en l'honneur de la Trinité ; *cf.* C. Scofield, *Édouard IV*, I, p. 547.

divine complaisante étaient devenus de plus en plus nombreux ; à côté des sacrements, fleurissaient de tous côtés les bénédictions ; des reliques, on en venait aux amulettes ; la puissance de la prière était symbolisée dans le rosaire ; la curieuse galerie des saints gagnait chaque jour en vie et en couleur. La théologie s'efforçait, il est vrai, de distinguer les sacrements des *sacramentalia*, mais quel moyen existait-il d'empêcher le peuple de les confondre ? Gerson raconte avoir rencontré à Auxerre un homme qui prétendait que la fête des Fous, célébrée en décembre dans les églises et les couvents, était tout aussi sacrée que celle de la Conception[1]. Nicolas de Clemanges écrivit un traité contre l'institution et la célébration de fêtes nouvelles dont il dénonçait le caractère apocryphe. Il approuvait l'évêque d'Auxerre d'avoir effacé du calendrier la plupart des jours fériés[2]. Pierre d'Ailly, dans son *De Reformatione*[3], se dresse contre l'accroissement continuel d'églises, de fêtes, de saints, contre l'abondance des statues et images, l'excessive longueur des offices, l'introduction d'écrits apocryphes dans la liturgie, d'hymnes et d'oraisons nouvelles, l'augmentation des vigiles, des prières, des jeûnes et abstinences. On avait un penchant à consacrer un office spécial à chacun des points de la vénération de la Vierge. Il y avait des messes spéciales, plus tard abolies par l'Église, en l'honneur de la piété de Marie, de ses sept douleurs, de ses sœurs Marie Jacobi et Marie Salomé, de l'ensemble des fêtes mariales, de l'ange Gabriel, de tous les saints formant la généalogie du Christ[4]. Le culte du chemin de la croix, celui des cinq plaies, l'usage de l'Angélus sont tous de la fin du Moyen Âge. Il y a trop

1. Gerson, *Opera*, III, p. 309.
2. Nicolas de Clémanges, *De novis festivitatibus non instituendis, Opera*, éd. Lydius, Lugd. Bat., 1613, p. 151 et 159.
3. Dans Gerson, *Opera*, II, p. 911.
4. *Acta sanctorum*, avril, t. III, p. 149.

d'ordres religieux, dit d'Ailly, et cela mène à la diversité des usages, à l'exclusivisme et à la rivalité. Il désire surtout limiter l'activité des ordres mendiants dont il met en doute l'utilité sociale : leur façon d'agir fait tort aux léproseries, aux hôpitaux et aux vrais nécessiteux à qui conviennent vraiment le droit et le titre de mendiants[1]. Qu'on bannisse de l'Église les quêteurs d'indulgence qui la souillent de leurs mensonges et la rendent ridicule[2]. On bâtit sans cesse des couvents de femmes sans ressources suffisantes ; à quoi cela mènera-t-il ?

C'est donc, on le voit, contre le mal quantitatif que s'élève Pierre d'Ailly. Exception faite de la prédication des indulgences, il ne met pas en doute le caractère sacré de ces pratiques, mais il en déplore l'accroissement effréné ; il voit l'Église étouffer sous la luxuriance des détails et des particularités. Quand Alain de La Roche propagea sa nouvelle confrérie du Rosaire, l'opposition qu'il rencontra était dirigée moins contre l'esprit de cette institution que contre sa nouveauté. Les opposants objectaient que le peuple, confiant dans le pouvoir d'une si grande communauté de prières, négligerait les pénitences prescrites, et les chanoines, leurs heures canoniques. Les églises paroissiales se videraient, car la confrérie ne s'assemblait que dans les églises des franciscains et des dominicains. De ces rencontres pouvaient sortir des luttes de partis et des conjurations. Et enfin, ce reproche : ce sont des rêves, des billevesées, des contes de bonnes femmes que la confrérie fait passer pour d'admirables révélations[3].

Les usages religieux tendaient à se multiplier d'une

1. *Ac aliis vere pauperibus et miserabilibus, quibus convenit jus et verus titulus mendicandi.*

2. *Qui ecclesiam suis mendaciis maculant et eam irrisibilem reddunt.*

3. Alanus Redivivus, éd. J. Coppenstein, 1642, p. 77.

manière presque mécanique, quand aucune autorité n'intervenait pour les restreindre ; la célébration hebdomadaire des saints Innocents en est un exemple. Le 28 décembre, jour de commémoration du massacre des Innocents, était tenu pour un jour de malheur. Cette croyance fut le point de départ de la coutume, très répandue au XVe siècle, de redouter comme néfaste, pendant toute l'année, le jour de semaine où avait eu lieu la dernière fête des Innocents. Pas d'entreprise, pas de voyage ce jour-là qui s'appelait simplement « les Innocents », comme la fête elle-même. Louis XI observait scrupuleusement cet usage. Le couronnement d'Édouard IV d'Angleterre fut recommencé parce qu'il avait eu lieu un dimanche et que le 28 décembre de l'année précédente était un dimanche. René de Lorraine dut renoncer à livrer une bataille le 17 octobre 1476, parce que ses lansquenets refusaient de se battre « le jour des Innocents[1] ».

Jean Gerson écrivit un traité contre la superstition en général, et celle-ci en particulier[2]. Un des premiers, il avait entrevu clairement le danger que présentait pour l'Église cette floraison de représentations religieuses. Il avait deviné le fondement psychologique de ces croyances. Elles sortent, dit-il, *ex sola hominum phantasiatione et melancholica imaginatione* ; c'est une maladie de l'imagination causée par une lésion du

1. Commines, I, p. 310 ; Chastellain, V, p. 27 ; *Le Jouvencel*, I, p. 82 ; Jean Lud, dans *Deutsche Geschichisblätter*, XV, p. 248 ; *Journal d'un bourgeois de Paris*, p. 384 ; Paston, *Lettres*, II, p. 18 ; J. H. Ramsay, *Lancaster and York*, II, p. 275 ; Play of sir John Oldcastle, II, p. 2, etc. Voir mon étude : « Onnoozele kinderon als ongeluksdag » (« Le jour des Innocents considéré comme jour néfaste »), dans *Tien Studiën*.

2. *Contra superstitionem praesertim Innocentum*, Gerson, *Opera*, I, p. 203. Sur Gerson, comparez James L. Connolly, *John Gerson Reformer and Mystic*, recueil de travaux publiés par les membres des conférences d'histoire et de philosophie de l'Université de Louvain, 2e série, fasc. 12, 1928.

cerveau et due, au fond, à des inspirations diaboliques… Ainsi, la part du diable se trouvait faite.

Continuellement, l'infini est ramené au fini, le mystère s'effrite en atomes. À tout mystère sacré, s'attache, comme des coquillages à la coque d'un navire, une couche de croyances supplémentaires qui le dégrade. L'Eucharistie elle-même s'amenuise en superstitions matérielles : on croyait, par exemple, qu'on ne pouvait devenir aveugle ou être frappé d'apoplexie le jour où on avait entendu la messe, et que pendant l'assistance à la messe on ne vieillissait pas[1].

L'Église doit veiller à ce que Dieu ne soit pas trop souvent ramené sur la terre. C'est une hérésie, déclare-t-elle, de prétendre que Pierre, Jean et Jacques, pendant la Transfigurafion du Christ, ont contemplé la Divinité aussi clairement qu'ils le font maintenant au ciel[2]. Et si une des imitatrices de Jeanne d'Arc prétend avoir vu Dieu lui-même vêtu d'une longue robe blanche et d'un manteau rouge, c'est pur blasphème[3]. Mais l'Église offrait une si riche matière à l'imagination du peuple, que celui-ci était bien excusable de ne pouvoir faire les subtiles distinctions prescrites par la théologie.

Gerson lui-même ne fut pas exempt du mal qu'il combattait. Il élève la voix contre les vaines curiosités[4] et vise l'esprit de recherche qui force la nature dans ses plus intimes secrets. Mais lui-même, avec une curiosité déplacée, explore minutieusement les plus petites particularités des choses sacrées. La dévotion spéciale qu'il porte à saint Joseph, dévotion à la propagation de laquelle il travaille, le rend curieux de

---

1. Gerson, *Quaedam argumentatio adversus eos qui publice velunt dogmatizare*, *Opera*, II, p. 521-522.

2. *Johannis de Varennis Responsiones*, *ibid.*, I, p. 909.

3. *Journal d'un bourgeois de Paris,* p. 259. Le texte donne : « Une hucque vermeille par dessoubz », mais il faut sans doute lire : « par dessus ».

4. *Contra vanam curiositatem, Opera*, I, p. 86.

tout ce qui concerne ce saint. Il fouille toutes les circonstances de la vie conjugale de Joseph : sa chasteté, son âge, la manière dont il connut la grossesse de la Vierge. Il s'indigne contre la caricature que l'art menaçait de faire du personnage de Joseph : le vieux peinard que Deschamps plaignait et dont Melchior Broederlam fixait les traits. Non ; Joseph, dit Gerson, n'avait pas encore cinquante ans[1]. Ailleurs, il se perd en spéculations sur la complexion corporelle de saint Jean-Baptiste : *semen igitur materiale ex qua corpus compaginandum erat, nec durum nimis nec rursus fluidum abundantius fuit*[2]. Le célèbre prédicateur populaire, Olivier Maillard, avait coutume de régaler son auditoire « d'une belle question théologale », par exemple celle de savoir si la Vierge avait eu une part active à la Conception et si elle pouvait en réalité s'appeler Mère de Dieu ; ou bien encore si le corps du Christ se fût décomposé sans la Résurrection[3]. La controverse sur la Conception immaculée de la Vierge donnait lieu à un mélange de considérations théologiques et embryologiques qui nous semble peu édifiant. Mais les graves docteurs étaient si profondément convaincus de l'importance de leur argumentation qu'ils ne s'interdisaient pas de porter la question en chaire devant le grand public[4]. Si les esprits sérieux étaient ainsi tournés, rien d'étonnant que, sur un vaste domaine, par le développement continu des particularités, les choses sacrées dussent se dissoudre en une banalité dont on ne sortait que par accès pour s'élever jusqu'à la contemplation.

La familiarité avec laquelle on traitait Dieu dans la

1. *Considérations sur saint Joseph*, III, p. 842-868 ; Josephina, IV, p. 753 ; *Sermo de natalitate beatae Virginis*, III, p. 1351 ; IV, p. 729, 731, 732, 735 et 736.

2. *De distinctione verarum visionum a falsis, Opera*, I, p. 50.

3. C. Schmidt, « Der Prediger Olivier Maillard », *Zeitschr. f. hist. Theologie*, 1856, p. 501.

4. Voir Thuasne, *Rob. Gaguini Ep. et Or.*, I, p. 72 *sq.*

vie quotidienne est, d'une part, la marque d'une foi profonde et ingénue ; d'autre part, elle entraîne l'irrévérence, toutes les fois que fait défaut le contact mental avec l'infini. La curiosité, même naïve, mène à la profanation. C'est justement le plus profond des mystères, l'Eucharistie, qui se trouve exposé à ce danger. Au Moyen Âge, comme aujourd'hui, il forme dans la foi catholique le point central de l'émotion religieuse. Mais au Moyen Âge, la hardiesse même avec laquelle on traite des choses saintes mène à des habitudes de paroles qui peuvent nous sembler bien profanes. Un voyageur descend de cheval et entre dans une église de village « pour veoir Dieu en passant ». D'un prêtre qui, monté sur un âne, porte l'hostie, on dira : « Un Dieu sur un asne[1]. » Une femme sur son lit de mort, « sy cuidoit transir de la mort et se fist apporter beau sire Dieu[2] ». « Veoir Dieu » était le terme courant qui signifiait l'élévation de l'hostie[3]. Ces habitudes de langage, qui ne sont pas irrévérencieuses en elles-mêmes, peuvent le devenir dès que fait défaut le sens du mystère. Il n'y a qu'un pas jusqu'au proverbe : « Laissez faire à Dieu, qui est homme d'aage[4] » ou jusqu'aux paroles de Froissart : « et il prie à mains jointes, pour si hault homme que Dieu est[5]. »

Voici un cas où le terme « Dieu » appliqué à l'hostie peut contaminer la croyance. L'évêque de Coutances dit la messe à Saint-Denis. À l'élévation, on rappelle à Hugues Aubriot, prévôt de Paris, qui se promène dans l'église, qu'il doit se recueillir. Mais Hugues, esprit fort, répond qu'il ne croit pas au Dieu d'un évêque

1. *Les Cents Nouvelles*, éd. Wright, II, p. 75 *sq.* et 122 *sq.*

2. *Le Livre du chevalier de la Tour Landry*, éd. de Montaiglon, p. 56.

3. *Ibid.*, p. 257 : « Se elles ouyssent sonner la messe ou à veoir Dieu. »

4. Joseph Morawski, « Proverbes français », dans *Les Classiques français du Moyen Âge*, Paris, Champion, p. 192.

5. Froissard, éd. Luce, V, p. 24.

qui réside à la cour[1]. Sans la moindre intention ironique, la familiarité avec les choses sacrées et le désir de les représenter concrètement menaient à des figurations qui nous semblent irrévérencieuses. On possédait, de la Vierge, des statuettes dont le ventre s'ouvrait pour laisser voir la Trinité. Les inventaires des ducs de Bourgogne en mentionnent une en or rehaussée de pierres précieuses[2]. Gerson en vit une chez les Carmes à Paris. Il les en blâme, non en raison de la grossièreté d'une telle figuration du mystère, mais à cause de l'hérésie consistant à représenter la Trinité comme le fruit de Marie[3].

La vie entière était tellement saturée de religion que la distinction entre le spirituel et le temporel risquait à chaque instant d'être perdue de vue. Si, d'une part, toutes les choses de la vie ordinaire pouvaient être sanctifiées, d'autre part, les choses sacrées, mêlées indissolublement à la vie quotidienne, étaient rabaissées et rendues banales. Nous avons déjà eu l'occasion de parler du cimetière des Innocents, cette hideuse kermesse des morts, ossuaire exposé à tous les regards. Peut-on s'imaginer chose plus affreuse que la vie de la recluse emmurée en cet horrible endroit ? Mais lisons l'opinion des contemporains : « Les recluses, disent-ils, vivent dans une jolie maisonnette

1. « *Cum juramento asseruit non credere in Deum dicti episcopi* », *Religieux de Saint-Denis*, I, p. 102.

2. Laborde, II, n° 4238, p. 264, Inventaire de 1420 ; *ibid.*, n° 77, p. 10, Inventaire de Charles le Téméraire, où il sera question de la même statuette. La bibliothèque municipale d'Amiens possède une statue de Marie, ouvrage espagnol de la fin du XVIe siècle, avec une niche carrée où se trouve un Jésus enfant d'ivoire. Voir G. H. Luquet, « Représentation par transparence de la grossesse dans l'art chrétien », *Revue archéologique*, t. XIX, 1924, p. 143.

3. Gerson, *Opera*, III, p. 947 ; voir le texte français dans Didron, *Iconographie chrétienne*, 1843, p. 582, qui cite aussi une prière démontrant l'existence réelle de cette hérésie : « quant pour les pécheurs se voust en vous hébergier le Père, le Filz et le Saint Esprit [...] par quoy vous estes chambre de toute la Trinité ».

toute neuve ; pendant qu'on les emmure, on fait un beau sermon ; elles reçoivent du roi un salaire de huit livres par an en huit payements[1]. » Ne dirait-on pas de simples béguines ? Mais où est le pathos religieux ? Où est-il, quand une indulgence est attachée à la plus vile des besognes ménagères : chauffer le four, traire une vache, nettoyer un pot[2] ? À une loterie de Bergen-op-Zoom, en 1518, on pouvait gagner des lots précieux et des indulgences[3]. Aux entrées des princes, les autels qui portaient les précieux reliquaires de la ville alternaient, aux coins des rues, avec les représentations profanes de nudités païennes[4]. Le mélange de religieux et de mondain est clairement exemplifié par le fait bien connu que les mêmes mélodies servaient tout à tour à des usages sacrés ou profanes. Guillaume Dufay a composé ses messes sur des thèmes de chansons mondaines : « Tant je me déduis », « Se la face ay pale », « L'omme armé ».

Il se faisait un passage constant de la terminologie religieuse à la terminologie profane. Sans offusquer personne, on emprunte à la religion les mots qui serviront à exprimer des choses terrestres, et inversement. Au-dessus de la porte de la Chambre des comptes à Lille, se trouvaient inscrits des vers qui rappelaient à chacun comment il aurait à rendre ses comptes au jugement dernier :

> Lors ouvrira, au son de buysine,
> Sa generale et grant chambre des comptes[5].

---

1. *Journal d'un bourgeois de Paris,* p. 366.
2. Une lettre d'indulgence néerlandaise du XIVe siècle, éd. J. Verdam, Ned. Archief voor Kerkgesch. 1900, p. 117-122.
3. A. Eekhof, *De questierders van den aflaat in de Noordelyke Nederland*, La Haye, 1919, p. 12.
4. Chastellain, I, p. 187-189 ; entrée de Henri V et de Philippe de Bourgogne à Paris en 1420 ; II, p. 16 : entrée de Philippe de Bourgogne à Gand en 1430.
5. Doutrepont, p. 379.

Un tournoi, d'autre part, sera traité comme une solennité accompagnée d'indulgences :

> Oez, oez, l'oncur et la louenge
> Et des armes grandisime pardon[1].

Par une coïncidence fortuite, les mots *mysterium* et *ministerium* s'étaient confondus dans le mot « mistère » ; cette homonymie contribuait à effacer le sens du mystère dans le langage courant : tout s'appelait *mistère*, même les licornes, les boucliers et le mannequin employés au Pas d'armes de la fontaine en pleurs[2].

Comme pendant à la symbolique divine, où les réalités de la nature et de l'histoire servent d'images et de préfigurations, nous trouvons le respect de la royauté exprimé en métaphores religieuses. Dans le procès sur le meurtre de Louis d'Orléans, le défenseur met en scène l'ombre du duc parlant à son fils et lui prête ces mots : « Regarde mes plaies et note que *cinq* d'entre elles furent particulièrement cruelles et mortelles[3]. » Ainsi, la victime fait figure de Christ. L'évêque de Chalon, Jean Germain, n'hésite pas à comparer Jean sans Peur à l'Agneau de Dieu[4]. L'empereur Frédéric III, envoyant son fils Maximilien aux Pays-Bas pour épouser Marie de Bourgogne, sera comparé par Molinet à Dieu le Père envoyant son fils sur la terre. Le même auteur fait dire aux Bruxellois qui pleuraient de tendresse à la vue de l'empereur entrant dans leur ville avec Maximilien et le jeune Philippe le Beau : « Véez ci figure de la Trinité, le Père, le Fils et le sainct Esprit. » Il offre une couronne

---

1. Deschamps, III, p. 89, n° 357 ; le roi René, *Traicté de la forme et devise d'un tournoi, Œuvres*, II, p. 9.

2. Olivier de La Marche, II, p. 202.

3. Monstrelet, I, p. 285 ; *cf.* p. 306.

4. *Liber de virtutibus Philippi ducis Burgundiae*, p. 13 et 16, Chron. rel. à l'hist. de la Belgique sous la dom. des ducs de Bourgogne, II.

de fleurs à Marie de Bourgogne, digne image de Notre-Dame, « secluse la virginité[1] ».

« Non point que je veuille déifier les princes », ajoute ailleurs ce courtisan[2]. Peut-être est-ce plutôt phraséologie creuse que réelle adulation ; cela n'en prouve pas moins la dépréciation des symboles sacrés par l'usage quotidien. Que reprocher à un poète princier ? Gerson lui-même, dans ses sermons, accorde à ses auditeurs royaux des anges gardiens d'un rang plus élevé que ceux du commun des mortels[3].

La distance qui sépare familiarité et irrévérence a été franchie du jour où la terminologie religieuse fut appliquée aux choses de l'amour, comme nous l'avons montré plus haut. L'auteur des *Quinze Joyes de mariage* a choisi son titre en pensant aux quinze joies de la Vierge[4]. Significatif aussi est le fait que le défenseur du *Roman de la Rose* emploie des termes sacrés pour désigner les « *partes corporis inhonestae et peccata immunda atque turpia*[5] ».

Il n'y a pas d'exemple plus frappant du rapprochement dangereux des sentiments religieux et érotiques que la Madone, attribuée à Fouquet, qui faisait autrefois partie d'un diptyque dans l'église Notre-Dame, à Melun. Ce diptyque a été partagé ; Anvers a la Madone et Berlin le volet représentant le donateur Étienne Chevalier avec saint Étienne. Au XVIIe siècle, Denis Godefroy recueillit une tradition déjà ancienne d'après laquelle la Madone aurait les traits d'Agnès Sorel, la maîtresse royale pour qui Étienne Chevalier

---

1. Molinet, II, p. 84-94, III, p. 98 ; *Faitcz et dictz*, f° 47 ; *cf.* I, p. 240 et aussi Chastellain, III, p. 209 et 260, IV, p. 48, V, p. 301, VII, p. 1 *sq.*

2. Molinet, III, p. 109.

3. Gerson, *Oratio ad regem Franciae, Opera*, IV, p. 662.

D'ailleurs, Gerson se trouve ici d'accord avec la doctrine de saint Thomas : chaque ange forme ce qu'on appellerait sur terre une espèce. Cf. E. Gilson, *Le Thomisme*, p. 158.

4. *Les Quinze Joyes de mariage*, p. XIII.

5. Gerson, *Opera*, III, p. 229.

éprouva une passion qu'il ne tint pas secrète. Le tableau nous montre une femme à la mode, au front bombé et épilé, aux seins arrondis, à la taille haute et mince. L'expression bizarre du visage hermétique, les roides angelets rouges et bleus, tout contribue à donner à cette peinture un air d'impiété décadente qui contraste avec les sobres portraits du saint et du donateur sur l'autre panneau. Godefroy a vu sur le large cadre de velours bleu des E en perles reliés par des « lacs d'amour » d'or et d'argent[1]. C'est un libertinage blasphématoire que la Renaissance ne dépassera pas.

Les mœurs religieuses étaient d'une irrévérence inouïe. Le texte des chansons profanes telles que *Baisez moi*, *Rouges nez*, dont la mélodie servait de thème aux motets, se chantait parfois, entremêlé aux paroles liturgiques[2].

David de Bourgogne, fils naturel de Philippe le Bon, est intronisé évêque d'Utrecht au milieu d'une suite de nobles guerriers avec laquelle son frère, le bâtard de Bourgogne, est venu le chercher à Amersfoort. Le nouvel évêque lui-même est complètement revêtu d'une armure « comme seroit un conquéreur de païs, prince séculier », dit Chastellain avec une désapprobation visible. Dans cet équipage, il se rend à la cathédrale et y pénètre au milieu d'une procession de croix et de bannières pour prier devant le maître-autel[3]. Le père de l'humaniste frison Rodolphe Agricola reçut le jour même où il fut élu abbé de Selwert la nouvelle que sa concubine lui avait donné un fils. « Je suis donc devenu deux fois père aujourd'hui, dit-il : que Dieu me bénisse[4] ! » Les

1. Friedländer, *Jahrb. d. K. Preuss. Kunstsammlungen*, XVII, 1896, p. 206.

2. K. J. Bernet Kempers, dans *De Muziek*, 1927, p. 350 ; *cf.* Wetzer und Welte, Kirchenlexikon, s. v. Musik, col. 2040.

3. Chastellain, III, p. 155.

4. H. van den Velden, *Rod. Agricola, een Nederlandsch humanist der vyftiende eeuw*, 1re partie, Leyde, 1911, p. 44.

contemporains ont tenu l'irrévérence croissante pour un mal de date récente :

On souloit estre, ou temps passé,
En l'église benignement
À genoux en humilité,
Delez l'autel moult closement
Tout nu le chief piteusement ;
Maiz au jour d'uy, si come beste,
On vient à l'autel bien souvent
Chaperon et chapel en teste[1].

Nicolas de Clemanges se plaint que peu de gens aillent à la messe aux jours de fête. Ils n'y assistent pas jusqu'à la fin et se contentent de tremper les doigts dans l'eau bénite, de faire une génuflexion devant Notre-Dame ou de baiser une statue de saint. Ont-ils attendu jusqu'à l'élévation, ils s'en glorifient comme d'un bienfait rendu à Jésus. Aux matines et aux vêpres, le prêtre est seul avec son assistant[2]. Le seigneur du village fait attendre le prêtre pour commencer la messe jusqu'à ce que lui et sa femme soient levés et habillés[3]. Les grandes fêtes, Noël même, se passent en débauches, jeux de cartes, jurons et propos blasphématoires. Fait-on des remontrances au peuple, il allègue l'exemple des grands seigneurs, des clercs et des prélats[4]. Aux vigiles des fêtes, on danse dans les églises en chantant les chansons les plus dissolues ; les prêtres passent la nuit jurant et jouant aux dés[5]. Les moralistes voient-ils la chose trop en noir ? Non. Les documents confirment plus d'une fois ces appréciations. Les comptes du conseil de Strasbourg font men-

---

1. Deschamps, X, nº 33, p. XLI.
2. Nicolas de Clémanges, *De novis celebritatibus non instituendis, Opera*, éd. Lydius, 1613, p. 143.
3. *Le Livre du chevalier de la Tour Landry*, p. 66 et 70.
4. Gerson, *Sermo de nativitate Domini, Opera*, III, p. 946 et 947.
5. Nicolas de Clémanges, *op. cit.*, p. 147.

tion d'un don annuel de 1 100 litres de vin destinés à ceux qui « veillaient en prières » à l'église, la veille de la saint Aldolphe[1]. Dans son traité *De modo agendi processiones*[2], Denys le Chartreux répond à un échevin municipal qui lui avait demandé comment on pourrait remédier aux désordres causés par la procession annuelle. Le magistrat s'opposerait à tout changement, car la procession était une source de profits pour la ville où elle attirait du monde à nourrir et à héberger. On invoquerait la vieille coutume pour justifier les abus. Chastellain déplore la décadence où est tombée la procession des Gantois à Houthem avec la châsse de saint Liévin. Autrefois, dit-il, les notables avaient coutume de porter le corps « en grande et haute solennité et révérence » ; à présent, ce n'est qu'une « multitude de respaille et de garçonnaille mauvaise ». Ils portent la châsse en chantant et braillant, « faisans cent mille derision et ivres tous ». De plus, ils sont armés « et font des outrages beaucoup par où ils passent, comme tous déliés et deschaînés ; et est, ce semble à veoir, tout à ceux pour ce jour, sous l'ombre du corps qu'ils mènent[3] ».

Aller à l'église forme un des éléments importants de la vie sociale. On vient s'y pavaner, rivaliser de rang, de dignité et de politesse. Si un jeune seigneur entre, Madame se lève et l'embrasse sur la bouche tandis que le prêtre consacre l'hostie et que le peuple adore[4]. Les bavardages, les promenades dans l'église pendant le service doivent avoir été habituels[5]. L'usage de faire

1. O. Winckelmann, « Zur Kulturgesch. des Strassburger Münsters », *Zeitschr. f. d. Gesch. des Oberrheins*, N. F., XXII, 2.

2. *Opera*, XXXVI, p. 198 *sq*.

3. Chastellain, V, p. 253 *sq*.

4. Michel Menot, *Sermones*, f. 144 vs., dans Champion, *Villon*, I, p. 202.

5. *Le Livre du chevalier de la Tour Landry*, p. 65 ; Olivier de La Marche II, p. 89 ; *L'Amant rendu cordelier*, p. 25, huitain 68 ; *Religieux de Saint-Denis*, I, p. 102.

de l'église un lieu de rendez-vous pour les jeunes gens et les jeunes filles est si commun que seuls les moralistes s'en indignent. La jeunesse ne vient à l'église, s'écrie Nicolas de Clemanges[1], que pour voir les femmes qui y font parade de leurs coiffes et de leurs décolletés. L'honnête Christine de Pisan fait dire à l'amant en toute naïveté :

> Se souvent vais ou moustier,
> C'est tout pour veoir la belle
> Fresche com rose nouvelle[2].

L'église souffrait de profanations plus graves que les petits services d'amour du jeune homme offrant l'eau bénite ou la paix à sa bien-aimée, allumant un cierge pour elle, s'agenouillant à ses côtés[3]. Les prostituées venaient effrontément y recruter des clients[4]. Dans l'église même, aux jours de fête, on vend des images obscènes qui corrompent la jeunesse, et les sermons sont impuissants contre le mal[5]. Plus d'une fois, l'église et l'autel sont souillés par des actes impudiques[6].

Les pèlerinages aussi étaient des occasions d'amusements de toutes sortes et d'affaires amoureuses. Dans la littérature, ils sont souvent traités comme des voyages de plaisir. Le chevalier de la Tour Landry parle des dames avides de plaisir qui vont aux tournois et aux pèlerinages ; il cite des exemples de femmes qui

---

1. *Op. cit.*, p. 144.
2. Christine de Pisan, *Œuvres poétiques*, I, p. 172 ; *cf.* p. 60, *L'Epistre au dieu d'Amours*, III, 3 ; Deschamps, V, nº 871, p. 51, II, p. 185, v. 75.
3. *L'Amant rendu cordelier*, *op. cit.*
4. Menot, *op. cit.*
5. Gerson, *Expostulatio […] adversus corruptionem juventutis per lascivas imagines et alia hujusmodi, Opera,* III, p. 291 ; *De parvulis ad Christum trahendis*, *ibid.* p. 281 ; *Contra tentationem blasphemiae*, *ibid.*, p. 246.
6. *Le Livre du chevalier de la Tour Landry*, p. 80-81 ; *cf.* Machaut, *Le Livre du voir-dit*, p. 143 *sq.*

entreprirent un pèlerinage comme prétexte à un rendez-vous d'amour : « Et pour ce a cy bon exemple comment l'on ne doit pas aler aux sains voiaiges pour nulle folle plaisance[1]. » C'est aussi l'opinion de Nicolas de Clemanges : les jours de fête, on va en pèlerinage dans des églises éloignées, moins pour s'acquitter d'un vœu que pour pécher plus librement. C'est une source de méfaits ; car près des lieux saints se trouvent de tristes entremetteuses qui attirent les jeunes filles[2]. Dans *Les Quinze Joyes de mariage*, la jeune femme désire une récréation et fait entendre à son mari que l'enfant est malade parce qu'elle n'a pas encore accompli le voyage qu'elle a promis pendant ses couches[3]. Les préparatifs du mariage de Charles VI avec Isabeau de Bavière comprennent un pèlerinage[4]. Rien d'étonnant à ce que les hommes sérieux ne voient à ces déplacements aucune utilité. Ceux qui accomplissent souvent ces voyages deviennent rarement des saints, dit Thomas a Kempis ; et Frédéric van Heilo écrit un traité *contra peregrinantes*[5].

Dans toutes ces profanations de la foi par le mélange impudent avec la vie, il y a plus de familiarité naïve que de véritable impiété. Seule une société pénétrée du sentiment religieux et acceptant la foi comme une chose qui va de soi connaît ces excès et cette dégénérescence. Les mêmes personnes qui suivaient la routine de pratiques religieuses à demi encanaillées étaient susceptibles, à la parole d'un moine mendiant, des émotions les plus saintes.

Un péché stupide comme le juron ne peut jaillir

1. *Ibid.*, p. 55, 63, 73 et 79.
2. Nicolas de Clémanges, *op. cit.*, p. 145.
3. P. 127 ; *cf.* p. 19, 29 et 124.
4. Froissart, éd. Luce et Raynaud, XI, p. 225 *sq.*
5. Chron. Montis S. Agnetis, p. 341 ; J. C. Pool, Frederik v. Heilo en zÿne schriften, Amsterdam, 1866, p. 126 ; *cf.* Hendrik Mande, dans W. Moll, Joh. Brugman en het godsdienstig leven onzer vaderen in de 15e eeuw, 1854, 2 vol., I, p. 264.

que d'une foi profonde. Car dans son origine, en tant que serment conscient, il est la preuve qu'on sent la présence divine dans les plus petites choses. La conviction de tenter le ciel donne au serment son attrait de péché. À une époque postérieure, quand ces sentiments s'affaiblissent, le juron tombe au rang de monotone grossièreté. À la fin du Moyen Âge, il possède encore le piquant de la témérité et de l'orgueil, ce qui en fait un des sports aristocratiques. « Eh quoi, dit le seigneur au paysan : tu donnes ton âme au diable, et tu renies Dieu, et pourtant tu n'es pas noble[1]. » Deschamps constate que la pratique de jurer s'étend aux petites gens :

> Si chetif n'y a qui ne die :
> Je renie Dieu et sa mère[2].

On rivalise de jurements corsés et inédits ; qui excelle en cet art impie est honoré comme maître[3]. D'abord, nous apprend Deschamps, « toute la France jurait à la gasconne et à l'anglaise, puis ce fut à la bretonne, et maintenant c'est à la bourguignonne ». Il compose une double ballade avec les jurons en usage, et conclut par une phrase pieuse. Le pire de tous était le juron bourguignon : « Je renie Dieu[4] », qu'on atténuait ainsi : « Je renie de bottes. » Les Bourguignons étaient réputés jureurs ; d'ailleurs toute la France, dit Gerson, si chrétienne soit-elle, souffre plus qu'aucun pays des effets de ce péché horrible, cause de pestilence, de guerre et de famine[5]. Les moines eux-mêmes

---

1. Gerson, *Centilogium de impulsibus, Opera*, III, p. 154.
2. Deschamps, IV, n° 807, p. 322 ; *cf.* I, n° 146, p. 272 : « Si n'y a Si meschant qui encor ne die Je regni Dieu… »
3. Gerson, *Adversus lascivas imagines*, *Opera*, III, p. 292 ; *Sermo de nativitate Domini*, *ibid.*, p. 946.
4. Deschamps, I, n°s 145, 146, p. 271 *sq.*, n° 105, p. 217 ; *cf.* II, p. LVI et Gerson, *Opera*, III, p. 85.
5. Gerson, « Considérations sur le péché de blasphème », *Opera*, III, p. 889.

jurent, bien que d'une manière atténuée[1]. Pierre d'Ailly, au concile de Constance[2], insiste sur la nécessité de combattre le mal. Gerson demande expressément que l'on renouvelle les ordonnances, mais en édictant des peines plus légères qui puissent être réellement appliquées. Effectivement, en 1397, paraît une ordonnance royale qui remet en vigueur celles de 1269 et de 1347 ; mais elle renouvelle aussi les menaces de fendre les lèvres et de couper la langue, sanctions excessives et inexécutables. En marge du registre contenant l'ordonnance, il est noté : « Actuellement [1411], tous ces blasphèmes sont d'usage courant dans tout le royaume sans être punis[3]. »

Gerson connaissait la psychologie du blasphème. Son expérience de confesseur lui avait fait voir des jeunes gens purs et simples, tourmentés du désir de prononcer des propos blasphématoires. Il leur conseille, en raison de leur faiblesse, de ne pas trop s'abandonner à la contemplation de Dieu et des saints[4]. Il connaît aussi les jureurs d'habitude, tels que les Bourguignons ; ceux-ci ne sont pas parjures puisqu'ils n'ont pas l'intention de faire serment[5].

Le point de transition de la familiarité ingénue à l'irrévérence consciente nous échappe. Déjà, au XVe siècle, on aime à se montrer esprits forts et à se moquer des personnes pieuses[6]. Les conteurs sont frivoles et indifférents, comme dans le récit des *Cent Nouvelles Nouvelles* où le prêtre enterre son chien en

1. *Regulae morales*, *ibid.*, p. 85.
2. P. d'Ailly, *De reformatione*, cap. 6 ; *de reform. laïcorum*, dans Gerson, *Opera*, II, p. 914.
3. *Ordonnances des rois de France*, t. VIII, p. 130 ; *Religieux de Saint-Denis*, II, p. 533.
4. Gerson, *Contra fœdam tentationem blasphemiae, Opera*, III, p. 243.
5. Gerson, *Regulæ morales, ibid.*, p. 85.
6. Gerson, *Contra fœdam tentationem blasphemiæ*, *ibid.*, p. 246 : *hi qui audacter contra fidem loquuntur in forma joci*, etc.

terre consacrée et s'adresse à lui en ces termes : « Mon bon chien, à qui Dieu pardoint ! » Le chien va d'ailleurs droit « au paradis des chiens[1] ». On a en aversion la feinte piété ; le mot « papelard », qui désigne les hypocrites, est fréquent chez les auteurs laïques du temps. « De jeune angelot vieux diable », disait le proverbe ; ou, en beau latin d'école : *« Angelicus juvenis senibus sathanizat in annis »*. C'est avec de tels propos, dit Gerson, qu'on pervertit la jeunesse, en louant l'impudeur de ses regards, de ses gestes, de son langage. Et que peut-on espérer d'un jeune homme qui joue au diable[2] ?

Le peuple, dit-il, ne sait plus garder le juste milieu entre l'irrévérence ouverte et la sotte crédulité. Il ajoute foi à toutes les révélations et prophéties qui ne sont souvent que fantaisies de malades ou de fous, puis quand un grave religieux honoré d'authentiques révélations vient à se tromper une fois, il l'appelle imposteur et papelard et ne veut plus écouter de religieux, les tenant tous pour des hypocrites[3].

Dans la plupart des cas d'impiété, c'est la tension religieuse qui fait subitement défaut, dans une vie saturée de conceptions et de formes religieuses. À travers le Moyen Âge entier, il existe de nombreux cas d'incrédulité spontanée[4] dans lesquels il s'agit d'une réaction immédiate plutôt que d'une dérogation à la doctrine, causée par des considérations théologiques. Il n'est pas rare de voir l'incrédulité latente prendre conscience d'elle-même et se déclarer. « Beaux seigneurs, dit à ses compagnons le capitaine Bétisac

---

1. *Les Cent Nouvelles Nouvelles*, II, p. 205.

2. Gerson, *Sermo de Saint Nicolao, Opera*, III, p. 1577 ; *De parvulis ad Christum trahendis, ibid.*, p. 279. Contre le même proverbe, voir aussi Denis le Chartreux, *Inter Jesum et puerum dialogus*, art. 2, *Opera*, t. XXXVIII, p. 190.

3. *Ibid.*, p. 58.

4. Petrus Damiani, *Opera*, XII, 29, p. 283 ; *cf.* pour les XIIe et XIIIe siècles, Hauck, *Kirchengeschichte Deutschlands*, IV, p. 81 et 898.

mourant, je ay regardé à mes besongnes et en ma conscience je tiens grandement Dieu avoir courrouchié, car jà de long temps j'ay erré contre la foy, et ne puis croire qu'il soit riens de la Trinité, ne que le Fils de Dieu se daignast tant abaissier que il venist des chieulx descendre en corps humain de femme, et croy et dy que, quant nous morons, que il n'est riens de âme... J'ay tenu celle oppinion depuis que j'eus congnoissance, et la tenray jusques à la fin[1]. »

Hugues Aubriot, prévôt de Paris, est un antipapiste farouche ; il ne croit pas au sacrement de l'autel, il s'en moque, il ne fait pas ses pâques, ne va pas à confesse[2]. Jacques Du Clercq parle de plusieurs gentilshommes qui refusèrent consciemment l'extrême-onction[3]. Jean de Montreuil, prévôt de Lille, écrit à un érudit de ses amis : « Vous connaissez notre ami Ambroise de Miliis ; vous avez souvent entendu ce qu'il disait de la religion, de la croyance, des Saintes Écritures et des commandements de l'Église ; et notamment qu'Épicure lui-même aurait pu se dire catholique. Eh bien, cet homme est aujourd'hui complètement converti. » Mais il faut reconnaître qu'on avait toléré Ambroise de Miliis, au temps de son incrédulité, dans ce cercle de préhumanistes à l'esprit pieux[4].

Il ne faut confondre ces cas isolés d'incrédulité ni avec le paganisme littéraire et superficiel de la Renaissance, ni avec l'épicurisme circonspect qui avait fleuri dans les classes supérieures dès le XIIIe siècle, sous l'influence d'Averroès. Encore moins faut-il

1. Froissart, éd. Kervyn, XIV, p. 67.

2. *Religieux de Saint-Denis*, I, p. 102 et 104 ; Jean Juvénal des Ursins, p. 346.

3. Jacques Du Clercq, II, p. 277 et 340 ; IV, p. 59 ; *cf.* Molinet, IV, p. 390 ; *Religieux de Saint-Denis*, I, p. 643.

4. Joh. de Monasteriolo, *Epistolæ*, Martène et Durand, *Ampl. coll.*, II, p. 1415 ; *cf.* ep. 75, 76, p. 1456, d'Ambroise de Miliis à Gontier Col, où il se plaint de Jean de Montreuil.

les assimiler à la négation passionnée des pauvres hérétiques ignorants qui, Turlupins ou Frères de la libre pensée, avaient franchi la limite qui sépare le mysticisme du panthéisme. Nous aurons à parler plus tard de ces phénomènes. Pour le moment, nous devons rester dans la sphère des représentations religieuses, des formes et des usages extérieurs.

La naïve conscience religieuse de la multitude n'avait pas besoin de preuves intellectuelles en matière de foi : la seule présence d'une image visible des choses saintes suffisait à en démontrer la vérité. Entre les représentations sculptées ou coloriées de la Trinité, des flammes de l'enfer, des innombrables saints, et la croyance à leur réalité, il n'y avait pas de place pour le moindre doute. Toutes ces figurations devenaient immédiatement articles de foi. Grâce à leurs contours marqués et à leurs couleurs vives, elles s'imprimaient dans l'esprit avec toute la réalité que pouvait exiger l'Église, et même avec quelque chose de plus.

Or, quand la foi est trop directement liée à la représentation matérielle de la doctrine, elle court le risque de ne plus faire de distinctions de qualité entre la nature et le degré de sainteté des différents éléments de la religion. L'image seule n'apprend pas aux fidèles qu'on doit adorer Dieu et que, pour les saints, la vénération seule est permise. Sa fonction psychologique se borne à produire une vive conviction de réalité et un sentiment profond de respect. À l'Église revenait donc la tâche de définir la signification des images et l'importance qu'il était permis d'y attacher. Le point de vue de l'Église était pur et élevé. Étant donné la survivance individuelle, la vénération des saints devenait naturelle et ne soulevait pas d'objections. Il est permis de leur porter louange et honneur *per imitationem et reductionem ad Deum*. De même, on peut vénérer images, reliques, lieux saints, choses consacrées à Dieu, pourvu qu'en fin de compte cette vénération ait Dieu pour objet[1].

La distinction technique entre le saint et le bienheureux, l'organisation de la sainteté par la canonisation officielle, bien que d'un formalisme inquiétant, n'étaient pourtant pas en opposition avec l'esprit du christianisme. L'Église restait consciente de l'égalité originelle de l'état de saint et de celui de bienheureux, et de l'insuffisance de la canonisation. « Il est croyable, dit Gerson, qu'un nombre infini de saints sont morts et meurent journellement et ne sont pas canonisés[2]. » Le deuxième commandement de Dieu interdisait formellement les images. L'Église les considérait comme licites ; avant l'incarnation du Christ, disait-elle, cette défense avait été nécessaire, Dieu étant alors pur esprit, mais le Christ avait abrogé l'ancienne loi par sa venue sur la terre. Toutefois l'Église demeuroit inébranlablement attachée à la deuxième partie de ce même commandement : *Non adorabis ea neque coles.* « Nous n'adorons pas les images ; nous portons honneur et adoration à celui qui est représenté, c'est-à-dire à Dieu ou à son saint dont l'image est la représentation[3]. » Les images ne servent qu'à montrer aux simples illettrés ce qu'ils doivent croire[4]. Ce sont les livres des ignorants[5]. Et cette pensée, Villon l'exprimera dans la « Ballade de Notre-Dame », en l'honneur de sa mère :

> Femme je suis povrette et ancienne,
> Qui riens ne sçai ; oncques lettres ne leuz ;
> Au moustier voy, dont suis paroisienne,
> Paradis paint, où sont harpes et luz,

---

1. Gerson, *Sermo III in die Sancti Ludovici, Opera*, III, p. 1451.
2. Gerson, *Contra impugnantes ordinem Carthusiensium*, *ibid.*, II, p. 713.
3. Gerson, *De decem præceptis*, *ibid.*, I, p. 245.
4. Gerson, *Sermo de nativitate Domini*, *ibid.*, III, p. 947.
5. Nicolas de Clémanges, *De novis celebritatibus [...]*, p. 151.

Et ung enfer où dampnez sont boulluz :
L'ung me fait paour, l'autre joye et liesse[1]...

L'Église ne s'est jamais inquiétée du danger qu'offrait, pour les simples, ce livre aux images abondantes ; et pourtant, il leur donnait autant de matière à s'écarter de la doctrine que pouvait le faire l'interprétation personnelle des Écritures. Au Moyen Âge, l'Église a toujours été indulgente pour ceux qui, péchant par ignorance, rendaient aux images plus d'honneur qu'il n'était licite. Il suffit, dit Gerson, qu'ils aient eu l'intention de faire comme le veut l'Église[2].

Nous ne nous occuperons pas de savoir jusqu'à quel point l'Église maintint dans son intégrité la défense d'adorer les saints, de les considérer comme des agents plutôt que comme des intercesseurs. C'est là une question d'histoire du dogme qui n'est pas de notre ressort. Mais jusqu'à quel point l'Église a-t-elle réussi à écarter le peuple d'une adoration directe des saints ? En d'autres termes, quelle réalité, quelle valeur représentative les saints avaient-ils dans la croyance populaire du Moyen Âge ? À cette question, il n'est qu'une seule réponse : les saints étaient des figures si réelles, si matérielles et si familières de la religion courante, qu'ils attirèrent à eux toutes les manifestations religieuses de nature superficielle ou sensuelle.

Tandis que les émotions profondes allaient au Christ et à sa mère, tout un amas de croyances et d'imaginations naïves se cristallisaient autour des saints. Tout contribuait à les rendre familiers et vivants. L'imagination populaire s'en était emparée : ils avaient leurs formes et leurs attributs spéciaux, on connaissait leurs épouvantables martyres et leurs

1. Villon, *Le Grand Testament*, v. 893 *sq.*, *op. cit.*, p. 57.
2. Gerson, *Sermo de nativitate Domini, Opera*, III, p. 947, *Regulæ morales*, *ibid.*, p. 86, *Liber de vita spirituali animæ*, *ibid.*, p. 66.

étonnants miracles. Ils étaient vêtus comme le peuple lui-même. On rencontrait tous les jours messire saint Roch et messire saint Jacques dans la personne de pestiférés ou de pèlerins. Le costume des saints a continué à suivre la mode du temps jusqu'à la Renaissance. C'est alors que l'art chrétien, en affublant les saints de draperies classiques, les a arrachés à l'imagination populaire, les a placés dans une sphère plus haute, où la fantaisie des croyants ne pouvait plus porter atteinte à la rigueur de la doctrine.

La conception très matérialiste des saints était rehaussée par la vénération de leurs reliques corporelles, vénération permise et encouragée depuis longtemps par l'Église. Cet attachement à la matière donna lieu à des excès vraiment surprenants. Dès qu'il est question de reliques, la foi robuste du Moyen Âge ne recule devant aucune désillusion, aucune profanation. Vers l'an 1000, les montagnards de l'Ombrie avaient voulu tuer le saint ermite Romuald, pour ne pas perdre ses ossements. Animés du même zèle, les moines de Fossanuova, où était mort saint Thomas d'Aquin, décapitèrent, bouillirent, préparèrent le corps du maître, le mirent littéralement en confit[1].

Avant l'enterrement de sainte Élisabeth de Hongrie, les dévots vinrent couper et déchirer le linge qui enveloppait son visage ; ils coupèrent les cheveux, les ongles, et même les bouts des seins[2]. À l'occasion d'une fête solennelle, Charles VI distribua des côtes de son ancêtre saint Louis : à Pierre d'Ailly, à ses oncles Berry et Bourgogne, des côtes entières ; aux prélats, un

---

1. *Hist. translationis corporis sanctissimi ecclesiæ doctoris divi Thom. de Aq.*, 1368, auct. Fr. Raymuado Hugonis O. P., *Acta sanctorum*, mars, I, p. 725.

2. Rapport des commissaires papaux, l'évêque Conrad d'Hildesheim et l'abbé Hermann de Georgenthal, sur le témoignage concernant sainte Élisabeth à Marbourg en janvier 1235, édité dans *Historisches Jahrbuch der Görres-Gesellschaft*, XXVIII, p. 887.

os qu'ils devaient se partager, tâche à laquelle ils procèdent après le repas[1].

Peut-être que l'aspect trop corporel et trop familier, la figure trop circonscrite qu'avaient les saints, a été cause qu'ils occupent peu de place dans le domaine des visions et des phénomènes surnaturels. Il y a, au Moyen Âge, peu de rapports entre l'idée que l'on se faissait des saints et la riche floraison des visions, des signes et des spectres. Il y a naturellement des exceptions. L'exemple le plus appuyé d'apparitions de saints est celui de l'archange saint Michel, de sainte Catherine et de sainte Marguerite apparaissant à Jeanne d'Arc. Or, il semble bien que, dans l'esprit de Jeanne, l'interprétation de la vision ne se soit accomplie que peu à peu et peut-être d'abord pendant l'interrogatoire de son procès. Au début, elle ne parle que de son « Conseil », sans lui donner de nom ; ce n'est que plus tard qu'elle le détermine par les figures des saints[2].

Dans la célèbre vision de Frankenthal, près de Bamberg, en 1446, le jeune berger *voit* quatorze « angelots » tous pareils qui lui *disent* être les saints auxiliaires, auxquels pourtant l'iconographie prêtait des formes si caractéristiques. La fantasmagorie populaire est remplie d'anges et de diables, d'ombres de morts, de femmes blanches, mais non de saints. Les relations de visions concernant des saints ont déjà subi, en général, quelque interprétation littéraire ou ecclésiastique. Ce n'est que par exception que le saint joue un rôle dans la superstition populaire, indépendamment de toute influence littéraire ou théologique. Ainsi, saint Bertoul à Gand. Quand un malheur est imminent, il cogne contre son cercueil, dans l'abbaye

1. *Religieux de saint Denis*, II, p. 37.

2. Quicherat, *Procès*, I, p. 295, III, p. 99 et 2192, P. Champion, *Procès de condamnation de Jeanne d'Arc*, Paris, 1921, II, p. 184; *cf.* mon article. « La sainte de Bernard Shaw », dans *Tien Studien*.

Saint-Pierre, « moult dru et moult fort ». Cet avertissement s'accompagne parfois d'un léger tremblement de terre, et terrifie la ville à tel point que des processions s'organisent pour conjurer le malheur[1].

Mais, en général, la terreur s'attache aux formes indéfinies qui errent enveloppées dans un linceul, ou apparaissent revêtues d'un éclat céleste, ou encore aux monstres, fruits de cerveaux surexcités. Le saint, à la figure si précise, aux attributs et aux traits si connus, que l'on voyait sculpté et peint dans les églises, manquait de mystère. La peur du surnaturel gît dans le caractère indéfini de ses phénomènes. Dès qu'ils prennent une forme précise, il en résulte un sentiment de tranquillité. Les figures familières des saints produisaient l'effet rassurant du sergent de ville dans une métropole étrangère. Leur culte et surtout leur représentation créaient, pour ainsi dire, une zone neutre de piété calme et domestique, entre les transports de la contemplation et de l'amour du Christ, et les horreurs de la démonomanie. Est-il téméraire d'affirmer que la vénération des saints, en canalisant le trop-plein d'effusions religieuses et d'effroi sacré, a agi sur la piété exubérante du Moyen Âge à la manière d'un calmant salutaire ? Par la perfection et le fini de la représentation matérielle, le culte des saints a sa place dans les manifestations extérieures de la foi. Il subit l'influence de l'imagination populaire plutôt que celle de la théologie. Cette influence lui fait perdre de sa dignité. Le culte spécial de saint Joseph, vers la fin du Moyen Âge, est caractéristique à cet égard. On peut le considérer comme la conséquence et le contrecoup du culte marial. L'intérêt indiscret porté au père nourricier est pour ainsi dire la contrepartie de l'amour et de l'exaltation de Marie. Au fur et à mesure que s'élevait la figure de la Vierge, celle de Joseph tournait à la

1. Chastellain, III, p. 407 ; IV, p. 216.

caricature. Les arts plastiques lui donnaient un type qui approchait de celui du paysan ridicule. C'est ainsi qu'il apparaît dans le diptyque de Melchior Broederlam, à Dijon. La littérature, toujours plus explicite que l'art, achève de le ridiculiser. Au lieu d'admirer en Joseph le plus privilégié des humains, Eustache Deschamps le présente comme le père de famille accablé de soucis :

Vous qui servez a femme et a enfans,
Aiez Joseph toudis en remembrance ;
Femme servit toujours tristes, dolans,
A pié trotoit, son fardel sur sa lance ;
En plusieurs lieux est figuré ainsi,
Lez un mulet, pour leur faire plaisance,
Et si n'ot oncq feste en ce monde ci[1].

Et, dans une note plus accentuée :

Qu'ot Joseph de povreté
De dureté,
De maleurté,
Quant Dieux nasqui ?
Maintefois l'a comporté,
Et monté
Par bonté
Avec sa mère autressi,
Sur sa mule les ravi :
Je le vi
Paint ainsi ;
En Egipte en est alé.
Le bonhomme est painturé
Tout lassé,
Et troussé,
D'une cote et d'un barry :
Un baston au coul posé,
Vieil, usé
Et rusé.

1. Deschamps, I, nº 150, p. 277.

Feste n'a en ce monde cy,
Mais de lui
Va le cri :
C'est Joseph le rassoté[1].

Voilà comment la familiarité de l'image entraînait l'irrévérence de la pensée. Saint Joseph demeurait un type à demi comique, malgré la vénération très spéciale dont il était l'objet. Le docteur Johannes Eck, l'adversaire de Luther, dut insister pour qu'on ne mît pas Joseph en scène, ou du moins qu'on l'y mît d'une manière plus décente, dans les jeux de Noël, qu'on ne lui fît pas préparer de la bouillie, « *ne ecclesia Dei irrideatur*[2] ». C'est contre ces représentations indignes qu'était dirigé le mouvement de Gerson en faveur du culte de Joseph, culte qui tendait à lui donner dans la liturgie la préséance sur les autres saints[3]. Le mariage de Joseph et de Marie restait le sujet d'une curiosité fâcheuse, où des considérations profanes se mêlaient à la piété. Le chevalier de la Tour Landry, esprit prosaïque, se l'explique comme suit : « Dieux voulst que elle espousast le saint homme Joseph, qui estoit vieulx et preudomme ; car Dieu voulst naistre soubz umbre de mariage pour obéir à la loy qui lors couroit, *pour eschever* [éviter] *les paroles du monde*[4]. »

Un ouvrage inédit du XVe siècle peint le mariage mystique de l'âme avec l'époux sous les couleurs d'une union bourgeoise. Jésus, l'époux, dit à Dieu le Père : « S'il te plaist, je me marieray et auray grant fouesson d'enfants et de famille. » Le Père fait des difficultés, car le choix du Fils est une noire Éthiopienne. (Ici, réminiscence du Cantique des cantiques : « *Nigra sum*

1. *Ibid.*, II, n° 314, p. 348.
2. « Johann Eck's Piarrbuch für U. L. Frau in Ingolstadt », dans *Archiv f. Kulturgesch.*, VIII, p. 103.
3. Joseph Seitz, *Die Verehrung des hl. Joseph in ihrer geschichtl*, Entwicklung usw., Fribourg, Herder, 1903.
4. *Le Livre du chevalier de la Tour Landry*, p. 212.

sed formosa»). Ce serait une mésalliance et un déshonneur pour la famille. L'ange, qui fait office d'entremetteur, place un mot en faveur de la fiancée : « Combien que ceste fille soit noire, néanmoins elle est gracieuse, et a belle composicion de corps et de membres, et est bien habile pour porter fouezon d'enfans. » Le Père répond : « Mon cher Fils m'a dit qu'elle est noire et brunete. Certes je vueil que son espouse soit jeune, courtoise, jolye, gracieuse et belle et qu'elle ait beaux membres. » L'Ange loue la figure et le corps de la jeune fille ; ce sont les vertus de l'âme. Le Père s'avoue vaincu et accorde son consentement :

Prens la, car elle est plaisant
Pour bien amer son doulx amant ;
Or prends de nos biens largement,
Et luy en donne habondamment[1].

Il n'y a pas lieu de mettre en doute l'intention sérieuse et moralisatrice de cette œuvre. C'est un exemple qui nous montre à quelle trivialité pouvait mener la représentation concrète excessive.

Chaque saint, par suite de la figuration exacte et vivante, avait son individualité[2], à la différence des anges qui, les trois archanges exceptés, ne possédaient pas de formes particulières. Le caractère individuel des saints s'accentua encore, par suite des fonctions spéciales qu'on attribuait à plusieurs d'entre eux. Généralement, c'était un trait de la légende ou un attribut de la statue qui avait donné naissance à cette spécialisation. Sainte Appoline, par exemple, était invoquée contre le mal de dents, parce qu'on lui avait arraché les dents pendant son martyre. Cette spécifi-

1. Paris, Bibl. nat., fr. 1875 ; dans Ch. Oulmont, *Le Verger, le temple, et la cellule, essai sur la sensualité dans les œuvres de mystique religieuse*, Paris, 1912, p. 284 *sq.*

2. Voir à ce sujet É. Mâle, *L'Art religieux à la fin du Moyen Âge*, chap. IV.

cation de l'assistance des saints apportait un élément machinal dans la vénération dont ils étaient l'objet. Ainsi, la guérison de la peste étant du ressort de saint Roch, il était inévitable que l'on exagérât le pouvoir du saint et qu'on oubliât qu'il opérait la guérison par son intercession auprès de Dieu, comme l'enseignait la doctrine chrétienne. Ce danger se présenta notamment dans le cas des saints auxiliaires, généralement au nombre de quatorze, parfois de cinq, de huit, dix ou quinze, dont le culte prit de l'extension vers la fin du Moyen Âge.

Ilz sont cinq sains en la genealogie,
Et cinq saintes, a qui Dieux octria
Benignement a la fin de leur vie,
Que quiconques de cuer les requerra
En tous perilz, que Dieu essaucera
Leurs prières, pour quelconque mesaise.
Saiges est donc qui ces cinq servira,
Jorges, Denis, Christofle, Gille et Blaise[1].

Le peuple n'était pas trop à blâmer si, au sujet de ces saints privilégiés, il oubliait un peu la doctrine ! L'effet instantané de la prière qui leur était adressée contribuait encore à faire perdre de vue leur rôle d'intercesseurs ; on les tenait pour les fondés de pouvoir de la Divinité. Plusieurs missels de la fin du Moyen Âge, qui comprennent l'office des quatorze auxiliaires, reconnaissent expressément le caractère obligatoire de leur intercession : « *Deus qui electos sanctos tuos Georgiurm […] specialibus privilegiis prae cunctis aliis decorasti, ut omnes, qui in necessitatibus suis eorum implorant auxilium, secundum promissionem tuae gratiae petitionis suae salutarem consequantur effectum*[2]. » L'Église,

1. Deschamps, I, n° 32, p. 144, VI, n° 1237, p. 243.
2. Missel de Bamberg de 1490, dans Uhrig, Die 14 hl. Nothelfer (XIV Auxiliatores). Theol. Quartalschrift LXX, 1888, p. 72 ; *cf.* le Missel d'Utrecht de 1514 et le Missel dominicain de 1550, *Acta sanctorum*, avril, t. III, p. 149.

après le concile de Trente, abolit l'office spécial des quatorze auxiliaires, par crainte que la croyance ne s'y attachât comme à un talisman[1]. Et, de fait, une superstition existait déjà, d'après laquelle il suffisait d'avoir regardé l'image ou la statue de saint Christophe pour être sauvegardé, pendant le reste du jour, d'une mort accidentelle[2].

Si l'on se demande la raison qui fit de ces quatorze saints une sorte de compagnie du salut, on remarque que leurs images offraient quelque chose de sensationnel. Saint Acace portait une couronne d'épines, saint Gilles était accompagné d'une biche, saint Georges d'un dragon, saint Christophe avait une taille de géant, saint Blaise était dans une fosse avec des bêtes féroces, saint Denis portait sa tête ; on voyait saint Cyriaque avec un diable enchaîné, saint Érasme dans les souffrances, avec un treuil qui lui déroulait les entrailles, saint Eustache avec le cerf portant la croix, saint Pantaléon avec un lion, saint Gui dans une chaudière, sainte Barbe avec sa tour, sainte Catherine avec la roue et l'épée, sainte Marguerite avec un dragon[3]. Peut-être la faveur spéciale dont jouissaient ces saints auxiliaires dut-elle son origine au caractère impressionnant de leurs images.

Les noms de plusieurs saints étaient inséparables de diverses maladies, et servaient même à les désigner. Ainsi, nombre d'affections de la peau étaient appelées le mal saint Antoine. On nommait la goutte « mal saint Maur ». La redoutable peste réclamait plus d'un saint protecteur : saint Sébastien, saint Roch, saint Gilles, saint Christophe, saint Valentin, saint Adrien, qu'on honorait en cette qualité par des offices, des

1. *Ibid.*

2. Érasme, *Ratio seu methodus compendio perveniendi ad veram theologiam*, éd. Bâle, 1520, p. 171.

3. Dans la ballade de Deschamps citée plus haut se trouve aussi sainte Marthe qui détruisit la Tarasque.

processions et des confréries. Or, ici aussi se cachait un péril pour la pureté de la foi. Dès que la pensée de la maladie, pensée toute chargée d'horreur, se présentait à l'esprit, la pensée du saint éponyme naissait du même coup. Or, il était presque inévitable que le saint lui-même devînt l'objet de cette crainte et qu'on lui attribuât la colère céleste qui déchaînait le fléau. Au lieu de la justice divine insondable, c'est la colère du saint qui semble la cause du mal et demande à être apaisée. Puisqu'il guérit le mal, pourquoi n'en serait-il pas l'auteur ? Ainsi s'opérait le passage du domaine éthique et chrétien à celui de la magie païenne. L'Église ne pouvait en être tenue pour responsable, si ce n'est pour cause d'insouciance à l'égard de l'altération de la pure doctrine, dans les esprits ignorants.

Que parfois le peuple ait vu dans certains saints les auteurs de maladies, de nombreux témoignages le démontrent.

« Que saint Antoine me arde » est un juron commun ; « saint Antoine arde le tripot, saint Antoine arde la monture[1] ! » sont des jurons où le saint joue le rôle d'un méchant démon du feu. Deschamps met dans la bouche du mendiant accablé d'érysipèle les mots suivants :

Saint Antoine me vent trop chier
Son mal, le feu ou corps me boute.

De Deschamps aussi, l'apostrophe au mendiant goutteux : « Si tu ne peux marcher, tant mieux, tu économises le péage. »

Saint Mor ne te fera fremir[2].

1. *Œuvres* de Coquillart, éd. Ch. d'Héricault, Bibl. elzévirienne, 1857, II, p. 281.
2. Deschamps, VI, n° 1230, p. 232.

Robert Gaguin qui, au demeurant, n'est pas un adversaire du culte des saints, décrit les mendiants dans son pamphlet *De validorum per Franciam mendicantium varia astucia* : « L'un tombe à terre en expectorant une salive puante et attribue son mal à saint Jean. D'autres sont couverts de pustules du fait de saint Fiacre, l'ermite. Toi, Ô Damien, tu les empêches d'uriner, saint Antoine leur brûle les jointures, saint Pie les rend boiteux et perclus[1] ».

Dans un de ses *Colloques*, Érasme raille cette croyance populaire. Philecous demande si, au ciel, les saints sont plus méchants qu'ils ne l'étaient sur terre. « Oui, répond Theotimus, les saints, dans la gloire céleste, ne veulent pas être insultés. Qui fut plus doux que saint Corneille, plus miséricordieux que saint Antoine, plus patient que saint Jean-Baptiste, pendant leur vie ? Et maintenant, quelles maladies horribles ils envoient, quand on les ne honore pas convenablement[2] ! »

Rabelais prétend que les prédicateurs eux-mêmes présentaient à leurs auditeurs saint Sébastien comme l'auteur de la peste et saint Eutrope comme celui de l'hydropisie[3]. Henri Estienne a traité également des mêmes superstitions[4].

L'élément spirituel de la vénération des saints s'était si parfaitement cristallisé dans les formes et les couleurs des statues et des images, que le sentiment esthétique menaçait d'oblitérer la pensée religieuse.

---

1. Rob. Gaguini, *Epistole et Orationes*, éd. Thuasne, Il, p. 176. Dans un village du Brabant hollandais, il y a une trentaine d'années, un infirme portait le sobriquet de « au pied de saint Pie ».

2. *Colloquia, Exequiæ Seraphicæ*, éd. Elzev., 1636, p. 620.

3. *Gargantua*, ch. XL.

4. *Apologie pour Hérodote*, ch, 38, éd. Ristelhuber, 1879, II, p. 324.

La forte impression esthétique que produisaient l'aspect de ces visages dévots, l'éclat de l'or et des vêtements si admirablement rendus par un art réaliste, ne laissaient pas de place pour la réflexion dogmatique. L'effusion de piété allait ardente vers ces êtres glorieux, sans qu'on pensât aux limites fixées par l'Église. Dans l'esprit du peuple, les saints vivaient comme des dieux. Rien de surprenant dès lors que les piétistes de l'époque aient vu dans le culte des saints un danger pour la piété populaire. Il est bien frappant, d'autre part, que la même pensée se présente à l'esprit d'Eustache Deschamps, le poète de cour superficiel et banal qui, à cause de sa médiocrité même, est un fidèle miroir des aspirations de son temps :

Ne faictes pas les dieux d'argent,
D'or, de fust [bois], de pierre ou d'airain,
Qui font ydolatrer la gent…
Car l'ouvrage est forme plaisant ;
Leur painture dont je me plain,
La beauté de l'or reluisant,
Font croire a maint peuple incertain
Que ce soient dieu pour certain,
Et servent par pensées foles
Telz ymages qui font caroles
Es moustiers où trop en mettons :
C'est très mal fait : a brief paroles,
Telz simulacres n'aourons.

. . . .

Prince, un Dieu croions seulement
Et aourons parfaictement
Aux champs, partout, car c'est raisons,
Non pas faulx dieux, fer ne ayment,
Pierres qui n'ont entendement :
Telz simulacres n'aourons[1].

Ne pourrait-on pas voir une espèce de réaction inconsciente contre la bigarrure de l'hagiologie dans

1. Deschamps, VIII, nº 1489, p. 201.

la ferveur du culte de l'ange gardien vers la fin du Moyen Âge ? Parce que la foi vivante s'était trop cristallisée dans la vénération des saints, on sentait le besoin d'une présence plus spirituelle et d'une protection plus surnaturelle. En se portant sur l'ange gardien, à la figure à peine distincte, la piété retrouvait le contact avec le surnaturel et le mystère. C'est encore Gerson, zélateur infatigable de la pureté de la foi, qui ne cesse de recommander le culte de l'ange gardien[1]. Mais ici encore, il dut combattre la curiosité qui menaçait de noyer la piété dans une masse de détails terre à terre. Et précisément, au sujet des anges, terrain plus ou moins en friche, les questions délicates se pressaient en foule. Nous quittent-ils jamais ? Ont-ils la prescience de notre salut ou de notre perdition ? Le Christ a-t-il eu un ange gardien ? L'Antéchrist en aura-t-il un ? L'ange peut-il parler à notre âme sans vision ? Les anges nous portent-ils au bien, comme les diables au mal ? Qu'on laisse aux théologiens, conclut Gerson, ces spéculations subtiles et que les fidèles s'appliquent à une dévotion simple et sainte[2].

Cent ans après Gerson, la Réforme s'attaqua au culte des saints qui ne lui opposa qu'une faible résistance, tandis que la croyance aux sorciers et au diable se maintenait intégrale, partagée même par les théologiens. C'est que le culte des saints était déjà devenu *caput mortuum*. Tout ce qui le concernait avait été trop parfaitement exprimé par l'image, la légende et la prière ; il ne pouvait causer aucun effroi sacré ; il n'avait plus de racines dans l'inimaginable et l'ineffable, tandis que la démonologie en possédait de très vivaces.

Pour relever le culte des saints, la Contre-Réforme

1. Gerson, *De Angelis, Opera*, III, p. 1481, *De Præceptis decalogi*, I, p. 431, *Oratio ad bonum angelum suum*, III, p. 511, *Tractatus VIII super Magnificat*, IV, p. 370 ; *cf.* III, p. 137, 553 et 739.

2. *Ibid.*, IV, p. 389.

devra avant tout l'épurer ; elle appliquera une discipline plus sévère afin d'élaguer les pousses trop luxuriantes qui s'étaient développées dans l'imagination populaire.

CHAPITRE XIII

Types de vies religieuses

Le peuple, dans la routine d'une religion très extériorisée, avait une foi robuste qui pouvait apporter ses angoisses et ses extases, mais n'imposait aux ignorants ni questions ni combats spirituels, comme le fera le protestantisme. La bonhomie irrévérencieuse et la tiédeur de la vie quotidienne étaient interrompues par les émotions profondes d'une piété passionnée, s'emparant du peuple d'une manière spasmodique. On ne comprend pas bien ce contraste de tensions religieuses faibles ou fortes, si l'on divise la masse en gens pieux et en mondains. La France n'a pas connu la *devotio moderna* du nord des Pays-Bas, où des cercles piétistes s'étaient constitués, qui vivaient hors du monde et formaient un contraste avec la masse. Pourtant, les besoins religieux qui donnèrent naissance à ce mouvement ne manquèrent pas en France. Seulement, les dévots ne s'y donnèrent pas d'organisation particulière; ils trouvèrent un refuge dans les ordres existants, ou restèrent dans le monde sans se distinguer de la masse des croyants. Les Latins ont peut-être moins de peine que les peuples septentrionaux à supporter les contradictions entre la vie du monde et les moments bénis de haute exaltation religieuse.

De toutes les contradictions que présente la vie religieuse de cette période, la plus insoluble est peut-être le mépris avoué pour le clergé, mépris qui se concilie, on ne sait comment, avec le très grand respect qu'inspire la sainteté du sacerdoce.

Ce mépris peut avoir son explication dans la mondanité des hauts dignitaires ecclésiastiques et l'avilissement du bas clergé ; il est dû également à des instincts païens. L'âme populaire, incomplètement christianisée, n'avait pas oublié tout à fait son aversion pour celui à qui le combat est défendu et la chasteté imposée. L'orgueil chevaleresque, basé sur le courage et l'amour, repoussait également l'idéal clérical. La déchéance du clergé fit le reste. C'est ainsi que nobles, bourgeois et vilains s'amusaient depuis des siècles des caricatures du moine et du prêtre adonnés à la gourmandise et à la luxure. C'était une haine latente, générale et persistante. Le peuple ne se lassait pas d'entendre les attaques contre les vices du clergé[1]. Dès qu'un prédicateur, dit Bernardin de Sienne, attaque le clergé, les auditeurs oublient tout le reste ; pas de meilleur moyen pour ranimer l'attention quand l'auditoire s'assoupit ou quand il souffre du chaud ou du froid. À l'instant, chacun est attentif et de bonne humeur[2].

Si, d'un côté, les élans de ferveur éveillés par les prêcheurs populaires, aux XIVe et XVe siècles, ont leur source dans la restauration des ordres mendiants, de l'autre, ce sont précisément ces mêmes ordres qui, par leur avilissement, sont le sujet ordinaire des railleries et du mépris. Le prêtre indigne des *Cent Nouvelles*, qui dit la messe à trois gros, le confesseur à qui

1. Monstrelet, IV, p. 304.
2. Bernard de Sienne, *Opera*, I, p. 100, dans Hefele, *op. cit.*, p. 36.

on s'abonne « pour absoudre du tout » sont des frères mendiants[1].

Molinet, généralement si bien pensant, partage l'hostilité courante, dans un souhait de nouvel an :

> Prions Dieu que les Jacobins
> Puissent manger les Augustins,
> Et les Carmes soient pendus
> Des cordes des Frères Menus[2].

Cette haine spéciale pour les moines mendiants est l'indice d'un changement d'idées important. La conception formelle et dogmatique de la pauvreté, telle qu'elle s'était incarnée dans les ordres mendiants, ne répondait plus au sentiment social naissant. On commençait à considérer la pauvreté comme un mal social, au lieu de la tenir pour une vertu apostolique. Un théologien comme Pierre d'Ailly ne craint pas d'opposer aux moines mendiants les vrais pauvres, *vere pauperes*. L'Angleterre, sensible de bonne heure à l'aspect économique des choses, a donné, vers la fin du XIVe siècle, au sentiment de la sainteté du travail productif, sa première expression, dans le poème bizarre et touchant *The Vision Concerning Piers the Plowman (La Vision de Pierre le laboureur)*.

La vie religieuse de l'époque présente des contrastes extrêmes. Le mépris et la haine du clergé et des moines n'est que la contrepartie de la profonde vénération pour leur fonction sacrée. Même antithèse dans la conception des devoirs religieux : un matérialisme naïf alterne avec les sentiments les plus profonds. En 1437, après le retour du roi dans la capitale, un service funèbre très solennel a lieu pour l'âme du comte d'Armagnac, la victime dont le meurtre fut

1. *Les Cent Nouvelles Nouvelles*, II, p. 157 ; *Les Quinzes Joyes de mariage*, p. 111 et 215.

2. Molinet, *Faictz et dictz*, fº 188 vº.

cause de tant de troubles. Le peuple s'y porte en foule, mais est bien déçu qu'il n'y ait pas de distribution d'argent. Quatre mille personnes, dit le Bourgeois de Paris, s'y rendirent qui n'y seraient pas allées si elles n'avaient espéré quelque chose. « Et le maudirent qui avant prièrent pour lui[1]. » Et pourtant ce sont ces mêmes Parisiens qui, les larmes aux yeux, regardent les processions, et dont le cœur s'étreint à la parole d'un prédicateur ambulant. Ghillebert de Lannoy vit à Rotterdam un prêtre apaiser une émeute par l'élévation du *Corpus Domini*[2].

Les fortes transitions et les grands contrastes de la vie religieuse des masses se retrouvent dans celle des individus. Les vérités de la foi pénètrent toujours dans l'âme d'une manière foudroyante; c'est la pâle imitation de l'expérience de saint François. Un chevalier entend réciter le formulaire du baptême; il l'a entendu vingt fois peut-être auparavant, mais subitement la vertu miraculeuse de ces paroles transperce son âme, et il se promet de chasser désormais le diable par le souvenir du baptême, sans faire le signe de la croix[3]. Le Jouvencel est sur le point d'assister à un duel; les adversaires vont jurer leur bon droit sur l'hostie. Tout à coup, la pensée que l'un des deux va se damner pénètre le Jouvencel qui s'écrie : « Ne jurez pas; battez-vous seulement pour le gage de cinq cents écus sans faire de serment[4]. »

Quant aux grands seigneurs, la tare foncière de la vie noble, avec ses pompes orgueilleuses et ses jouissances désordonnées, contribuait à déterminer le caractère spasmodique de leur piété. Charles V abandonne parfois la chasse au moment le plus intéressant,

1. *Journal d'un bourgeois de Paris*, p. 336; *cf.* nº 514, p. 242.
2. Ghillebert de Lannoy, *Œuvres*, éd. Ch. Potvin, Louvain, 1878, p. 163.
3. *Les Cent Nouvelles Nouvelles*, II, p. 101.
4. *Le Jouvencel*, II, p. 107.

pour entendre la messe[1]. La jeune Anne de Bourgogne, épouse de Bedford, régent anglais de la France conquise, tantôt scandalise les Parisiens en éclaboussant de boue une procession par sa folle chevauchée, tantôt quitte à minuit une fête de cour pour assister aux matines des Célestins. Elle meurt prématurément d'une maladie contractée en visitant les malades de l'Hôtel-Dieu[2].

Plusieurs princes et seigneurs du XVe siècle présentent un mélange inconcevable de dévotion et de débauche. Louis d'Orléans, amateur effréné de luxe et de plaisir, adonné à la nécromancie[3], est pourtant si dévot qu'il a sa cellule dans le dortoir commun des Célestins ; il y vit de la vie monastique, entend les matines et parfois cinq ou six messes par jour[4]. Chez un Gilles de Rais, il y a un mélange abominable de dévotion et de cruauté. Il fonde un service en l'honneur des Innocents, pour le salut de son âme et s'étonne que ses juges lui reprochent d'être hérétique. Plusieurs seigneurs présentent le type de dévots mondains : le rude Gaston Phébus, comte de Foix, le frivole roi René, et ce raffiné, Charles d'Orléans. Le dur et despotique Jean de Bavière vient, masqué, parler de l'état de son âme avec Lidwine de Schiedam[5]. Jean Coustain, serviteur infidèle de Philippe le Bon, un athée qui n'allait pas à la messe et ne faisait pas l'aumône, se tourne vers Dieu et lui adresse une supplication dans son rude patois bourguignon, lorsqu'il se trouve dans les mains du bourreau[6]. Philippe le Bon lui-même est un exemple frappant de cette alliance de piété et d'esprit mondain. L'homme aux fêtes

1. « Songe du viel pelerin », dans Jorga, *Philippe de Mézières*, p. 423.
2. *Journal d'un bourgeois de Paris,* p. 214 et 289.
3. Gerson, *Opera,* I, p. 206.
4. Jorga, *Philippe de Mézières*, p. 506.
5. W. Moll, *Johannes Brugman*, II, p. 125.
6. Chastellain, IV, p. 263-265.

somptueuses et aux nombreux bâtards, à la politique rusée, à l'orgueil démesuré, est d'une dévotion profonde. Il reste longtemps après la messe dans son oratoire. Il jeûne au pain et à l'eau quatre jours de la semaine et aux vigiles de Notre-Dame et des apôtres. Parfois, à quatre heures de l'après-midi, il n'a pas encore pris de nourriture. Il fait l'aumône, et en secret[1]. Pour chacun de ses gens qui sont morts, il fait dire des messes, d'après un tarif fixe : quatre cents ou cinq cents messes pour un baron, trois cents pour un chevalier, deux cents pour un gentilhomme, cent pour un varlet, le tout en secret[2]. Après la prise de Luxembourg, il prolonge si longtemps ses heures et ses actions de grâce que son escorte, qui l'attendait à cheval, s'impatiente, car le combat n'est pas terminé. Averti du danger, le duc répond : « Si Dieu m'a donné victoire, il me la gardera[3]. »

Il ne faut voir en ces manifestations ni hypocrisie ni vaine bigoterie, mais une tension entre deux pôles spirituels, à peine concevable pour l'esprit moderne. C'est un dualisme complet dans la conception du monde pécheur mis en opposition avec le royaume de Dieu. Dans l'esprit médiéval, tous les sentiments purs et élevés sont absorbés dans la religion, tandis que les penchants naturels, sensuels, consciemment refoulés, tombent au niveau de coupable amour du monde. Dans la conscience du Moyen Âge, se forment, pour ainsi dire l'une à côté de l'autre, deux conceptions de la vie : la conception pieuse, ascétique, attire à elle tous les sentiments moraux ; la sensualité, abandonnée au diable, se venge terriblement. Que l'un ou l'autre de ces penchants prédomine, nous avons ou le

1. Chastellain, II, p. 300 ; VII, p. 222 ; Jean Germain, *Liber de Virtutibus*, p. 10 ; Jean Jouffroy, *De Philippo duce oratio*, Chron. rel. à l'hist. de Belg. sous la domin. des ducs de Bourgogne, III, p. 118.

2. La Marche, II, p. 40.

3. G. Fillastre, *Le Premier Livre de la Thoison d'or*, f° 131.

saint ou le pécheur ; mais en général, ils se tiennent en équilibre instable avec d'énormes écarts de la balance.

Quand nous voyons des écrivains du Moyen Âge : Deschamps, Antoine de La Salle, Molinet, écrire des poèmes pieux et des obscénités, il n'y a aucune raison d'attribuer ces productions à d'hypothétiques périodes de péchés et de repentir. Nous devons y voir une contradiction qui nous est devenue presque incompréhensible.

L'homme du XVe siècle unit souvent à une dévotion austère l'amour d'un faste bizarre. Le besoin de décor ne s'affirme pas seulement dans les œuvres de l'art religieux : peinture, sculpture, orfèvrerie ; il pénètre aussi la vie spirituelle elle-même. Philippe de Mézières est le type le plus parfait de cette dévotion magnifique. Pour l'ordre de la Passion qu'il veut fonder, il détermine minutieusement tout ce qui concerne le vêtement. C'est une fête des couleurs dont il rêve. Les chevaliers seront, selon leurs rangs, vêtus de rouge, de vert, d'écarlate et d'azur ; le grand maître sera tout en blanc ; les vêtements de fête aussi seront blancs. La croix sera rouge, les ceinturons de cuir et de soie à boucles de corne et aux ornements de cuivre doré. Les bottes seront noires et les chaperons rouges. Les vêtements des frères, des serviteurs, des clercs et des femmes sont aussi décrits avec soin[1]. Cet ordre ne vit pas le jour ; toute sa vie, Philippe de Mézières resta le rêveur de projets et de croisades. Mais son goût artistique trouva satisfaction au couvent des Célestins, refuge de ses dernières années. Si les règles de l'ordre étaient sévères, par contre, l'église du couvent, mausolée de princes et de princesses, était toute éclatante d'or et de pierreries[2]. Christine de Pisan la trouvait d'une beauté parfaite. Mézières séjourna chez les Célestins comme frère lai, partagea la discipline des

1. Jorga, *Philippe de Mézières*, p. 350.
2. *Cf. ibid.*, p. 444 ; P. Champion, *Villon*, I, p. 17.

moines et resta cependant en relation avec les grands seigneurs et les beaux esprits de son temps, émule mondain et artistique de Gérard Groote. Il y attira aussi son ami princier Louis d'Orléans qui y trouva le repentir de sa vie dissipée et un tombeau. Ainsi, ce n'est pas l'effet du hasard si les deux seigneurs les plus luxueux, Louis d'Orléans et son oncle Philippe le Hardi, cherchèrent pour y déployer leur magnificence, les ordres monastiques les plus sévères, où le contraste avec la vie des moines rendait leur luxe plus éclatant : Orléans se réfugia chez les Célestins, et Philippe chez les Chartreux de Champmol près de Dijon.

Le roi René, dans sa vieillesse, découvrit, pendant une chasse aux environs d'Angers, un ermite : c'était un prêtre qui avait renoncé à sa prébende et vivait de pain bis et des fruits de la terre. Le roi, touché de tant de vertu, fit bâtir une chapelle et un petit oratoire. Pour lui-même, il y ajouta un jardin et une discrète maison de campagne qu'il orna de peintures et d'allégories. Souvent, il se rendait dans son « cher ermitage de Reculée » pour y deviser avec ses artistes et les savants[1]. Est-ce médiéval, est-ce Renaissance ou n'est-ce pas plutôt XVIIIe siècle ?

Un duc de Savoie se fait ermite, avec ceinture dorée, chaperon rouge, croix d'or et bon vin[2].

Il n'y a qu'un pas de cette piété luxueuse aux manifestations théâtrales d'une humilité hyperbolique. Olivier de La Marche se souvenait d'avoir vu, dans sa jeunesse, l'entrée de Jacques de Bourbon, roi titulaire de Naples, qui avait renoncé au siècle sur les exhortations de sainte Colette. Le roi, misérablement vêtu, se faisait porter dans une charrette infamante, « telle sans aultre difference que les civières en quoy l'on porte les fiens et les ordures communément ». Un élégant cortège suivait de près. « Et ouys racompter et

1. *Œuvres du roi René*, *op. cit.*, I, p. cx.
2. Monstrelet, V, p. 112.

dire — dit La Marche plein d'admiration —, que en toutes les villes où il venoit, il faisait semblables entrées par humilité[1]. »

D'une humilité moins pittoresque sont les prescriptions que donnent nombre de saintes personnes concernant leur enterrement. Le bienheureux Pierre Thomas, ami intime et maître spirituel de Philippe de Mézières, sentant sa mort prochaine, se fait envelopper dans un sac, une corde autour du cou, et coucher à terre. Il renchérit ainsi sur l'exemple de saint François d'Assise qui voulut aussi mourir couché sur la terre. Enterrez-moi, dit Pierre Thomas, à l'entrée du chœur, afin que tout le monde marche sur mon corps, même les chiens et les chèvres[2]. Mézières veut surpasser son maître en humilité fantastique. À l'heure de l'agonie, on lui mettra autour du cou une lourde chaîne de fer. Dès qu'il aura rendu l'âme, on le traînera par les pieds, nu, dans le chœur où il restera à terre, les bras en croix, lié par trois cordes sur une claie. Ainsi, « ce biau tresor as vers » attendra jusqu'à ce qu'on vienne pour le porter à la fosse. La claie remplacera « l'uisel eslevé et paré de ses armes vaines et mondaines que on eust par aventure représenté à l'entièrement du "pauvre pèlerin" », « se Dieu l'eust tant haÿ qu'il fust mors ès cours des princes de ce monde ». Traînée de nouveau, sa « charogne » sera précipitée toute nue dans la fosse. Pas de monument funéraire ; on n'avertira personne, excepté son ami en Dieu, Martin, et les exécuteurs testamentaires.

On ne s'étonnera pas que cet amateur de protocole et de cérémonie ait fait plusieurs testaments. Dans les dispositions postérieures, il n'est plus question des arrangements de 1392, et à sa mort, survenue en 1405, il fut enseveli honorablement dans l'habit

1. La Marche, I, p. 194.
2. *Acta sanctorum*, janvier, t. II, p. 1018.

des Célestins, et deux épitaphes, sans doute de son cru, furent gravées sur sa tombe[1].

Dans cet idéal, on voudrait dire ce romantisme, de la sainteté, le XVe siècle n'a rien apporté qui annonçât les temps nouveaux. La Renaissance elle-même n'y a rien changé : l'idéal reste identique après comme avant la grande crise. Le saint et le mystique sont en dehors des temps. Les types de saints de la Contre-Réforme sont ceux de la fin du Moyen Âge, qui, à leur tour, ne diffèrent pas essentiellement de ceux des siècles antérieurs. Parmi les saints à la parole ardente et à l'action énergique, Ignace de Loyola, François Xavier, Charles Borromée sont de la même famille que Bernardin de Sienne, Jean Capistran et le bienheureux Vincent Ferrier. D'autre part, parmi les représentants des « pauvres en esprit », type qui se retrouve dans l'islamisme et le bouddhisme, saint Aloys de Gonzague, au XVIe siècle, diffère peu de saint François de Paule et du bienheureux Pierre de Luxembourg.

À côté du romantisme de la chevalerie, on pourrait placer le romantisme de la sainteté, si l'on entendait par là le besoin de créer la représentation idéale d'une forme de vie déterminée. Il est remarquable que de tout temps, ce romantisme de la sainteté se soit plu davantage aux excès de l'humilité et de l'ascétisme qu'aux brillants exploits mis au service de la religion. L'Église a parfois canonisé les grands hommes d'action qui ont relevé ou assaini la culture religieuse, mais l'imagination populaire s'est attachée de tout temps au surnaturel et à l'extrême.

Il est intéressant à cet égard de citer quelques exemples qui nous révèlent l'attitude de l'aristocratie raffinée et fastueuse, vis-à-vis de l'idéal de vie sainte. Les familles princières de France ont produit des saints après saint Louis ; l'un d'eux est Charles de

1. Jorga, *Philippe de Mézières*, p. 509 et 512.

Blois. Il était issu par sa mère de la maison de Valois et il se trouva chargé par son mariage avec l'héritière de Bretagne, Jeanne de Penthièvre, d'une guerre de succession qui remplit la meilleure partie de sa vie. Une des conditions était qu'il adopterait les armes et le cri du duché. Il trouve en face de lui un autre prétendant, Jean de Montfort, et la lutte pour la Bretagne coïncide avec le commencement de la guerre de Cent Ans ; la défense des prétentions de Montfort est une des intrigues qui amèneront Édouard III en France. Le comte de Blois fait la guerre en chevalier et se bat comme les meilleurs capitaines de son temps. Fait prisonnier en 1347, peu avant le siège de Calais, il reste en captivité en Angleterre jusqu'en 1356. Ce n'est qu'en 1362 qu'il peut reprendre la lutte pour le duché ; il y trouve la mort près d'Auray en 1364, en combattant vaillamment aux côtés de Bertrand Du Guesclin et de Beaumanoir.

Ce prince, dont la carrière fut toute militaire, avait mené dès sa jeunesse une vie d'ascète. Enfant, il lisait des livres de morale ; son père dut l'en empêcher, car cette lecture ne paraissait pas convenir à un futur homme de guerre. Plus tard, il couche par terre, sur de la paille, près du lit conjugal. Après sa mort, on trouve un cilice sous son armure. Il se confesse chaque soir avant de se coucher, disant qu'un chrétien ne doit pas dormir en état de péché. Pendant sa captivité, il visite les cimetières de Londres et s'y agenouille pour réciter le *De profundis*. L'écuyer breton à qui il demande de dire les réponses refuse : non, là gisent ceux qui ont tué mes parents et mes amis.

Après sa libération, il veut faire nu-pieds, dans la neige, le pèlerinage de la Roche-Derrien où il avait été fait prisonnier, à la châsse de saint Yves, patron de la Bretagne, à Tréguier. Le peuple l'apprend et jonche le chemin de paille et de couvertures, mais le comte de Blois fait un détour et se meurtrit les pieds au point qu'il ne peut marcher pendant quinze semaines[1]. Sitôt après sa mort, ses parents princiers, notamment son gendre Louis d'Anjou, s'efforcent de le faire canoniser. Le procès, tenu à Angers en 1371, aboutit à la béatification. Si l'on en croit Froissart, ce Charles de Blois aurait eu un bâtard. « Là fu occis en bon couvenant li dis messires Charles de Blois, le viaire sus ses ennemis, et uns siens filz bastars qui s'appeloit messires Jehan de Blois, et pluiseur aultre chevalier et escuier de Bretagne[2]. » Froissart s'est-il trompé, ou bien le XIVe siècle permettait-il de ces contradictions qui nous semblent impossibles ?

Pareille question ne se pose pas à propos du bienheureux Pierre de Luxembourg, autre ascète issu des milieux princiers. Ce rejeton de la maison de Luxembourg, qui joua un rôle si important au XIVe siècle dans l'empire d'Allemagne et dans les cours de France et de Bourgogne, est un exemple frappant de ce que William James a appelé « the underwitted saint[3] » : un esprit borné qui ne peut vivre que dans un petit monde pieux soigneusement isolé. Il était né en 1369, peu de temps avant que son père Guy ne trouvât la mort à Bæsweiler dans la lutte entre Brabant et Gueldre (1371). À huit ans, il se trouve au couvent des Célestins où il connaît Philippe de Mézières. Dès son enfance, il est accablé de dignités ecclésiastiques : quelques canonicats, l'évêché de Metz à quinze ans, puis le cardinalat. Il meurt avant d'avoir accompli sa dix-huitième année, en 1387. Immédiatement après sa mort, on demande au pape d'Avignon de le canoniser. Les autorités les plus importantes s'y emploient :

---

1. André Du Chesne, *Histoire de la maison de Chastillon-sur-Marne*, Paris, 1621 ; *Preuves*, p. 126-131 ; Extraict de l'enqueste faite pour la canonization de Charles de Blois, p. 223-234. Voir aussi : Monuments du procès de la canonisation du b. Charles de Blois, duc de Bretagne, Saint-Brieuc, 1921 et *Revue des questions hist.*, CV, 1926, p. 108.

2. Froissart, éd. Luce, VI, p. 168.

3. W. James, *The Varieties of Religions Expérience*, p. 370 *sq.*

le roi de France fait la requête, soutenu par le chapitre de Notre-Dame de Paris et de l'Université. Dans le procès, en 1389, comparaissent comme témoins les plus grands seigneurs de France : le frère de Pierre, André de Luxembourg, Louis de Bourbon, Enguerrand de Coucy. Par la négligence du pape d'Avignon, la canonisation, il est vrai, n'eut pas lieu (la béatification sera reconnue en 1527), mais la vénération était depuis longtemps admise. À Avignon, sur le lieu de la sépulture où s'accomplissaient des miracles, le roi fonda un couvent de Célestins, à l'instar de celui de Paris, sanctuaire de prédilection de la haute noblesse. Les ducs d'Orléans, de Berry, et de Bourgogne en posèrent la première pierre[1]. Pierre Salmon nous raconte avoir entendu la messe quelques années plus tard, dans la chapelle du saint[2].

Les témoins du procès de canonisation font de cet adolescent un portrait quelque peu pitoyable. Enfant phtisique et fatigué par la croissance, il n'admet déjà que l'austérité et la dévotion. Il reprend son jeune frère quand il rit, car dans l'Évangile, on lit que Notre-Seigneur a pleuré mais non qu'il a ri. « Douls, courtois, et débonnaire — dit Froissart —, vierge de son corps, moult large aumosnier. Le plus du jour et de la nuit il estoit en oraisons. En toute sa vye il n'y ot fors humilité[3]. »

D'abord, ses nobles parents s'efforcent de le détourner de la vie religieuse. S'il parle d'aller prêcher, on lui répond : « Tu es trop grand ; tout le monde te reconnaîtrait. Tu ne supporterais pas le froid, et comment saurais-tu prêcher la croisade ? — Je vois bien, disait Pierre, qu'on me veut faire venir de bonne voye à la

1. *Ordonnances des rois de France*, t. VIII, p. 398, novembre 1400, 426, 18 mars 1401.

2. *Mémoires de Pierre Salmon*, éd. Buchon, coll. de chron. nationales, 3e supplément de Froissart, t, XV, p. 49.

3. Froissart, éd. Kervyn, XIII, p. 40.

malvaise : certes, certes si je m'y mets, je feray tant que tout le monde parlera de moy. — Seigneur, répond Jean de Marche son confesseur, personne ne désire que vous fassiez du mal, mais seulement du bien. »

Une fois que ses aspirations ascétiques eurent résisté à toutes les tentatives faites pour les extirper, ses parents furent évidemment fiers d'avoir un saint si jeune parmi les leurs. Qu'on se représente, au milieu du luxe effréné des cours de Berry et de Bourgogne, le garçon maladif, sale et pouilleux (les témoins l'attestent). Sans cesse attentif à ses péchés, il les note chaque jour sur un carnet. En est-il empêché par un voyage ou quelque autre raison, il répare l'omission en écrivant pendant des heures. La nuit, on le voit écrire ou lire ses carnets à la lueur d'une chandelle. Il éveille les chapelains afin de se confesser ; parfois il frappe en vain, ils font la sourde oreille. S'il trouve audience, il lit ses listes de péchés. Vers la fin de sa vie, il se confesse deux fois par jour et ne veut pas que le confesseur le quitte un instant. Après sa mort, on trouve un coffret plein de ces listes de péchés[1].

Le désir de posséder un saint récent dans la famille royale détermina en 1518 Louise de Savoie, mère de François Ier, à obtenir de l'évêque d'Angoulême une enquête pour la béatification de Jean d'Orléans ou d'Angoulême, frère cadet de Charles, le poète, et grand-père de François Ier. De sa douzième à sa quarante-cinquième année, il avait vécu en captivité en Angleterre ; il mena jusqu'à sa mort, en 1467, dans son château de Cognac, une vie pieuse et retirée. Il

1. *Acta sanctorum*, juillet, t. I, p. 486-628.

Cette coutume d'écrire quotidiennement ses péchés est consacrée par une grande tradition. Elle est prescrite par Jean Climaque (c. 600), *Scala Paradisi*, éd. Raderus, Paris, 1633, p. 65 ; elle est connue dans l'islam, chez Ghazali, et est recommandée par Ignace de Loyola dans les *Exercitia spiritualia* (communication du professeur Wensinck).

n'a pas seulement collectionné les livres, comme les autres princes, mais il les a lus ; il dressa pour son usage une table des *Canterbury Tales*, composa des poèmes pieux, transcrivit des recettes et semble avoir été d'une piété assez sèche. Cependant, il a certainement eu un bâtard car sa lettre de légitimation est conservée. Des efforts furent tentés jusqu'au XVIIe siècle pour la béatification de Jean d'Angoulême, mais sans arriver à bonne fin[1].

Pour illustrer le commerce des princes avec les saints, il importe de parler du séjour de saint François de Paule à la cour de Louis XI. On connaît assez le type très curieux de la dévotion de ce roi « qui achetoit la grace de Dieu et de la Vierge Marie à plus grands deniers que oncques ne fist roy[2] ». Cette dévotion nous reporte en plein fétichisme. Sa passion pour les reliques, pour les pèlerinages et les processions, semble totalement dépourvue d'élévation et de réserve respectueuse. Il traitait les objets sacrés comme des médicaments. Il fait venir à Nantes la croix de saint Laud d'Angers, pour faire serment[3], car un serment sur la croix de saint Laud avait pour lui une plus grande valeur. Quand le connétable de saint Pol, appelé en la présence du roi, le supplie de lui jurer sa sécurité sur la croix de saint Laud, le roi répond : n'importe quel serment, mais pas celui-là[4]. Aux approches d'une fin très redoutée, il se fait envoyer de toutes parts les plus précieuses reliques : le pape envoie, entre autres, le caporal de saint Pierre ; le Grand Turc même offre une collection de reliques qui se trouvaient encore à Constantinople. Le dressoir à

1. G. Dupont Renier, « Jean d'Orléans, comte d'Angoulême, d'après sa bibliothèque », dans Luchaire, *Mélanges d'histoire du Moyen Âge*, III, 1897, p. 39-88 ; « La captivité de Jean d'Orléans comte d'Angoulême », dans *Revue historique*, t. LXII, 1896, p. 42-74.

2. La Marche, I, p. 180.

3. *Lettres de Louis XI*, t. VI, p. 514 ; *cf.* V, p. 86 et X, p. 65.

4. Commines, I, p. 291.

côté de son lit porte la sainte Ampoule, qui auparavant n'avait jamais quitté Reims. Certains disaient que le roi voulait en essayer la vertu miraculeuse en s'en faisant oindre tout le corps[1]. Ce sont là des traits de dévotion dignes des rois mérovingiens.

Sa passion de collectionneur a pour objet les reliques précieuses aussi bien que les animaux étranges : rennes ou élans. Il correspond avec Laurent de Médicis au sujet de l'anneau de saint Zanobi, un saint florentin, et d'un *agnus Dei*, c'est-à-dire une de ces croissances fantastiques du tronc filamenteux d'une fougère asiatique, qu'on appelait aussi agneau de Tartarie, et à laquelle on prêtait de rares vertus curatives[2]. À son château de Plessis-les-Tours, les dévots se mêlent aux musiciens. « Oudit temps le roy fist venir grant nombre et grant quantité de joueurs de bas et doulx instrumens, qu'il fist loger à Saint-Cosme près de Tours, où illec ilz se assemblèrent jusques au nombre de six vingtz, entre lesquelz y vint pluseurs bergiers du pays du Poictou. Souvent jouèrent devant le logis du roy, mais ilz ne le veoyent pas, affin que ausdiz instrumens le roy y prensist plaisir et passetemps et pour le garder de dormir. Et d'un autre côté, y fist aussy venir grant nombre de bigotz, bigottes et gens de devocion comme hermites et sainctes créatures, pour sans cesse prier à Dieu qu'il permist qu'il ne mourust point et qu'il le laissast encores vivre[3]. »

Saint François de Paule, l'ermite calabrais qui surpassa en humilité les frères mineurs en fondant l'ordre des Minimes, fut littéralement une acquisition du roi collectionneur. C'est avec l'intention expresse que le saint, par ses prières, prolongerait sa vie, que le roi le fait venir pendant sa dernière maladie[4]. Après avoir

1. *Ibid.*, II, p. 67-68.
2. *Ibid.*, p. 57 ; *Lettres*, X, p. 16, IX, p. 260.
3. *Chronique scandaleuse*, II, p. 122.
4. Commines, II p. 55 et 77.

échoué auprès du roi de Naples, la diplomatie de Louis XI réussit à s'assurer, par l'intermédiaire du pape, la venue de l'homme miraculeux. Une escorte de nobles l'amène d'Italie, à son corps défendant[1]. Une fois l'ermite arrivé, Louis XI ne se sent pas encore en confiance, « parce qu'il a été trompé par plusieurs, sous prétexte de sainteté ». À l'instigation de son médecin, il fait espionner l'homme de Dieu, et lui fait prouver sa vertu de plusieurs manières[2]. Le saint sort victorieux de toutes ces épreuves. Son ascétisme est de l'espèce la plus barbare et fait songer aux saints du xe siècle : saint Nil et saint Romuald. Il s'enfuit à la vue d'une femme. Jamais il n'a touché, depuis sa jeunesse, une pièce de monnaie. Il dort le plus souvent debout ou appuyé, il laisse croître ses cheveux et sa barbe. Il ne prend pas de nourriture animale et n'accepte que des racines[3]. Dans les derniers mois de sa vie, le roi malade écrit personnellement, pour procurer à son saint la nourriture adéquate : « Monsieur de Genas je vous prie de m'envoyer des citrons et des oranges douces et des poires muscadelles et des pastenargues, et c'est pour le saint homme qui ne mange ny chair ny poisson ; et vous me férés ung fort grant plaisir[4]. » Il ne l'appelle que le « saint homme » si bien que Commines qui a vu le saint différentes fois, semble ne pas avoir su son nom[5]. Mais les moqueurs et les soupçonneux, comme le médecin Jacques Coitier, l'appellent aussi le « saint homme ». Les communications de Commines sont empreintes d'une réserve prudente : « Il est encores vif, conclut-il — par quoy

1. *Acta sanctorum*, avril, t. I, p. 115 ; *Lettres de Louis XI*, t. X, p. 76 et 90.

2. *« Sed volens caute atque astute agere, propterea quod a pluribus fuisset sub umbra sanctitatis deceptus, decrevit variis modis experiri virtutem servi Dei »*, *Acta sanctorum*, *op. cit.*

3. *Ibid.*, p. 108 ; Commines, II, p. 55.

4. *Lettres*, X, p. 124, 29 juin 1483.

5. *Ibid.*, p. 4, etc. ; Commines, II, p. 54.

se pourroit bien changer ou en mieulx ou en pis, par quoy me tays, pour ce que plusieurs se mocquoient de la venue de ce hermite, qu'ilz appelloient saint "homme[1]" ». Il déclare toutefois n'avoir jamais vu d'homme « de si saincte vie, ne où semblast myeulx que le saint Esperit parlast par sa bouche ». Les savants théologiens de Paris, Jean Standonck et Jean Quentin, venus pour parler au saint au sujet de la fondation d'un couvent de Minimes à Paris, retournent pleins d'admiration[2].

L'intérêt que portent les ducs de Bourgogne aux saints contemporains est d'une nature moins égoïste que celui de Louis XI pour saint François de Paule. Il est remarquable de voir les grands visionnaires et les ascètes faire figure de médiateurs et de conseillers dans les affaires politiques. C'est le cas pour sainte Colette et pour le bienheureux Denis de Ryckel surnommé le Chartreux. Colette est tenue spécialement en honneur par la maison de Bourgogne ; Philippe le Bon et sa mère Marguerite de Bavière la connaissent personnellement ; elle agit comme médiatrice dans les différends entre les maisons de France, de Savoie et de Bourgogne. Charles le Téméraire, Marie et Maximilien, Marguerite d'Autriche, ne cessent d'insister pour obtenir sa canonisation[3].

Plus important encore a été le rôle joué par Denis le Chartreux dans les affaires publiques de son temps. Lui aussi se trouve en relations fréquentes avec la maison de Bourgogne et sert de conseiller à Philippe le Bon. Il est reçu en 1451 par le duc à Bruxelles, en même, temps que le cardinal Nicolas de Cuse qu'il accompagne et assiste dans son célèbre voyage à travers l'empire d'Allemagne. Obsédé par la crainte d'imminentes catastrophes, Denis demande dans une

1. Commines, II, p. 56 ; *Acta sanctorum*, *op. cit.*, p. 115.
2. A. Renaudet, *Préréforme et humanisme à Paris*, p. 172.
3. Doutrepont, p. 226.

vision : « Seigneur, les Turcs viendront-ils à Rome ? » Il pousse le duc à la croisade[1]. Il dédie son traité sur le gouvernement des princes au « *princeps et dux inclytus devotus ac optimus* » qui ne peut être que Philippe le Bon. Le Téméraire travailla avec Denis à la fondation des Chartreux à Bois-le-Duc, en l'honneur de sainte Sophie de Constantinople, que le duc prenait pour une sainte, tandis qu'elle signifie en réalité la Sagesse éternelle[2]. Le duc Arnold de Gueldre demande conseil à Denis dans son conflit avec son fils Adolphe[3]. Nombre de gentilshommes, de clercs et de bourgeois viennent le consulter dans sa cellule à Ruremonde où il ne cesse de résoudre doutes, difficultés et cas de conscience.

Denis le Chartreux est le type le plus parfait d'enthousiasme religieux que la fin du Moyen Âge ait produit. Son énergie est incroyable. Aux transports des mystiques, à un ascétisme féroce, aux visions et révélations, il joint une immense activité d'écrivain théologique. Il s'apparente aux grands mystiques et aux dévots de Windesheim, à Brugman, pour qui il écrit sa célèbre introduction à la vie chrétienne[4], à Nicolas de Cuse, aux persécuteurs des sorciers[5], aussi bien qu'aux enthousiastes épurateurs de l'Église. Ses œuvres remplissent quarante-cinq volumes in-quarto. Toute la théologie médiévale se retrouve en lui. « *Qui Dyonisium legit, nihil non legit* », disaient les théologiens du XVIe siècle. Il traite les plus profondes questions

1. *Vita Dionysii auct. Theod. Loer Dion.*, *Opera*, I, p. XLII ; *ibid.*, *De vita et regimine principum*, t. XXXVII, p. 497.

2. *Opera*, t. XLI, p. 621 ; D. A. Mougel, *Denys le Chartreux, sa vie […]*, Montreuil, 1896, p. 63.

3. *Opera*, t. XLI, p. 617 ; *Vita*, I, p. XXXI ; Mougel, p. 51 ; *Bydr. en mededeel. v. h. hist. genootschapte Utrecht*, XVIII, p. 331.

4. *Opera*, t. XXXIX, p. 496 ; Mougel, p. 54 ; Moll, *Johannes Brugman*, I, p. 74 ; *Kerkgesch.*, II, 2, p. 124 ; K. Krogh-Tonning, *Der letzte Scholastiker. Eine Apologie*, Fribourg, 1904, p. 175.

5. Mougel, p. 58.

philosophiques aussi bien que les demandes des simples sur une matière de foi ; à la demande d'un frère lai, frère Guillaume, il écrit sur la manière dont les âmes se reconnaîtront dans l'au-delà. Il le dira aussi simplement que possible, promet-il, et frère Guillaume le fera traduire en thiois[1].

Il résume, il conclut, il ne crée pas. Tout ce que les grands prédécesseurs ont pensé, il le reproduit dans un style simple et large. Les citations de Bernard de Clairvaux et de Hugues de Saint-Victor brillent comme des diamants dans la prose unie de Denis le Chartreux. Il a écrit, revu, corrigé, rubriqué et enluminé lui-même tous ses livres. À la fin de sa vie, il pose délibérément la plume : « *Ad securæ taciturnitatis portum me transferre intendo* » ; « Je veux entrer au port du silence plein de sécurité[2] ».

Il ne connaît pas le repos. Chaque jour, il récite presque tout le psautier. En vaquant à ses occupations, en s'habillant et en se déshabillant, il prie. Après matines, il ne se recouche plus. Grand et robuste, il impose à son corps toutes les exigences et se nourrit de préférence d'aliments corrompus. « J'ai une tête de fer et un estomac de cuivre », déclare-t-il[3].

Le travail énorme de méditation et de spéculation théologique qu'il mena à bonne fin n'est pas le fruit d'une vie d'étude paisible et équilibrée ; il a été élaboré au milieu d'émotions intenses et de violentes secousses. Visions et révélations composent son ordinaire. Enfant, il se lève au clair de lune, croyant qu'il est l'heure d'aller en classe[4]. Il voit la chambre de la mourante de Vlodrop pleine de diables ; ils lui enlèvent son bâton de la main. Personne n'a mieux connu

1. *Opera*, t. XXXVI, p. 178 : *De mutua cognitione.*
2. *Vita, Opera*, t. I, p. XXIV et XXXVIII.
3. *Vita, Opera*, t. I, p. XXVI.
4. *De munificentia et beneficiis Dei, Opera*, t. XXXIV, art. 26, p. 319.

l'angoisse des fins dernières ; l'attaque des démons au lit de l'agonisant est le sujet fréquent de ses sermons. Il converse constamment avec les défunts. Il reconnaît son père dans les flammes du purgatoire et le délivre. Bien que ses expériences personnelles l'occupent toujours, il n'en parle pas volontiers. Il a honte des extases qui lui viennent en toutes sortes d'occasions, surtout en entendant la musique, parfois au milieu d'une noble compagnie attentive aux paroles de sa sagesse. À ce grand théologien restera le titre de *Doctor ecstaticus*.

Pas plus que le thaumaturge de Louis XI, une grande figure comme Denis le Chartreux n'a échappé aux soupçons et aux railleries. Les détracteurs mondains l'ont poursuivi toute sa vie. Au XVe siècle, les manifestations suprêmes de la piété sont accueillies avec une méfiance qui n'a d'égal que l'enthousiasme.

CHAPITRE XIV

Émotions et phantasmes religieux

Depuis la mystique, faite de douceur et de lyrisme, de saint Bernard, c'est-à-dire depuis le XIIe siècle, l'attendrissement pathétique au sujet de la Passion n'avait cessé de croître. L'image du crucifié imprégnait les âmes. Elle s'implantait, grande et sinistre, dans les cœurs sensibles des enfants, et projetait sur toutes les émotions une sombre gravité. Jean Gerson, enfant, vit son père s'adosser au mur, les bras en croix, disant : « Voici, mon fils, comment a été crucifié le Dieu qui t'a créé et sauvé. » Cette image demeura dans son esprit, s'accentuant avec l'âge et dans sa vieillesse il bénissait encore son père, mort le jour de l'Exaltation de la Croix[1]. Sainte Colette, à l'âge de quatre ans, entendait chaque jour sa mère en prières se lamenter sur la Passion dont elle ressentait les souffrances. Ce souvenir se fixa dans le cœur suprasensible de Colette avec une telle intensité qu'elle ressentit, sa vie durant, chaque jour à l'heure de la crucifixion, la plus violente oppression de cœur et qu'à la lecture de

1. Gerson, *Tractatus VIII super Magnificat, Opera*, IV, p. 386.

la passion, elle endurait des douleurs plus vives que celles de l'enfantement[1]. Il n'était pas rare de voir un prédicateur interrompre son sermon pendant un quart d'heure et se tenir debout en silence, les bras en croix[2].

L'esprit était tellement rempli de l'image de la Passion que les analogies les plus lointaines suffisaient à évoquer la figure du Christ. Une pauvre nonne, portant un fagot de bois à la cuisine, s'imagine porter la croix ; une femme aveugle, faisant la lessive, prend le baquet pour la crèche et le lavoir pour l'étable[3].

Au XVe siècle, la sensibilité religieuse s'exprime d'une double manière. D'une part, elle se manifeste dans les violentes émotions qui, de temps à autre, s'emparent du peuple, à la voix d'un prêcheur ambulant. D'autre part, chez quelques-uns, elle se canalise, se normalise en une nouvelle forme de vie, celle de la « ferveur ». C'est le piétisme de ceux qui, conscients d'être des novateurs, se nomment « dévots modernes ».

De l'influence de la prédication, il n'est pas resté grand chose dans la culture spirituelle. Nous savons par les récits des contemporains quelles profondes émotions les prédicateurs faisaient naître[4], mais les sermons écrits qui nous sont restés ne nous en donnent qu'une faible idée. Il en était déjà de même pour les gens du XVe siècle. Plusieurs personnes qui ont entendu Vincent Ferrier et qui ensuite lisent ses sermons, dit son biographe, assurent que la lecture ne donne pas l'ombre de l'émotion produite par le prêche[5]. Rien

---

1. *Acta sanctorum*, mars, t. I, p. 561 ; *cf.* p. 540 et 601.

2. K. Hefele, *Der hl. Bernhardin von Siena und die franziskanische Wanderpredigt in Italien während des XV. Jahrhunderts*, Fribourg, 1912, p. 79.

3. W. Moll, *Johannes Brugman*, II, p. 74 et 86.

4. Voir plus haut, chap. I.

5. *Acta sanctorum*, avril, t. I, p. 195. L'image que trace Hefele, *op. cit.*, de la prédication en Italie peut, à bien des points de vue, s'appliquer aux pays de langue française.

d'étonnant. Ce que les sermons imprimés de Vincent Ferrier et d'Olivier Maillard nous livrent, n'est guère que le canevas sur lequel ils brodèrent leur éloquence[1]. Nous savons que ce qui émouvait le peuple, c'était la peinture des horreurs infernales, la menace de la punition, les effusions lyriques sur la Passion et sur l'amour divin. Nous connaissons les moyens qu'employaient les prédicateurs : l'effet ne semblait jamais trop grossier, la transition des pleurs au rire jamais trop brusque, l'enflure de la voix jamais trop violente[2]. Mais nous ne pouvons nous rendre compte des émotions produites que par les récits, toujours semblables : comment les villes rivalisaient pour obtenir la promesse d'une prédication, comment la magistrature et le peuple allaient en grande pompe au-devant du prédicateur, comme s'il s'agissait d'un prince, comment le prédicateur devait parfois s'interrompre à cause des sanglots de l'assistance. Pendant un sermon de Vincent Ferrier, il arriva que deux condamnés à mort passèrent, que l'on menait au lieu de l'exécution. Vincent demanda que l'on suspendît l'œuvre du bourreau; il cacha les victimes sous sa chaire et prêcha sur leurs péchés. Après le sermon, les condamnés avaient disparu; on ne retrouva que quelques os et le peuple crut que la parole du saint homme avait consumé les pécheurs et, de cette manière, les avait sauvés[3].

---

1. La bibliothèque de l'Athénée de Deventer possède : *Opus quadragesimale Sancti Vincentii 1482*, Cat. des incunables, 1917, nº 274 et *Oliverii Maillardi Sermones dominicales [...]*, Paris, Jean Petit, 1515. Sur saint Vincent Ferrier, voir M. Gorce, *Saint Vincent Ferrier*, Paris, 1924; S. Brettle, *San Vicente Ferrer und sein literarischer Nachlass*, Münster, 1924, Vorreform. Forschungen, t. X; C. Brunel, *Un plan de sermon de saint Vincent Ferrier*, Bibl. de l'École des chartes, LXXXV, 1924, p. 113.

2. La vie de saint Pierre Thomas, carmélite, par Philippe de Mézières, *Acta sanctorum*, janvier, t. II, p. 997; Denis le Chartreux sur le style de la prédication de Brugman, *De vita [...] Christ.*

3. *Acta Sanctorum*, avril, t. I, p. 513.

L'émotion spasmodique des masses s'est évanouie sans laisser de traces dans la tradition écrite, mais au contraire, la ferveur de la *devotio moderna* nous est parfaitement connue. La religion dicta ici, comme dans tous les cercles piétistes, non seulement la forme de la vie, mais aussi la forme de la sociabilité : le confortable commerce spirituel et la paisible intimité des simples bonshommes et bonnes femmes qui vivent dans un monde en miniature où n'arrivent pas les bruits du dehors. Les amis admiraient en Thomas a Kempis son ignorance des choses du monde ; un prieur de Windesheim portait le sobriquet honorifique de Jean-je-ne-sais-pas. Ils ne peuvent vivre que dans un monde simplifié ; ils le purifient en en bannissant le mal[1]. Dans leur étroite sphère, ils vivent dans la joie d'une affection sentimentale réciproque ; le regard de l'un est sans cesse fixé sur l'autre pour y découvrir les signes de la grâce ; se rendre visite, voilà leur plaisir[2]. De là, leur penchant à la biographie, penchant auquel nous sommes redevables de notre connaissance précise de ces cercles piétistes.

Dans la forme réglementée qu'elle avait prise aux Pays-Bas, la *devotio moderna* créa une vie pieuse conventionnelle. On reconnaissait les dévots à leurs mouvements mesurés, leur démarche courbée, leur rictus, leurs vêtements neufs mais rapiécés[3]. Et surtout, à l'abondance de leurs larmes. *Devotio est quædam cordis teneritudo, qua quis in pias faciliter resolvitur lacrimas.* « La dévotion est une certaine tendresse du cœur, par laquelle on fond aisément en larmes. » On doit demander à Dieu « le baptême quotidien des larmes » ; elles sont les ailes de la prière et

1. James, *op. cit.*, p. 348 : « For sensitiveness and narrowness, when they occur together, as they often do, require above all things a simplified world to dwell in » ; *cf.* p. 353.

2. Moll, *Brugman*, I, p. 52.

3. Cette coutume existe encore chez les paysans baptistes de Giethoorn, Hollande (communication de M. W. P. A. Smit).

selon le mot de saint Bernard, elles sont le vin des anges. On doit s'abandonner à la grâce des larmes méritoires, s'y préparer et s'y entraîner toute l'année, mais surtout pendant le carême, afin de pouvoir dire avec le Psalmiste : « *Fuerunt mihi lacrimæ meæ panes die ac note.* » Parfois, elles viennent si abondantes que nous prions avec des sanglots et des gémissements, « *ita ut suspiriose ac cum rugitu oremus* ». Mais si elles ne viennent pas, il ne faut pas les forcer ; qu'on se contente alors des larmes du cœur. En présence de tiers, on doit éviter les signes d'une dévotion extraordinaire[1].

Vincent Ferrier, chaque fois qu'il consacrait l'hostie, versait tant de larmes que les assistants se mettaient à pleurer et qu'il s'élevait une plainte semblable à une lamentation funèbre. Les pleurs lui étaient si doux qu'il les séchait à contrecœur[2].

La dévotion populaire en France n'a pas pris la forme qu'elle assuma aux Pays-Bas, où elle s'est normalisée pour ainsi dire dans le mouvement piétiste des Frères de la vie commune et de la Congrégation de Windesheim. Les esprits apparentés restèrent, en France, dans le monde ou bien entrèrent dans les ordres existants où la dévotion française garda un caractère plus passionné et plus spasmodique que dans les Pays-Bas, mena à des formes plus exaspérées, et s'effaça aussi plus facilement. Vers la fin du Moyen Âge, des visiteurs venus du sud dans le nord des Pays-Bas furent frappés de la dévotion sérieuse qu'ils remarquèrent chez le peuple[3].

---

1. Denis le Chartreux, *De quotidiano baptismale lacrimarum*, t. XXIX, p. 84 ; *De oratione*, t. XLI, p. 31-55 ; *Expositio hymni Audi benigne conditor*, t. XXXV, p. 34.

2. *Acta sanctorum*, avril, t. I, p. 485 et 494.

3. Chastellain, III, p. 119 ; Antonio de Beatis (1517) ; L. Pastor, *Die Reise des Kardinals Luigi d'Aragona*, Fribourg, 1905, p. 51, 52) ; Polydorus Vergilius, *Anglicæ historiæ libri*, XXVI, Basileæ, 1546, p. 15.

En général, les dévots néerlandais avaient perdu contact avec la mystique intense dont leur mouvement était sorti. Pour cette raison, ils conjurèrent en grande partie le danger d'hérésie. La dévotion moderne aux Pays-Bas fut obéissante et orthodoxe, d'une moralité pratique et même quelque peu froide. Le type de dévot français, par contre, semble avoir connu des oscillations plus amples : il montre parfois des symptômes de foi extravagants.

Au concile de Constance où le dominicain de Groningue, Mathieu Grabow, s'était rendu, à l'effet d'exposer les griefs des ordres mendiants contre les frères de la vie commune et d'obtenir, si possible, leur condamnation[1], ce fut le grand meneur de la politique ecclésiastique, Gerson lui-même, qui se chargea de défendre les disciples de Geert Groote. Gerson était pleinement compétent pour juger si on avait affaire à l'expression d'une piété véritable et à une forme permise d'organisation. Car il s'était toujours appliqué à distinguer la vraie piété des professions de foi exagérées. Esprit prudent, scrupuleux, académique et bien pensant, il avait ce souci méticuleux des formes pures qui trahit parfois l'extraction modeste chez ceux qui, de leurs propres forces, se sont élevés à une mentalité aristocratique. De plus, c'était un psychologue et il avait le sens du style, sens étroitement apparenté à l'orthodoxie. Rien d'étonnant que les expressions de la croyance contemporaine aient éveillé sa méfiance et sa vigilance. Il est remarquable que les types de piété qu'il désapprouve et nomme dangereux nous fassent penser aux « dévots modernes » qu'il défendit. Toutefois, cela s'explique : ses ouailles françaises manquaient du bercail, de la discipline et de l'organisation qui eussent pu retenir les plus exaltés dans les limites prescrites par l'Église.

1. *Cf.* D. de Man, *Vervolgingen [...], Bydr. Vad. Gesch. en Oudheidk*, 6e série, IV, p. 283.

Gerson décèle partout les dangers de la dévotion populaire. Il voit, avec ennui, la mystique se prostituer[1]. Le monde, dit-il, est près de sa fin ; c'est un vieillard délirant, en proie à toutes sortes de fantaisies, de songes et d'illusions[2]. Plusieurs s'adonnent sans direction convenable à des jeûnes sévères, des veilles trop prolongées, des larmes trop abondantes qui leur troublent la cervelle. En vain, leur conseille-t-on la modération. Qu'ils prennent garde de ne pas tomber dans les pièges du démon ! Il avait visité, à Arras, une femme qui provoquait l'admiration de la foule en s'abstenant de nourriture trois ou quatre jours de suite, contre le gré de son mari. Il lui avait parlé, l'avait sérieusement éprouvée et n'avait trouvé en elle qu'entêtement vain et orgueilleux. Car, après ses jeûnes, elle mangeait avec une voracité insatiable ; aux privations qu'elle s'imposait, elle ne donnait qu'une raison : c'est qu'elle était indigne de manger du pain. Son visage trahissait la folie imminente[3]. Une autre bonne femme, épileptique, se croyait avertie par la douleur de ses cors aux pieds chaque fois qu'une âme descendait en enfer ; elle lisait les péchés sur le front et prétendait sauver trois âmes par jour ; sous menace de torture, elle avoua que ces mensonges étaient son gagne-pain[4].

Gerson ne prisait guère les visions et révélations des temps modernes, partout lues et racontées ; pas même celles de Brigitte de Suède et de Catherine de Sienne[5]. Il avait tant entendu de récits de ce genre qu'il n'avait plus confiance. Tel se déclarait informé par voie de révélation qu'il serait pape. Un autre

1. Gerson, *Epistola contra libellum Johannis de Schonhavia*, *Opera*, I, p. 79.
2. Gerson, *De distinctione verarum visionum a falsis*, *ibid.*, p. 44.
3. *Ibid.*, p. 48.
4. Gerson, *De examinatione doctrinarum*, *ibid.*, p. 19.
5. *Ibid.*, p. 16 et 17.

s'était cru d'abord prédestiné à devenir pape, puis à être l'Antéchrist, en sorte qu'il avait songé à se tuer afin d'épargner un tel mal à la chrétienté[1].

Rien de plus dangereux, dit Gerson, qu'une dévotion ignorante. Les pauvres dévotes, apprenant que le cœur de Marie exulte en son Dieu, s'efforcent d'exulter aussi ; elles se représentent toutes sortes d'images, sans pouvoir distinguer la vérité de l'illusion, et les prennent toutes pour la preuve miraculeuse de leur excellente dévotion[2]. Mais c'était là justement ce que recommandait la « dévotion moderne » : « Quiconque, dans cet article, veut ressembler et se conformer intimement aux souffrances du Christ, celui-là doit s'efforcer d'être triste et oppressé. Et s'il est dans quelque détresse présente, il unira sa souffrance à la détresse du Christ et désirera la partager avec lui[3]. »

La vie contemplative offre de grands dangers, continue Gerson ; nombreux sont ceux qu'elle a rendus mélancoliques et fous[4]. Il sait qu'un jeûne trop prolongé conduit à l'hallucination et à la folie ; il connaît aussi le rôle des jeûnes dans la pratique de la sorcellerie[5]. Un homme de la finesse psychologique d'un Gerson, où doit-il, dans les manifestations de la foi, tracer la ligne de démarcation entre ce qui est permis et ce qui ne l'est pas ? Le point de vue dogmatique ne lui suffisait pas. Il lui était facile, à lui, théologien de profession, de signaler les endroits où l'on s'écartait du dogme. Mais il sentait que pour les manifestations de la piété, les considérations d'ordre éthique devaient

---

1. Gerson, *De distinctione […]*, *ibid.*, p. 44. Le même doute est exprimé par Opicinus de Canistris, clerc à Avignon au XIVe siècle, dans les notices autobiographiques très remarquables qu'a publiées R. Salomon, *Vorträge der Bibliothek Warburg*, 1926-1927, p. 165.

2. Gerson, *Tractatus II super Magnificat, Opera*, IV, p. 248.

3. « 65 nutte artikelen van der passien ons Heren » ; Mol, *Brugmann*, II, p. 75.

4. Gerson, *De monte contemplationis, Opera*, III, p. 562.

5. Gerson, *De distinctione […]*, *Opera*, I, p. 49.

guider le jugement, que c'était une question de mesure et de goût. Il n'est pas de vertu, dit-il, qui dans ces misérables temps de schisme soit plus négligée que la discrétion[1].

Si pour Gerson déjà le critérium dogmatique n'était pas le seul qui permît de distinguer la vraie piété de la fausse, à plus forte raison pour nous les types d'émotions religieuses ne se groupent-ils pas d'après leur orthodoxie ou leur hérésie, mais d'après leur caractère psychologique. Le peuple du Moyen Âge ne voyait pas la ligne de démarcation dogmatique. Il était tout aussi édifié par la parole d'un hérétique, frère Thomas, que par celle de saint Vincent Ferrier, et traitait sainte Colette et ses partisans de Bégards et d'hypocrites[2]. Colette présente toutes les particularités appelées par James l'état théopathique[3]. Hypersensible, elle ne peut supporter la lumière ni la chaleur du feu, mais seulement la lueur des chandelles. Elle a une horreur exagérée des mouches, limaces et fourmis, de l'impureté et de la puanteur. Elle a, comme l'eut plus tard saint Aloysius Gonzaga, la sexualité en abomination ; elle ne souffre que des vierges dans sa congrégation, ne tient pas aux saints mariés et déplore que sa mère se soit remariée[4]. L'Église a toujours loué de pareilles dispositions, les tenant pour édifiantes et méritoires. Cet amour de la chasteté, anodin tant qu'il reste individuel, devient dangereux quand les fanatiques veulent appliquer leurs principes à l'ensemble de la vie ecclésiastique et sociale. À plusieurs reprises, l'Église dut désavouer ce désir de pureté, quand il avait pris une forme révolutionnaire et s'exprimait par de violentes attaques contre la fornication des prêtres et des moines. Jean de Varennes fut un des accusateurs et il

1. *Ibid.*
2. *Acta sanctorum*, mars, t. I, p. 562.
3. James, *op. cit.*, p. 343.
4. *Acta sanctorum*, p. 552 *sq.*

en paya la peine dans une misérable prison où l'enferma l'archevêque de Reims. Ce Jean de Varennes avait été un docte théologien et un prédicateur renommé. Chapelain du jeune cardinal de Luxembourg à Avignon, il semblait destiné à la plus haute carrière ecclésiastique, lorsque tout à coup il renonça à tous les bénéfices, à l'exception du canonicat de Notre-Dame de Reims, supprima son train de vie et se rendit à Saint-Lié, son lieu d'origine, où il commença à mener une vie sainte et à prêcher. « Et avoit moult grant hantise de pœuple qui le venoient véir de tous pays pour la simple vie très-noble et moult honnête que il menoit. » Bientôt, on l'appelle « le saint homme de Saint-Lié » ; on veut toucher sa main et ses vêtements, on voit en lui un futur pape, un envoyé de Dieu, un être divin. Toute la France parle de lui[1].

Dans la personne de Jean de Varennes, nous voyons la passion de la pureté prendre une tournure révolutionnaire. Il ramène tous les maux de l'Église au seul mal de la luxure et, dans son indignation véhémente, prêche la résistance aux autorités ecclésiastiques, à l'archevêque de Reims en particulier. « Au loup, au loup ! » criait-il au peuple qui, comprenant qui était le loup, reprenait joyeusement : « Hahay aus leus, mes bones gens, aus leus ! » Jean de Varennes n'avait pas, semble-t-il, entièrement le courage de ses convictions : dans la défense écrite dans sa prison, il nie avoir désigné l'archevêque ; il aurait seulement cité le proverbe : « Qui est tigneus, il ne doit pas oster son chaperon[2]. » Mais il avait prêché la vieille doctrine qui, plus d'une fois déjà, avait menacé de désaxer l'Église : la négation de la validité des sacrements administrés par un prêtre indigne. Son programme

1. Froissart, éd. Kervyn, XV, p. 132 ; *Religieux de Saint-Denis*, II, p. 124 ; *Joannis de Varennis Responsiones ad capita accusationum*, dans Gerson, *Opera*, I, p. 925 et 926.

2. *Ibid.*, p. 936.

extrémiste allait encore plus loin : défense aux prêtres d'habiter avec une sœur ou une femme âgée. Il s'attaquait à l'immoralité en général, exigeait qu'on punît l'adultère suivant la Loi ancienne. Le Christ lui-même aurait commandé de lapider la femme adultère s'il avait été sûr de ses fautes. Il prétendait que nulle femme en France n'était chaste et qu'aucun bâtard ne pouvait pratiquer le bien et être sauvé[1].

L'Église a toujours dû s'élever contre cette forme révolutionnaire de la chasteté : si le doute s'éveillait sur la validité des sacrements des prêtres indignes, c'était toute la vie ecclésiastique qui allait s'en trouver désorganisée. Gerson place Jean de Varenne avec Jean Hus parmi ceux qui, animés de bonnes intentions, ont été poussés dans l'erreur par leur zèle même[2].

D'autre part, l'Église a toujours été extrêmement indulgente à l'égard des fantaisies ultra-sensuelles qui avaient pour objet l'amour divin. Il fallait la perspicacité d'un Gerson pour se convaincre que, là aussi, un péril moral et doctrinaire menaçait la foi. « Le jour ne serait pas assez long, dit-il, si je voulais énumérer les nombreuses folies des amants, que dis-je, des insensés : *amantium, immo et amentium*[3] ». Il le savait par expérience : « *Amor spiritualis facile labitur in nudum carnalem amorem* », l'amour spirituel tombe facilement dans l'amour charnel pur et simple[4]. Car c'est probablement de lui-même qu'il parle, lorsqu'il raconte l'histoire d'un homme de sa connaissance qui avait entretenu une amitié spirituelle avec une religieuse, d'abord sans aucun soupçon d'inclination charnelle et sans se douter du péché, jusqu'à ce qu'une absence lui eût révélé la nature amoureuse de cette

1. *Ibid.*, p. 910 *sq.*
2. Gerson, *De probatione spirituum*, *ibid.*, I, p. 41.
3. Gerson, *Epistola contra libellum Joh. de Schonhavia*, *ibid.*, p. 82.
4. Gerson, *Sermo contra luxuriem*, *ibid.*, III, p. 924.

relation[1]. Il était désormais un homme averti. Son traité *De diversis diaboli tentationibus*[2] est une analyse pénétrante de l'état d'esprit qui était celui des « dévots modernes » des Pays-Bas. Il se méfie surtout de la « *dulcedo Dei* », la « *zueticheit* » des Windersheimers, c'est-à-dire la suavité de l'amour du Christ. Le diable, dit-il, inspire parfois à l'homme une immense et merveilleuse douceur qui ressemble fort à la dévotion, afin qu'il s'assigne pour but la recherche même de cette jouissance et ne veuille aimer Dieu que pour y atteindre[3]. Dans sa *Consolation de la théologie*, il dit : « Plusieurs se sont trompés en cultivant sans mesure de pareils sentiments ; ils ont pris les délires de leur cœur pour l'embrasement divin et se sont ainsi misérablement fourvoyés. D'autres s'efforcent de parvenir à un état d'insensibilité ou de passivité complète dans lequel Dieu seul agit par eux, ou à une réunion mystique avec Dieu. C'est là aussi un des griefs de Gerson contre Ruysbroeck, à la simplicité duquel il ne croit pas et à qui il reproche la signification de son *Ornement des noces spirituelles*, cette œuvre professant que l'âme parfaite, dans la contemplation de Dieu, non seulement le voit par la clarté qui est l'essence divine, mais qu'elle est elle-même devenue cette divine clarté[4].

C'est cette sensation d'anéantissement absolu de l'individualité, goûtée par les mystiques de tous temps, que ne pouvait admettre le partisan d'une mystique mesurée[5], prudente, toute bernardine, qu'était Gerson. Une visionnaire lui avait raconté que dans la contemplation de Dieu son âme avait été annihilée puis recréée à nouveau. Comment le savez-vous ?

1. Gerson, *De distinctione […]*, *ibid.*, I. p. 55.
2. *Ibid.*, III, p. 589 *sq.*
3. *Ibid.*, p. 593.
4. Gerson, *De consolatione theologiæ*, *ibid.*, I, p. 174.
5. Gerson, *Epistola […] super tertia parte libri Joannis Ruysbroeck De ornatu nupt. spir.*, *ibid.*, p. 59, 67, etc.

Je l'ai senti. L'absurdité de cette réponse est pour Gerson une preuve irréfutable que ces imaginations sont condamnables[1]. Il était dangereux d'exprimer par des mots de telles sensations ; l'Église ne pouvait tolérer que leur expression figurée. Catherine de Sienne peut bien dire que son cœur s'était confondu avec le cœur du Christ mais Marguerite Porete, adhérente de la secte des Frères de la libre pensée, qui croyait elle aussi son âme anéantie en Dieu, fut brûlée à Paris[2].

Ce que l'Église redoutait surtout dans l'idée de l'anéantissement de la personnalité, c'était la conséquence, acceptée par les mystiques extrémistes de toutes les religions, que l'âme, absorbée en Dieu, n'ayant plus de volonté, ne peut plus pécher, même en suivant ses appétits charnels[3]. Que de pauvres ignorants avaient été entraînés par de pareilles doctrines à la plus abominable licence ! Chaque fois que Gerson touche à la question des dangers de l'amour spirituel, il se rappelle les excès des Bégards et des Turlupins[4]. Et cependant, nous sommes ici bien près des cercles des « dévots modernes ». Henri van Herp, de la secte des Windesheimers, accuse ses coreligionnaires d'adultère spirituel[5]. Il y a dans ces imaginations, dit Gerson,

---

1. Gerson, *Epistola contra defensionem Joh. de Schonhavia* (polémique sur Ruysbrocck), *ibid.*, p. 82.

2. Le même sentiment chez un moderne : « I commited myself to Him in the profoundest belief that my individuality was going to be destroyed, that he would take all from me, and I was willing. » James, *op. cit.*, p. 223.

3. Gerson, *De distinctione [...]*, *Opera*, I, p. 55 ; *De libris caute legendis*, *ibid.*, p. 114.

4. Gerson, *De examinatione doctrinarum*, *ibid.*, p. 19 ; *De distinctione*, *ibid.*, p. 55 ; *De libris caute legendis*, *ibid.*, p. 114 ; *Epistola super Joh. Ruysbroeck De ornatu*, *ibid.*, p. 62 ; *De consolatione theologiæ*, *ibid.*, p. 174 ; *De susceptione humanitatis Christi*, *ibid.*, p. 455 ; *De nuptiis Christi et ecclesiæ*, *ibid.*, II, p. 370 ; *De triplici theologia*, *ibid.*, III, p. 869.

5. Moll, *Johannes Brugmann*, I, p. 57.

des pièges diaboliques qui conduisent à la plus perverse impiété. Et il rapporte les paroles d'un noble qui avait confessé à un chartreux que le péché de luxure ne l'empêchait pas d'aimer Dieu, mais au contraire l'enflammait à rechercher et à goûter plus avidement la suavité de l'amour divin[1].

Tant que les transports de la mystique se traduisaient en images de nature symbolique, si exubérantes fussent-elles, l'Église fermait les yeux. Jean Brugman, prêcheur populaire néerlandais, compare avec force détails Jésus prenant forme humaine à l'ivrogne qui s'oublie, qui ne voit pas le danger, qui donne tout ce qu'il a. « Oh ! n'était-il pas vraiment ivre, lorsque l'amour le poussa à descendre du haut des cieux dans cette vallée très basse de la terre ? » Il le voit au ciel versant à boire à la ronde aux prophètes, à pleins verres, « et ils burent à en crever et David avec sa harpe sautait devant la table tout comme s'il était le fou du Seigneur[2] ».

Non seulement le grotesque Brugman, mais le pur Ruysbroeck lui-même donnait à l'amour de Dieu les attributs de l'ivresse. À côté de l'enivrement, la faim aussi servait de symbole. Sans doute ces images avait-elle été suggérées par les paroles de l'Ecclésiastique : « *qui edunt me, adhuc esurient, et qui bibunt me, adhuc sitient*[3] », paroles qui, prononcées par la Sagesse, avaient été attribuées au Christ. Voici, par Ruysbroeck, la représentation de l'esprit de l'homme torturé par la faim éternelle de son Dieu : « Ici naît une faim sans trêve qui n'est jamais rassasiée ; c'est une avidité intérieure et une ardeur dévorante de la puissance aimante et de l'esprit créé pour un bien incréé. Ceux qui en font l'expérience sont les plus pauvres

1. Gerson, *De distinctione […]*, *Opera*, I, p. 55.
2. Moll, *Brugman*, I, p. 234 et 314.
3. L'Ecclesiastique, 24, 29 ; *cf.* Maître Eckhart, *Predigten*, n° 43, p. 146 et 26.

des hommes, car ils sont avides et pleins de désirs et ils ont une faim insatiable. Quoi qu'ils mangent ou boivent, ils ne sont jamais rassasiés de cette manière, car cette faim est éternelle. Si Dieu donnait à ces gens tous les dons que possèdent les saints, excepté lui-même, cette avidité de l'esprit demeurerait quand même insatisfaite. »

Et cette image de la faim est aussi interchangeable et peut être appliquée au Christ : « Sa faim est démesurément grande ; il nous consomme en entier jusqu'au fond car il est un glouton avide tourmenté d'une faim vorace ; il dévore jusqu'à la moelle de nos os... Tout d'abord, il prépare son repas et consume dans l'amour tous nos péchés et nos défauts. Puis quand nous sommes purifiés et rôtis par le feu de l'amour, il ouvre la bouche comme un être vorace qui veut tout engloutir... Ah ! si nous pouvions voir l'envie gourmande que le Christ a de notre salut, nous ne pourrions pas nous retenir, nous lui volerions dans la gorge[1]... »

Un pas de plus, et nous tombons des transports du mysticisme dans le symbolisme le plus plat. « Vous le mangerés, dit de l'Eucharistie *Le Livre de crainte amoureuse* de Jean Barthelemy, rôi au feu, bien cuit, non point ars ou brulé. Car ainsi l'aigneau de Pasques entre deux feux de bois ou de charbon estoit cuit convenablement et roty, ainsi le doulx Jésus, le jour du Vendredi sacré, fut en la broche de la digne croix mis, attachié et lié entre les deux feux de très angoisseuse mort et passion, et de très ardentes charité et amour qu'il avoit à nos âmes et à nostre salut, il fut comme roty et langoureusement cuit pour nous saulver[2]. »

Les images de l'ivresse et de la faim sont en elles-

1. Ruysbroeck, *Die Spieghel der ewigher salicheit*, cap. 7 ; *Die Chierh eit der gheesteleker brulocht*, l. II, c. 53, *Werken*, éd. David, en Snellaert, Maatsch. der Vlaemsche bibliophilen, 1860, 1868, III, p. 156-159, VI, p. 132.

2. D'après le manuscrit, dans Oulmon, *op. cit.*, p. 277.

mêmes une réfutation de l'opinion d'après laquelle il faudrait donner à l'expression des délices religieuses un sens érotique[1]. L'effusion de la grâce divine est comparée à une boisson ou à un bain. Une dévote de Diepenveen se sent tout inondée par le sang du Christ et s'évanouit[2]. Le sang du Christ hante l'imagination et donne lieu aux transports les plus enivrants. Les plaies de Jésus, dit saint Bonaventure, sont les fleurs de sang de notre paradis doux et fleuri, où l'âme comme un papillon, plane, bubant à l'une et à l'autre. Par la plaie du flanc, l'âme pénètre jusqu'au cœur de Jésus lui-même. Le sang coule comme les ruisseaux du paradis. Tout le sang rouge et chaud des cinq plaies a coulé par la bouche d'Henri Suson jusque dans son cœur[3]. Catherine de Sienne a bu à la plaie du flanc, d'autres ont goûté au lait de la Vierge : saint Bernard, Henri Suson, Alain de La Roche.

Alain de La Roche, en latin Alanus de Rupe, est un représentant très caractéristique de la dévotion fantaisiste et de l'imagination religieuse ultra-concrète du XVe siècle. Né en Bretagne vers 1428, ce dominicain a surtout vécu dans le nord de la France et dans les Pays-Bas. Il mourut à Zwolle en 1475 chez les Frères avec qui il entretenait les relations les plus suivies. Il a été le zélé promoteur de l'usage du rosaire, en vue duquel il fonda la confrérie universelle du psautier de Notre-Dame. L'œuvre de ce visionnaire, composée en majeure partie de sermons et de descriptions de ses visions[4], se signale par un excès d'imagination sexuelle et l'absence de l'émotion qui pourrait justifier ces excès. Le ton passionné qui, chez les grands mys-

1. Voir la réfutation de cette opinion par James, *op. cit.*, p. 10, 191 et 276.

2. Moll, *Brugman*, II, p. 84.

3. Oulmont, *op. cit.*, p. 204 et 210.

4. *B. Alanus redivivus*, éd. J. A. Coppenstein, Naples, 1642, p. 29, 31, 105, 108, 116, etc.

tiques, rend supportables ces images sensuelles de faim, de soif, de sang et de volupté, fait totalement défaut. Le symbolisme de l'amour spirituel est devenu chez lui un procédé. Dans ces méditations sur chacune des parties du corps de Marie, dans la description minutieuse de la grâce dont il jouit de se désaltérer au lait de la Vierge, dans le symbolisme qui lui fait appeler chacune des paroles du Pater le lit nuptial d'une des vertus, s'exprime la décadence de la piété fortement colorée du Moyen Âge.

Dans la fantaisie démoniaque aussi, l'élément sexuel joue un rôle : Alain de La Roche voit les bêtes figurant les péchés munies d'horribles organes génitaux émettant des torrents de feu qui obscurcissent la terre de leur fumée ; il voit la « *meretrix apostasiae* », la prostituée de l'apostasie, enfantant des apostats, les dévorant et les vomissant tour à tour, les embrassant et les choyant comme une mère[1].

C'était le revers de la suavité des dévots modernes. L'esprit recelait, complément inévitable des douces fantaisies célestes, un noir abîme de visions infernales, exprimées, elles aussi, dans la langue ardente d'une sensualité terrestre. Il n'y a pas lieu de s'étonner qu'il existe des rapports entre le piétisme tranquille et doux des Windesheimers et ce que le Moyen Âge à son déclin a produit de plus sombre : la persécution des sorcières, érigée en un système de zèle théologique et de sévérité judiciaire. Alain de La Roche est un trait d'union entre ces deux états d'esprit. Hôte familier des Frères de Zwolle, il fut aussi le précepteur de Jacques Sprenger, dominicain comme lui, l'un des deux auteurs du *Malleus Maleficarum* et le propagateur en Allemagne de la confrérie du rosaire, fondée par Alain.

---

1. *Ibid.*, p. 209 et 218.

CHAPITRE XV

Le symbolisme à son déclin

La foi attendrie de l'époque tendait, nous l'avons vu, vers une représentation riche et colorée. L'esprit croyait saisir le mystère en lui donnant une forme perceptible. Le besoin d'adorer l'ineffable sous des signes matériels ne cessait de créer de nouvelles figures. Au XIVe siècle, la croix et l'agneau, objets visibles de l'amour débordant porté à Jésus, deviennent insuffisants ; il s'y ajoute l'adoration du nom de Jésus qui menace même d'éclipser celle de la croix. Henri Suson se tatoue sur le cœur le nom de Jésus et se compare à l'amant qui porte le nom de sa bien-aimée brodé sur ses vêtements. Il envoie à ses amis spirituels de petits mouchoirs où est brodé le très doux nom[1]. Bernardin de Sienne, à la fin d'un sermon sensationnel, allume deux chandelles et montre à la foule un écriteau, long d'une aune, portant sur fond azur le nom de Jésus en lettres d'or, entouré de rayons : « Le peuple qui remplit l'église s'agenouille pleurant et

1. Seuse, *Leben*, kap., 4, 45 ; *Deutsche Schriften*, p. 15, 154 ; *Acta sanctorum*, janvier, t. II, p. 656.

sanglotant de douce émotion et de tendre amour pour Jésus[1]. » La coutume se répand, surtout chez les prédicateurs franciscains. Une gravure nous est restée qui représente Denis le Chartreux élevant dans ses mains un cartouche de ce genre. Le soleil comme cimier des armes de Genève dérive de cet usage[2]. Les autorités ecclésiastiques s'émurent ; on parla de superstition et d'idolâtrie ; il y eut des tumultes. Bernardin dut comparaître en cour de Rome et l'usage fut condamné par le pape Martin V[3]. Mais le désir d'adorer le Christ sous une forme visible trouva bientôt une satisfaction licite : l'ostensoir exposait à l'adoration l'hostie sacrée elle-même. Originairement, c'est-à-dire au XIVe siècle, il avait la forme d'une tour ; il prit bientôt celle d'un soleil rayonnant, symbole de l'amour divin. Ici aussi, l'Église fit d'abord des objections ; l'usage de l'ostensoir ne fut permis, au début, que pendant la semaine de la Fête-Dieu.

L'abondance des images où la pensée médiévale à son déclin risquait de se dissoudre n'aurait été qu'une fantasmagorie chaotique, si la conception symbolique n'avait tout embrassé dans un vaste système où chaque figure trouvait sa place. Nulle vérité n'était plus présente à l'esprit médiéval que la parole de saint Paul aux Corinthiens : « *Videmus nunc per speculum in aenigmate, tunc autem facie ad faciem.* »

Le Moyen Âge n'a jamais oublié que toute chose serait absurde si sa signification se bornait à sa fonction immédiate et à sa phénoménalité, et qu'au contraire, par son essence, toute chose tendait vers l'au-delà. Cette idée nous est familière, en dehors même de toute

1. Hefele, *op. cit.*, p. 167 ; *cf.* p. 259, Bernardin prend la défense de l'usage.

2. Eug. Demole, Le soleil comme cimier des armes de Genève, mentionné dans la *Revue historique*, CXXIII, p. 450.

3. Rod. Hospinianus, *De templis [...]*, éd. IIa, Tiguri, 1603, p. 213.

pensée expressément religieuse. Qui ne connaît des moments où les choses ordinaires semblent avoir une signification autre et plus profonde que la signification commune ? Cette sensation tantôt prend la forme d'une appréhension morbide qui fait paraître toute chose pleine de menaces ou d'énigmes qu'il faut à tout prix résoudre. Tantôt, et plus souvent, elle nous remplit de tranquillité et d'assurance en nous convainquant que nous avons part à ce sens secret du monde. Plus cette sensation se rattache au principe unique d'où émane toute chose, plus l'intuition d'un moment lucide tendra à devenir une conviction permanente. « En cultivant le sens permanent de notre rapport avec la puissance qui créa les choses, nous devenons plus aptes à leur réception. La face externe de la nature n'a pas besoin de changer, les significations changent. C'était la mort, et voilà que cela redevient la vie. C'est la différence qui existe à regarder quelqu'un avec détachement ou avec les yeux de l'amour... Quand nous voyons toute chose en Dieu et que nous rapportons tout à lui, nous lisons dans les choses vulgaires des significations supérieures[1]. »

C'est là le fond psychologique sur lequel croît le symbolisme. En Dieu, nulle chose n'est vide de sens : « *nihil cavum neque sine signo apud Deum* », a dit saint Irénée[2]. La conviction que tout a une signification transcendante cherchera à se formuler. Autour de la figure de la divinité se cristallisera le système imposant des figures symboliques, qui se rapportent toutes à lui, parce que toute chose a son sens en lui. L'univers se déploie comme un vaste ensemble de symboles, se dresse comme une cathédrale d'idées. C'est la conception du monde la plus richement rythmique, c'est l'expression polyphone de l'harmonie éternelle.

Au Moyen Âge, l'attitude symboliste a été beaucoup

1. James, *Varieties of Religious Experience*, p. 474-475.
2. Irénée, *Adversus haereses libri V*, l. IV, c. 21.

plus accentuée que l'attitude causale ou génétique. Non pas que la manière d'envisager le monde comme une évolution soit complètement absente ; la pensée médiévale s'est évertuée aussi à comprendre les choses par leurs origines. Mais elle ne disposait pour cela que des moyens déductifs, ne connaissant pas l'expérimentation, et à peine l'observation et l'analyse. Pour s'expliquer comment une chose provenait d'une autre, elle se servait des images naïves de la procréation et de la ramification. Elle se représentait les rapports d'origine sous les figures de généalogie ou d'arbres. Un *Arbor de origine juris et legum*, par exemple, classait le droit entier sous forme d'un arbre aux branches nombreuses. À cause de cette méthode lapidaire, la pensée évolutionniste du Moyen Âge devait rester schématique, arbitraire et stérile.

Du point de vue causal, le symbolisme se présente comme une espèce de court-circuit de la pensée. Au lieu de chercher le rapport de deux choses en suivant les détours cachés de leurs relations causales, la pensée, faisant un bond, le découvre, tout à coup, non comme une connexion de cause ou d'effet, mais comme une connexion de signification et de finalité. Un rapport de ce genre pourra s'imposer dès que deux choses auront en commun une qualité essentielle qu'on peut rapporter à une valeur générale. Ou, pour employer la terminologie de la psychologie expérimentale : toute association basée sur une similitude quelconque peut déterminer immédiatement l'idée d'une connexion essentielle et mystique. Fonction mentale assez pauvre, si l'on en restait là. De plus, fonction très primitive, si l'on se place au point de vue ethnologique. Dans la pensée primitive, les lignes de démarcation sont confuses. Par suite, cette pensée incorpore dans le concept d'une chose déterminée toutes les notions qui s'y rattachent par une relation ou une similitude quelconques. Or nous voilà tout près du symbolisme.

Il est cependant possible d'envisager le symbolisme sous un jour plus favorable, en quittant un peu le point de vue de la science moderne. Le symbolisme perdra cette apparence d'arbitraire et d'inachèvement, si l'on se rend compte du fait qu'il est lié indissolublement à la conception du monde qu'on a appelée au Moyen Âge *réalisme*, et que nous appellerions, quoique moins exactement, idéalisme platonique.

L'assimilation symbolique fondée sur des propriétés communes n'a de sens que si ces propriétés sont tenues pour l'essence des choses. La vision de roses blanches et roses épanouies entre les épines fera naître aussitôt dans l'esprit médiéval une assimilation symbolique : celle, par exemple, de vierges et de martyrs tout brillants de gloire au milieu de leurs persécuteurs. L'assimilation se produit parce que les attributs sont les mêmes : la beauté, la tendresse, la pureté, les couleurs des roses sont aussi celles des vierges et des martyrs. Mais ce rapport n'aura de sens mystique que si le moyen terme, qui relie les deux termes du concept symbolique, rend ce qu'ils ont d'essentiel ; en d'autres mots, si les couleurs rouge et blanche sont plus que les appellations d'une différence physique à base quantitative, si elles sont des réalités indépendantes. La pensée du sauvage, de l'enfant et du poète ne les voit jamais autrement[1].

Or la beauté, la tendresse, la blancheur, étant des réalités, seront des entités ; par conséquent tout ce qui est beau, tendre ou blanc doit avoir une essence commune, une même raison d'être, une même signification par rapport à Dieu.

Il existe donc un lien indissoluble entre le symbolisme et le réalisme, au sens scolastique du mot.

Gardons-nous d'avoir trop présente à l'esprit la querelle des universaux. Sans doute le réalisme qui

1. Sur la nécessité de ce réalisme, *cf.* James, *op. cit.*, p. 56.

déclarait les *universalia ante rem* et attribuait l'essentialité et la préexistence aux idées générales n'a pas dominé sans conteste la pensée du Moyen Âge. Il y a eu aussi des nominalistes ; la doctrine des *universalia post rem* a eu des partisans. Mais il ne paraît pas trop hardi d'affirmer que le nominalisme radical n'a jamais été qu'un contre-courant, une réaction, une opposition et que le nominalisme nouveau et modéré, celui des Occamistes ou modernes, n'a fait qu'obvier à certains inconvénients d'un extrême réaliste, tout en laissant intacte la direction de pensée réaliste inhérente à la civilisation entière du Moyen Âge.

Inhérente à la civilisation tout entière. Car ce qui importe en premier lieu, ce n'est pas la querelle de théologiens sagaces, mais ce sont les idées qui dominent les expressions de la pensée et de l'imagination. Ces idées sont d'un réalisme extrême, non parce que la théologie s'était depuis longtemps formée à l'école du néo-platonisme, mais parce que, indépendamment de toute philosophie, le réalisme est la façon de penser primitive. Pour l'esprit primitif, tout ce qu'on peut nommer est une entité et prend une figure qui se projette sur le ciel. Cette figure, dans la plupart des cas, sera la forme humaine.

Tout réalisme, au sens scolastique, mène à l'anthropomorphisme. Après avoir attribué à l'idée une existence réelle, l'esprit voudra voir cette idée vivante et ne le pourra qu'en la personnifiant. Ainsi naît l'allégorie. Elle n'est pas la même chose que le symbolisme. Celui-ci constate un rapport mystérieux entre deux idées, l'allégorie donne une forme visible à la conception de ce rapport. Le symbolisme est une fonction très profonde de l'esprit. L'allégorie est superficielle. Elle aide la pensée symbolique à s'exprimer mais elle la compromet en même temps en substituant une figure à une idée vivante. La force du symbole s'épuise dans l'allégorie.

Quoique l'allégorie soit entrée dans la pensée

médiévale comme une défroque de la latinité classique en pleine décadence, par les écrits de Martianus Capella et de Prudence, et quoiqu'elle ait souvent un air suranné et pédantesque, le besoin de s'exprimer par allégorie a été certainement très vivant. Comment d'ailleurs s'expliquer sans cela la préférence dont cette forme a joui pendant si longtemps ?

Pris ensemble, les trois modes de pensée qu'on vient d'esquisser, réalisme, symbolisme et personnification, ont projeté sur la pensée du Moyen Âge comme un flot de lumière. La psychologie en finirait aisément avec le symbolisme en le traitant d'association d'idées ; mais l'histoire de la civilisation doit le traiter avec plus de respect. L'interprétation symbolique du monde a été d'une valeur éthique et esthétique incomparable. Embrassant toute la nature et toute l'histoire, le symbolisme a donné une image du monde d'une unité encore plus rigoureuse que celle que peut suggérer la science moderne. Il y a introduit un ordre irréprochable, une structure architectonique, une subordination hiérarchique. Car il est nécessaire que dans chaque rapport symbolique il y ait un terme supérieur et un terme inférieur. Deux choses équivalentes ne se prêtent pas à un rapport symbolique, sauf le cas où elles se rattachent toutes les deux à une troisième de nature plus élevée.

La pensée symboliste permet une infinité de relations entre les choses. Chaque chose peut désigner par ses différentes particularités plusieurs idées, et une particularité peut aussi avoir plusieurs significations symboliques. Les conceptions les plus hautes ont des symboles par milliers. Nulle chose n'est trop humble pour figurer le sublime et le glorifier. La noix signifie le Christ ; l'amande savoureuse est sa nature divine ; l'enveloppe verte et charnue qui la recouvre, c'est son humanité ; le bois de la coquille, c'est la croix. Ainsi tout sert à élever la pensée vers ce qui est éternel ; une chose soutient l'autre d'échelon en échelon jusqu'au sommet ; la conscience de la majesté divine se transfuse dans toutes les conceptions de l'esprit, leur donnant une haute valeur esthétique et morale. Chaque pierre brille de l'éclat de toutes ses valeurs symboliques. L'assimilation des roses et de la virginité est bien plus qu'une comparaison poétique : elle révèle leur essence commune. Le symbolisme parfait crée pour chaque notion un accord d'idées. La particularité de chacune d'elles dans cette harmonie se perd et la rigueur de la conception rationnelle est tempérée par le pressentiment d'une unité mystique.

L'harmonie règne entre tous les domaines spirituels. L'Ancien Testament est la préfiguration du Nouveau, l'histoire profane réfléchit l'un et l'autre. Autour de chaque idée se groupent d'autres idées formant une figure symétrique, comme dans le kaléidoscope. Tous les symboles enfin se groupent autour du mystère central de l'eucharistie ; là, il y a plus que similitude symbolique, il y a identité : l'hostie est le Christ, et le prêtre, en l'absorbant, devient vraiment le sépulcre du Seigneur. Chaque symbole participe à la réalité du plus haut mystère, chaque signification aboutit à une unité mystique[1].

Le symbolisme a permis au Moyen Âge d'estimer le monde, abject en soi, et d'ennoblir les occupations terrestres. Car chaque métier a des rapports symboliques avec le sublime et la sainteté. Le travail de l'artisan est appelé par saint Bonaventure l'incarnation éternelle du Verbe et l'alliance entre Dieu et l'âme[2]. L'amour profane lui-même est rattaché par le symbolisme à l'amour divin. La souffrance individuelle n'est qu'une ombre de la souffrance divine, et la vertu n'est qu'une réalisation partielle de l'idée du bien. Le sym-

---

1. Saint Bernard, *Libellus ad quendam sacerdotem*, dans Denis le Chartreux, *De vita et regimine curatorum*, t. XXXVII, p. 222.

2. Bonaventura, *De reductione artium ad theologiam, Opera*, éd. Paris, 1871, t. VII, p. 502.

bolisme, en détachant ainsi la souffrance et la vertu personnelles de la sphère de l'individu pour les élever dans celle de l'universel, a constitué un contrepoids salutaire à l'individualisme religieux, si accentué au Moyen Âge, c'est-à-dire à la recherche du salut personnel.

Le symbolisme enfin a été comme une musique sur le texte des dogmes formulés qui, sans lui, auraient été trop rigides et trop explicites. « En ce temps où la spéculation est encore toute scolaire, les concepts définis sont facilement en désaccord avec les intuitions profondes[1]. » Le symbolisme ouvrit à l'art toute la richesse des conceptions religieuses et lui permit de traduire dans son langage sonore et coloré, mais vague et flottant, les institutions les plus profondes et les plus hautes aspirations de l'âme.

Le Moyen Âge à son déclin présente cette pensée en sa dernière floraison. Le monde s'étend, déployé dans une figuration universelle et les symboles sont comme des fleurs pétrifiées. De tout temps, d'ailleurs, le symbolisme a eu tendance à devenir purement mécanique et à dégénérer en habitude. Il n'est pas le produit de la seule exaltation poétique, mais aussi de la pensée, à laquelle il s'accroche comme une plante parasite.

L'assimilation ne repose souvent que sur une égalité de nombre. Une perspective immense de dépendances d'idées s'ouvre de ce fait, mais ce ne sont que des exercices d'arithmétique. Ainsi, les douze mois signifieront les apôtres ; les quatre saisons, les évangélistes ; l'année, le Christ[2]. Il se forme tout un agglomérat de systèmes de sept. Aux sept vertus correspondent les sept

1. P. Rousselot, *Pour l'histoire du problème de l'amour*, Bäumker et Von Hertling, *Beitr. zur Gesch. der Philosophie im Mittelalter*, VI, 6, Münster, 1908.

2. Sicard, *Ministrale sive de officiis ecclesiasticis summa*, Migne, t. CCXIII, c. 232.

prières du *Pater*, les sept dons du Saint-Esprit, les sept béatitudes et les sept psaumes de la pénitence. Tous ces groupes de sept sont en rapport avec les sept moments de la Passion et les sept sacrements. Chacun d'eux s'oppose aux sept péchés capitaux qui sont représentés par sept animaux et suivis par sept maladies[1].

Un directeur d'âme comme Gerson, à qui ces exemples sont empruntés, mettra l'accent sur la valeur morale et pratique du rapport symbolique. Chez un visionnaire comme Alain de La Roche, c'est l'élément esthétique qui prévaut[2]. Ses spéculations symboliques sont très compliquées et un peu factices. Il lui faut un système où entrent les nombres quinze et dix, représentant les cycles de cent cinquante *Ave* et de quinze *Pater* qu'il prescrit à sa confrérie du Rosaire. Les quinze *Pater* sont les quinze moments de la Passion, les cent cinquante *Ave* sont les psaumes. Et bien plus encore. Il additionne les onze sphères célestes avec les quatre éléments, multiplie ensuite par les dix catégories (substance, qualité, etc.). Il obtient comme produit cent cinquante habitudes naturelles. Pareillement, la multiplication des dix commandements par quinze vertus donne cent cinquante habitudes morales. Pour arriver au chiffre de quinze vertus, il compte, outre les trois vertus théologales et les quatre vertus cardinales, sept vertus capitales, ce qui fait quatorze ; restent deux autres vertus : religion et pénitence, cela fait seize, donc une de trop ; mais comme tempérance, de la série cardinale, se confond avec abstinence, de la série capitale, on obtient finalement le nombre quinze. Chacune de ces quinze vertus est une reine ayant son lit nuptial dans une des parties du *Pater*. Chacun des mots de l'*Ave* signifie une des quinze perfections de la Vierge et en même temps une pierre précieuse sur le

1. Gerson, *Compendium Theologiæ*, *Opera*, I, p. 234, 303 et 325 ; *Meditatio super septimo psalmo poenitentiali*, *ibid.*, IV, p. 26.
2. *Alanus redivivus, passim.*

rocher angélique qu'elle est elle-même. Chaque mot chasse un péché ou l'animal qui le représente. Ils sont autre chose encore : les branches d'un arbre qui porte tous les bienheureux, les marches d'un escalier. Pour ne citer que deux exemples : le mot *Ave* signifie l'innocence de la Vierge et le diamant ; il chasse l'orgueil ou le lion qui le représente. Le mot *Maria* désigne la sagesse et l'escarboucle ; il chasse l'envie, figurée par un chien très noir. Dans ses visions, Alain voit les formes horribles des bêtes du péché et les couleurs éclatantes des pierres précieuses dont les propriétés merveilleuses éveillent de nouvelles associations symboliques. La sardoine est noire, rouge et blanche, comme Marie est noire dans son humilité, rouge dans ses douleurs et blanche dans sa gloire et sa grâce. Employée comme un sceau, elle ne retient pas la cire, et signifie par là la vertu d'honnêteté ; elle rend honnête et chaste. La perle est le mot *gratia* et aussi la grâce de Marie. Elle naît dans une coquille de la mer, de la rosée du ciel, « *sine admixtione cuiuscunque seminis propagationis* ». Et voici un exemple où le symbolisme devient un vrai kaléidoscope. Par les mots : « née de la rosée du ciel » est évoqué un autre trope de la naissance virginale : la toison de Gédéon implorant le signe céleste.

Le symbolisme était usé. La recherche de symboles et d'allégories était devenue un vain jeu de l'esprit, une fantaisie superficielle sur une seule analogie. La sainteté de l'objet lui donne encore quelque peu de valeur spirituelle. Mais dès que la manie du symbolisme, s'applique aux matières profanes ou simplement morales, la décadence apparaît. Froissart, dans *Li orloge amoureus*, compare aux pièces d'une horloge toutes les particularités de l'amour[1]. Chastellain et Molinet rivalisent en symbolisme politique. Les trois états représentent les qualités de la Vierge. Les sept

1. Froissart, *Poésies*, éd. Scheler, I, p. 53.

électeurs de l'empire signifient les vertus ; les cinq villes d'Artois et de Hainaut qui, en 1477, restèrent fidèles à la maison de Bourgogne, sont les cinq vierges sages[1]. Au fond, c'est un symbolisme en sens inverse, où le supérieur désigne l'inférieur, parce que, dans la pensée de ces auteurs, les choses terrestres l'emportent sur les conceptions saintes qui leur servent d'ornements.

Le *Donatus moralisatus seu per allegoriam traductus*, attribué parfois, mais à tort, à Gerson, mêlait la grammaire latine à la théologie ; le nom, c'est l'homme, le pronom signifie qu'il est pécheur. Le degré le plus bas du symbolisme est représenté par des œuvres comme *Le Parement et triumphe des dames* d'Olivier de La Marche, où chaque pièce du costume féminin désigne une vertu, thème développé aussi par Coquillart.

De la pantoufle ne nous vient que santé
Et tout prouffit sans griefve maladie,
Pour luy donner tiltre d'auctorité
Je luy donne le nom d'humilité.

Ainsi les souliers signifient soin et diligence, les bas persévérance, la jarretière résolution, etc.[2]

Il est évident qu'aux hommes du Moyen Âge, ce genre ne paraissait pas aussi insipide qu'à nous. Autrement ils ne l'auraient pas cultivé avec tant de soin. Il faut en conclure que, pour le XVe siècle, le symbolisme et l'allégorie n'avaient pas encore perdu leur force vivante. La tendance à symboliser et à personnifier était si primesautière que presque chaque pensée prenait d'elle-même une forme figurée. Chaque idée considérée comme une entité et chaque qualité comme une essence, l'imagination les revêtait aussitôt d'une

1. Chastellain, *Traité par forme d'allégorie mystique sur l'entrée du roy Loys en nouveau règne*, *Œuvres*, VII, p. 1 ; Molinet, II, p. 71, III, p. 112.

2. Cf. Coquillart, *Les Droits nouveaux* et d'Héricault, I, p. 72.

forme personnelle. Denis le Chartreux, dans ses révélations, voit l'Église tout aussi personnelle et théâtrale qu'elle l'était sur la scène des jeux allégoriques. Une de ses révélations se rapporte à la réforme future de l'Église, telle que la souhaitaient lui et son ami, le cardinal Nicolas de Cuse. La beauté spirituelle de cette église épurée lui apparaît sous la forme d'un vêtement superbe et précieux, merveilleux de couleurs et d'ornements. Une autre fois, il voit l'Église opprimée : laide, velue, exsangue, et débile. Le Seigneur dit : « Écoute ta mère, ma fiancée, Sainte Église. » Et aussitôt, Denis entend la voix comme si elle sortait de la personne de l'Église « *quasi ex persona Ecclesiæ*[1] ». La pensée revêt donc immédiatement la forme figurée ; et cette forme suffira pour évoquer les associations désirées, sans qu'il soit nécessaire d'expliquer en détail l'allégorie. La pensée se résout dans l'image, comme elle peut pour nous se résoudre dans la musique.

Qu'on se rappelle encore les personnages allégoriques du *Roman de la Rose*. Il nous faut un effort pour imaginer Bel Accueil, Doulce Mercy, Humble Requeste. Pour les hommes du Moyen Âge, par contre, ces figures avaient une valeur esthétique et sentimentale très vivante qui les mettait sur le même pied que ces divinités que les Romains dérivaient d'abstractions, Pavor, Pallor, Concordia, etc. Sinon, le *Roman de la Rose* eût été pour ainsi dire illisible. Dans les esprits du Moyen Âge, Doux Penser, Honte, Souvenir et le reste ont vécu d'une vie quasi divine. La figure de Danger subit une concrétisation plus violente encore. Originairement, c'est le danger qui menace l'amant par son racolage ou c'est la réserve de la dame. Il finit par désigner dans le jargon amoureux le mari jaloux qu'il faut tromper.

Il n'est pas rare que, pour exprimer une pensée

1. *Opera*, I, p. XLIV *sq*.

d'une importance spéciale, on ait recours à l'allégorie. Ainsi l'évêque de Chalon, voulant adresser à Philippe le Bon une remontrance politique sérieuse, donne à cet avertissement une forme allégorique et le présente au duc à Hesdin, le jour de la saint André 1437. Haultesse de Signourie, chassée de l'empire, réfugiée d'abord en France, puis à la cour de Bourgogne, est inconsolable et se plaint des pièges que lui tendent Incurie du prince, Mollesse de conseil, Envie des serviteurs, Exaction de sujets, auxquelles, pour les chasser, il faudrait opposer Vigilance, etc.[1] Bref, toute l'argumentation politique a pris la forme d'un tableau vivant. Puisque c'était là la manière de faire impression, il fallait bien que l'allégorie eût une force suggestive que nous avons de la peine à nous imaginer.

Le bourgeois de Paris est un homme d'esprit prosaïque qui se soucie peu d'orner son style. Cependant, arrivé aux événements les plus effroyables de son récit, c'est-à-dire aux meurtres bourguignons à Paris en juin 1418, il s'élève tout à coup jusqu'à l'allégorie[2]. « Lors se leva la déesse de Discorde, qui estoit en la tour de Mau-conseil, et esveilla Ire la forcenée et Convoitise et Enragerie et Vengence, et prindrent armes de toutes manières et boutèrent hors d'avec eulx, Raison, Justice, Memoire de Dieu et Atemprance moult honteusement. » Cette description continue, entremêlée de récits réalistes : « Et en mains que on yroit cent pas de terre depuis que mors estoient, ne leur demouroit que leurs brayes, et estoient en tas comme porcs ou milieu de la boe... » Son récit des atrocités est entièrement composé sur le mode symbolique : « Lors Forcenerie la desvée, et Murtre et Occision occirent, abatirent, tuèrent, murtrirent tout ce qu'ilz trouverent es prinsons... et Convoitise avoit

1. J. Mangeart, Catalogue des manuscrits de la bibliothèque de Valenciennes, 1860, p. 687.

2. *Journal d'un bourgeois de Paris,* p. 96.

les pans à la saincture, avec Rapine sa fille et son fils Larrecin... Après allèrent cedit peuple par l'ennortement [exhortation] de leurs déesses qui les menoient, c'est assavoir Ire, Convoitise et Vengence, par toutes les prinsons publicques de Paris... »

Pourquoi l'auteur use-t-il de l'allégorie ? Pour donner à son récit un tour plus solennel que celui qu'il emploie pour les événements quotidiens qu'il note d'ordinaire dans son journal. Il a besoin de voir dans ces atroces événements autre chose que le crime de quelques individus ; l'allégorie est pour lui le moyen d'en rendre le sens tragique.

Cet abus choquant de l'allégorie montre combien sa fonction restait vivace. Nous pouvons encore tolérer l'allégorie dans un tableau vivant dont les antiques défroques montrent que nous avons affaire à un jeu. Mais le XVe siècle la supporte, de même qu'il supporte les saints, revêtus des vêtements de tous les jours. Il peut aussi créer des personnifications pour toute idée qu'il s'agit d'exprimer. Pour raconter la « moralité » du jeune homme étourdi que la vie de cour mène à la ruine, Charles de Rochefort invente de toutes pièces dans l'*Abuzé en court* une série de personnages à l'instar de ceux de la *Rose* et ces pâles personnifications : Fol cuidier, Folle bombance et le reste apparaissent dans les miniatures de l'ouvrage comme des gentilshommes de l'époque. Le Temps n'a pas besoin de barbe ou de faux, et paraît en pourpoint et en chaussures. La banalité même de l'allégorie prouve son étonnante vitalité. Olivier de La Marche ne s'étonne pas de ce que les douze vertus, personnages d'un « entremets » aux fêtes de la cour à Lille en 1454, après avoir lu leurs petits poèmes, se mettent à danser « en guise de mommerie et à faire bonne chière, pour la feste plus joyeusement parfournir[1] ».

1. La Marche, II, p. 378.

On conçoit, à la rigueur, qu'une figure humaine soit attribuée à des vertus ou à des sentiments, mais l'esprit du Moyen Âge n'hésite pas à étendre le procédé à des notions qui, pour nous, ne peuvent avoir de personnalité aucune. Carême, par exemple, est un personnage vivant. *La Bataille de karesme et de charnage*, c'est-à-dire des jours gras et des jours de jeûne, illustrée plus tard par la fantaisie de Breughel, est une création du XIIIe siècle[1]. Le proverbe connaît le personnage : « Quaresme fait ses flans la nuit de Pasques. » En certaines villes de l'Allemagne du Nord, on le représente sous la figure d'une poupée, suspendue dans le chœur et découpée pendant la messe, le mercredi avant Pâques[2].

Y a-t-il une différence entre l'idée que l'on avait des saints et celle qu'on se faisait des personnages purement symboliques ? Sans doute, les premiers étaient reconnus par l'Église, ils avaient un caractère historique, leurs statues de bois ou de pierre ; mais, après tout, il est permis de se demander si dans l'imagination populaire, Fortune ou Faux semblant n'apparaissaient pas comme des êtres aussi réels que sainte Barbe et saint Christophe.

D'autre part, entre l'allégorie du Moyen Âge et la mythologie de la Renaissance, il n'y a pas, à proprement parler, contraste. Les figures mythologiques accompagnent l'allégorie pendant une grande partie du Moyen Âge : Vénus joue son rôle dans les poèmes du XIIe et du XIIIe siècle. L'allégorie, de son côté, garde toute sa vogue au XVIe siècle, et même plus tard. Au XIVe siècle, commence une lutte entre l'allégorie et la

---

1. *Cf. Hre Ire de la Fce*, t. XXIV, p. 541 ; Gröber, *Gundriss*, II, Ire partie, p. 877 ; II, IIe partie, p. 406 ; *Les Cent Nouvelles Nouvelles*, II, p. 183 (nouvelle éd. P. Champion, dans la série Documents artistiques du XVe siècle, Paris, Droz, 1929) ; Rabelais, *Pantagruel*, t. IV, ch. XXIX.

2. H. Grotefend, *Korrespondenzblatt des Gesamtvereins [...]*, 67, 1919, p. 124.

mythologie. Dans les poésies de Froissart, à côté de Doux Semblant, Jonece, Plaisance, Refus, Dangier, Escondit (Excuse), Franchise, paraît une étrange collection de figures mythologiques presque méconnaissables : Atropos, Cloto, Lachesis, Telephus, Ydrophus, Neptisphoras ! Les dieux et les déesses ont d'abord moins de vie que les personnages de la *Rose* : ils sont creux et pâles ; ou bien ils deviennent excessivement baroques et n'ont plus rien de classique, comme dans l'*Epistre d'Othéa à Hector* de Christine de Pisan. La Renaissance opère un revirement complet. Les Olympiens et les nymphes l'emportent. De l'Antiquité leur viennent une richesse de style et de sentiment, une beauté poétique et surtout une harmonie avec la nature à côté desquelles pâlit et disparaît l'allégorie, jadis si vivante.

Le symbolisme, avec sa servante l'allégorie, était devenu un jeu de l'esprit. Ce qui avait été riche de sens en était dépourvu. La mentalité symbolique empêchait le développement de la pensée causale, parce que le rapport causal et génétique devait paraître insignifiant auprès du rapport symbolique. C'est ainsi que le symbolisme sacré des deux luminaires et des deux épées a longtemps barré le chemin à la critique historique et juridique de l'autorité papale. Car ces deux symboles établissaient la primauté de saint Pierre directement, non pas à l'aide de comparaisons frappantes, mais en dévoilant le fond mystique de l'autorité du pape et de celle de l'empereur. Dante dans sa *Monarchia* devra d'abord affaiblir le symbole en combattant son applicabilité, avant que la voie ne s'ouvre à la critique historique.

Le temps n'était pas loin où l'on devait apercevoir les dangers du symbolisme, prendre en dégoût les allégories arbitraires et futiles et les rejeter comme une entrave à la pensée. Luther les flétrit dans une invective qui vise les lumières de la théologie scolastique : saint Bonaventure, Denis le Chartreux, Gerson et

Guillaume Durand, l'auteur du *Rationale divinorum officiorum*. « Ces études allégoriques, s'écrie-t-il, sont l'ouvrage de gens inoccupés. Croyez-vous qu'il me serait difficile de me livrer au jeu de l'allégorie sur n'importe quelle chose créée ? Qui est si pauvre d'esprit qu'il ne puisse s'exercer en allégories[1] ? »

Le symbolisme était la traduction défectueuse de rapports pressentis par intuition, analogues à ceux que nous révèle la musique. *Videmus nunc per speculum in aenigmate*. On avait conscience d'être en face d'une énigme, mais pourtant on essayait de distinguer les figures dans le miroir. On ne pouvait expliquer les images qu'au moyen d'autres images. Le symbolisme était comme un second miroir qu'on opposait à celui de la création elle-même. Tout concept était devenu plastique ou pictural. La représentation du monde avait atteint la sérénité d'une cathédrale au clair de lune, où la pensée pouvait s'endormir.

---

1. *De captivitate babylonica ecclesiæ prœludium*, Werke, éd. Weimar, VI, p. 562.

CHAPITRE XVI

Vers l'abandon des images

Le symbolisme était comme le souffle vital de la pensée médiévale. Disparaissait-il ou se faisait-il purement mécanique, l'édifice grandiose des dépendances voulues par Dieu n'était plus qu'une nécropole. Un idéalisme systématique qui entrevoit les rapports des choses suivant leurs qualités considérées comme essentielles mène à la rigidité et à une classification stérile. Il est si facile de diviser et de subdiviser les notions d'une manière déductive. Le firmament spirituel portera donc une infinité de constellations symboliques plus ou moins arbitraires. À part les règles d'une logique abstraite, il ne se trouve aucun correctif pour dénoncer une erreur dans la classification ; l'esprit s'abuse et est porté à surévaluer la certitude du système qu'il a créé.

L'homme du Moyen Âge veut-il connaître la nature ou la raison d'une chose, il en prolongera les lignes dans la direction de l'idée générale. Qu'il s'agisse d'une question politique, sociale ou morale, il commence toujours par la réduire à son principe universel. Les choses les plus banales sont envisagées sous ce jour. Ainsi une question est débattue dans l'Université de

Paris : doit-on exiger les droits pour le grade de licencié ? Pierre d'Ailly, s'opposant au chancelier, combat cette réquisition. Il ne se fonde pas sur des arguments de droit positif ou d'histoire. Son argumentation, toute scolastique, s'appuyant sur le texte biblique : *Radix omnium malorum cupiditas*, se divise en trois parties : l'exaction est simoniaque, elle va à l'encontre du droit naturel et divin, elle est hérétique[1].

Denis le Chartreux, dans une protestation contre les indécences qui avaient déparé une procession, fait un exposé détaillé de tout ce qui concerne les processions en général, et leur histoire, et touche à peine à l'actualité même de la question[2]. C'est là le côté décevant des argumentations médiévales : elles s'égarent dès le début dans des généralités morales et des « exemples » tirés des Écritures.

Un idéalisme systématique se manifeste partout. Pour chaque métier, dignité ou état, se forme un idéal moral et religieux nettement circonscrit vers lequel chacun doit tendre afin de servir Dieu dignement[3]. On a voulu voir un signe des temps nouveaux et une annonce de la Réforme dans la manière dont Denis le Chartreux accentue la sainteté de toute profession terrestre. Dans son traité : *De vita et regimine nobilium* qu'il résuma pour son ami Brugman en deux livres, *De doctrina et regulis vitæ christianorum*, les devoirs professionnels et la manière de les sanctifier sont exposés aux personnes de toutes conditions : évêques, chanoines, curés, écoliers, princes, nobles, chevaliers, marchands, époux, veuves, vierges et moines[4]. Mais son exposé de préceptes moraux reste abstrait et général ; jamais il ne nous fait pénétrer dans le vif des

1. *Petri de Alliaco Tractatus I adversus cancellarium Parisiensem*, dans Gerson, *Opera*, I, p. 723.
2. Denis le Chartreux, *Opera*, t. XXXVI, p. 200.
3. *Ibid.*, *Revelatio II*, t. I, p. XLV.
4. *Ibid.*, t. XXXVII, XXXVIII, XXXIX, p. 496.

occupations ou états dont il parle, et cette forme idéale que prend la profession, loin de trahir une pensée moderne, est au contraire purement médiévale.

Cette tendance à tout ramener à un type général a été considérée comme une faiblesse de l'esprit du Moyen Âge, qui ne serait pas parvenu à distinguer et à décrire les traits individuels. Mais c'est de propos délibéré que l'homme du Moyen Âge néglige les particularités et nuances individuelles des choses. C'est son besoin de subordination, résultat d'un profond idéalisme, qui le mène à agir de la sorte. C'est moins l'impuissance à discerner les traits individuels que la volonté consciente d'expliquer le sens des choses, leur rapport avec l'absolu, leur signification générale. L'impersonnel est ce qui a de l'importance. Toute chose devient modèle, exemple, norme.

L'occupation par excellence de l'esprit médiéval est l'exposition du monde en idées et la classification de ces idées d'après un système hiérarchique. De là, la possibilité de détacher d'un complexe une qualité quelconque et de la considérer isolément. Lorsqu'on blâme Foulques de Toulouse de donner l'aumône à une albigeoise, il répond : « Je ne donne pas à l'hérétique, mais à la pauvresse. » Et Marguerite d'Écosse, reine de France, ayant baisé sur la bouche le poète Alain Chartier qu'elle trouve endormi, s'excuse en ces termes : « Je n'ay pas baisé l'homme mais la précieuse bouche de laquelle sont issuz et sortis tant de bons mots et vertueuses paroles[1]. » Un proverbe dit : « *Hæreticare potero, sed hæreticus non ero*[2]. » C'est la même tournure d'esprit qui dans le domaine de la

1. Alain Chartier, *Œuvres*, p. XI. Cette anecdote n'a de valeur qu'en tant que témoignage de la pensée de l'époque. Alain Chartier mourut en 1429 et Marguerite ne vint en France qu'en 1435, à l'âge de onze ans. *Cf.* P. Champion, *Histoire poétique du XVe siècle*, I, p. 131.

2. Gerson, *Opera*, I, p. 17.

haute spéculation théologique, distingue en Dieu une volonté antécédente par laquelle il veut le salut de tous, et une volonté conséquente qui s'étend aux élus[1].

Cette analyse de toutes les choses, privée du critérium du rapport causal, devient automatique, et dégénère en pur numérotage. Aucun domaine ne s'y prêtait mieux que celui des vices et des vertus. Chaque péché a son nombre fixe de causes, d'espèces, d'effets. Il y a, selon Denis le Chartreux, douze folies qui trompent le pécheur. Chacune d'elles, illustrée, figurée, appuyée par des textes de l'Écriture et des symboles, acquiert la tranquille certitude d'une statue de portail. La même série réapparaît, étudiée sous un autre rapport. L'énormité du péché doit être considérée à sept points de vue : celui de Dieu, celui du pécheur, de la matière, des circonstances, de l'intention, de la nature du péché et de ses conséquences. Puis, chacun des sept points est subdivisé à son tour en huit ou en quatorze. Il y a six faiblesses de l'esprit qui font pencher au péché, etc.[2] Cette systématisation morale a ses analogies dans les livres du bouddhisme.

Une telle dissection serait de nature à affaiblir la conscience du péché au lieu de la développer, si elle ne s'accompagnait des fantasques visions du châtiment. Personne, dans cette vie terrestre, dit Denis le Chartreux, ne peut comprendre l'énormité du péché[3]. Et il entend les saints et les justes, les sphères, les éléments, les êtres dépourvus de raison et les choses inanimées crier vengeance sur le pécheur[4]. Ainsi toutes les conceptions morales sont exagérées parce qu'elles sont mises en rapport direct avec la majesté divine. Le moindre péché porte atteinte à l'univers

1. Denis le Chartreux, *Opera*, t. XVIII, p. 433.

2. *Ibid.*, t. XXXIX, p. 18 *sq.; De vitiis et virtutibus*, p. 363 ; *De gravitate et enormitate peccati*, p. 50.

3. *Ibid.*, t. XXXIX, p. 37.

4. *Ibid.*, p. 56.

entier. Denis s'efforce d'éveiller la crainte du péché et de l'enfer par des descriptions détaillées et des images terrifiantes qui, dénuées de toute beauté poétique, n'en sont que plus horribles. Dante avait illuminé son enfer du rayonnement de son génie : Farinata et Ugolino sont héroïques dans leur abjection, et Lucifer nous console par sa majesté. Denis le Chartreux, moine prosaïque en dépit de son intense mysticisme, trace de l'enfer un tableau où tout est obsédante angoisse. « Représentons-nous, dit-il, un four chauffé à blanc, et dans ce four, un homme nu condamné à y rester éternellement. Est-ce que la vue seule d'un pareil tourment ne nous paraîtrait pas insupportable ? Qu'il nous semblerait misérable, cet homme ! Pensons comme il se débattrait dans le four, comme il hurlerait et rugirait ! ce que serait sa vie enfin, quelles seraient son angoisse et sa douleur quand il comprendrait que ce châtiment insupportable ne finira jamais[1]. » Le feu dévorant, le froid intense, les vers nauséabonds, la puanteur, la faim et la soif, les ténèbres et les chaînes, la saleté, les clameurs, la vue des démons — Denis suggère le tout, à la fois, comme un cauchemar. Plus étreignante encore est l'angoisse des douleurs morales : le deuil, la crainte, le sentiment poignant de l'éloignement éternel de Dieu, la haine indicible contre Dieu, l'envie du salut des élus, l'âme obsédée par toutes sortes d'erreurs et d'illusions. Et la pensée de l'éternité de ces souffrances, surexcitée par des images adéquates, produit un vertige d'épouvante[2].

Un traité des quatre fins dernières, peut-être traduit de celui de Denis, était la lecture ordinaire aux heures des repas au couvent de Windesheim[3]. Condiment bien amer ! Mais l'homme du Moyen Âge a toujours préféré les moyens énergiques. Semblable à un malade

1. *De Quatuor hominum novissimis*, *ibid.*, t. XLI, p. 545.
2. *Ibid.*, t. XLI, p. 489 *sq.*
3. Moll, *Brugman*, p. 320.

traité trop longtemps avec des médicaments héroïques, il ne ressentait que l'effet des stimulants énergiques. Pour faire briller une vertu de tout son éclat, le Moyen Âge la présente sous une forme outrée, où un moraliste plus pondéré verrait peut-être une caricature. Saint Gilles, blessé d'une flèche et demandant à Dieu de ne pas permettre que sa blessure guérisse, sera l'exemple de la patience. La tempérance aura ses modèles dans les saints qui mêlaient de la cendre à leur nourriture, la chasteté dans ceux qui éprouvaient leur vertu aux côtés d'une femme. Si ce n'est pas l'excentricité de l'acte, c'est l'extrême jeunesse du saint qui le désigne comme modèle. Les jours de fête, saint Nicolas refusait le lait de sa mère ; saint Quirice, martyr âgé de trois ans ou de neuf mois, suivant les versions, ne veut pas être consolé par le préfet et est jeté dans l'abîme[1].

C'est encore l'idéalisme dominant qui fait goûter l'excellence de la vertu à une dose aussi forte. La vertu est conçue comme idée ; sa beauté paraît mieux dans la perfection hyperbolique de son essence que dans la pratique imparfaite de tous les jours. Le « Réalisme » médiéval (en effet un hyperidéalisme) doit être considéré, malgré l'apport du néoplatonisme christianisé, comme une conception primitive. La philosophie avait sublimé et clarifié le réalisme ; mais celui-ci restait l'attitude de l'homme primitif qui attribue être et substance aux choses abstraites. Nous avons un exemple de cette matérialisation dans la doctrine du *thesaurus ecclesiae* ou trésor des œuvres surérogatoires du Christ et des saints. L'idée de ce trésor, commun à tous les fidèles en tant que membres du corps mystique du Christ qu'est l'Église, est déjà très ancienne. Mais l'application qui en a été faite, à savoir

1. L'exemple de saint Gilles, de saint Germain et de saint Quirice est cité par Gerson, *De via imitavia*, *Opera*, III, p. 777 ; *cf. Contra gulam sermo*, *ibid.*, p. 909 et Olivier Maillard, Serm. de Sanctis, f° 8 a.

que les œuvres surabondantes constituent une réserve inépuisable dont l'Église dispose pour la débiter, n'apparaît pas avant le XIIIe siècle. Alexandre de Hales est le premier qui ait employé le mot *thesaurus* au sens technique qu'il a gardé depuis lors[1]. La doctrine ne laissa pas de susciter des résistances. Elle finit par prévaloir et reçut sa forme officielle en 1343 dans la bulle *Unigenitus* de Clément VI. Le trésor y est considéré comme un capital confié par le Christ à saint Pierre, et qui s'accroît journellement. Car les mérites s'accumulent à mesure que plus d'hommes sont attirés à la justice par l'attribution de ce trésor[2].

Cette conception matérialiste s'imposait davantage encore pour les péchés que pour les bonnes œuvres. L'Église, il est vrai, a toujours enseigné que le péché n'est pas une chose ou une entité[3]. Mais comment aurait-elle pu prévenir l'erreur, quand tout concourait à l'insinuer dans les esprits ? L'instinct primitif qui voit dans le péché un élément qui souille ou corrompt, qu'il faut par conséquent laver ou détruire, était fortifié par la systématisation en usage, par la figuration suggestive des péchés et même par la technique que l'Église employait en matière d'absolution. Denis le Chartreux a beau rappeler qu'il ne s'agit que de comparaisons quand il nomme le péché une fièvre, une humeur froide et corrompue ; la pensée populaire, sans aucun doute, perdait de vue les restrictions des dogmatistes[4]. Le droit, moins soucieux de pureté dogmatique, montrait la même conception matérialiste :

1. *Wetze und Welter*, *Kirchenlexikon*, XI, 1601.

2. *Extravag. commun.*, lib. V, tit. IX, cap. 2 : « *Quanto plures ex eius applicatione trahuntur ad justitiam, tanto magis accrescit ipsorum cumulus meritorum.* »

3. Saint Bonaventure, *in Secundum librum sententiarum*, dist. 41, art. 1, qu. 2 ; *ibid.*, 30, 2, 1, 34 ; *in Quart. lib. sent.* d. 34, a. 1, qu. 2 ; *Breviloquii*, pars II, *Opera*, éd. Paris, 1871, t. III, p. 577 a, 335 et 438, VI, p. 327 b, VII, p. 27, ab.

4. Denis le Chartreux. *De vitiis et virtutibus*, *Opera*, t. XXXIX, p. 20.

les légistes anglais se basaient sur l'opinion que le crime de félonie produisait une corruption du sang[1]. Sur un point spécial, le dogme exigeait même cette conception; c'était au sujet du sang du Rédempteur. N'était-on pas tenu de se le représenter comme absolument matériel ? Une goutte de ce sang précieux, a dit saint Bernard, aurait suffi à sauver le monde, mais il a été versé en abondance[2]. Et saint Thomas exprime la même pensée dans une de ses hymnes :

> Pie Pelicane, Jesu domine,
> Me immundum munda tuo sanguine,
> Cuius une stilla salvum facere
> Totum mundum quit ab omni scelere.

Chez Denis le Chartreux, nous assistons à un effort désespéré pour exprimer l'ineffable en termes d'espace et d'immensité. La vie éternelle est d'une dignité incommensurable, jouir de la vue de Dieu est une perfection infinie, le péché est d'une énormité infinie parce qu'il est une offense à la sainteté incommensurable; c'est pourquoi il fallait un Rédempteur d'une infinie efficacité[3]. L'expression négative de l'étendue doit servir à rendre l'éternel accessible à l'imagination. On s'évertue à trouver des images suggestives. Figurez-vous, dit Denis le Chartreux, une montagne de sable, grande comme l'univers; que chaque cent mille ans on enlève un grain, la montagne finira par disparaître. Mais après une durée si incommensurable, les peines de l'enfer n'auront pas diminué, et ne seront pas plus près de leur fin que lorsque le premier grain a été enlevé. Et pourtant, si les damnés savaient être

1. Mac Kechnie, *Magna Carta*, p. 401.

2. La même idée est exprimée dans la bulle *Unigenitus. Cf.* Marlowe, *Faust* : « See, where Christ's blood streams in the firmament ! One drop of blood will save me. »

3. Denis le Chartreux, *Dialogion de fide cath.*, *Opera*, t. XVIII, p. 366.

libérés à la disparition de cette montagne, ce serait pour eux une grande consolation[1].

Si, pour inculquer la crainte et l'horreur, l'imagination dispose de ressources d'une richesse effrayante, l'expression des joies célestes, par contre, reste toujours extrêmement primitive et monotone. Le langage humain ne peut donner la vision du bonheur absolu. Denis le Chartreux s'épuise en superlatifs qui ne font que multiplier l'idée arithmétiquement, sans l'éclaircir ni l'approfondir. « *Trinitas supersubstantialis, superadoranda et superbona... dirige nos ad superlucidam tui ipsius contemplationem.* » Le Seigneur est « *supermisericordissimus, superdignissimus, superamabilissimus, supersplendidissimus, superomnipotens et supersapiens, supergloriosissimus*[2] ».

À quoi bon accumuler les mots qui expriment la hauteur, la largeur, l'inépuisable et l'incommensurable ? On en reste toujours aux images, à la réduction de l'infini au fini, partant à l'affaiblissement du sentiment de l'absolu. Chaque sensation, en s'exprimant, perd sa force ; chaque propriété attribuée à Dieu lui dérobe un peu de sa redoutable majesté.

Alors commence la lutte émouvante de l'esprit qui veut atteindre à la Divinité sans le secours des images. Cette lutte est la même à toutes les époques et chez toutes les races. On ne peut se passer tout d'un coup du secours de l'expression imagée : celle-ci tombe pièce à pièce. Ce sont les personnifications concrètes, les symboles qui disparaissent les premiers : il n'est alors plus question de sang et de rachat, d'eucharistie, de Père, de Fils et de Saint Esprit. Eckhart nomme à peine le Christ, et moins encore l'Église et les sacrements. Mais la contemplation de l'Être absolu n'en

1. *Ibid.*, t. XLI, p. 489.

2. *De laudibus sanctæ et individuæ trinitatis*, *ibid.*, t. XXXV, p. 137 ; *De laud. glor. Virg. Mariæ, et passim*. Cet usage des superlatifs remonte au Pseudo-Denys l'Aréopagite.

reste pas moins liée à des notions naturelles : étendue et lumière, lesquelles se changent d'abord en leurs contraires : silence, vide, obscurité. Et ces dernières reconnues insuffisantes, on cherche à remédier à leur inefficacité en les accouplant à leurs contraires. En dernier lieu, il ne restera que la négation pure : les mystiques comme Jean Scot Érigène et Angelus Silesius nomment la Divinité : Néant[1].

Cette marche de l'esprit contemplatif vers l'abandon des images n'a naturellement pas eu lieu dans l'ordre suivi que nous venons de décrire. La plupart des effusions mystiques en montrent simultanément les différentes phases. Celles-ci sont présentes chez les Hindous, parfaitement développées chez le Pseudo-Denys l'Aréopagite, source de toute la mystique chrétienne, et reprises par les Allemands au XIVe siècle[2]. Dans le passage suivant de Denis le Chartreux, on trouve réunis la plupart de ces modes d'expression[3]. Dans une révélation, il entend la voix de Dieu irrité : « À cette voix, le frère, recueilli en lui-même, se voit transporté comme dans une sphère de lumière infinie, et très doucement, avec un calme incomparable, il invoque par un appel intérieur et inarticulé le Dieu mystérieux et caché, le Dieu inintelligible : “Ô Dieu aimable par-dessus toute chose, tu es toi-même la lumière et la région de la lumière où tes élus trouvent paix, repos, sommeil. Tu es comme un désert superlativement large, uni et intraversable, où le cœur vraiment pieux, entièrement purifié de toute affection particulière, illuminé d'en haut et enflammé d'une sainte

1. Joannis Scoti, *De divisione naturæ*, l. III, c. 19 ; Migne, *Patr. latina*, t. CXXII, p. 681 ; *Cherubinischer Wandersmann*, I, 25.

2. Sur les origines de la mystique allemande, comparer Melline d'Asbeck, *La mystique de Ruysbroeck l'Admirable, un écho du néo-platonisme au XIVe siècle*, thèse, Paris, 1930. D'après l'auteur, l'élément thomiste serait moins important que ne le pensaient Denifle et ses successeurs.

3. *Opera*, I, p. XLIV.

ardeur, erre sans s'égarer, et s'égare sans errer, s'affaisse avec délices et se remet en marche sans s'affaisser." » Il y a d'abord ici l'image de la lumière, puis celle du sommeil, puis encore celle du désert, et enfin les contraires qui s'annulent. L'imagination mystique trouva un puissant moyen de suggestion en ajoutant à l'image du désert, c'est-à-dire de l'étendue en surface, celle de l'abîme ou étendue en profondeur. Les mystiques allemands ainsi que Ruysbroeck ont fait un usage très plastique de cette saisissante image. Maître Eckhart a parlé de « l'abîme sans mode et sans forme de la silencieuse et farouche divinité », ajoutant ainsi à la notion d'infini la sensation d'un vertige. L'âme, dit-il encore, ne jouit de la complète béatitude « qu'en s'enfonçant dans la divinité désertique où il n'y a ni œuvre ni image ; il faut qu'elle s'y perde et y sombre dans le désert[1] ».

Et Tauler : « L'esprit purifié, clarifié, sombre dans la divine obscurité, dans un mutisme tranquille et une union incompréhensible et ineffable, et dans cet enlisement se perdent toute similitude et toute dissemblance, et dans cet abîme l'esprit se perd lui-même, n'est conscient ni de Dieu ni de lui-même, ni de ressemblance ni de différence ni de rien qui soit, car il s'est abîmé dans l'unité de Dieu et a perdu toute différenciation[2]. »

Les moyens d'expression de l'expérience mystique sont encore employés d'une manière plus plastique par Ruysbroeck. La jouissance de la contemplation, dit-il, est si grande « que Dieu lui-même y est comme englouti avec tous les saints et tous les bienheureux [...]

1. Maître Eckhart, *Predigten*, n° 60 et 76, éd. F. Pfeiffer, Deutsche Mystiker des XIV. Jh., Leipzig, 1857, II, p. 193, l. 34 *sq.* ; p. 242, l. 2 *sq.*

2. Tauler, *Predigten*, n° 28, éd. F. Vetter, Deutsche Texte des Mittelalters XI, Berlin, 1910, p. 117, l. 30 *sq.*

en une absence de modes qui est un non-savoir et une perte de soi éternelle[1] ».

Toutes les négations se trouvent réunies dans le passage suivant : « Le septième degré [de l'amour] vient ensuite, le plus noble et le plus haut qu'on puisse atteindre dans le temps et dans l'éternité. C'est quand, au-dessus de toute connaissance et de tout savoir, nous découvrons en nous un non-savoir insondable, quand, au-delà de tout nom donné à Dieu ou aux créatures, nous venons expirer dans un éternel innommé où nous nous perdons [...] enfin, lorsque nous contemplons tous ces esprits bien-heureux essentiellement abîmés, écoulés et perdus dans leur superessence, dans des ténèbres qui défient toute détermination et toute connaissance[2]. »

Dans la béatitude s'efface toute différenciation des créatures : « Là, elles s'échappent à elles-mêmes dans une perte de l'être et un non-savoir sans limites ; là toute clarté est convertie en ténèbres, les trois personnes le cèdent à l'essentielle unité[3]. »

C'est toujours la tentative chimérique de se passer de reprétation concrète et d'atteindre à « l'état de vide qui est en nous l'évanouissement de toute image ». « Dieu nous dépouille de toute image et nous ramène à l'état initial où nous ne rencontrons qu'un désert nu et sauvage, vide de toute forme ou image, qui correspond à l'éternité[4]. »

Dans ces citations de Ruysbroeck, les deux derniers moyens d'expression sont déjà épuisés : la lumière qui devient ténèbres et la pure négation, le dépouillement de toute connaissance. Le Pseudo-Denys l'Aréopagite

---

1. Ruysbroek, *Dat boec van den rike der ghelieven*, cap. 43, éd. David, IV, p. 264.

2. *Van seven trappen in den graet der gheesteliker minnen*, cap. 14, *ibid.*, p. 53.

3. Ruysbroek, *Boec van der hoechster waerheit*, *ibid.*, p. 263 ; *cf. Spieghel der ewigher salicheit*, cap. 25, *ibid.*, p. 231.

4. *Spieghel der ewigher salicheit*, cap. 19, p. 144 et cap. 23, p. 227.

avait déjà nommé « ténèbres » la plus secrète essence de la divinité. Son admirateur et commentateur, Denis le Chartreux, développe cette pensée : « Et l'excellente, incommensurable, invisible plénitude elle-même de votre éternelle lumière est nommée ténèbres divines où vous avez promis d'habiter, vous qui vous êtes donné les ténèbres pour asile[1]. »

Les ténèbres sont le non-savoir, la cessation de toute notion : « Plus l'esprit approche de votre très éclatante lumière divine, plus lui apparaît l'impossibilité de vous atteindre et de vous saisir, et quand il est entré dans les ténèbres, bientôt tout nom et toute connaissance disparaissent entièrement (« *omne mox omnisque cognitio prorsus deficient* »). Mais vous voir, ce sera pour l'esprit : voir que vous êtes tout à fait invisible ; et plus il voit cela, plus il vous contemple clairement. Nous prions de devenir conformes à ces ténèbres très lumineuses, ô Trinité sainte, et de vous voir et de vous connaître à travers l'invisibilité et l'ignorance, vous qui êtes au-dessus de toute vie et de toute connaissance. À ceux-là seuls vous apparaissez qui, après s'être élevés au-dessus de ce qui est perceptible et compréhensible et avoir abandonné cela et tout ce qui est créé et s'être abandonnés eux-mêmes, entrent dans les ténèbres où vous êtes véritablement[2]. »

En parlant de Dieu, dit Denis le Chartreux, il est préférable de procéder par des négations que par des affirmations. « Car quand je dis : Dieu est bonté, essence, vie, je semble indiquer ce qu'est Dieu, comme

1. II, par. 6, 1 : *Dominus pollicitus est ut habitaret in caligine* ; Ps. 17, 13 : *Et posuit tenebras latibulum suum.*

2. Denis le Chartreux, *De laudibus sanctæ et individuæ trinitatis per modum horarum, Opera*, t. XXXV, p. 137-8 ; *ibid.* XLI, p. 263, etc. ; *cf. De passione domini salvatiros dialogus*, t. XXXV, p. 274 : « *ingrediendo caliginem, hoc est ad supersplendidissimæ ac prorsus incomprehensibilis Deitatis præfatam notitiam pertingendo per omnem negationem ab ea.* »

si ce qu'il est avait quelque chose de commun ou quelque ressemblance avec la créature, tandis qu'il est fixe, incompréhensible et inconnu, insondable et ineffable et séparé dans ses œuvres par une différence et une excellence incommensurables et sans pareilles[1]. »

La philosophie unitive (*sapientia unitiva*) est appelée irraisonnable, insensée et folle[2].

La représentation imagée est-elle vaincue ? Sans image et sans métaphore, il est impossible d'exprimer une seule idée. Tout effort pour s'élever au-dessus des images est voué à l'insuccès. Ne parler de ses plus ardentes aspirations que d'une manière négative ne satisfait pas les besoins du cœur, et là où la philosophie ne trouve plus d'expressions, la poésie intervient. La mystique a toujours retrouvé le chemin qui, des hauteurs vertigineuses, descend vers les prairies en fleurs. Le doux lyrisme de la mystique française de saint Bernard viendra toujours au secours des farouches mystiques allemands ou néerlandais. Les couleurs et les figures de l'allégorie réapparaissent au milieu de l'extase. Henri Suson voit la sagesse éternelle, sa fiancée : « Elle planait dans les hauteurs d'un ciel nuageux, elle brillait comme l'étoile du matin ou comme le soleil radieux ; sa couronne était éternité, sa robe béatitude, sa parole suavité, son baiser la félicité parfaite ; elle était lointaine et proche, élevée et à terre, elle était présente et pourtant cachée ; elle se laissait approcher et pourtant était insaisissable[3]. »

Pourquoi l'Église s'est-elle toujours alarmée des excès de la mystique ? À cause du danger que tous ses

1. *De contemplatione*, lib. III, art. 5, *ibid.*, t. XLI, p. 259.
2. *Ibid.*, p. 269, d'après Denys l'Aréopagite.
3. Seuse, *Leben*, ch. IV, Bihlmeyer, Deutsche Schriften, 1907, p. 14.

concepts, dogmes et sacrements soient consumés par le feu de l'extase avec les formes et les images. Or, la nature même des transports mystiques impliquait une sauvegarde pour l'Église. S'élever à la clarté de l'extase, errer sur les hauteurs solitaires d'une contemplation dénuée de formes et d'images, goûter l'union avec le principe un et absolu, ce n'était pour le mystique que la grâce singulière d'un moment. Il fallait redescendre des hauteurs. Les extrémistes, il est vrai, avec leur suite d'enfants perdus, s'égaraient bien dans le panthéisme et les excentricités. Les autres, par contre, et c'est parmi eux qu'on trouve les grands mystiques, retrouvaient toujours l'Église qui les attendait avec son système de mystères sagement agencés dans la liturgie. Elle offrait aux âmes mystiques le moyen d'entrer en contact à un moment donné avec le principe divin, en toute sûreté et sans le danger d'extravagances individuelles. Elle économisait l'énergie mystique, et c'est pourquoi elle a triomphé des dangers dont la menaçait le mysticisme.

« La philosophie unitive est irrationnelle, insensée et folle. » Le chemin du mysticisme mène à l'inconscience. En niant tout rapport positif entre la divinité et ce qui a un nom et une forme, le mystique abolit la transcendance. La mystique intensive signifie le retour à une vie mentale pré-intellectuelle. Tout ce qui est culture s'efface et s'annule.

Si, néanmoins, la mystique a de tout temps porté des fruits abondants pour la culture, c'est qu'elle s'élève toujours par degrés, et qu'à ses débuts elle est un facteur puissant de développement spirituel. La contemplation exige comme état préparatoire la culture sévère de la perfection morale. La mansuétude, le refrènement des désirs, la simplicité, la tempérance, le travail, pratiqués par les mystiques, créeront autour d'eux une atmosphère de paix et de ferveur. Tous les grands mystiques ont prisé avant tout la bienfaisance : Maître Eckhart n'a-t-il pas apprécié Marthe plus que

Marie[1], et n'a-t-il pas dit qu'il renoncerait à l'extase de saint Paul pour donner une soupe à un pauvre? Son élève Tauler accentue l'élément pratique; Ruysbroeck aussi exalte l'humble travail, et Denis le Chartreux unit un sens pratique au mysticisme individuel le plus véhément. Dans les Pays-Bas, les phénomènes inséparables de la mystique : moralisme, piétisme, bienfaisance et travail sont devenus l'essence d'un mouvement spirituel très important. Des phases préparatoires de la mystique intensive est sorti le mysticisme extensif de la «dévotion moderne».

Dans les couvents des Frères et dans ceux de la congrégation de Windesheim, s'étend, sur l'humble travail quotidien, l'éclat de la ferveur religieuse consciemment entretenue. On abandonne le lyrisme violent et l'idéalisme débridé et on échappe par là aux dangers d'hérésie : les «frères» et les «sœurs» sont orthodoxes et conservateurs. C'était du mysticisme au détail : on n'avait reçu «qu'une petite étincelle», et dans le cercle très étroit, on jouissait du ravissement de l'extase au milieu du commerce spirituel, de l'échange de lettres et de la contemplation de soi-même. La vie des sentiments y était cultivée comme une plante de serre : beaucoup de puritanisme mesquin, de dressage spirituel, l'oppression du rire et des impulsions instinctives, beaucoup de niaiserie piétiste.

Et pourtant, c'est de ce cercle qu'est sorti le livre le plus consolant de l'époque : l'*Imitation de Jésus-Christ*. L'homme qui n'était ni théologien ni humaniste, ni philosophe ni poète, ni même un mystique, écrivit le livre qui devait consoler les âmes pendant des siècles. Thomas a Kempis, le doux, le solitaire, n'était pas, comme les prédicateurs, animé d'indignation contre le gouvernement de l'Église et la vie du monde; ce n'était pas un réformateur universel comme

1. Maître Eckhart, *Predigten*, nº 9, p. 47 *sq*.

Gerson, Denis le Chartreux et Nicolas de Cuse ; il n'avait rien de la fantaisie un peu folle d'un Jean Brugman, ni du symbolisme compliqué d'un Alain de La Roche. Il cherchait la paix en toute chose, et la trouvait *in angello cum libello*. « *O quam salubre quam jucundum et suave est sedere in solitudine et tacere et loqui cum Deo !* » « Oh, qu'il est salutaire, qu'il est agréable et doux de s'asseoir dans la solitude et de se taire et de parler avec Dieu ![1] » Et son livre de simple sagesse de vie et de mort, écrit pour le cœur abandonné, devint un livre de tous les temps. Rien du mysticisme néoplatonicien ; seul, un écho de la voix du maître chéri, Bernard de Clairvaux. Ce livre n'est pas un développement philosophique d'idées ; il ne renferme que quelques simples pensées sous forme de proverbes, groupées autour d'un point central. Chacune d'elles s'exprime en une petite phrase : pas de subordination, à peine une coordination. Ce n'est ni le frémissement lyrique de Henri Suson, ni l'éclat fixe de Ruysbroeck. Avec son tintement de phrases qui se suivent à pas égaux, et de sourdes assonances, l'*Imitatio Christi* ne serait que de la prose, si son rythme monotone ne le rendait semblable à la mer, pendant les soirs de calme. Dans l'effet produit par cette lecture, il y a quelque chose d'étonnant : l'écrivain ne nous transporte pas par sa force et son élan comme saint Augustin, par le fleuri de son expression comme saint Bernard, par la profondeur ou la perfection de la pensée ; tout est uni, tout est dans le mode mineur : rien que la paix, le repos, l'attente tranquille et la consolation. « *Taedet me vitae temporalis* » ; « Je suis fatigué de la vie terrestre », a-t-il dit[2]. Et pourtant, la parole de cet évadé de la vie a eu, plus que toute autre, le pouvoir de fortifier pour l'existence.

1. *Soliloquium animæ*, Thomas a Kempis, *Opera omnia*, éd. M. J. Pohl, Fribourg, 1902-1910, 7 vol., I, p. 230.
2. *Ibid.*, p. 222.

Ce livre a une chose en commun avec les produits du mysticisme intensif. L'image, autant que possible, y est vaincue ; les éclatants symboles y sont abandonnés. Et pour cette raison, l'*Imitatio* n'appartient pas en propre à une culture déterminée ni à une époque précise de civilisation. De là ses deux mille éditions ; de là aussi le doute qui a plané sur l'auteur et l'écart de trois siècles dans l'attribution de la date. « *Ama nesciri.* » Ce n'est pas en vain que Thomas avait prononcé ce mot.

CHAPITRE XVII

Les formes de la pensée reflétées dans la vie pratique

Pour comprendre l'esprit médiéval dans son unité et dans son ensemble, il faut l'étudier, non seulement dans les conceptions de la foi et les spéculations philosophiques et théologiques, mais aussi dans la sagesse pratique et la morale courante. Car ce sont les mêmes courants de pensée qui dirigent les plus humbles comme les plus élevées de ses expressions. Alors que tout ce qui est spéculation savante, du moins en Europe, se rattache par une filiation très complexe à des origines grecques, juives, même babyloniennes et égyptiennes, dans la vie ordinaire s'affirme d'une manière naïve et spontanée l'esprit de l'époque, dégagé du néoplatonisme ou d'autres influences.

Les habitudes et les formes propres à la haute spéculation du Moyen Âge se retrouvent presque toutes dans la vie ordinaire. Comme on pouvait s'y attendre, l'idéalisme primitif, que la scolastique appelait « réalisme », est à la base de toute opération de l'esprit. Prendre chaque idée à part, lui donner sa formule, la traiter comme une entité, puis rapprocher les idées les unes des autres, les classer, les ordonner en systèmes hiérarchiques, telle est ici encore la forme que revêt le travail de la pensée.

Tout ce qui acquiert une place fixe dans la vie est considéré comme ayant sa raison d'être dans le plan divin. Les usages les plus communs partagent cet honneur avec les plus hautes réalités. L'importance qu'on attachait aux règles de l'étiquette de cour en est une preuve. Aliénor de Poitiers et Olivier de La Marche les tiennent pour de sages lois, instituées judicieusement par les anciens rois et obligatoires pour tous les siècles à venir. Aliénor en parle comme d'un monument de la sagesse des siècles : « et alors j'ouy dire aux anciens qui sçavaient... » Elle voit avec chagrin le « siècle » dégénérer. Depuis une dizaine d'années, les dames de Flandres mettent le lit de l'accouchée devant le feu, « de quoy l'on s'est bien mocqué », car autrefois on ne le faisait pas. Où allons-nous ? « Mais un chacun fait à cette heure à sa guise : par quoy est à doubler [craindre] que tout ira mal[1]. »

La Marche pose de graves questions au sujet de la raison d'être des usages de l'étiquette : pourquoi le « fruitier » a-t-il aussi dans ses attributions « le mestier de la cire », c'est-à-dire l'éclairage ? Il répond : Parce que la cire est tirée des fleurs d'où proviennent les fruits : « pourquoy on a ordonné très bien ceste chose[2]. »

En matière d'utilité ou de cérémonie, le Moyen Âge crée un organe spécial pour toute fonction, parce qu'il voit la fonction comme idée et la tient pour substantielle. Il y avait dans la *magna sergenteria* de la cour d'Angleterre un dignitaire dont l'office consistait à soutenir la tête du roi quand celui-ci traversait la Manche et souffrait du mal de mer. Un certain John

1. Aliénor de Poitiers, *Les Honneurs de la cour*, p. 184, 189, 242 et 266.

2. Olivier de La Marche, *L'Estat de la maison [...]*, t. IV, p. 56.

Baker remplit cet office en 1442, et le laissa en héritage à ses deux filles[1].

De même nature est la coutume de donner un nom aux objets inanimés. C'est un trait, affaibli, d'anthropomorphisme primitif. Nous l'avons vu renaître pour les gros canons pendant la guerre. Au Moyen Âge, le phénomène est beaucoup plus fréquent. Comme les épées des héros de chansons de geste, les bombardes ont leurs noms dans les guerres du XIVe et du XVe siècle : « Le Chien d'Orléans, la Gringade, la Bourgeoise, la Dulle Gricte. » Il y a une survivance de cette coutume dans les noms que portent aujourd'hui encore quelques diamants célèbres. Plusieurs des joyaux de Charles le Téméraire avaient un nom : « le sansy, les trois frères, la hote, la balle de Flandres[2] ». Les bateaux qui, à la différence des maisons, ont gardé une espèce de personnalité[3], reçoivent aujourd'hui encore un nom. Au Moyen Âge, alors que ce besoin de personnifier les choses était beaucoup plus fort, les maisons, les cloches, les cachots portaient également des noms.

Dans l'esprit du Moyen Âge, tout événement, tout cas fictif ou historique, tend à se cristalliser, à devenir parabole, exemple, preuve, afin d'être « attrait à moralité ». De même toute parole devient sentence, maxime et texte. Pour chaque cas de conduite, l'Écriture, la légende, l'histoire, la littérature fournissent une foule d'exemples ou de types qui forment une sorte de famille morale dans laquelle le cas en question doit

1. J. H. Round, *The king's Sergeants and Officers of State with Their Coronation Services*, Londres, 1911, p. 41.

2. Sur « les trois frères » et quelques autres joyaux du duc, plus tard vendus aux Fugger par la ville de Bâle, voir Rudolf F. Burckhardt, *Über vier Kleinodien Karls des Kühnen*, dans *Anzeiger für Schweizerische Altertumskunde*, 1931, fasc. 3.

3. À preuve, le *she* anglais qui désigne les bateaux, façon de parler qui s'est étendue à la locomotive, à l'auto et, en Amérique, à l'ascenseur.

rentrer. Veut-on décider quelqu'un à pardonner, on lui énumère les cas bibliques de pardon. Veut-on le dissuader de se marier, on lui cite tous les mariages malheureux dans l'Antiquité. Pour se disculper d'avoir fait assassiner le duc d'Orléans, Jean sans Peur se compare à Joab et compare sa victime à Absalon. Mais il s'estime meilleur que Joab, car le roi n'avait pas expressément défendu le meurtre. « Ainssy avoit le bon duc Jehan attrait ce fait à moralité[1]. »

Au Moyen Âge, on aime à fonder une argumentation sérieuse sur un texte, pour lui donner une base. En 1406, au concile national de Paris où est plaidée l'affaire du schisme, les douze propositions pour et contre la cessation de l'obédience au pape d'Avignon ont toutes pour point de départ une parole biblique[2]. Un orateur profane, tout comme un prédicateur, choisit son texte[3].

Tous les traits signalés se trouvent réunis d'une façon frappante dans le plaidoyer célèbre que prononça maître Jean Petit pour disculper le duc de Bourgogne du meurtre de Louis d'Orléans.

Trois mois s'étaient écoulés depuis que le frère du roi était tombé sous les coups des sicaires que Jean sans Peur avait au préalable logés dans une maison de la rue Vieille-du-Temple. Le Bourguignon, aux funérailles, avait fait étalage d'un grand deuil ; lorsqu'il vit que les investigations s'étendraient à son hôtel d'Artois où il cachait les assassins, il s'ouvrit auprès de son oncle de Berry du crime qu'il avait commis, disait-il, à l'instigation du diable et s'enfuit en Flandres. À Gand, il fit prononcer une première justification de son forfait. Il revint alors à Paris, confiant dans la haine qui

---

1. *Le Livre des trahisons*, p. 27.

2. *Religieux de Saint-Denis*, III, p. 464 *sq.* ; Juvénal des Ursins, p. 440 ; Noel Valois, *La France et le grand schisme d'Occident*, Paris, 1896-1902, 4 vol., III, p. 433.

3. Juvénal des Ursins, p. 342.

s'attachait à Orléans et dans sa propre popularité auprès des Parisiens qui vinrent joyeusement à sa rencontre. Le duc avait, à Amiens, demandé le conseil de deux hommes qui s'étaient distingués comme orateurs à l'assemblée de l'Église à Paris en 1406 : maître Jean Petit et Pierre aux Bœufs. Il leur avait confié la tâche de développer le plaidoyer prononcé à Gand par Simon de Saulx et de le prononcer à Paris devant les princes et les seigneurs comme une impressionnante justification. Jean Petit, théologien, prédicateur et poète, parla donc le 8 mars 1408 à l'hôtel Saint-Pol à Paris devant un brillant auditoire parmi lequel se trouvaient le Dauphin, le roi de Naples, les ducs de Berry et de Bretagne. Il débuta avec un air d'humilité, s'excusant de n'être ni théologien ni juriste : « une très grande paour me fiert au cuer, voire si grande que mon engin et ma mémoire s'en fuit et ce peu de sens que je cuidoie avoir m'a ja du tout laissé. » Ensuite, il déploya le chef-d'œuvre de méchanceté politique qu'il avait bâti avec un art parfait et dans un style sévère sur le texte : *Radix omnium malorum cupiditas*. Le tout est savamment agencé sur la trame de distinctions scolastiques et de textes appropriés, illustré d'exemples de l'histoire sacrée et profane et animé d'une verve endiablée. Maître Petit énumère d'abord douze raisons qui obligeaient le duc de Bourgogne à honorer, aimer et venger le roi de France. Il se recommande ensuite à Dieu, à la Vierge et à saint Jean l'Évangéliste avant d'aborder le plaidoyer proprement dit, divisé en majeure, mineure et conclusion. De son texte : *Radix omnium malorum cupiditas*, il tire deux applications : la convoitise fait des apostats, elle fait des traîtres. L'apostasie et la trahison sont divisées et subdivisées, puis démontrées par trois exemples. Lucifer, Absalon et Athalie surgissent devant l'imagination des auditeurs comme les archétypes du traître. Huit vérités justifient le meurtre du tyran : celui qui conspire contre le roi mérite mort et damnation ; plus haut il est placé, plus il est coupable ; chacun a le droit de le tuer. « Je prouve cette vérité par douze raisons, en l'honneur des douze apôtres », et il cite trois sentences de docteurs, trois de philosophes, trois de jurisconsultes et trois de l'Écriture. Il cite un passage du *De casibus virorum illustrium*, « du philosophe moral Boccace », afin de prouver qu'on peut attaquer le tyran dans une embuscade. Des huit vérités découlent huit corollaires, complétés par un neuvième. À l'aide d'allusions ou d'insinuations, il redonne vie à tous les vieux soupçons qui planaient sur la mémoire du prince ambitieux et débauché : sa responsabilité dans le sinistre « bal des ardents » où le jeune roi, son frère, avait à grand-peine échappé à la mort ; ses projets de meurtre et d'empoisonnement, tramés aux Célestins dans des conversations avec « le sorcier » Philippe de Mézières. Le penchant notoire du duc d'Orléans pour la nécromancie lui fournit l'occasion de décrire des scènes d'horreur très pittoresques. Il raconte que Louis d'Orléans, un dimanche matin, avait chevauché vers la Tour Montjay sur la Marne en compagnie d'un moine défroqué, d'un chevalier, d'un garçon et d'un domestique ; le moine avait évoqué deux diables, vêtus de brun et de vert et appelés Heremas et Estramain, qui fournirent une épée, un poignard et un anneau ; après quoi la compagnie alla dépendre un pendu au gibet de Montfaucon. Maître Petit va jusqu'à attribuer un sens sinistre aux propos que le roi avait tenus dans sa folie.

Après que la cause a été ainsi élevée au niveau des principes généraux, les accusations directes éclatent dans la mineure du syllogisme qui suit point par point la majeure. La haine de partis s'attaque à la mémoire de la victime avec toute la violence effrénée dont l'époque était capable. Le plaidoyer dura quatre heures, et à la fin, Jean sans Peur prononça les mots : « Je vous avoue. » La justification fut écrite, pour le duc et ses parents, en quatre exemplaires de prix illustrés d'or et de miniatures, reliés en cuir pressé. Elle fut aussi mise en vente[1].

Le besoin de donner à chaque cas particulier le caractère d'une sentence morale ou d'un exemple, d'en faire ainsi quelque chose de substantiel et d'irrécusable, se manifeste surtout dans le proverbe. Dans la pensée du Moyen Âge, le proverbe a rempli une fonction très vivante. Il y en avait des centaines d'un usage courant. La plupart sont justes et piquants. La sagesse qui s'en dégage, parfois naïve, est aussi parfois profonde et bienfaisante. Leur ton est souvent ironique, leur accent celui de la bonhomie et de la résignation. Jamais ils ne prêchent la résistance. « Les grans poissons mangent les plus petits » ; « Les mal vestus assiet on dos au vent » ; « Nul n'est chaste si ne besongne. » Parfois, ils sont cyniques : « L'homme est bon tant qu'il craint sa peau » ; « Au besoing on s'aide du diable. » Mais il a aussi l'indulgence qui s'abstient de juger. « Il n'est si ferré qui ne glice. » Aux lamentations des moralistes sur la dépravation des hommes, le proverbe oppose un détachement souriant. Tantôt il est naïvement païen, et tantôt presque évangélique. Un peuple qui a beaucoup de proverbes et en fait usage fréquent bavarde moins, évite beaucoup de raisonnements confus et de phrases vaines. Laissant les raisonnements aux hommes instruits, il se contente de juger chaque cas en se référant à l'autorité d'un proverbe. La cristallisation de la pensée dans le proverbe n'est donc pas sans avantage pour la société.

---

1. Monstrelet, I, p. 277-342 ; Coville, *Le Véritable Texte de la justification du duc de Bourgogne par Jean Petit*, Bibliothèque de l'École des chartes, 1911, p. 57. Sur le projet d'une seconde justification de Jean Petit en réponse à la contre-démonstration faite le 11 septembre 1408 par l'abbé Thomas de Cerisi, voir O. Cartellieri, *Beiträge zur Geschichte der Herzöge von Burgund*, V, Sitzungsberichte der Heidelberger Akademie der Wissenschaften, 1914, 6 ; Wolfgang Seiferth, *Der Tyrannenmord von 1407*, thèse de Leipzig (non imprimée).

Il est étonnant de voir l'abondance de proverbes en usage à la fin du Moyen Âge[1]. Avec leur banale autorité, ils sont si conformes à l'esprit général de la littérature de l'époque, que les poètes en font grand usage. Très en vogue, par exemple, est le poème dont chaque strophe se termine par un proverbe. Un anonyme écrit dans cette forme un pamphlet contre le prévôt de Paris si détesté, Hugues Aubriot, à l'occasion de sa chute ignominieuse[2]. Ensuite viennent Alain Chartier avec sa *Ballade de Fougères*[3], Jean Régnier, le prisonnier, et ses lamentations[4], Molinet avec plusieurs pièces de ses *Faitz et dictz*, Coquillard et sa *Complaincte de Eco*, et Villon qui compose entièrement une ballade avec des proverbes. Les 171 couplets du *Passe temps d'oysiveté* de Robert Gaguin[5] finissent presque tous par une phrase qui a l'air d'un proverbe, quoique la plupart de ces sentences ne se retrouvent pas dans les collections de proverbes connues. Gaguin les aurait-il donc inventées ? Dans ce cas, nous aurions là un indice encore plus curieux de la fonction vitale du proverbe à cette époque.

Ni la harangue politique, ni le sermon ne dédaignent le proverbe. Gerson, Jean de Varennes, Jean Petit, Guillaume Fillastre, Olivier Maillard s'appliquent à renforcer leurs arguments par les proverbes les plus connus. « Qui de tout se tait de tout a paix, Chef bien peigné porte mal bacinet, D'aultrui cuir large cour-

1. Leroux de Lincy, *Les Proverbes français*.

J. Morawski, *Les Proverbes français*, collection des Classiques français du Moyen Âge ; *cf.* E. Langlois, Bibl. de l'École des chartes, LX, 1899, p. 569 ; J. Ulrich, *Zeitschr. f. franz. Sprache und Lit.*, XXIV, 1902, p. 191.

2. Après les *Grandes chroniques de France*, éd. P. Paris, IV, p. 478.

3. Alain Chartier, éd. Duchesne, p. 717.

4. *Les Fortunes et adversitez de feu noble homme Johan Regnier*, éd. E. Droz, Société des anciens textes français, Paris, 1923. Voir P. Champion, *Histoire poétique du XVe siècle*, I, p. 229 *sq.*

5. Roberti Gaguini, *Ep. et or.*, éd. Thuasne, II, p. 366.

roye, Selon seigneur mesnie duite, De tel juge tel jugement, Qui commun sert nul ne l'en paye, Qui est tigneux il ne doit pas oster son chaperon[1]. »

Il y a même un lien entre le proverbe et l'*Imitation de Jésus-Christ* qui, en ce qui concerne la forme, repose sur des collections de sentences ou *rapiaria* où se rassemblait la sagesse de toute sorte et de toute provenance.

À la fin du Moyen Âge, il y a nombre d'écrivains dont le jugement ne s'élève pas au-dessus du dicton. Un chroniqueur du commencement du XIVe siècle, Geffroi de Paris, entrelarde son récit de proverbes où est condensée la moralité des événements racontés[2]. Les sentences de Froissart et du *Jouvencel* ont souvent l'air de proverbes manqués : « Enssi aviennent li fait d'armes : on piert une fois et l'autre fois gaagn'on » ; « Or n'est-il riens dont on ne se tanne [fatigue] » ; « On dit, et vray est que il n'est chose plus certaine que la mort[3]. »

Apparentée au proverbe en tant que forme cristallisée de la pensée est la devise que le Moyen Âge à son déclin a cultivée avec prédilection. Elle en diffère en ce sens que la devise n'est pas, comme le proverbe, une sage sentence de portée générale, mais une maxime ou une exhortation personnelle. Avoir adopté une devise, c'est pour ainsi dire avoir choisi un texte pour le sermon de sa vie. La devise est un symbole et un signe. Reproduite en lettres d'or sur chaque pièce de la garde-robe et de l'équipement, elle exerce une force suggestive de la plus haute importance. Le ton moral

---

1. Gerson, *Opera*, IV, p. 657 ; *ibid.*, I, p. 936 ; Carnahan, *The Ad Deum vadit of Jean Gerson*, p. 61 et p. 71 ; *cf.* Leroux de Lincy, *Les Proverbes français*, I, p. LII.

2. Geffroi de Paris, éd. de Wailly et Delisle ; Bouquet, *Recueil des historiens, des Gaules et de la France*, XXII, p. 67 ; voir *Index rerum et personarum*, s. v., *Proverbia*, p. 926.

3. Froissart, éd. Luce, XI, p. 119 ; éd. Kervyn, XIII, p. 41 ; XIV, p. 33, XV, p. 10 ; *Le Jouvencel*, I, p. 60, 62, 63, 74, 78 et 93.

de ces devises est souvent celui de la résignation, ou celui de l'espérance. La forme en est parfois énigmatique : « Quant sera-ce ? Tost ou tard vienne, Va oultre, Autre fois mieulx, Plus dueil que joye. » La plupart se rapportent à l'amour : « Aultre naray, Vostre plaisir, Souvienne vous, Plus que toutes. » Ce sont là des devises chevaleresques portées sur les armures et les caparaçons. Gravées dans les anneaux, elles sont plus intimes : « Mon cuer avez, Je le désire, Pour tousjours, Tout pour vous. »

Compléments des devises, les emblèmes illustrent une image ; tels le bâton noueux avec les mots : « Je l'envie », et le porc-épic avec : « *Cominus et eminus* » de Louis d'Orléans, le rabot avec les mots : « *Ic houd* » (« Je maintiens ») de son ennemi Jean sans Peur, le briquet de Philippe le Bon[1].

L'emblème et la devise appartiennent au domaine de la pensée héraldique, dont la psychologie reste à faire. Sans aucun doute le blason a été, pour l'homme du Moyen Âge, plus qu'une vanité généalogique. La figure héraldique prend dans son esprit une valeur analogue à celle d'un totem[2]. Les lions, les lis, les croix sont des symboles qui ont figuré et condensé tout un complexe d'orgueil et d'ambition, de solidarité et de dévouement.

L'esprit de casuistique, très développé au Moyen Âge, est une autre expression de la même tendance à isoler chaque chose comme une entité particulière. Lui aussi est un effet de l'idéalisme dominant. Il faut que chaque question qui se présente ait sa solution idéale, et celle-ci apparaît dès qu'on a reconnu, à

1. « Je l'envie » est un terme de jeu, un défi ; le *houd* en est la réponse : « accepté ». *Cominus et eminus* repose sur la croyance que le porc-épic peut lancer ses piquants au loin.

2. Voir mon étude « Uit de voorgeschiednis van on national besef » dans, *Tien Studien*.

l'aide de règles formelles, la relation du cas en question avec les vérités éternelles.

La casuistique ne régit pas seulement la morale et le droit ; elle s'étend à tous les domaines où le style et la forme sont choses essentielles : les cérémonies, l'étiquette, les tournois, la chasse et surtout l'amour. Nous avons déjà parlé de l'influence qu'exerça la casuistique chevaleresque sur le droit des gens à sa naissance. Droits de butin, droit d'attaque, fidélité à la parole donnée sont régis par des règles semblables à celles qui gouvernent le tournoi et la chasse.

Ainsi nous trouvons les commencements du droit des gens mêlés aux règles de l'exercice des armes. En 1352, Geoffroy de Charny, grand-maître de l'ordre de l'Étoile récemment fondé par le roi Jean II, soumet à celui-ci une série de questions de casuistique : vingt d'entre elles concernent la « jouste », vingt et une les tournois, et quatre-vingt-treize la guerre[1].

Un quart de siècle plus tard, Honoré Bonet, prieur de Selonnet en Provence, et docteur en droit canonique, dédie au jeune Charles VI son *Arbre des batailles*, traité sur le droit de la guerre qui au XVIe siècle encore avait une valeur pratique, si l'on en juge d'après le fait qu'il fut réédité à cette époque[2]. On y trouve pêle-mêle les questions du plus haut intérêt pour le droit des gens et de futiles questions qui ne sont guère que des règles de jeu. Peut-on faire sans nécessité la guerre à l'incroyant ? Bonet répond expressément : non, même pas pour le convertir. Un prince peut-il refuser à un autre prince le passage sur ses terres ? Le privilège d'intangibilité accordé au paysan et à son bœuf peut-il s'étendre à l'âne et au valet[3] ? Un

1. A. Piaget, « Le livre Messire Geoffroy de Charny », *Romania*, XXVI, 1897, p. 396.

2. *L'Arbre des batailles*, Paris, Michel le Noir, 1515. Sur Bonet, voir Molinier, *Les Sources de l'Histoire de France*, n° 3861.

3. Chap. 35, 85 *bis* (les nos 80-90 sont imprimés en double dans l'édition de 1515), 124-126.

membre du clergé doit-il aider son père ou son évêque ? Si l'on perd dans la mêlée une armure empruntée, est-on tenu de la rendre ? Est-il permis de livrer bataille les jours de fête ? Vaut-il mieux se battre à jeun ou après le repas[1] ? Pour tous ces cas, le prieur cherche le secours de textes bibliques, du droit canonique et des glossateurs.

Un des points les plus importants dans l'usage de la guerre à cette époque était la capture des prisonniers. La rançon d'un prisonnier important était pour le noble et le mercenaire une des plus alléchantes promesses du combat. Ici, le champ était ouvert à la casuistique. Le droit des gens et le point d'honneur se rencontrent, ici encore. Les Français peuvent-ils, par suite de la guerre avec l'Angleterre, faire prisonniers en territoire anglais les pauvres marchands, les laboureurs et les bergers, et les dérober de leurs biens ? Dans quel cas peut-on s'évader de captivité ? Que vaut un sauf-conduit[2] ? Dans *Le Jouvencel*, ces cas sont traités d'une manière pratique. Deux capitaines se disputent un prisonnier devant le chef : « C'est moi qui l'ai saisi le premier, dit l'un, par le bras et par la main droite et lui ai arraché le gant. — Mais à moi, dit l'autre, il a donné cette même main avec sa parole. » Les deux choses donnaient droit à la précieuse capture, mais la dernière fut reconnue la plus valable. À qui appartient un prisonnier échappé et repris ? Réponse : « Si la chose se passe sur le territoire en

---

1. Chap. LVI, LX, LXXXIV, CXXXII, G. W. Coopland, *The Tree of Battles and Some of its Sources, Tydschrift voor rechtsgeschiedenis*, V, 1923, p. 173. Cet article montre que Bonet est fortement redevable à Jean de Legnano, mort en 1382. Mais les parties dont nous parlons semblent être parmi les plus originales. Sur J. de Legnano, voir G. Ermini, *I trattati della guerra e della pace di G. da Legnano, Studi e memorie per la storia dell' universita di Bologna*, t. VIII, 1924. Dans le roman espagnol *Tirante el Blanco*, l'ermite donne à l'écuyer *L'Arbre des batailles* comme manuel de chevalerie.

2. Chap. LXXXII, LXXXIX, LXXX *bis* et *sq*.

guerre, le prisonnier appartient au nouveau possesseur ; mais en dehors de ce cas, au premier vainqueur. » Un prisonnier qui a donné sa parole d'honneur peut-il s'enfuir si son vainqueur l'enchaîne ? Le peut-il si on a négligé de lui demander sa parole[1] ?

Le penchant du Moyen Âge à surévaluer la valeur individuelle de chaque chose a une autre conséquence encore. On connaît *Le Testament* de Villon, ce poème satirique dans lequel il lègue ses possessions à ses amis et à ses ennemis. Il existe plusieurs testaments de ce genre, entre autres la mule de Barbeau d'Henri Baude[2]. C'est un cadre littéraire. Il ne s'explique que si l'on se rappelle la coutume des gens du Moyen Âge de disposer de leurs possessions par testament, dans le détail. Une pauvre femme lègue à sa paroisse son vêtement de dimanche et sa coiffe, son lit à son filleul, une pelisse à sa garde-malade, sa robe de tous les jours à une pauvresse, et quatre livres tournois, somme qui représente tout son avoir, aux Frères mineurs, avec, en plus, un vêtement et une coiffe[3]. Ne faut-il pas voir là l'application à la vie quotidienne de l'habitude de pensée qui fait de chaque vertu un exemple, de chaque coutume une ordonnance divine ?

Tous les traits signalés relèvent du « formalisme ». La croyance innée à la réalité transcendante des choses a pour effet que chaque notion est strictement délimitée, isolée dans une forme plastique, *et cette forme est tout.* Les péchés mortels se distinguent des péchés véniels d'après des règles fixes. En droit, la culpabilité est établie avant tout par la nature formelle du fait. Le vieil adage juridique : « Le fait juge l'homme », n'avait rien perdu de sa force. Quoiqu'on se fût libéré depuis longtemps de l'extrême formalisme du droit

1. *Le Jouvencel*, I, p. 222 ; II, p. 8, 93, 96, 133 et 214.

2. *Les Vers de maître Henri Baude, poète du XVe siècle*, éd. Quicherat, Trésor des pièces rares ou inédites, 1856, p. 20-25.

3. P. Champion, *Villon*, II, p. 182.

primitif qui ne connaissait pas de différence entre l'acte intentionnel et l'acte involontaire et ne punissait pas une tentative avortée[1], des traces d'un formalisme sévère subsistent en grand nombre à la fin du Moyen Âge. Ainsi, pendant longtemps, il fut de règle qu'une irrégularité involontaire dans la formule du serment le rendait nul, le serment étant chose sacrée. On fit une exception au XIIIe siècle en faveur des marchands étrangers qui ne savaient qu'imparfaitement la langue du pays, et l'on admit que leurs incorrections de langage dans la prestation du serment ne leur faisaient pas perdre leurs droits.

La sensibilité extrême pour tout ce qui touchait à l'honneur est en effet du formalisme général. À Middelburg, en 1445, messire Jean de Domburg, après avoir commis un meurtre, chercha refuge dans l'église pour y jouir du droit d'asile. On l'y bloqua, suivant l'usage. À plusieurs reprises, sa sœur, qui était nonne, vint l'exhorter à se laisser tuer en combattant plutôt que d'attirer la honte sur sa famille en tombant dans les mains du bourreau. Quand tout est consommé, elle se procure le cadavre pour l'enterrer dignement[2]. Un gentilhomme est blâmé pour avoir le caparaçon de son cheval orné de ses armoiries, parce que, si le cheval « une beste irraisonnable » devait broncher à la joute, le blason serait traîné dans le sable et toute la famille déshonorée. Peu de temps après une visite du duc de Bourgogne à Chastel en Porcien, un noble, devenu fou, commit une tentative de suicide. On en fut très ému, « et n'en savoit-on comment porter la honte après si grand joye demenée ». Bien que sa folie eût été notoire, le malheu-

1. Ce formalisme est encore plus grand chez les tribus sud-américaines, où quelqu'un qui se blesse accidentellement doit payer à son clan la rançon du sang parce qu'il a répandu le sang de son clan. L. Farrand, *Basis of American History*, p. 198, *The American Nation, a History*, vol. II.

2. La Marche, II, p. 80.

reux, une fois guéri, fut banni du château « et ahonty à toujours[1] ».

L'élément formel tient une large place dans tout ce qui regarde la vengeance, les expiations, les réparations de l'honneur outragé. La chronique de Jean de Roye en donne un exemple frappant. Un certain Laurent Guernier avait été pendu par erreur à Paris, en 1478 ; il avait obtenu remise de sa peine, mais la grâce arriva trop tard. Une année après, son frère obtint la permission de faire enterrer le corps honorablement. « Et devant icelle biere aloient quatre crieux de la dicte ville, sonnant de leurs clicquectes, et en leurs poictrines les armes du dit Grenier, et autour d'icelle biere y avoit quatre sierges et huit torches, portées par hommes vestuz de dueil et armoiez comme dit est. Et en tel estat fut mené passant parmy ladicte ville de Paris [...] jusques à la porte Saint-Anthoine, où fut mis ledit corps en ung chariot couvert de noir pour mener inhumer à Provins. Et l'un desdiz crieux, qui aloit devant ledit corps, crioit : "Bonnes gens, dictes voz patenostres pour l'âme de feu Laurens Guernier, en son vivant demourant à Provins, qu'on a nouvellement *trouvé mort soubz ung chesne*[2]." »

Le droit de vengeance, très vivant dans les mœurs de la France et des Pays-Bas au XVe siècle, s'exerce plus ou moins réglementairement. Ce n'est pas une colère furieuse qui pousse aux actes de violence ; on poursuit la réparation de l'honneur offensé, d'après un plan bien concerté. Il s'agit surtout de répandre le sang, non de tuer ; parfois on prend soin de ne blesser la victime qu'au visage, aux bras ou aux cuisses. On prend des mesures pour ne pas encourir la responsabilité de faire mourir la victime en état de péché : Du Clercq raconte le cas de personnes qui vont

1. Chastellain, IV, p. 169.
2. *Chronique scandaleuse*, II, p. 83.

assassiner leur belle-sœur et emmènent un prêtre avec elles[1].

La satisfaction, étant formelle, est symbolique. Les réconciliations politiques au XVe siècle font une large part aux actes symboliques : démolitions des maisons qui rappellent le crime, érections de croix commémoratives ou de chapelles, injonctions de murer une porte[2], etc., sans parler des processions expiatoires et des messes des morts. Il en est ainsi lors de la demande de réparation adressée par les Orléans à Jean sans Peur ; lors de la paix d'Arras en 1435 ; lors de l'amende honorable faite par les Brugeois en 1437, et de l'expiation, bien plus grande, exigée des Gantois en 1453 : le long cortège en noir, sans ceinture, nu-tête et nu-pieds, les principaux coupables en chemise, sortent, sous une pluie d'averse, pour aller implorer le pardon du duc[3]. Au moment de sa réconciliation avec son frère en 1469 à Rouen, Louis XI fait briser sur une enclume, en présence de notables, l'anneau que l'évêque de Lisieux avait donné à Charles en le mariant comme duc à la Normandie[4].

Le « formalisme » est encore à la base de la croyance en l'effet du mot prononcé, croyance qui se manifeste pleinement chez les peuples primitifs et se maintient à la fin du Moyen Âge par des formules de bénédiction, des formules magiques ou judiciaires. Une requête solennelle a encore la puissance coactive des souhaits des contes de fées. Quand toutes les supplications en vue d'obtenir la grâce d'un condamné n'ont pas réussi à ébranler Philippe le Bon, on prie Isabelle de Bourbon, sa bru bien-aimée, de présenter elle-même la requête, dans l'espoir que le duc ne

---

1. Petit-Dutaillis, *Documents nouveaux sur les mœurs populaires [...]*; *cf.* Chastellain, V, p. 399 et Jacques Du Clercq, *passim*.
2. *Ibid.*, IV, p. 264 ; *cf.* III, p. 180, 184, 206 et 209.
3. Monstrelet, I, p. 342 ; V, p. 333 ; Chastellain, II, p. 389 ; La Marche, II, p. 284 et 331 ; *Le Livre des trahisons*, p. 34 et 226.
4. Quicherat, Th. Basin, I, p. XLIV.

pourra lui refuser — car, dit-elle, je ne vous ai encore rien demandé d'important[1]. Et le but est atteint. C'est du même point de vue qu'il faut considérer l'étonnement de Gerson sur l'impuissance de la prédication à amender les mœurs. Je ne sais ce que je dois dire ; on fait tant de sermons, et c'est en vain[2].

L'esprit du Moyen Âge à son déclin nous semble souvent creux et superficiel. Le simplisme de ses jugements est étonnant. Il se laisse aller sans aucune retenue aux généralisations. Il est capable de jugements faux à un degré extrême. Son inexactitude, sa crédulité, sa légèreté, son inconséquence sont souvent déconcertantes. Tous ces défauts tiennent au formalisme fondamental. L'esprit du Moyen Âge se contente presque toujours pour toute explication d'un seul motif, et de préférence du plus général, du plus direct ou du plus grossier. L'opinion bourguignonne, par exemple, n'admet qu'une seule raison au meurtre de Louis d'Orléans : le roi a prié Jean sans Peur de le venger de l'adultère de la reine avec Orléans[3]. Dans le jugement des contemporains, la cause de la grande révolte gantoise est une question de forme à propos d'un formulaire de lettre[4]. La représentation d'un fait, dans l'esprit de l'époque, est toujours une primitive gravure sur bois, aux lignes fortes et simples, aux contours très marqués.

Quant à la généralisation inconsidérée, elle se manifeste à chaque page de la littérature. D'un cas unique d'impartialité chez les Anglais d'autrefois, Olivier de La Marche conclut qu'en ce temps-là les Anglais étaient vertueux et que, pour cette raison, ils avaient conquis la France[5].

---

1. Chastellain, III, p. 106.
2. *Sermo de nativitate domini*, Gerson, *Opera*, III, p. 947.
3. *Le Pastoralet*, v. 2043.
4. Jean Jouffroy, *Oratio*, I, p. 188.
5. La Marche, I, p. 63.

Chaque cas étant considéré comme une entité, son importance s'exagère. De plus, on a toujours la ressource d'un parallèle dans l'histoire sainte pour rehausser la valeur d'un fait. En 1404, à Paris, une procession d'étudiants a été troublée : deux étudiants ont été blessés, les vêtements d'un troisième ont été déchirés. Dans la pensée du chancelier indigné, surgit une image : « les enfants, les jolis escoliers comme agneaux innocens », et c'en est assez pour qu'il compare l'incident au massacre de Bethléem[1].

Quand, pour chaque cas particulier, une explication est si facilement admise et si fermement adoptée, il y a danger que la pratique des jugements faux ne se généralise. Nietzsche a dit que s'abstenir de jugements faux rendrait la vie insupportable, et il est vraisemblable que la vie intense que nous envions parfois aux siècles passés était due, en partie, à cette facilité de juger partialement. Aux époques qui exigent une grande tension des forces, les nerfs ont besoin de l'aide des jugements faux ; or les hommes du Moyen Âge ont vécu dans une crise mentale continuelle et, sous l'influence des haines de partis, ces jugements atteignaient une férocité inouïe. Si, au XVe siècle, la cause des ducs de Bourgogne a pu inspirer à tant de Français (je ne parle pas des sujets néerlandais des ducs) de l'infidélité d'abord, puis de l'hostilité envers leur patrie, ce sentiment politique ne s'explique que par un tissu de conceptions affectives et troubles. Il faut envisager sous ce jour l'habitude générale et constante d'exagérer ridiculement le nombre des ennemis tués dans la bataille. Chastellain fait tomber à la bataille de Gavre cinq gentilshommes du côté du duc, contre vingt ou trente mille insurgés gantois[2]. Si Commines s'abstient de ce genre d'exagération, nous

1. Gerson, *Querela nomine Universitatis* [...], *Opera*, IV, p. 574 ; *cf. Religieux de Saint-Denis*, III, p. 185.
2. Chastellain, II, p. 375 ; *cf.* p. 307.

devons considérer cette qualité comme un des traits de son modernisme[1].

Que dire enfin de la légèreté propre aux auteurs de la fin du Moyen Âge et qui se manifeste dans leur superficialité, leur imprécision et leur crédulité ? Il semble parfois qu'il leur ait suffi de faire défiler devant l'esprit des songes creux, sans qu'ils aient éprouvé le besoin d'une réflexion concentrée. Décrire superficiellement des choses extérieures, à cela se bornent les Froissart et les Monstrelet. Leur récit, comparé à celui d'Hérodote, pour ne pas parler de Thucydide, est décousu, vide, sans moelle et sans signification. Ils ne distinguent pas l'essentiel de l'accidentel. Leur manque de précision est déplorable. Monstrelet assistait à l'entretien du duc de Bourgogne avec Jeanne d'Arc captive : il ne se rappelle pas les propos échangés[2]. Thomas Basin lui-même, qui mena le procès de réhabilitation, fait naître Jeanne à Vaucouleurs, la fait conduire à Tours par Baudricourt, qu'il appelle seigneur de la ville au lieu de capitaine, et se trompe de trois mois quant à la date de la première entrevue avec le Dauphin[3]. Olivier de La Marche, maître des cérémonies et courtisan impeccable, embrouille constamment la généalogie de la famille ducale et va jusqu'à placer après le siège de Neuss, en 1475, le mariage du Téméraire avec Marguerite d'York, quoiqu'il ait assisté aux fêtes nuptiales en 1468[4]. Commines lui-même n'est pas exempt d'inexactitudes surprenantes. Souvent il multiplie par deux un certain nombre d'années; il raconte jusqu'à trois fois la mort d'Adolphe de Gueldre[5].

La crédulité et le manque d'esprit critique sont si

1. Commines, I, p. 111 et 363.
2. Monstrelet, IV, p. 388.
3. Basin, I, p. 66.
4. La Marche, I, p. 60, 63, 83, 91, 94 et 134; III, p. 101.
5. Commines, I, p. 170, 391, 262, 413 et 460.

évidents qu'il est superflu d'en citer des exemples. Mais ces défauts sont plus ou moins accentués suivant le degré de culture des personnes. Dans les États bourguignons régnait la croyance populaire que le Téméraire reviendrait ; dix ans après la bataille de Nancy, on prêtait encore de l'argent remboursable au retour du duc. Basin et Molinet traitent cette croyance de folie ; Molinet la mentionne dans ses *Merveilles du monde* :

J'ay veu chose incongneue :
Ung mort ressusciter,
Et sur sa revenue
Par milliers achapter.
L'ung dit : il est en vie,
L'autre : ce n'est que vent.
Tous bons cueurs sans envie
Le regrettent souvent[1].

Une mentalité dominée, comme celle de la fin du Moyen Âge, par une vive imagination, un idéalisme naïf et une forte émotivité, accepte aisément la réalité de tout concept qui se présente à l'esprit. Dès qu'une idée a pris un nom et une forme, la présomption de sa vérité existe ; elle est, pour ainsi dire, entrée dans le système des figures morales et religieuses, et participe involontairement de leur crédibilité.

D'une part, les contours marqués et le caractère souvent anthropomorphe donnent aux idées la fixité et l'immobilité ; d'autre part, leur *forme* figurative en fait parfois oublier le *sens*. Eustache Deschamps consacre aux désavantages du mariage un long poème allégorique et satirique, *Le Miroir de mariage*[2]. Le personnage principal en est Franc-Vouloir ; Folie et Désir lui conseillent de se marier, Répertoire de Science l'en dissuade.

---

1. Basin, II, p. 417 et 419 ; Molinet, *Faictz et dictz*, f° 205.
2. Deschamps, *Œuvres*, t. IX.

Quelle est, dans la pensée de l'auteur, la signification de Franc-Vouloir ? D'abord, la liberté insouciante du célibataire ; mais aussi, dans d'autres endroits, le libre arbitre, au sens philosophique du mot. L'idée a été absorbée par la personnification ; l'auteur n'éprouve plus le besoin de la définir rigoureusement ; il la laisse imprécise et flottante. Aussi indécise que le caractère de la figure centrale est la signification morale de l'œuvre. Le ton du poème est celui de la satire ordinaire contre les femmes. Pour nous, ce persiflage contraste étrangement avec la pieuse louange du mariage spirituel et de la vie contemplative, placée dans la bouche de Répertoire de Science, dans la dernière partie du poème[1]. Il nous semble étrange aussi que l'auteur fasse prononcer de hautes vérités par Folie et Désir qui, pourtant, jouent le rôle d'avocats du diable[2]. Bref, il est très difficile de saisir la conviction personnelle du poète et de comprendre jusqu'à quel point il était sérieux.

En ce qui concerne la pensée médiévale, qu'il s'agisse de chevalerie, d'amour ou de piété, il nous est souvent impossible de tracer la ligne de démarcation entre la conviction sincère et cette attitude de l'esprit propre aux cultures primitives et que nous qualifierons de « pose ».

Le mélange de sérieux et de jeu caractérise les mœurs, dans tous les domaines. Dans la guerre surtout, un élément comique est souvent présent : les assiégés se moquent de leurs ennemis et doivent parfois payer leurs moqueries de leur sang. Ceux de Meaux hissent un âne sur le mur pour honnir le roi d'Angleterre Henri V. Ceux de Condé déclarent n'avoir pas le temps de se rendre parce qu'ils sont occupés à faire leurs crêpes pour la fête de Pâques. À Montereau, les bourgeois, debout sur le

1. *Ibid.*, p. 219 *sq.*
2. *Ibid.*, p. 293 *sq.*

mur, époussètent leurs chaperons quand le canon des assiégeants a fait feu[1]. Nous avons déjà dit que le camp du Téméraire devant Neuss avait un air de kermesse[2].

Il est un domaine où cette intrusion de la farce dans les choses sérieuses nous affecte davantage : c'est celui de la sorcellerie et de la démonomanie. La croyance aux démons avait sa source dans une grande et profonde angoisse, mais l'imagination naïve colorait si puérilement les démons, les rendait si familiers qu'ils perdaient parfois toute leur horreur. Ce n'est pas seulement dans la littérature que le diable est un personnage comique : dans le terrible sérieux des procès de sorcellerie, la compagnie de Satan a parfois des allures bouffonnes. Les diables qui, sous la conduite de leurs capitaines Tahu et Gorgias, troublaient la paix d'un couvent de religieuses, portaient des noms « assez consonnans aux noms des mondains habits, instruments et jeux du temps présent, comme Pantoufle, Courtaulx et Mornifle[3] ».

Le XVe siècle, a été, par excellence, le siècle des procès de sorcellerie. À l'époque où nous avons l'habitude de clore le Moyen Âge pour saluer l'humanisme glorieux, la hantise de la sorcellerie, terrible excroissance de la civilisation médiévale, recevait sa confirmation dans le *Malleus maleficarum* et dans la bulle *Summis desiderantes* (1487 et 1484). Et ni humanisme ni réforme ne mettent fin à cette fureur : l'humaniste Jean Bodin, écrivant dans la seconde moitié du XVIe siècle son livre sur la *Démonomanie*, donne aux désirs de persécutions l'appui de son érudition. Les temps nouveaux, le nouveau savoir n'écartent pas

---

1. Monstrelet, IV, p. 93 ; *Le Livre des trahisons*, p. 157 ; Molinet, II, p. 129 ; *cf.* Du Clercq, IV, p. 203 et 275 ; Th. Pauli, p. 278.
2. Molinet, I, p. 65.
3. *Ibid.*, IV, p. 417. Courtaulx désigne un instrument de musique et Mornifle un jeu de cartes.

tout de suite les horreurs des persécutions. Et, d'autre part, les idées les plus miséricordieuses concernant la sorcellerie, annoncées par le médecin Jean Wier vers la fin du XVIe siècle, étaient déjà amplement représentées au XVe.

L'attitude de la fin du Moyen Âge à l'égard de la superstition, plus particulièrement à l'égard des sorcières et de la magie, est diverse et peu fixe. Les doutes et les interprétations rationalistes alternent avec la crédulité la plus aveugle. Il y a des foyers où le mal éclate et où il se maintient quelque temps. Les pays de magie et de sorcellerie sont surtout des pays de montagnes : la Savoie, la Suisse, la Lotharingie, l'Écosse. Mais les épidémies se produisent autre part également. Vers l'an 1400, la cour de France était elle-même un foyer de magie. Un prédicateur avertit la cour de prendre garde que l'expression « vieilles sorcières » ne se transforme bientôt en celle de « nobles sorciers[1] ». Louis d'Orléans vit dans une atmosphère de démonologie : les accusations de Jean Petit ne sont certes pas dénuées de tout fondement. L'ami et conseiller de Louis d'Orléans, Philippe de Mézières, tenu par les Bourguignons pour son âme damnée, raconte avoir autrefois appris l'art magique en Espagne et ne s'en être débarrassé qu'à grand-peine. Une dizaine d'années après avoir quitté l'Espagne, « à sa volenté ne pouoit pas bien extirper de son cuer les dessusdits signes et l'effect d'iceulx contre Dieu », jusqu'à ce qu'enfin, se confessant et faisant tous ses efforts, il fût délivré par la bonté divine « de cette grande folie, qui est à l'âme crestienne anemie[2] ». On cherche les maîtres en l'art magique de préférence dans les contrées sauvages : une personne qui désire parler au diable et ne trouve personne pour

1. Gerson, *Opera*, I, p. 205.
2. « Le songe d'un vieil pèlerin », dans Jorga, *Philippe de Mézières*, p. 69.

lui en enseigner l'art, est dirigée vers « Écosse la sauvage[1] ».

Louis d'Orléans avait ses maîtres en sorcellerie et nigromancie. Il en fit brûler un dont l'art ne le satisfaisait pas[2]. Comme on l'exhortait à demander l'avis des théologiens pour savoir si ces pratiques superstitieuses étaient permises, il répondit : « Pourquoi le leur demander ? Je sais qu'ils me le déconseilleraient, et pourtant j'ai résolu d'agir et de croire de cette manière, et je ne le laisserai pas[3]. » Gerson attribue la mort violente du duc à cet entêtement dans le péché. Il désapprouve les tentatives faites pour guérir le roi de sa folie par des moyens magiques. Plusieurs personnes avaient déjà été brûlées vives après des tentatives infructueuses[4].

Une pratique était surtout en honneur dans les cours princières : c'était l'envoûtement, qui se retrouve dans toutes les civilisations du monde. On cherchait à perdre un ennemi en faisant fondre ou en criblant de piqûres une effigie de cire, préalablement baptisée. Philippe VI aurait brûlé une de ces effigies qui lui serait tombée entre les mains, en disant : « Nous verrons si le diable est plus puissant pour me perdre que Dieu pour me sauver[5]. » Les ducs de Bourgogne furent persécutés par cette pratique : « N'ay-je devers moy — dit amèrement le comte de Charolais — les bouts de cire baptisés dyaboliquement et pleins d'abominables mystères contre moy et autres[6] ? » Philippe le Bon, esprit conservateur à bien des points de vue, n'était cependant pas superstitieux. Il n'attachait pas d'importance au jour des Innocents, et ne voulait

1. Juvénal des Ursins, p. 425.
2. *Ibid.*, p. 415.
3. Gerson, *Opera*, I, p. 206.
4. Gerson, *Sermo coram rege Franciæ*, *ibid.*, IV, p. 620 ; Juvénal des Ursins, p. 415 et 423.
5. Gerson, *Opera*, I, p. 216.
6. Chastellain, IV, p. 324, 323 et 314 ; *cf.* Du Clercq, III, p. 236.

pas, à l'aide des astrologues, forcer le secret de l'avenir : « car en toutes choses se monstra homme de léalle entière foy envers Dieu, sans enquérir riens de ses secrets », dit Chastellain, qui approuve cette manière de voir[1]. C'est l'intervention du duc qui met fin aux terribles procès de sorcellerie d'Arras, en 1461. L'incroyable aveuglement avec lequel étaient menées les campagnes contre la sorcellerie tenait en partie au fait que les notions : magie et hérésie, s'étaient confondues. En général, l'horreur et l'exécration de tout attentat commis même en dehors du domaine de la foi s'exprimait par le mot « hérésie ». Monstrelet qualifie ainsi les forfaits sadiques de Gilles de Rais[2]. Le mot ordinaire pour sorcellerie était, dans la France du XVe siècle, « vauderie », et ce terme avait perdu son rapport original avec l'hérésie des Vaudois. Dans la grande vauderie d'Arras, la hantise maladive de la sorcellerie, qui s'exprimera bientôt dans le *Malleus maleficarum*, va de pair avec une attitude de scepticisme chez le peuple et chez les magistrats, à l'égard des crimes découverts. Un des inquisiteurs prétend qu'un tiers de la chrétienté est entaché de sorcellerie. Sa confiance en Dieu le pousse à la conclusion que toute personne accusée de magie doit être coupable, car Dieu ne permettrait pas le contraire. « Et quand on arguoit contre lui, fuissent clercqs ou aultres, disoit qu'on debvroit prendre iceulx comme suspects d'estre vauldois. » Cet inquisiteur prétendait aussi découvrir les coupables à vue ; plus tard il devint fou, mais les sorciers avaient été brûlés.

Les persécutions causaient des dommages à la ville d'Arras : on ne voulait plus héberger ses marchands ou leur faire crédit, de peur que, accusés demain peut-être de vauderie, ils ne perdissent tous leurs biens par confiscation. Toutefois, dit Jacques Du Clercq, « de

1. Chastellain, II, p. 376, III, p. 446, 447 et 448, IV, p. 213, V, p. 32.
2. Monstrelet, V, p. 425.

mille personnes une ne croyait pas, comme on disoit, que ce fust vray qu'ils allassent en ladite vaulderie. Oncques on n'avoit veu es marches de par decha tels cas advenu ». Le peuple d'Arras doute encore, même quand, pendant le jugement, les victimes rétractent leurs forfaits. Une pièce de vers pleine de haine accusa les persécuteurs d'avoir tramé le tout par convoitise ; l'évêque lui-même appela la persécution « une chose controuvée par aulcunes mauvaises personnes[1] ». Philippe le Bon ayant demandé l'avis de la faculté de Louvain, plusieurs de ses membres déclarent que la vauderie n'est pas réelle, que ce ne sont qu'illusions. Sur quoi le duc envoya à Arras le roi d'armes Toison d'or. Alors, les exécutions et les emprisonnements cessèrent. Plus tard, tous les procès furent annulés, ce que la ville célébra par une fête joyeuse avec représentation de moralités édifiantes[2].

L'opinion que les chevauchées à travers l'air et les orgies du sabbat n'étaient que des illusions des pauvres folles de sorcières était déjà répandue au XVe siècle. Le rôle du diable n'en était pas complètement aboli : c'était lui, croyait-on, qui inspirait ces fatales illusions. Ce sera encore là le point de vue de Jean Wier au XVIe siècle. Et voici l'opinion éclairée de Martin Lefranc, prévôt de Lausanne, dans son grand ouvrage *Le Champion des dames*, qu'il dédia en 1440 à Philippe le Bon :

Il n'est vieille tant estou[r]dye
Qui fist de ces choses la mendre,
Mais pour la faire ou ardre ou pendre,
L'ennemy de nature humaine,
Qui trop de faulx engins scet tendre,

1. « Chronique de Pierre de Prêtre », dans Bourquelot, *La Vauderie d'Arras*, Bibl. de l'École des chartes, 2e série, III, p. 109.

2. Jacques Du Clercq, III, *passim* ; Mathieu d'Escouchy, II, p. 416 *sq*.

Les sens faussement lui demaine.
Il n'est ne baston ne bastonne
Sur quoy puist personne voler,
Mais quant le diable leur estonne
La teste, elles cuident [pensent] aler
En quelque place pour galer [s'amuser]
Et accomplir leur volonté.
De Romme on les orra parler,
Et s'y n'y avront ja esté.
. . . .
Les dyables sont tous en abisme,
Dist Franc-Vouloir, enchaiennez
Et n'avront turquoise ni lime
Dont soient ja desprisonnez.
Comment dont aux cristiennez
Viennent ilz faire tant de ruzes
Et tant de cas désordonnez ?
Entendre ne sçay tes babuzes.

Et, à un autre endroit du poème :

Je ne croiray tant que je vive
Que femme corporellement
Voit [aille] par l'air comme merle ou grive,
Dist le Champion prestement.
Saint Augustin dit plainement
C'est illusion et fantosme ;
Et ne le croient aultrement
Grégoire, Ambroise ne Ihérome.
Quant la povrette est en sa couche
Pour y dormir et reposer,
L'Ennemi qui point ne se couche
Se vient encoste alle poser.
Lors illusions composer
Lui scet sy tres soubtillement
Qu'elle croit faire ou proposer
Ce qu'elle songe seulement.
Force [peut-être] la vielle songera
Que sur un chat ou sur un chien
À l'assemblée s'en ira ;

Mes certes il n'en sera rien :
Et s'y n'est baston ne mesrien
Qui le peut ung pas enlever[1].
. . . .

Foissart qualifie d'« erreur » le cas du gentilhomme gascon et de son démon familier Horton, dont il a si magistralement décrit les apparitions[2]. Gerson a tendance à aller plus loin et à chercher une explication naturelle pour les apparitions ; il parle même de lésions cérébrales. Mais, en fin de compte, il en laisse l'honneur au démon : ces lésions proviennent d'illusions diaboliques[3]. Cette interprétation à demi éclairée se trouve aussi chez Nicolas de Cuse. En dehors de la terrible sphère des procès de sorcellerie, l'Église combattait la superstition par des moyens salutaires et adéquats. Le prédicateur, frère Richard, se fait apporter pour les brûler « les madagoires [mandragores] que maintes sotes gens gardoient en lieux repos, et avoient si grant foy en celle ordure que pour vray ilz creoient fermement que tant comme ilz l'avoient mais qu'il fust bien nettement en beaux drapeaulx de soie ou de lin enveloppé, que jamais jour de leur vie ne seroient pouvres[4] ». Les bourgeois qui se sont laissé lire dans la main par des tziganes sont excommuniés, et une procession a lieu pour écarter le malheur que leur impiété pourrait attirer[5].

Un traité de Denis le Chartreux indique clairement de quelle manière était faite la répartition entre croyance et superstition. Les amulettes, conjurations,

---

1. Martin Le Franc, *Le Champion des dames*, dans Bourquelot, *op. cit.*, p. 86 ; dans Thuasne ; Gaguin, II, p. 474.
2. Froissart, éd. Kervyn, XI, p. 193.
3. Gerson, *Contra superstitionem præsertim Innocentum, Opera*, I, p. 205 ; *De erroribus circa artem magicam*, *ibid.*, p. 211 ; *De faisis prophetis*, *ibid.*, p. 545 ; *De passionibus animae*, *ibid.*, III, p. 142.
4. Journal d'un bourgeois de Paris, p. 236.
5. *Ibid.*, p. 220.

bénédictions, etc., dit Denis, n'ont pas par elles-mêmes le pouvoir de produire un effet. C'est en cela qu'elles diffèrent des mots sacramentels : prononcés avec bonne intention, ceux-ci ne peuvent manquer de produire un effet, car c'est comme si Dieu y avait attaché sa puissance. Les bénédictions pourtant ne doivent être considérées que comme d'humbles supplications qu'il convient d'adresser à Dieu de tout cœur et avec les mots prescrits. Faites convenablement, Dieu leur prête parfois un effet ; faites improprement (par exemple le signe de croix à l'envers), elles peuvent avoir un effet, mais alors, c'est l'œuvre du diable. Denis reconnaît que la croyance populaire attribuant aux bénédictions et aux amulettes une vertu magique, il serait préférable que le clergé défendît en bloc toutes ces pratiques[1].

En général, l'attitude envers tout ce qui semblait surnaturel oscillait entre l'explication rationnelle, la crédulité pieuse et spontanée et la crainte de ruses et de leurres diaboliques. Il n'était pas rare de voir une pauvre hystérique tenir le monde pendant quelque temps en état de pieuse exaltation et finir par être démasquée[2]. L'homme de bonne volonté était en grande incertitude : saint Augustin et saint Thomas d'Aquin n'avaient-ils pas appuyé de leur autorité la parole : *Omnia quae visibiliter fiunt in hoc mundo possunt fieri per daemones ?* » Tout ce qui se fait en ce monde d'une manière visible peut être l'œuvre des diables. »

1. Denis le Chartreux, *Contra vitia superstitionum quibus circa cultum veri Dei erratur*, *Opera*, t. XXXVI, p. 211 *sq.* ; *cf.* A. Franz, *Die kirchlichen Benediktionen im Mittelalter*, Fribourg, 1909, 2 vol.

2. Par exemple, Jacques Du Clercq, III, p. 104-107.

CHAPITRE XVIII

L'art et la vie

De la culture franco-bourguignonne du XVe siècle, ce que notre époque connaît le mieux, ce sont les arts plastiques et surtout la peinture. Les frères Van Eyck, Rogier de La Pasture et Memlinc, avec le sculpteur Claus Sluter, dominent pour nous le « siècle de Bourgogne », le déclin du Moyen Âge. Il n'en a pas toujours été ainsi. Vers 1840, alors qu'on écrivait encore Hemlinc pour Memlinc, l'homme cultivé connaissait le XVe siècle, sinon directement par les chroniques de Monstrelet et de Chastellain, du moins par l'*Histoire des ducs de Bourgogne* de de Barante, qui en est dérivée, et surtout peut-être par *Notre-Dame de Paris*.

L'image qui se dégageait de ces œuvres était âpre et sombre : cruauté sanglante, avidité, orgueil, vindicte et effroyable misère. Les fêtes de cour seules, avec leurs vieilles allégories et leur luxe exagéré, mettaient une touche claire au tableau.

Pour nous, au contraire, sur toute cette fin de Moyen Âge, rayonnent le sérieux sublime et la profonde paix des Van Eyck et de Memlinc, la joie simple, un trésor de ferveur. Et, en dehors des arts plastiques, nous connaissons des expressions de la vie de cette époque qui parlent de beauté et de paisible sagesse : la musique de Dufay et de ses disciples, la parole de Ruysbroeck et de Thomas a Kempis. Si dans l'histoire de Jeanne d'Arc et les poésies de Villon s'expriment encore la cruauté et la misère du temps, il se dégage pourtant, de ces deux figures, du sublime et de la tendresse.

Sur quoi repose la profonde différence qui existe entre les images de l'époque, suivant que celle-ci se reflète dans l'art ou dans l'histoire et la littérature ? Existait-il plus spécialement alors une disproportion entre les différents domaines et les différentes formes d'expressions de la vie ? La sphère d'où est sorti l'art paisible et fervent des peintres était-elle meilleure que celle où vivaient les princes, les nobles et les littérateurs ? Les peintres appartiennent-ils, avec Ruysbroeck, les dévots de Windesheim et la chanson populaire, à une zone de paix, au bord de cet enfer bigarré ?

Ou n'est-ce pas plutôt que l'image d'une époque telle qu'elle se dégage des arts plastiques est plus rayonnante et plus heureuse que celle qu'en donnent les historiens et les poètes ? En effet, l'idée que nous nous faisons des civilisations anciennes est devenue plus sereine depuis que notre organe historique s'est fait plus visuel et que nous nous sommes mis à regarder, aussi bien qu'à lire. Les arts plastiques ne se lamentent pas. S'ils expriment la douleur, ils la transportent dans la sphère supérieure de l'élégie et de la paix. Au contraire, la souffrance exprimée par la parole garde tout ce quelle a d'immédiat et nous pénètre, après des siècles, de tristesse et de pitié.

En général, l'homme moderne doit sa conception de l'Égypte, de la Grèce et du Moyen Âge beaucoup moins à la lecture qu'à la vue des monuments, en original ou en photographie. Le changement de nos idées sur le Moyen Âge est dû moins à un affaiblissement (toujours douteux) du sens romantique qu'à la substitution de l'appréciation artistique à l'appréciation intellectuelle.

Toutefois cette vision d'une époque résultant de la contemplation des œuvres d'art reste toujours incomplète en même temps que trop optimiste. Elle demande à être corrigée. D'abord, il faut nous rendre compte que l'état de la tradition nous place dans une situation très différente en face de l'art et en face de la littérature. La littérature des XIVe et XVe siècles nous est connue, sauf quelques exceptions, dans son entier. Nous en avons tous les genres, le plus élevé et le plus trivial, le sérieux et le comique, le pieux et le profane. Elle reflète toute la vie de l'époque. La tradition écrite n'est pas épuisée avec la littérature : à côté de celle-ci, des documents, en nombre infini, nous permettent d'ajouter des traits plus sûrs à l'image.

L'art au contraire est, par sa nature même, astreint à une expression moins complète et moins directe de la vie. De plus, nous ne possédons qu'une très petite partie des œuvres qu'il a produites. En dehors de l'art ecclésiastique, il ne reste que peu de choses. L'art profane, l'art appliqué n'ont été conservés que dans de rares spécimens. Ce sont là justement les formes d'art qui nous auraient appris les rapports de la vie sociale avec la production artistique. Le modique trésor des rétables et des tombeaux nous renseigne très peu à cet égard; l'art de l'époque reste pour nous comme isolé de l'histoire. Or il importe beaucoup de se représenter la fonction de l'art dans la vie; pour cela, l'admiration des chefs-d'œuvre conservés ne suffit pas; il faudrait envisager aussi ce qui est perdu.

L'art au Moyen Âge s'incorpore à la vie. Celle-ci reçoit sa cohésion et son rythme des sacrements de l'Église, des fêtes de l'année et des heures canonicales. Les travaux et les joies ont leur forme fixe : religion, chevalerie et amour courtois en sont les plus importantes. L'art a comme mission d'entourer ces formes de beauté. Ce qu'on cherche, ce n'est pas l'art lui-même, c'est l'embellissement de la vie par l'art. On ne s'efforce pas, comme le feront les âges postérieurs, d'échapper à la routine d'une vie plus ou moins insipide par la contemplation solitaire et consolante des œuvres d'art ; on jouit de l'art comme d'un élément de la vie dont il rehausse le lustre. L'art doit soutenir l'essor de la pitié ou accompagner les plaisirs mondains ; on ne le conçoit pas encore comme beauté pure.

On pourrait risquer le paradoxe que le Moyen Âge n'a connu qu'un art appliqué. La signification et la destination avaient toujours le pas sur la valeur purement esthétique. Ajoutons d'ailleurs que l'amour de l'art pour lui-même ne s'est pas développé par l'éveil du besoin de beauté, mais par la surabondance de la production artistique. Dans le trésor des princes et des nobles, les objets d'art s'accumulaient de manière à former des collections. Plus tard, ne servant plus à une destination pratique, ils furent peu à peu admirés comme objets de luxe et de curiosité ; ainsi est né le goût de l'art, qu'a développé la Renaissance.

Dans les grandes œuvres d'art du XVe siècle, notamment dans les rétables et les tombeaux, la dignité du sujet et la destination de l'œuvre l'emportaient sur l'appréciation de la beauté. S'il fallait que les œuvres fussent belles, c'est qu'elles devaient être égales au caractère sacré du sujet et à la nature auguste de leur destination. Cette destination est toujours plus ou moins pratique. Le triptyque sert à intensifier l'adoration aux grandes fêtes et à conserver la mémoire des pieux donateurs. Le rétable de l'Agneau des Van Eyck ne s'ouvrait que rarement. Les tableaux religieux n'étaient pas les seuls à avoir un but pratique. Les magistrats des villes commandaient des représentations de jugements célèbres pour en décorer le tribunal, afin d'exhorter solennellement les juges à leur devoir. Tels le jugement de Cambyse de Gérard David à Bruges, celui de l'empereur Otton de Thierry Bouts à Louvain, et les tableaux perdus de Roger de La Pasture, autrefois à Bruxelles.

L'exemple suivant peut illustrer l'importance qu'on attachait aux sujets représentés. En 1384, une entrevue a lieu à Lelinghem en vue d'arriver à une trêve entre la France et l'Angleterre. Le duc de Berry a fait recouvrir les murailles nues de la vieille chapelle, où se rencontreront les princes négociateurs, de tapisseries représentant les batailles antiques. Dès qu'il entre et qu'il les voit, le duc de Lancaster, John of Gaunt, exige que ces tableaux de guerre soient enlevés, parce que les gens qui aspirent à la paix ne doivent pas avoir sous les yeux des images de combats et de destruction. Les tapisseries sont remplacées par d'autres, représentant les instruments de la Passion[1].

L'importance du sujet est étroitement liée à la valeur artistique dans le portrait, qui garde toujours son caractère de souvenir de famille. Au Moyen Âge, on commandait des portraits pour toutes sortes de raisons, mais à coup sûr bien rarement pour avoir un chef-d'œuvre. À côté des usages auxquels il est encore destiné aujourd'hui, le portrait permettait aux fiancés de faire connaissance. L'ambassade envoyée au Portugal par Philippe le Bon, en 1428, pour demander la main d'une princesse, est accompagnée de Jean Van Eyck, chargé d'en peindre le portrait. Le XVe siècle se complaît parfois dans la fiction que le royal fiancé serait tombé amoureux de la princesse inconnue en voyant son portrait, tel Richard II d'Angleterre et la petite Isabelle de France, âgée de six ans[2]. Il est même question de choix faits par comparaison de portraits. Lorsqu'on veut marier le jeune Charles VI, on hésite entre trois duchesses dont l'une est bavaroise, l'autre autrichienne et la troisième lorraine. Un peintre de talent est envoyé aux trois cours ; trois portraits sont

1. *Religieux de Saint-Denis*, II, p. 78.
2. *Ibid.*, p. 413.

présentés au roi qui choisit la jeune Isabeau de Bavière, la jugeant de beaucoup la plus belle[1].

Nulle part la destination pratique de l'œuvre d'art n'était aussi prépondérante que dans les tombeaux, matière par excellence où s'est exercée la sculpture de l'époque. Le besoin d'avoir une image du défunt était si fort qu'on n'attendait pas la construction du tombeau. À l'enterrement, le mort est représenté soit par un homme vivant, soit par une effigie. Au service funèbre de Bertrand Du Guesclin à Saint-Denis, on voit entrer dans l'église « quatre hommes d'armes armez de toutes pièces, montez sur quatre coursiers bien ordonnez et parez, représentans la personne du mort quant il vivoit[2] ». Un compte des Polignac, datant de 1375 et relatif à une cérémonie mortuaire, est ainsi libellé : « cinq sols à Blaise pour avoir fait le chevalier mort à la sépulture[3]. » Aux enterrements royaux, une statue de cuir, en vêtement d'apparat, représente le défunt. On se donne beaucoup de peine pour atteindre à une ressemblance exacte[4]. Parfois il y a dans le cortège, semble-t-il, plus d'une effigie. L'émotion populaire s'excite à la vue de ces mannequins[5]. Il se pourrait que cet usage fût l'origine des masques funéraires dont la fabrication commença en France au XVe siècle.

Tout art étant plus ou moins un art appliqué, la dis-

---

1. *Ibid.*, I, p. 358.

2. *Ibid.*, p. 600 ; Juvénal des Ursins, p. 379.

3. La Curne de Sainte Palaye, I, p. 388 ; *cf.* aussi *Journal d'un bourgeois de Paris*, p. 67.

4. *Ibid.*, p. 179 (Charles VI), p. 309 (Isabeau de Bavière) ; Chastellain, IV, p. 42 (Charles VII), I, p. 332 (Henri V) ; Lefèvre de Saint-Rémy II, p. 65 ; Mathieu d'Escouchy, II, p. 424 et 432 ; *Chronique scandaleuse*, I, p. 21 ; Jean Chartier, p. 319 (Charles VII) ; Quatrebarbes, *Œuvres du roi René*, I, p. 129, *Gaguini compendium super Francorum gestis*, éd. Paris, 1500, enterrement de Charles VIII, f° 164.

5. Martial d'Auvergne, *Vigilles de Charles VII* ; *Les Poésies de Martial de Paris, dit d'Auvergne*, Paris, 1724, 2 vol., II, p. 170.

tinction entre artistes libres et artistes industriels ne pouvait pas exister. Les maîtres très personnels qui étaient au service des cours de Flandres, de Berry ou de Bourgogne, ne se bornaient pas à peindre des tableaux et à enluminer des manuscrits. Ils ne dédaignaient pas de colorier des statues, de peindre écus et bannières, de dessiner des costumes de tournois ou de cérémonie. Melchior Brœderlam, peintre du comte de Flandres Louis de Male, puis de son beau-fils le premier duc de Bourgogne, décore cinq sièges sculptés pour le palais des comtes. Il répare et peint les appareils mécaniques du château de Hesdin, destinés à arroser les hôtes par surprise. Il travaille à la voiture de la duchesse. Il dirige la décoration somptueuse de la flotte que le duc avait rassemblée à L'Écluse, en 1387, pour une expédition, qui du reste n'eut pas lieu, contre l'Angleterre. Aux noces et aux enterrements, les peintres de cour sont mis à contribution. On peint des statues dans l'atelier de Jean Van Eyck. Lui-même fait pour le duc Philippe une espèce de mappemonde sur laquelle les villes et les pays sont peints avec une finesse merveilleuse. Hugo Van der Gœs peint des écus aux armes du pape, qui seront fixés aux portes de la ville de Gand, pendant une indulgence[1]. Lorsque l'archiduc Maximilien est prisonnier à Bruges, en 1488, on fait venir le peintre Gérard David, pour décorer les grilles et les volets de sa prison[2].

De tout ce qui est sorti des mains des maîtres du XVe siècle, il ne reste qu'une partie, et de nature spéciale. Quelques tableaux, quelques rétables et

1. P. Frédéricq, *Codex docum. sacr. indulg. neerland.*, Rÿks Geschiedkundige Publicatiën, petite série 21, 1922, p. 252.

2. En plein *quattrocento* italien, Pie II ne respecte guère mieux la dignité de l'artiste; il fait faire par son sculpteur favori Paolo Romano deux effigies de Sigismond Malatesta, pour les brûler solennellement. Le pape en loue la ressemblance parfaite dans ses *Commentaires*, VII, p. 185. E. Münte, *Les Arts à la cour des papes*, 1878, p. 248.

portraits, pas mal de miniatures, une certaine quantité d'objets d'art industriel : ustensiles de culte, parements, meubles ; de leurs œuvres profanes, en dehors des portraits, presque rien. Comme nous en saurions davantage sur l'art du XVe siècle, si nous pouvions comparer aux *Pietà* et aux madones, les bains et les châsses de Jean Van Eyck[1] !

Il y a des domaines entiers de l'art appliqué dont nous pouvons à peine nous faire une idée. Il faudrait voir, à côté des habits sacerdotaux, les costumes de cour couverts de pierreries et de grelots. Il faudrait admirer la brillante décoration des vaisseaux, dont les miniatures ne nous donnent qu'une représentation schématique et maladroite. Froissart, peu capable en général d'enthousiasme devant la beauté, a été frappé plus d'une fois par la splendeur d'une flotte appareillée[2]. Des banderoles richement ornées de blasons flottaient au haut des mâts, et leurs pans descendaient jusqu'au ras de l'eau. Dans les tableaux de Pierre Breughel, nous voyons ces banderoles démesurément longues et larges. Le navire de Philippe le Hardi, décoré par Broederlam à L'Écluse en 1387, était peint en azur et or ; de grands écus entouraient le pavillon du château d'arrière ; les voiles étaient parsemées de marguerites et des initiales du duc et de la duchesse, avec la devise *Il me tarde*. Les nobles rivalisaient à qui dépenserait le plus pour la décoration de son vaisseau. Les peintres avaient bon temps, dit Froissart[3] ;

1. M. Paul Post, de Berlin, a attribué à Jean Van Eyck, dans une étude très documentée, le tableau de chasse de la cour de Philippe le Bon, détruit dans l'incendie du château de Pardo près de Madrid, en 1608, dont une ancienne copie subsiste au château de Versailles, signalée sans interprétation satisfaisante par Mme Roblot-Delandre, dans la *Revue archéologique*, 1911, p. 420 *sq. Jahrbuch der preussischen Kunstsammlungen*, t. LII, 1931, liv. 2, p. 126.

2. Par exemple, Froissart, éd. Luce, VIII, p. 43.

3. Froissart, éd. Kervyn, XI, p. 367. Une variante offre la leçon « proviseur » au lieu de « peintres ». Toutefois, le contexte rend ce dernier mot plus acceptable.

ils gagnaient ce qu'ils demandaient et on ne pouvait en trouver assez. D'après lui, plusieurs nobles firent couvrir entièrement les mâts de feuilles d'or. Guy de La Trémoille en mit pour plus de deux mille livres. « L'on ne se pouoit de chose adviser pour luy jolyer, ne deviser, que le seigneur de la Trimouille ne le feist faire en ses nefs. Et tout ce paioient les povres gens parmy France... »

L'art décoratif qui est perdu nous aurait surtout révélé une somptuosité extravagante. Ce trait est propre à l'époque ; on le retrouve aussi dans les œuvres d'art que nous possédons, mais comme nous n'y cherchons que la beauté intime, nous faisons peu attention à cet élément de splendeur et de pompe qui ne nous intéresse plus, mais qui était justement ce que les hommes d'alors prisaient le plus.

La culture franco-bourguignonne de la fin du Moyen Âge est une culture dans laquelle la magnificence tend à étouffer la beauté. L'art du XVe siècle est un miroir fidèle de l'esprit du XVe siècle, et cet esprit avait achevé sa carrière. Ce que nous avons considéré comme les caractéristiques de la pensée du temps : besoin de donner une forme définie à toute idée, exubérance de l'imagination, et goût de la systématisation à outrance, tout cela se retrouve dans l'art. Rien sans forme, sans figure ou sans ornements. Le gothique flamboyant, c'est un postlude sans fin : les formes se perdent dans leurs propres développements, chaque détail est fouillé ; pas de ligne qui ne reçoive sa contreligne. La forme, dans sa luxuriance, envahit l'idée ; l'ornement se saisit de toutes les lignes et de toutes les surfaces. C'est un art où règne cette horreur du vide qui est peut-être une caractéristique des cultures à leur déclin.

C'est dire que la ligne de démarcation entre le faste et la beauté tend à s'effacer. Le décor et l'ornementation ne servent plus à rehausser ce qui est naturellement beau ; ils lui nuisent et menacent de l'étouffer.

Plus on s'éloigne de l'art pur et libre, plus s'accentue cet envahissement des motifs décoratifs formels. On peut l'observer très distinctement dans la sculpture. Tant qu'elle crée des figures détachées, il n'y a guère surabondance de formes : les statues du puits de Moïse et les « plourants » des tombeaux sont aussi sobres que les figures de Donatello. Mais, dès que la sculpture fait fonction décorative, dès qu'elle empiète sur le domaine de la peinture et se réduit aux dimensions du relief, la surcharge se produit. En regardant le rétable de Dijon, on sera frappé du manque d'harmonie qui existe entre la sculpture de Jacques de Baerze et la peinture de Broederlam. Les tableaux, qui rendent l'image pure, sont simples et sobres ; les reliefs, au contraire, où la représentation est décorative, sont compliqués et surchargés. Même contraste entre la peinture et la tapisserie. La technique textile est un art décoratif ; elle ne peut pas se soustraire au besoin d'ornementation excessive. Les tapisseries sont surchargées de personnages et de couleurs, et leurs formes restent archaïques[1]. Lorsqu'on passe au costume, on constate que les qualités essentielles de l'art, c'est-à-dire la mesure et l'harmonie, ont totalement disparu. L'orgueil personnel fait entrer dans le costume un élément sensuel, incompatible avec l'art pur. Aucune époque n'a connu dans la mode tant d'extravagance que celle qui va de 1350 à 1480. Certes, il y eut plus tard des modes excentriques : le costume des lansquenets vers 1520, et celui de la noblesse française vers 1660, mais cette exagération, cette surcharge qui caractérisent la mode franco-bourguignonne pendant un siècle, sont sans parallèle. Cela nous permet d'apprécier à quoi aboutit le sens esthétique de l'époque dans sa libre expansion. Un habit de parade était

1. Betty Kurth, *Die Blütezeit der Bildwirkerkunst zu Tournay und der Burgundische Hof, Jahrbuch der Kunstsammlungen des Kaiserhauses*, 34, 1917, 3.

relevé de centaines de pierres précieuses. Les dimensions s'exagèrent jusqu'au ridicule. La coiffure féminine prend la forme en pain de sucre du « hennin », évolution de la petite coiffe retenant les cheveux sous le voile. Les fronts hauts et bombés sont à la mode ; on se rase les cheveux aux tempes et au-dessus du front. Le décolleté fait son apparition. L'habit masculin est encore plus bizarre : ce sont les pointes démesurées des souliers à la « poulaine » que les chevaliers à Nicopolis durent couper pour s'enfuir, ce sont les tailles lacées, les manches ballons relevées aux épaules, les houppelandes trop longues et les pourpoints trop courts découvrant les cuisses, ce sont les hauts bonnets cylindriques ou pointus, les chaperons qu'on drape autour de la tête en forme de crêtes de coqs ou de flammes. Plus le vêtement est solennel, plus il est extravagant ; car toute cette décoration signifie rang social, « estat[1] ».

Ce goût d'un luxe effréné arrive à son comble dans les fêtes de cour. On se rappelle les descriptions des fêtes bourguignonnes à Lille en 1454, où les invités font le serment de partir en croisade, ou à Bruges en 1468, lors du mariage de Charles le Téméraire avec Marguerite d'York[2]. Nous ne concevons guère de contraste, plus absolu que celui que forment ces manifestations barbares d'un faste orgueilleux avec le doux recueillement des triptyques des Van Eyck et de Bouts. On connaît ces « entremets » consistant en pâtés gigantesques contenant orchestre, vaisseaux appareillés, châteaux, singes et baleines, géants et nains, et toutes les fadeurs d'allégories ennuyeuses. Il nous est difficile

---

1. Pierre de Fenin, p. 624, au sujet de Bonne d'Artois : « et avec ce ne portoit point d'estat sur son chief comme autres dames à elle pareilles. »

2. Chastellain, III, p. 375 ; La Marche, II, p. 340 ; III, p. 165 ; d'Escouchy, II, p. 116 ; Laborde, II ; *cf.* Molinier, *Les Sources de l'Histoire de France*, n°s 3645, 3661, 3663 et 5030 ; Inventaire des archives du Nord, IV, p. 195.

d'y voir autre chose que des spectacles d'un mauvais goût déconcertant. Toutefois, pour être juste envers ces fêtes, il faut nous rendre compte de la fonction qu'elles remplissaient dans la société. Elles conservaient encore quelque chose de la signification qu'elles ont chez les peuples primitifs : expression souveraine de la culture, forme collective des plus hauts élans de joie, manifestation de solidarité. Aux époques de grand renouvellement, comme celle de la Révolution française, on voit les fêtes reprendre cette fonction sociale et esthétique.

L'homme moderne est libre de chercher individuellement, quand il lui plaît, des distractions de son choix. Mais dans un temps où les plaisirs de l'esprit ne sont ni nombreux ni accessibles à tous, on a besoin de ces réjouissances collectives que sont les fêtes. Plus la misère quotidienne est accablante, plus les fêtes sont indispensables et plus leurs moyens devront être forts pour procurer l'enivrement de la jouissance et l'oubli des réalités. Le XVe siècle est une époque de dépression, de pessimisme. L'humanité ne peut se contenter de la promesse des joies célestes ni de l'assurance de la sollicitude divine ; de temps à autre, il lui faut une affirmation solennelle et collective de la beauté de la vie. Les jouissances primaires : le jeu, l'amour, la boisson, la danse et le chant ne sont pas suffisantes ; elles doivent être ennoblies par la beauté, stylisées par un acte de joie collectif. La fête populaire avait ses propres éléments de beauté dans la chanson et la danse. Elle empruntait la beauté de la forme et de la couleur aux fêtes de l'Église dont elle était d'abord inséparable. C'est vers le XVe siècle que, grâce aux rhétoriqueurs, apparaissent les fêtes bourgeoises indépendantes. Jusque-là, seuls les milieux princiers avaient été capables de créer un style de fête profane, grâce aux ressources de leur richesse et à l'idéal courtois.

La fête de cour n'en reste pas moins d'un style très inférieur à celui de la fête religieuse. Ici, le style était dérivé de la liturgie même. Le geste collectif d'adoration et d'allégresse traduisait une pensée élevée ; aussi l'excès de détails, souvent burlesques, ne pouvait porter atteinte à la haute dignité de la cérémonie. Par contre, l'idée que glorifiait la fête profane n'était autre que celle de l'idéal chevaleresque. Sans doute, le rituel de la chevalerie était assez riche pour donner à ces fêtes un style vénérable et solennel. Il y avait l'accolade, les vœux, les chapitres des ordres, les règles des tournois, les formalités de l'hommage, du service et de la préséance, toutes les actions graves des rois d'armes et des hérauts, tout l'éclat des blasons et des armures. Mais cela ne satisfaisait pas toutes les aspirations. Les fêtes de cour devaient donner la vision du rêve entier de la vie héroïque, et ici le style faisait défaut. Le système entier de la fantaisie chevaleresque ne correspondait plus à la vie : ce n'était que littérature et vaine convention. La pensée chevaleresque du XVe siècle se complaît dans un romantisme creux et usé. Comment la fête de cour aurait-elle pu tirer un style d'une littérature aussi dépourvue de style, aussi lâche, aussi éventée que le romantisme chevaleresque dans sa décadence ?

La mise en scène des étonnantes fêtes de Lille ou de Bruges est, pour ainsi dire, de la littérature appliquée. Et la lourdeur des représentations matérielles a détruit le dernier charme qui rendait encore supportable cette littérature : ses rêveries légères et faciles.

Le sérieux impeccable avec lequel sont préparées ces magnificences est bien bourguignon. La cour des ducs paraît avoir perdu, par son contact avec le Nord, la légèreté et l'harmonie de l'esprit français. Pour la préparation du banquet de Lille qui devra couronner et terminer la série des fêtes que les nobles, rivalisant de luxe, se sont offertes mutuellement, Philippe le Bon nomme une commission que préside un chevalier de la Toison d'or, Jean de Lannoy. Les conseillers les plus intimes du duc : Antoine de Croy, le chancelier

Nicolas Rolin lui-même, assistent souvent aux séances de la commission dont fait partie Olivier de La Marche. Lorsque, dans ses mémoires, ce dernier arrive à ce chapitre, il est repris par un sentiment de respect : « Pour ce que grandes et honnorables œuvres desirent loingtaine renommée et perpétuelle mémoire… » C'est ainsi qu'il commence le récit de ces choses mémorables[1]. Il est inutile de le reproduire ici : tout le monde l'a lu dans l'histoire de Barante.

On était venu d'outre-mer pour voir ce spectacle. En dehors des convives, un grand nombre de spectateurs nobles assistaient à la fête, la plupart déguisés. On commençait par circuler pour admirer les pièces montées fixes ; plus tard venaient les « entremets », c'est-à-dire les représentations de « personnages » et les tableaux vivants. Olivier de La Marche lui-même joua le rôle important de Saint Église dans une tour, faisant son entrée sur le dos d'un éléphant mené par un géant turc. Les tables étaient chargées des décorations les plus extravagantes. On y voyait une caraque appareillée et montée, un pré entouré d'arbres avec une fontaine, des rochers et une statue de saint André, le château de Lusignan avec la fée Mélusine, un tir à l'oiseau près d'un moulin à vent, un bois où se mouvaient des bêtes sauvages, et enfin une église avec un orgue et des chantres dont la musique alternait avec celle de l'orchestre de vingt-huit personnes qui se trouvait dans le pâté.

Ce qu'il importe de considérer, c'est le degré de goût ou de mauvais goût dont tout cela témoigne. La matière elle-même n'est pour nous qu'un salmigondis de figures mythologiques, allégoriques et moralisantes. Mais que valait l'exécution artistique ?

Ce que l'on recherchait surtout, c'était l'extravagant, le grandiose. La tour de Gorcum, représentée sur la

1. La Marche, II, p. 340 *sq.*

table du repas de Bruges en 1468, était haute de quarante-six pieds[1]. La Marche dit d'une baleine qui y figurait aussi : « et certes ce fut un moult bel entremectz, *car* il y avoit dedans plus de quarante personnes[2]. »

On admirait de plus les merveilles de mécanique : oiseaux vivants s'envolant de la gueule d'un dragon combattu par Hercule, et autres curiosités d'où, pour nous, toute idée d'art est absente. L'élément comique est de très bas aloi : des sangliers sonnent la trompette dans la tour de Gorcum ; ailleurs, des chèvres chantent un motet, des loups jouent de la flûte, quatre grands ânes apparaissent comme chanteurs, tout cela à l'intention de Charles le Téméraire, très bon connaisseur de musique.

Je ne voudrais pourtant pas mettre en doute qu'il n'y ait eu maints chefs-d'œuvre artistiques parmi ces curiosités ridicules. N'oublions pas que les hommes qui se sont plu à ces décors gargantuesques ont été les mécènes des Van Eyck et de Roger de La Pasture. C'est le duc lui-même, c'est Rolin, le donateur des autels de Beaune et d'Autun, c'est Jean Chevrot, qui commanda les Sept Sacrements à Roger de La Pasture, ce sont les de Lannoys. Qui plus est, ce sont les peintres eux-mêmes qui ont fabriqué ces pièces montées. Si les documents ne nomment pas Jean Van Eyck ou Roger comme collaborateurs, ils citent par contre Colard et Simon Marmion et Jacques Daret. Pour la fête de 1468, qui avait été subitement avancée, on mobilise toute la corporation des peintres. On les fait venir à la hâte de Gand, de Bruxelles, de Louvain, de Tirlemont, de Mons, du Quesnoy, de Valenciennes, de Douai, de Cambrai, d'Arras, de Lille, d'Ypres, de Courtrai et d'Audenarde, pour travailler à Bruges[3].

1. Laborde, II, p. 326.
2. La Marche, III, p. 197.
3. Laborde, II, p. 375, n° 4880.

Les œuvres qui sortirent de ces mains ne furent sans doute pas dépourvues de beauté. Les trente vaisseaux appareillés du banquet de 1468, aux armoiries des pays du duc, les soixante mannequins de femmes en costume de leurs pays[1], « portans en paniers fruitz et oiseletz en caige »... je donnerais pour les voir plus d'un médiocre tableau d'église.

Au risque de commettre un blasphème, on peut affirmer que, pour bien comprendre l'art de Claes[2] Sluter, il faut prendre en considération l'art des pièces montées. Cet art a disparu sans laisser de traces, à moins qu'on ne prenne pour une survivance le « cheval d'or » d'Altötting, ex-voto somptueux qu'Isabeau de Bavière donna en étrennes à Charles VI[3], ou le saint Georges avec le duc de Bourgogne que Charles le Téméraire offrit à la cathédrale Saint-Paul à Liège, en expiation du sac de 1468. Ces pièces, par leur facture achevée et leur éclat ridicule, marquent le point de transition entre le grand art et le luxe princier.

De toutes les formes de l'art, la sculpture funéraire est celle qui subit le plus la servitude de sa destination. Les sculpteurs appelés à ériger les tombeaux des ducs n'avaient pas comme tâche la libre création de la beauté, mais l'exaltation de la gloire du défunt. Le peintre peut donner libre cours à sa fantaisie ; il n'est pas tenu de se borner aux œuvres qu'on lui commande. Mais il est probable que le sculpteur de cette époque a rarement travaillé en dehors des ordres reçus. D'ailleurs, les motifs de son art sont en nombre limité et sont fixés par une tradition rigoureuse. Sans doute, peintres et sculpteurs sont également au service du

---

1. *Ibid.*, II, p. 322 et 329.

2. Bien que son cachet porte le nom de Claus Sluter, il est impropre cette forme francisée ait été la forme originale de son nom de baptême.

3. Il fut donné en gage au frère de la reine, Louis de Bavière, et resta là.

duc — ainsi que Jean Van Eyck, Sluter et son neveu Claes de Werve, ont porté le titre de « varlet de chambre » —, mais pour les sculpteurs, le service est bien plus réel que pour les peintres. Le deux grands Hollandais que l'attraction du milieu français a soustraits pour toujours à leur pays natal furent complètement monopolisés par le duc de Bourgogne. Claes Sluter habitait à Dijon une maison que le duc avait fait installer pour lui et mise à sa disposition[1] ; il y vivait en grand seigneur, mais en même temps en serviteur de la cour. Son neveu et successeur, Claes de Werve, est le type tragique de l'artiste au service des princes. Retenu à Dijon d'année en année pour achever le tombeau de Jean sans Peur sans qu'on disposât jamais de l'argent nécessaire, il a vu se consumer dans une attente infructueuse une carrière d'artiste brillamment commencée.

L'art du sculpteur à cette époque est donc un art servile. D'autre part, la sculpture subit peu l'influence du goût d'une époque parce que ses moyens, sa matière et ses sujets sont limités et peu variables. Lorsqu'un grand sculpteur apparaît, il créera partout et toujours cet optimum de pureté et de simplicité que nous appelons classique. La forme humaine et ses draperies sont susceptibles de peu de variations. Entre les bustes de la Rome impériale, Goujon et Colombe au XVIe siècle, Houdon et Pajou au XVIIIe, les différences sont moins grandes que dans d'autres domaines de l'art. Les chefs-d'œuvre de la sculpture des différentes époques se ressemblent tous et, pour nous, l'œuvre de Sluter participe de cette identité éternelle de la sculpture.

Cependant, en y regardant de plus près, on constatera que l'art de Sluter a subi l'influence du goût du temps, j'allais dire du goût bourguignon, pour autant

1. A. Kleinclausz, « Un atelier de sculpture au XVe siècle », *Gazette des beaux-arts*, t. XXIX, 1903, 1.

que le permettait la nature de la sculpture. Les œuvres de Sluter ne sont plus telles qu'il les avait conçues et créées. En 1418, lorsque le légat du pape accorda une indulgence à quiconque viendrait visiter pieusement le puits de Moïse, cette œuvre, dont nous n'avons qu'un fragment, faisait partie d'un calvaire dont le premier duc de Bourgogne avait voulu couronner le puits de sa Chartreuse de Champmol, La partie principale, c'est-à-dire le crucifié avec la Vierge, saint Jean et la Madeleine, avait déjà disparu presque complètement avant la Révolution. Il ne reste que le piédestal dont la corniche est soutenue par des anges. Il est entouré des statues des six prophètes qui ont annoncé la mort du Messie : Moïse, David, Isaïe, Jérémie, Daniel et Zacharie. Toute la composition est représentative au plus haut degré ; c'est une œuvre *parlante*, apparentée aux tableaux vivants ou « personnages » des entrées et des banquets. Là aussi, les sujets étaient empruntés de préférence aux prophéties relatives à la venue du Christ. Comme dans ces « personnages », les figures du puits de Moïse portent des banderoles contenant le texte de leur prédiction. Il est rare que dans la sculpture la parole écrite ait autant d'importance. On ne parvient à la pleine compréhension de l'œuvre qu'en se pénétrant d'abord de ces paroles sacrées et solennelles[1]. *Immolabit eum universa multitudo filiorum Israel ad vesperam* ; c'est la parole de Moïse. *Foderunt manus meas et pedes meos, dinumeraverunt omnia ossa mea*, c'est celle de David, tirée des Psaumes. La banderole d'Isaïe porte : *Sicut ovis ad occisionem ducetur et quasi agnus coram tondente se obmutescet et non aperiet os suum* ; celle de Jérémie : *O vos omnes qui transitis per viam, attendite et videte si est dolor sicut dolor meus*. Daniel dit : *Post hebdomades sexaginta duas occidetur Christus* ; et Zacharie : *Appenderunt*

1. Exode, 12, 6 ; Ps. 21, 18 ; Isaïe, 53, 7 ; Lamentations, 1, 22 ; Daniel, 9, 26 ; Zacharie, 11, 12.

mercedem meam triginta argenteos. C'est comme une lamentation à six voix qui monte vers la croix. Or voici le trait essentiel de l'œuvre. Il y a une telle corrélation entre les personnages et le texte, un accent si exprès et si énergique, une expression si poignante de douleur sur les visages, que l'ensemble risque de perdre l'ataraxie, privilège de la grande sculpture. Ces statues s'adressent trop directement au spectateur. Comparées aux figures de Michel-Ange, celles de Sluter sont trop expressives, trop personnelles. Mais peut-être apprécierions-nous cela comme un double mérite s'il nous restait du Calvaire autre chose que la tête et le torse du Christ dans sa roide majesté.

Le caractère représentatif du Calvaire de Champmol s'affirmait également dans sa décoration externe. Il faut se l'imaginer dans tout l'éclat de sa polychromie[1].

Car Jean Malouel, le peintre, et Herman de Cologne, le doreur, n'avaient pas épargné les couleurs vives et les effets brillants. Sur leurs socles verts se dressaient les prophètes revêtus de manteaux dorés ; Moïse et Zacharie portaient des robes rouges et l'intérieur de leur manteau était bleu. David était en bleu parsemé d'étoiles d'or, Jérémie en bleu foncé ; et Isaïe, le plus triste de tous, était revêtu de brocart. Les espaces vides étaient remplis de soleils d'or et d'initiales. L'orgueil des blasons s'étalait, non seulement autour du pilier en bas des figures, mais sur la croix elle-même qui était entièrement dorée. Les extrémités des bras de la croix, en forme de chapiteaux, portaient les armoiries de Bourgogne et de Flandres. Ceci montre l'esprit dans lequel avait été élevé ce monument de piété princière. Détail bizarre : le nez de Jérémie était chaussé de lunettes de cuivre doré livrées par Hannequin de Hacht.

L'art de Sluter, dominé par son mécène de sang

1. Les couleurs, aujourd'hui disparues, sont connues dans le détail par un rapport rédigé en 1832.

royal, est tragique par l'effort du grand artiste pour se libérer des entraves qu'on lui imposait. Les figures des « plourants » autour du sarcophage étaient de longue date un motif obligé de l'art funéraire bourguignon[1]. Ces plourants ne devaient pas exprimer la douleur en général ; l'artiste était tenu de donner une représentation exacte du cortège funèbre avec les dignitaires qui avaient assisté aux funérailles. Le génie de l'école de Sluter réussit à faire de ce motif l'expression la plus profonde du deuil, une marche funèbre en pierre.

Est-il bien sûr, après tout, qu'on doive se représenter l'artiste luttant contre le mauvais goût du mécène ? Il ne me paraît pas invraisemblable que Sluter lui-même ait considéré les lunettes de Jérémie comme une trouvaille. À cette époque, le goût artistique se confondait encore avec la passion des curiosités et du luxe. L'esprit naïf pouvait jouir du bizarre comme de la beauté. Aucun effet de réalisme ne choquait les connaisseurs. On avait des statues articulées « aux sourcilz et yeulx branlans[2] », on introduisait des animaux vivants, des poissons même, sur la scène où se jouait la création du monde[3]. On admirait également les objets d'art et les articles de luxe ou de rareté. La collection du Grüne Gewölbe à Dresde nous montre ce qu'était une collection princière. Elle pouvait contenir, pêle-mêle avec des œuvres d'art, des ouvrages en coquillages et en cheveux. Au château de Hesdin où, à côté des trésors d'art, abondaient les « engins d'esbatement » indispensables aux lieux de plaisance princiers, Caxton vit une chambre ornée de tableaux représentant l'histoire de Jason, le héros de la Toison d'or. Ces

---

1. Kleinclausz, « L'art funéraire de la Bourgogne au Moyen Âge », *Gazette des beaux-arts*, 1902, t. XXVII.

2. Voir Étienne Boileau, *Le Livre des métiers*, éd. de Lespinasse et Bonnardot, *Histoire générale de Paris*, 1879, III, p. XI.

3. G. Cohen, *Le Livre de conduite du régisseur et le compte des dépenses pour le Mystère de la Passion joué à Mons en 1501*, Publ. fac. des lettres de Strasbourg, fasc. 23, 1925.

tableaux anonymes étaient probablement d'un maître. Afin d'en rehausser l'effet, il y avait aussi une « machinerie » qui permettait de simuler l'éclair, le tonnerre, la neige, la pluie et d'imiter l'art magique de Médée[1].

Aux représentations de « personnages » arrangées aux coins des rues lors des entrées princières, tout était admis. À côté de tableaux sacrés, on vit à Paris, en 1389, à l'entrée d'Isabeau de Bavière comme épouse de Charles VI, un cerf blanc aux cornes dorées, une couronne autour du cou, étendu sur un « lit de justice », remuant les yeux, les cornes et les pieds, et élevant une épée en l'air. Au moment où la reine franchissait le pont à gauche de Notre-Dame, un ange descendit « par engins bien faits » d'une des tours, passa par une ouverture de la tenture de taffetas bleu à fleurs de lis d'or dont était recouvert le pont et lui mit une couronne sur la tête. Puis « fut retiré [...] comme s'il s'en fust retourné de soy-mesmes au ciel[2] ». Ces descentes étaient un numéro en vogue[3], et non seulement en deçà des Alpes : Brunelleschi fut chargé de faire un projet d'appareil. Au XVe siècle, un cheval de carton n'était pas risible. Du moins, Lefèvre de Saint-Rémy admire-t-il le spectacle de quatre trompettes et de douze gentilshommes, « sur chevaulx de artifice », « saillans et poursaillans tellement que belle chose estoit à veoir[4] ».

Le temps destructeur nous a aidés à faire la répartition que notre goût exige entre ce fatras d'accoutrements bizarres, qui a disparu, et les quelques œuvres d'art de haute signification, qui nous sont conservées. Mais cette distinction existait à peine pour les gens du XVe siècle. Leur vie artistique était encore inséparable

1. Chastellain, V, p. 26, 2 ; Doutrepont, p. 156.
2. Juvénal des Ursins, p. 378.
3. Jacques Du Clercq, II, p. 280 ; Foulquart, dans d'Héricault, *Œuvres de Coquillart*, I, p. 231.
4. Lefèvre de Saint-Rémy, II, p. 291.

de leur vie sociale. L'art servait. Sa fonction sociale était l'exaltation de la magnificence, la mise en évidence de la personnalité du donateur ou du mécène. Pour bien comprendre comment l'art et la vie se rejoignaient et s'imprégnaient mutuellement, nous ignorons trop de l'ambiance où l'art se développait, et notre connaissance de l'art elle-même est trop fragmentaire. L'Église et la cour ne forment pas toute la vie d'une époque. Combien précieux sont pour nous les rares chefs-d'œuvre qui, en dehors de ces deux sphères, nous révèlent quelque chose de la vie intime ! À cet égard, aucun tableau n'égale le portrait de Jean Arnolfini et de son épouse par Jean Van Eyck. Nous avons là un spécimen de l'art du XVe siècle dans sa forme la plus pure ; ici nous approchons le plus près de la personnalité énigmatique de l'auteur. Le maître n'ayant ni à exprimer la majesté d'êtres divins, ni à servir l'orgueil des seigneurs, pouvait suivre sa propre inspiration : c'étaient ses amis qu'il peignait, à l'occasion de leur mariage. S'agit-il vraiment du marchand de Lucques, de Jean Arnoulphin, comme on l'appelait en Flandres ? La physionomie, que Jean Van Eyck a peinte deux fois[1], ne pourrait être moins italienne. Mais la mention du tableau dans l'inventaire de Marguerite d'Autriche en 1516[2] laisse peu de doute : « Hernoul le fin avec sa femme dedens une chambre. » Toutefois, ne considérons pas ce portrait comme un « portrait bourgeois ». Arnolfini était un grand seigneur, conseiller du gouvernement ducal à différentes reprises et dans des affaires difficiles. Quoi qu'il en soit, les personnes représentées étaient des amis de Van Eyck, témoin l'inscription qu'il a mise au-dessus du miroir et qui est une manière aussi touchante qu'origi-

1. Londres, National Gallery, et Berlin, Kaiser Friedrich Museum.

2. W. H. J. Weale, *Hubert and John Van Eyck, Their Life and Work*, Londres, New York, 1908, p. 70.

nale de signer son œuvre : *Johannes de Eyck fuit hic*, 1434. « Jean Van Eyck a été ici. » Tout récemment, semble-t-il. On croit entendre le son de sa voix dans le silence de cet intérieur. Le tableau respire cette pure tendresse et cette paix profonde qui se retrouveront chez Rembrandt. Nous avons ici le crépuscule serein du Moyen Âge que nous cherchons si souvent en vain dans son histoire, sa littérature et sa vie religieuse, et qui pourtant nous est familier : le Moyen Âge heureux et simple, noble et pur tel qu'il se dégage aussi de la musique d'église et de la chanson populaire.

Notre imagination se représente peut-être un Jean Van Eyck fuyant la gaieté bruyante et les passions brutales de la vie de cour, un Jean Van Eyck rêveur au cœur simple. Et il ne faudrait pas un bien grand effort pour s'imaginer le « varlet de chambre » du duc servant à contrecœur les grands seigneurs, souffrant tous les dégoûts du grand artiste obligé de prostituer son talent pour collaborer à l'appareil des fêtes.

N'insistons pas sur une hypothèse que rien ne vient appuyer. L'art de Jean Van Eyck, que nous admirons, a fleuri au milieu de cette vie courtoise qui ne nous inspire que répulsion. Le peu de chose que nous savons de la vie des primitifs flamands nous les présente comme des hommes du monde et des courtisans. Le duc de Berry est dans les meilleurs termes avec ses artistes. Froissart le vit en entretien familier avec André Beauneveu, dans son château merveilleux de Mehun-sur-Yèvre[1]. Les trois frères de Limbourg, les grands enlumineurs, viennent offrir au duc pour étrennes une surprise sous forme d'un nouveau manuscrit enluminé qui se trouve être « un livre contrefait d'une piece de bois blanc paincte en semblance d'un livre où il n'a nulz feuillets ne riens escript[2] ». Jean

1. Froissart, éd. Kervyn, XI, p. 197.
2. P. Durrieu, *Les Très Riches Heures de Jean de France, duc de Berry (Heures de Chantilly)*, Paris, 1904, p. 81.

Van Eyck, sans aucun doute, a fréquenté constamment les cours. Il fallait un homme du monde pour les missions diplomatiques secrètes dont le chargea Philippe le Bon. Il passait en outre pour un lettré, lisant les auteurs classiques et étudiant la géométrie. N'a-t-il pas, par innocente bizarrerie, déguisé en caractères grecs sa modeste devise *Als ik kan*, « comme je peux ? »

La vie intellectuelle et morale au XVe siècle nous semble répartie en deux sphères nettement distinctes. D'une part, la civilisation de la cour, de la noblesse et de la riche bourgeoisie : ambitieuse, orgueilleuse et avide, passionnée et luxueuse. D'autre part, les milieux tranquilles de la « dévotion moderne », de l'*Imitation de Jésus-Christ*, de Ruysbroeck et de sainte Colette. On voudrait placer l'art paisible et mystique des Van Eyck dans ce dernier milieu ; pourtant, sa place est plutôt dans le premier. Les dévots désapprouvaient le grand art qui fleurissait de leur temps. Ils écartaient le contrepoint et même les orgues[1]. Les protecteurs de la musique furent les Bourguignons : l'évêque David à Utrecht, Charles le Téméraire lui-même. Ils eurent les maîtres de chapelle les plus excellents : Obrecht à Utrecht, Busnois chez le duc qu'il accompagna au camp de Neuss. La règle de Windesheim défend d'orner le chant par des modulations, et Thomas a Kempis dit : « Si vous ne pouvez chanter comme le rossignol et l'alouette, chantez comme les corbeaux et les grenouilles dans la mare, qui chantent comme Dieu leur a donné de chanter[2]. » Quant à la peinture, ils en parlent moins, mais ils voulaient des livres simples et sans enluminures[3]. Dans le rétable de

1. Moll, *Kerkgesch*, II, p. 313 *sq.* ; J. G. R. Acquoy, *Het Klooster van Windesheim en zyn invloed*, Utrecht, 1875-1880, 3 vol., II, p. 249.

2. Thomas a Kempis, *Sermones ad novitios*, n° 28, *Opera*, éd. Pohl, t. VI, p. 287.

3. Moll, *op. cit.*, II, p. 321 ; Acquoy, *op. cit.*, p. 222.

l'Agneau, ils n'auraient sans doute vu qu'une œuvre de l'orgueil.

La différence entre ces deux sphères : courtoise et dévote, a-t-elle été aussi grande que nous pensons ? De nombreux rapports, nous l'avons déjà dit, existaient entre elles. Sainte Colette et Denis le Chartreux fréquentent les ducs. Marguerite d'York, seconde femme de Charles le Téméraire, porte un vif intérêt aux couvents « réformés » de Belgique. Béatrice de Ravestein, une des premières dames de la cour de Bourgogne, porte sous ses vêtements d'apparat le cilice. « Vestue de drap d'or et de royaux atournemens à luy duisans, et feignant estre la plus mondaine des autres, livrant ascout [écoutant] à toutes paroles perdues, comme maintes font, et monstrant de dehors de pareils usages avecque les lascives et huiseuses [oisives], portoit journellement la haire sur sa chair nue, jeunoit en pain et en eau mainte journée par fiction couverte, et son mary absent, couchoit en la paille de son lit mainte nuyt[1]. » Les grands de l'époque connaissent aussi, mais par saccades, le repli de l'âme sur elle-même qui est une des caractéristiques de la « dévotion moderne ». Après la grande fête de Lille, alors que Philippe le Bon s'était rendu à Ratisbonne pour un entretien avec l'empereur, plusieurs nobles et plusieurs dames de la cour[2] pratiquèrent l'observance et « menèrent moult belle et saincte vie ».

Les chroniqueurs, qui décrivent avec tant de détails les cérémonies, ne laissent pas à différentes reprises d'exprimer leur horreur des « pompes et beubans ». Olivier de La Marche lui-même, après la fête de Lille, considère « les oultraigeux excès et la grant despense qui pour la cause de ces banquetz ont esté faictz ». Il n'y trouve nul « entendement de vertu » excepté dans la représentation où Sainte Église faisait son

1. Chastellain, IV, p. 218.
2. La Marche, II, p. 398.

apparition. Mais un autre courtisan lui explique pourquoi ces choses ont dû avoir lieu[1]. Louis XI avait gardé, de son séjour à la cour de Bourgogne, une haine profonde du luxe[2].

Les cercles dans lesquels et pour lesquels ont travaillé les artistes étaient tout à fait différents de ceux de la « dévotion moderne ». De plus, quoique né dans les villes et exercé par des citadins, l'art des Van Eyck et de leurs disciples ne peut s'appeler un art bourgeois. La cour et la noblesse l'avaient attiré à elles. Seul le mécénat des princes a permis à l'art de la miniature de s'élever à ce degré de raffinement artistique qui caractérise l'œuvre des frères de Limbourg et des artistes des *Heures de Turin*. Et la riche bourgeoisie des grandes villes de Belgique rivalisait de luxe avec la noblesse. La différence qui existe entre l'art de la France et des Pays-Bas du Sud, et la minime portion attribuable aux Pays-Bas du Nord provient surtout d'une différence de milieu : d'un côté la vie luxueuse de Bruges, de Gand et de Bruxelles, en contact constant avec la cour ; de l'autre, une petite ville isolée comme Haarlem, plutôt apparentée d'esprit aux tranquilles villes de l'Yssel où fleurit la « dévotion moderne ». Si nous considérons Thierry Bouts comme appartenant à l'école de Haarlem (tout ce que nous avons de lui a été créé dans les Pays-Bas du Sud), la simplicité, la fixité, la retenue de son œuvre peuvent être tenues pour la véritable expression bourgeoise, en opposition avec l'allure aristocratique, l'élégance somptueuse, l'éclat des maîtres du sud. L'école de Haarlem, en fait, se rapproche du sérieux bourgeois.

Les employeurs des grands peintres ont été les princes, les grands seigneurs et les grands parvenus

1. La Marche, II, p. 369.
2. Chastellain, IV, p. 136, 275, 359 et 361, V, p. 225 ; Du Clercq, IV, p. 7.

dont abonde l'époque bourguignonne, tous gravitant autour de la cour. Citons entre autres Jean Chevrot, évêque de Tournai, qu'un écusson désigne comme le donateur de cette œuvre de piété touchante et intime qui se trouve au musée d'Anvers : *Les Sept Sacrements*. Chevrot est le type du prélat courtisan; conseiller intime du duc[1], il était plein de zèle pour les affaires de la Toison d'or et pour la croisade. Un autre type de donateur est représenté par Pierre Bladelin, dont on voit la figure austère sur le triptyque dit de Middelbourg. Il fut le grand capitaliste du temps; du poste de receveur de Bruges, sa ville natale, il s'élève à celui de trésorier général du duc. Il introduisit le contrôle et l'épargne dans les finances ducales. Il fut nommé trésorier de la Toison d'or et armé chevalier. Il fut envoyé en Angleterre pour la rançon de Charles d'Orléans en 1440. Le duc voulait le charger de l'administration des finances destinées à l'expédition contre les Turcs. Il employa ses richesses, qui faisaient l'étonnement de ses contemporains, à des travaux d'endiguement et à la fondation d'une nouvelle ville de Flandres, Middelbourg[2].

D'autres donateurs : Judocus Vydt, donateur du rétable de Gand, le chanoine Van de Paele, les Croy, les Lannoy, appartenaient à la grande richesse, noble ou bourgeoise, ancienne ou nouvelle, de leur temps. Le plus célèbre de tous est Nicolas Rolin, le chancelier, « venu de petit lieu », juriste, financier, diplomate. Les grands traités des ducs, de 1419 à 1435, sont son œuvre. « Soloit tout gouverner tout seul et à part luy manier et porter tout, fust de guerre, fust de paix, fust en fait des finances[3]. » Quoiqu'il employât ses immenses richesses à toutes sortes de fondations, on

1. Chastellain, III, p. 332; Du Clercq, III, p. 56.
2. Chastellain, V, p. 44; II, p. 281; La Marche, II, p. 85; Du Clercq, III, p. 56.
3. Chastellain, III, p. 330.

parlait avec haine de son avarice et de son orgueil, et l'on ne croyait pas qu'un sentiment pieux lui inspirât ses œuvres. L'homme qu'on voit si dévotement agenouillé dans le tableau aujourd'hui au Louvre, qu'il commanda à Jean Van Eyck pour Autun, sa ville natale, et dans le tableau de Roger de La Pasture destiné à l'hôpital de Beaune, était tenu pour un épicurien. « Il messonnait tousjours en la terre, dit Chastellain, comme si terre lui eust esté perpétuelle, là où son sens desvoya et l'abesti sa prudence quant ne vouloit mettre mesure et terme en ce dont ses longs vieux ans lui monstroient le prochain coppon. » Ce qui est confirmé par Jacques Du Clerq en ces termes : « Le dit chancelier fust reputé ung des sages hommes du royaune à parler temporellement ; car au regard de l'espirituel, je m'en tais[1]. »

Irons-nous donc chercher une expression d'hypocrisie sur la physionomie du donateur de la Vierge au chancelier Rolin ? Qu'on se rappelle, avant de le condamner, l'énigme que posait la personnalité religieuse de tant d'autres hommes de son temps, alliant eux aussi à une piété sévère les excès de l'orgueil, de l'avarice et de la luxure.

Dans la piété que traduit l'art du XVe siècle, les extrêmes du mysticisme et du grossier matérialisme se touchent. La foi qui parle ici est si sincère que nulle représentation terrestre n'est trop sensuelle ou trop épaisse pour l'exprimer. Van Eyck peut draper ses anges et ses personnes divines de brocarts lourds et roides, ruisselants d'or et de pierreries ; pour suggérer le céleste, il n'a pas besoin des voiles flottants et des contorsions du style baroque.

Cependant, ni cet art ni cette foi ne sont primitifs. Se servir de l'appellation de primitifs pour désigner les maîtres du XVe siècle, c'est s'exposer à une équi-

1. Du Clercq, III, p. 203.

voque. Ils sont primitifs dans un sens purement chronologique, en tant que pour nous ils sont les premiers et qu'une peinture plus ancienne nous est inconnue. Mais si l'on attache à cette appellation le sens d'esprit primitif, on est dans une profonde erreur. Car l'esprit de cet art est le même que nous avons étudié dans la vie religieuse : un esprit plutôt décadent que primitif, esprit d'analyse et de spéculation à l'infini.

À partir du XIIe siècle, la mystique de saint Bernard avait introduit dans la religion un élément pathétique qui devait aller croissant. Dans l'élan d'une piété nouvelle et débordante, on avait cherché à s'associer aux souffrances du Christ par la force de l'imagination. On ne pouvait plus se contenter des figures raides et immobiles, infiniment lointaines, que l'art roman donnait au Christ et à sa Mère. L'imagination religieuse lui avait prêté, ainsi qu'à tous les êtres célestes, toutes les couleurs et toutes les formes qu'elle puisait dans la réalité terrestre. Une fois lâchée, la fantaisie pieuse avait envahi tout le domaine de la foi et donné une forme minutieusement élaborée aux choses saintes. Les bras aux gestes suppliants avaient réussi à faire descendre la divinité sur la terre.

D'abord, l'expression verbale avait été en avance sur l'expression picturale et plastique. La sculpture gardait encore le caractère schématique des âges précédents, quand la littérature entreprit de décrire tous les détails tant physiques que mentaux du drame de la croix. Il se forma une sorte de naturalisme pathétique, dont les *Meditationes vitae Christi*[1], attribuées vers 1400 déjà à saint Bonaventure, furent le modèle. La nativité, l'enfance, la descente de croix y reçurent leur forme fixe et leur couleur vive. On précisait exactement comment Joseph d'Arimathie était monté à

1. Les éditeurs de saint Bonaventure à Quaracchi attribuent cette œuvre à Jean de Caulibus, franciscain de San Gimignano, mort en 1376.

l'échelle, comment il avait dû presser sur la main de Jésus pour en arracher le clou.

Vers la fin du XIVe siècle, la technique picturale avait fait tant de progrès que la peinture dépassait la littérature dans l'art de rendre les détails. Le naturalisme, naïf et très raffiné à la fois, des Van Eyck, était nouveau comme expression picturale ; envisagé cependant au point de vue de la culture en général, il n'est qu'une expression de la tendance à la cristallisation que nous avons signalée dans toutes les manifestations de l'esprit du Moyen Âge finissant. Au lieu d'annoncer l'avènement de la Renaissance, comme on l'admet généralement, ce naturalisme est plutôt une des formes du développement ultime de la pensée médiévale. C'est le même besoin de convertir en images précises chaque notion sacrée, que nous avons trouvé dans le culte des saints, dans les sermons de Jean Brugman, dans les spéculations de Gerson et les descriptions de l'enfer de Denis le Chartreux.

Ici encore, c'est la forme qui menace d'étouffer l'idée et l'empêche de se renouveler. Chez les Van Eyck, le fond est encore tout médiéval. Pas d'idées nouvelles — le système médiéval des concepts s'élevait vers le ciel, solidement bâti ; il ne restait plus qu'à le colorer et à l'embellir. L'art des Van Eyck est une fin.

Dans leur admiration pour la grande peinture de leur temps, les gens du XVe siècle sont conscients de deux qualités : la dignité, la sainteté du sujet et le métier consommé, la merveilleuse perfection du détail, la fidèle représentation de la nature. D'un côté, une appréciation qui est plutôt d'ordre religieux que d'ordre esthétique ; de l'autre, un étonnement naïf qui, pour nous, n'a rien de commun avec l'émotion artistique. Un lettré génois du milieu du XVe siècle, Bartolomeo Fazio, est le premier dont les observations critiques sur l'art de Jean Van Eyck nous soient parvenues. En parlant de tableaux dont la plupart sont perdus, il célèbre la beauté et la dignité d'une Marie, les cheveux de l'ange Gabriel « qui surpassent de vrais cheveux », le saint ascétisme du visage d'un saint Jean-Baptiste, l'expression de vie d'un saint Jérôme. Il admire aussi la perspective de la cellule de saint Jérôme, le rayon de soleil tombant par une fissure, une image réfléchie dans un miroir, des gouttes de sueur sur un corps de femme, la lampe qui brûle, le paysage, les lointains[1]. Les termes dont il se sert ne trahissent qu'intérêt naïf et étonnement. Ravi par la riche représentation du détail, il ne demande pas la beauté de l'ensemble. Nous avons encore affaire ici à la critique purement médiévale d'un chef-d'œuvre médiéval.

Un siècle plus tard, après le triomphe de la Renaissance, c'est justement cette minutieuse exécution du détail qui sera considérée comme la tare fondamentale de l'art flamand. Francesco de Holanda, peintre portugais, nous a laissé des considérations sur l'art, qu'il prétend être sorties d'entretiens avec Michel-Ange. Voici, selon lui, le jugement du grand maître : « La peinture flamande plaît à tous les dévots mieux que la peinture italienne. Celle-ci ne leur arrache pas de larmes, celle-là les fait pleurer abondamment. Et ce n'est pas une conséquence des mérites de cet art ; seule la sensibilité extrême des dévots en est cause. Les tableaux flamands plaisent aux femmes, surtout aux vieilles et aux très jeunes, de même qu'aux moines et aux religieuses, et enfin aux gens du monde qui ne sont pas susceptibles de comprendre la vraie harmonie. En Flandre, on peint avant tout pour rendre exactement et à s'y méprendre l'aspect extérieur des choses. Les peintres choisissent de préférence les sujets qui provoquent un transport de piété, comme les figures de saints ou de prophètes. Mais la plupart du temps, ils peignent ce qu'on appelle un paysage avec beaucoup de personnages. Quoique l'œil soit

1. Facius, *Liber de viris illustribus*, éd. L. Mehus, Florence, 1745 p. 46 ; aussi dans Weale, *Hubert and John Van Eyck*, p. LXXIII.

frappé agréablement, il n'y a là ni art ni raison, ni symétrie ni proportions, ni choix des valeurs ni grandeurs : bref, cet art est sans force et sans gloire ; il veut rendre minutieusement beaucoup de choses à la fois, dont une seule aurait suffi pour qu'on y vouât toute son application. »

C'est le Moyen Âge lui-même que Michel-Ange a jugé du même coup. Les dévots, ce sont les gens à l'esprit médiéval. Pour ce grand maître, l'ancienne beauté est devenue l'affaire des humbles et des faibles. Mais tous ses contemporains n'en jugent pas ainsi. Pour Dürer et Quentin Metsys et pour Jean Scorel, qui passe pour avoir baisé *L'Adoration de l'Agneau*, l'art du XVe siècle n'était pas mort. Mais c'est Michel-Ange qui, ici, représente le plus parfaitement la Renaissance. Ce qu'il condamne dans l'art flamand, ce sont précisément les traits essentiels de l'esprit du Moyen Âge à son déclin : la sentimentalité violente, la tendance à voir chaque chose comme une entité indépendante, à se perdre dans la multiplicité des concepts. À cela s'oppose l'esprit de la Renaissance qui, comme toujours, ne réalise sa nouvelle conception de l'art et de la vie qu'en méconnaissant temporairement les beautés et les vérités de l'âge précédent.

CHAPITRE XIX

Le sentiment esthétique

La conscience et l'expression d'une jouissance esthétique ne se sont développées que sur le tard. Pour exprimer son admiration en face de l'œuvre d'art, l'homme du XVe siècle se sert de la terminologie qu'emploierait un bourgeois étonné. La notion même de beauté artistique reste encore inconnue. L'homme du Moyen Âge convertit immédiatement son émotion esthétique en sentiment de piété ou en joie de vivre.

Denis le Chartreux a écrit un traité, *De venustate mundi et pulchritudine Dei*[1]. La différence des deux mots : *venustas* et *pulchritudo* marque déjà son point de vue. La vraie beauté n'appartient qu'à Dieu, le monde ne peut-être que joli. Toutes les beautés de la création, dit-il, ne sont que des ruisseaux découlant de la source de beauté suprême. Une créature peut s'appeler belle en tant qu'elle participe de la beauté de la nature divine et, par là, lui devient en quelque mesure conforme[2]. Voilà une esthétique sublime et large, et qui pourrait servir de base à l'analyse de

1. Denis le Chartreux, *Opera*, t. XXXIV, p. 223.
2. *Ibid.*, p. 247 et 230.

toutes les beautés particulières. Denis ne l'a pas inventée : il s'appuie sur saint Augustin et le Pseudo-Aréopagite, sur Hugues de Saint-Victor et Alexandre de Halès[1]. Mais s'il essaie d'analyser la beauté, le voilà dans l'embarras. Même les exemples de beauté terrestre, il les emprunte à ses devanciers, surtout à ces deux admirables esprits du XIIe siècle, Hugues et Richard de Saint-Victor : la feuille, la mer agitée, la mer aux couleurs changeantes. Ses analyses sont très superficielles. Les herbes sont belles parce qu'elles sont vertes, les pierres précieuses parce qu'elles brillent, le corps humain, le dromadaire et le chameau parce qu'ils répondent à leurs fins ; la terre est belle parce qu'elle est longue et large, les astres parce qu'ils sont ronds et légers ; les montagnes sont admirables par leurs dimensions énormes, les rivières par la longueur de leur cours, les champs et les bois par leur vaste étendue, la terre elle-même par sa masse incommensurable.

La pensée médiévale ramenait la notion de la beauté aux idées de perfection, de proportion et de splendeur. « Car trois conditions sont nécessaires à la beauté, dit saint Thomas d'Aquin. D'abord assurément l'intégrité ou la perfection, car les choses incomplètes sont laides. Puis la juste proportion ou harmonie. Et enfin la clarté, parce que les choses qui ont une couleur brillante sont dites belles[2] ». Denis le Chartreux cherche à appliquer ces normes, mais échoue misérablement : l'esthétique appliquée est chose dangereuse. Avec une conception si intellectualiste de la beauté, rien d'éton-

1. O. Zöckler, *Dionys des Kartäusers Schrift De venustate mundi, Beitrag zur Vorgeschichte der Aesthetik, Theol. Studien und Kritiken*, 1881, p. 651 ; *cf.* E. Anitchkoff, *L'Esthétique au Moyen Âge* ; Le Moyen Âge, XX, 1918, p. 271 ; M. Grabmann, *Des Ulrich Engelberti von Strassburg O. Pr. Abhandlung De Pulchro*, Sitzungsb. Bayer. Akademie, Phil. hist. Kl. 1925 ; W. Seiferth, *Dantes Kunstlehre*, Archiv. f. Kulturgeschichte, XVII, XVIII, 1927, 1928.

2. *Summa theologiae*, pars 1, a q. XXXIX, art. 8.

nant que l'esprit ne puisse s'en tenir à la beauté terrestre. Dès qu'il veut décrire le beau, Denis le Chartreux passe à la beauté des anges, à celle de l'empyrée ou à celle des concepts abstraits : la beauté de la vie, c'est la route de la vie qui suit les commandements de la loi divine et qui est dépourvue de la laideur du péché. Il ne parle pas de la beauté de l'art, même pas de la musique.

Ce même Denis le Chartreux, étant entré dans l'église de Saint-Jean à Bois-le-Duc pendant que les orgues jouaient, fut aussitôt transporté par la mélodie dans une extase prolongée[1]. La sensation musicale se transforme directement en adoration.

Denis était de ceux qui désapprouvaient l'introduction dans l'église de la musique polyphonique. Il compare la voix brisée (*fractio vocis*) aux cheveux frisés ou aux vêtements plissés et n'y voit que vanité ; elle est pour lui le signe d'une âme, comme elle-même, brisée. Il reconnaît qu'il y a des dévots que la mélodie excite à la contemplation, aussi l'Église a-t-elle raison de tolérer les orgues. Mais il réprouve la musique artistique qui ne sert, en somme, qu'à charmer les auditeurs et surtout à amuser les femmes[2]. Certaines personnes qui s'étaient exercées à chanter en parties lui avaient déclaré y trouver une certaine jouissance d'orgueil et même une sorte de lascivité du cœur (*lascivia animi*). Cet orgueil et cette lascivité, ne serait-ce pas ce que nous appelons aujourd'hui l'émotion musicale, soupçonnée d'être un péché dangereux par ce naïf théologien ?

À partir du haut Moyen Âge on avait écrit beaucoup de traités d'esthétique musicale, mais ces traités

1. Denis le Chartreux, *Opera*, t. I, *Vita*, p. XXXVI.

2. « *De vita canonicorum* », art. 20, *ibid.*, t. XXXVII, p. 197 ; *An discantus in divino obsequio sit commendabilis* ; cf. saint Thomas, *Summa theologiae*, IIa, II, ae. q. 91, art. 2 : « *Utrum cantus sint assumendi ad laudem divinam.* »

construits d'après les théories musicales de l'Antiquité, qu'on ne comprenait plus, restent dans les généralités et le vague. Ils nous renseignent peu sur la manière dont l'homme du Moyen Âge jouissait de la musique. Au XVe siècle, on n'a pas mieux réussi à analyser la jouissance musicale que la jouissance esthétique causée par la peinture. Ce qu'on admirait dans la musique c'était, d'une part, le ton sacré, d'autre part l'harmonie imitative, de même qu'en peinture on ne retenait que la dignité de l'expression et la vérité de l'imitation. Pour l'esprit du Moyen Âge, l'émotion musicale prenait tout naturellement la forme d'un écho de la joie céleste. Quand le brave Molinet, qui aimait bien la musique, raconte comment Charles le Téméraire au camp de Neuss passait le temps en s'occupant de littérature et de musique, son âme de rhétoriqueur jubile : « Car musique est la résonance des cieux, la voix des anges, la joie de paradis, l'espoir de l'air, l'organe de l'Église, le chant des oyselets, la récréation de tous cueurs tristes et désolés, la persécution et enchassement des diables[1]. » On se rendait compte, naturellement, du caractère extatique de la sensation musicale. « La force des harmonies, dit Pierre d'Ailly, est telle qu'elle soustrait l'âme aux autres passions et aux soucis, voire à elle-même[2]. »

L'illusion de croire que la beauté gît dans une imitation frappante des choses de la nature était plus dangereuse en musique qu'en peinture. Car depuis longtemps déjà, la musique avait mis en valeur ses moyens d'imitation. La caccia[3] qui originairement représente une chasse en est le meilleur exemple. Olivier de La Marche raconte avoir entendu le son des trompettes, le glapissement et les aboiements des

1. Molinet, I, p. 73 ; *cf.* p. 67.

2. Petri Alliaci, « *De falsis prophetis* », dans Gerson, *Opera*, I, p. 538.

3. D'où l'anglais *catch*, terme de musique qui désigne un canon.

chiens comme s'il était dans un bois[1]. Au commencement du XVIe siècle, un disciple de Joseph de Prés, Jannequin, composa plusieurs *Inventions* de ce genre, entre autre *La Bataille de Marignan, Les Cris de Paris, Le Caquet des femmes*. Heureusement, l'inspiration musicale de l'époque était trop riche pour s'arrêter à cette mode. Les chefs-d'œuvre des maîtres sont restés libres d'éléments expressifs ou imitatifs.

L'analyse théorique du beau était donc défectueuse, l'expression de l'admiration, superficielle. On croyait expliquer la beauté en lui substituant les notions de mesure, d'ordre, d'élégance ou d'utilité, et surtout celles de splendeur et de lumière. Pour définir la beauté des choses spirituelles, Denis le Chartreux l'assimile à la lumière. La sagesse, la science, l'art sont autant d'essences lumineuses illuminant l'esprit de leur clarté[2].

Cette tendance à assimiler la beauté à la lumière ne reste pas purement théorique. Lorsqu'on laisse de côté les définitions du beau et qu'on examine le sens esthétique de l'époque dans ses expressions spontanées, on constate que presque chaque fois qu'un homme du Moyen Âge essaie d'exprimer la jouissance esthétique, son émotion se réduit à des sensations d'éclats lumineux ou de mouvement violent.

Froissart, nous l'avons dit, est transporté de joie à la vue d'une flotte appareillée. Ce qui l'émeut aussi, c'est le jeu des reflets de soleil sur les heaumes et les cuirasses, sur les pointes des lances, les gaies couleurs des pennons et des bannières d'une troupe de cavaliers en marche[3]. Eustache Deschamps admire les moulins qui tournent, un rayon de soleil brillant sur une goutte de rosée. La Marche a remarqué la

1. La Marche, II, p. 361.
2. « *De Venustate [...]* », t. XXXIV, p. 242.
3. Froissart, éd. Luce, IV, p. 90; VIII, p. 43 et 58; XI, p. 53 et 129; éd, Kervyn, XI, p. 340 et 360; XIII, p. 150; XIV, p. 157 et 215.

beauté des reflets de soleil sur les cheveux blonds d'une cavalcade de gentilshommes allemands et tchèques[1].

On retrouve ce goût pour tout ce qui brille dans la parure des costumes, que l'on cherche surtout dans le nombre excessif de pierres précieuses cousues sur les habits. Après le Moyen Âge, ce genre d'ornements sera remplacé par les rubans et les rosettes. Transporté dans le domaine auditif, cet engouement pour les choses brillantes se manifeste par le plaisir naïf que l'on prend aux tintements ou aux cliquetis. La Hire porte un manteau rouge tout chargé de clochettes d'argent, semblables à celles que portent les vaches. À une entrée, en 1465, le capitaine Salazar est accompagné de vingt hommes d'armes dont les chevaux ont le caparaçon garni de grosses clochettes d'argent. De même façon sont parés les chevaux des comtes de Charolais et de Saint-Pol ainsi que ceux du seigneur de Croy, à l'entrée de Louis XI à Paris en 1461. Le cheval de Charolais porte sur le dos une clochette suspendue entre quatre petits piliers. Un duc de Clèves doit à ce genre de parure son sobriquet : *Johanneken mit den bellen*, « Jeannot à la cloche ». Charles le Téméraire apparaît dans un tournoi vêtu d'un habit de fête cousu de florins ; des gentilshommes anglais ont des vêtements cousus de nobles sonnants[2]. Aux fêtes nuptiales du comte de Genève à Chambéry en 1434, un groupe de seigneurs et de dames exécutent une danse ; ils sont vêtus de blanc relevé « d'or clinquant » ; les hommes ont de larges ceintures garnies de sonnettes[3].

---

1. Deschamps, I, p. 155 ; II, p. 211 ; II, n° 307, p. 208 ; La Marche, I, p. 274.

2. *Le Livre des trahisons*, p. 150 et 156 ; La Marche, II, p. 12 et 347 ; III, p. 127 et 89 ; Chastellain, IV, p. 44 ; *Chronique scandaleuse*, I, p. 26 et 126.

3. Lefèvre de Saint-Rémy, II, p. 294 et 296. On voit représentée

Il faudrait se livrer à une enquête statistique pour définir le sentiment de la couleur propre à l'époque. Elle devrait embrasser tant la gamme chromatique de la peinture que les couleurs du costume et de l'art décoratif. Peut-être serait-ce le costume qui ferait le mieux connaître la nature du sentiment de la couleur, parce que c'est là qu'il s'étale le plus spontanément. Or, on a très peu d'étoffes de ce temps, excepté les vêtements sacerdotaux. Mais nous avons les descriptions. Le livre du héraut Sicile, le *Blason des couleurs*, nous offre quelques données importantes. Ensuite viennent les chroniques avec leurs nombreuses descriptions de fêtes et de tournois. Il s'agit là de vêtements d'apparat dont la couleur sera naturellement différente de celle des costumes de tous les jours. Le héraut Sicile écrit un chapitre assez naïf sur la beauté des couleurs. Rouge est la plus belle couleur, brun, la plus vilaine. C'est le vert, couleur de la nature, qui a pour lui le plus de charme. Comme combinaison, il estime le jaune pâle et le bleu, l'orange et le blanc, l'orange et le rose, le rose et le blanc, le blanc et le noir, et beaucoup d'autres encore. Bleu-vert et vert-rouge sont usuels, mais ils ne sont pas beaux. Ses moyens d'expression sont limités. Il essaie de distinguer quelques nuances de gris et de brun et les nomme brun blanchâtre, violet-brun.

Les costumes ordinaires emploient beaucoup le gris, le noir et le violet[1]. « Le noir, dit Sicile, est aujourd'hui la couleur à la mode à cause de sa simplicité. Mais chacun en abuse. » Le costume masculin idéal qu'il

---

une « danse basse » à la cour de Philippe le Bon, exécutée par des personnes vêtues de blanc qui portent des longues chaînes d'or clinquant, sur le tableau attribué par M. Post à Jean Van Eyck, dans l'article cité plus haut.

1. Couderc, « Les comptes d'un grand couturier parisien au XVe siècle », *Bull. de la soc. de l'hist. de Paris*, XXXVIII, 1911, p. 125 *sq*.

décrit se compose d'un pourpoint noir, de chausses grises, souliers noirs, gants jaunes : combinaison toute moderne, dirions-nous. Les paysans et les Anglais portent le bleu. Cette couleur sied aussi aux jeunes filles, de même que le rose. Le blanc, c'est pour les enfants de moins de sept ans, et pour les idiots ! Le jaune est la couleur des guerriers, des pages et des serviteurs ; on ne l'aime pas s'il n'est accompagné d'une autre nuance. « Et quand vient le mois de mai, vous ne verrez personne porter une autre couleur que le vert[1]. »

Pour les vêtements d'apparat, le rouge domine, comme on pouvait s'y attendre. Il y a des entrées où tous les accoutrements sont en rouge[2]. Le blanc aussi jouit d'une grande faveur comme uniforme de fête. Toute combinaison de couleurs est admise : le rouge avec le bleu, le bleu avec le violet. Que dirait-on aujourd'hui d'une dame en soie violette sur une haquenée à caparaçon de soie bleue, menée par trois hommes en soie vermeille avec chaperons de soie verte ? C'est pourtant ainsi qu'apparaît une jeune fille dans une fête décrite par La Marche. Les chevaliers de l'ordre du Porc-épic de Louis d'Orléans portent un vêtement de drap violet, un manteau de velours azur doublé de satin cramoisi[3]. On croit constater une prédilection pour des effets de contraste : sombre et ardent, bariolé et mat.

Déjà, dans les vêtements d'apparat, on aime le noir, surtout en velours. Philippe le Bon, après le temps de sa jeunesse, s'habille constamment de noir et en revêt sa suite et ses chevaux[4]. Le roi René, toujours à la

---

1. *Blason des couleurs*, éd. Cocheris, p. 113, 97, 87, 99, 90, 88, 108, 83 et 110.

2. Par exemple Monstrelet, V, p. 2 ; Du Clercq, I, p. 348.

3. La Marche, II, p. 343 ; F. M. Graves, *Deux inventaires de la maison d'Orléans*, p. 28.

4. Chastellain, VIII, p. 223 ; La Marche, I, p. 276 ; II, p. 11, 68 et 345 ; Du Clercq, II, p. 197 ; Jean Germain, *Liber de virtutibus*, p. 11 ; Jouffroy, *Oratio*, p. 173.

recherche du raffiné et du distingué, combine avec le noir, le gris et le blanc[1].

La rareté relative du bleu et du vert s'explique autrement encore que par le sentiment esthétique. C'étaient des couleurs trop marquées par leur signification symbolique. Toutes deux étaient en effet les couleurs de l'amour : le vert désignait la passion amoureuse, le bleu, la fidélité. Ou, pour mieux dire, elles étaient par excellence les couleurs de l'amour, car toutes les couleurs pouvaient servir à cette symbolique. Deschamps dit des soupirants d'une dame :

> Li uns se vest pour li [elle] de vert,
> L'autre de bleu, l'autre de blanc,
> L'autre s'en vest vermeil coin sanc,
> Et cilz qui plus la veult avoir
> Pour son grant dueil s'en vest de noir[2].

Le vert restait pourtant la couleur de l'amour naissant et plein d'espoir :

> Il te fauldra de vert vestir,
> C'est la livrée aux amoureulx[3].

Il convient aussi que le chevalier errant soit vêtu de vert[4].

Le bleu est le signe de la fidélité ; quand l'amant allègue qu'il est vêtu de bleu, Christine de Pisan fait répondre à la dame :

---

1. D'Escouchy, I, p. 234.

2. *Le Miroir de mariage*, XVII, vers 1650 ; Deschamps, *Œuvres*, IX, p. 57.

3. *Chansons françaises du XVe siècle*, éd. G. Paris, Société des anciens textes français, 1875, n° 40, p. 50 ; Deschamps, n° 415, III, p. 217, n° 419, *ibid.*, p. 223 ; n° 423, *ibid.*, p. 227 ; n° 481, *ibid.*, p. 302 ; n° 728, IV, p. 199 ; *L'Amant rendu cordelier*, p. 23 ; Molinet, *Faictz et dictz*, f° 176.

4. *Blason des couleurs*, p. 110. Sur la symbolique des couleurs en Italie, voir Bertoni, *L'Orlando furioso*, p. 221 *sq.*

Au bleu vestir ne tient mie le fait,
N'a devises porter, d'amer sa dame,
Mais au servir de loyal cuer parfait
Elle sans plus, et la garder de blasme.
[…] La gist l'amour, non pas au bleu porter,
Mais puet estre que plusieurs le meffait
De faulseté cuident couvri soubz lame
Par bleu porter[1]…

Voilà pourquoi, par une transition très curieuse, le bleu, à l'origine couleur de l'amour fidèle, employé d'une manière hypocrite, vint à signifier l'infidélité, puis, de l'infidèle, passa à la dupe. En Hollande, la huque bleue désignait la femme adultère ; en France, la « cote bleue » trahit le cocu :

Que cils qui m'a de cote bleue armé
Et fait monstrer au doy, soit occis[2].

Enfin, le bleu devint la couleur des sots en général.

La défaveur dont le jaune et le brun étaient l'objet provenait et du sentiment esthétique de l'époque et de la signification symbolique négative de ces deux couleurs. En d'autres termes, on n'aimait pas le brun et le jaune parce qu'on les trouvait laids et on leur accordait une signification défavorable, parce qu'on ne les aimait pas. La mal mariée se plaint et dit :

Sur toute couleur j'ayme la tennée,
Pour ce que je l'ayme m'en suys habillée

1. *Cent ballades d'amant et de dame*, n° 92 ; Christine de Pisan, *Œuvres poétiques*, III, p. 299 ; *cf.* Deschamps, X, n° 52 ; *L'Histoire et plaisante chronique du petit Jehan de Saintré*, éd. G. Hellény, Paris, 1890, p. 415.

2. *Le Pastoralet*, v. 2054, p. 636 ; *cf. Les Cent Nouvelles Nouvelles*, II, p. 118 : « craindroit très fort estre du rang des bleux vestuz, qu'on appelle communément noz amis. »

Et toutes les aultres ay mis en obly.
Hellas ! mes amours ne sont icy.

Et une autre chanson :

Gris et tannée puis bien porter
Car ennuyé suis d'espérance[1].

Le gris, contrairement au brun, est très recherché pour les vêtements de fête ; c'étaient cependant deux couleurs de tristesse, mais, sans doute, le gris avait-il une nuance plus élégiaque que le brun.

Le jaune signifiait l'hostilité. Henri de Wurtemberg passe devant Philippe de Bourgogne avec toute sa suite habillée de jaune, « et fut le duc adverty que c'estoit contre luy[2] ».

Après le milieu du XVe siècle, on croit constater une diminution temporaire du noir et du blanc en faveur du bleu et du jaune, mais ce n'est là qu'une impression qui demanderait à être confirmée. Au XVIe siècle, en même temps que l'art commence à éviter les contrastes naïfs des couleurs primaires, l'habitude se perd aussi, pour le costume, des combinaisons bizarres et osées de couleurs. Ce n'est pas d'Italie que les artistes des pays bourguignons reçoivent leur sentiment de l'harmonie des couleurs. Gérard David, continuateur direct de l'école des primitifs, montre déjà, comparé à ses devanciers, un plus grand raffinement du sens de la couleur. Nous avons donc affaire ici à un développement qui va de pair avec le développement général de l'esprit. Sur ce terrain, l'histoire de l'art et l'histoire de la civilisation devraient pouvoir s'éclairer mutuellement.

---

1. *Chansons du XVe siècle*, n° 5, p. 5 ; n° 87, p. 85.
2. La Marche, II, p. 207.

CHAPITRE XX

Le verbe et l'image. I

Toutes les fois qu'on a essayé de tracer une séparation nette entre le Moyen Âge et la Renaissance, cette ligne de démarcation a semblé devoir être reculée. En plein Moyen Âge, on découvrait des formes et des mouvements qui paraissaient porter déjà la marque des temps nouveaux, et la notion Renaissance, pour embrasser ces phénomènes, s'élargissait à l'excès[1]. Inversement, une étude impartiale de la Renaissance nous y fait découvrir une persistance du Moyen Âge. L'Arioste, Rabelais, Marguerite de Navarre, Castiglione ainsi que toute la peinture, en ce qui concerne la pensée et la forme, sont pleins d'éléments médiévaux. Et pourtant, nous ne pouvons nous passer de l'antithèse : Moyen Âge, Renaissance, qui représente pour nous un contraste entre deux époques, contraste essentiel bien que malaisé à définir.

Pour éviter les inconvénients inhérents à la nature flottante des deux termes de Moyen Âge et de Renais-

1. Voir mon article « Het probleem der Renaissance », dans *Tien Studiën*, p. 289, en allemand dans *Wege der Kulturgeschichte*, Munich, 1930, p. 88.

sance, le plus sûr est de les réserver pour les époques et les phénomènes qu'ils ont désignés à l'origine, et ne pas parler de Renaissance à propos de saint François d'Assise ou du style ogival, non plus qu'à propos de Claus Sluter et des frères Van Eyck, car eux aussi portent la marque indéniable du Moyen Âge. Leur art, par les sujets, par sa destination, par ses modes d'expression, est du Moyen Âge : il n'a rien dépouillé des concepts anciens et n'a rien recueilli de nouveau. Si certains historiens de l'art[1] y ont signalé une sorte de Renaissance, c'est qu'ils ont confondu, bien à tort, réalisme et Renaissance. Ce réalisme scrupuleux, cette aspiration à rendre exactement tous les détails naturels, doit être considéré plutôt comme le caractère de l'esprit du Moyen Âge finissant. C'est la même tendance que nous avons rencontrée dans tous les domaines de la pensée de l'époque, signe de déclin et non de rajeunissement. Le triomphe de la Renaissance sera justement de substituer à ce réalisme méticuleux le geste simple et large.

L'art et la littérature du XVe siècle en France et dans les pays bourguignons servent une pensée qui se meurt ; ils n'ont guère comme tâche que de donner une forme achevée et d'orner un système d'idées depuis longtemps constitué. La pensée semble épuisée, l'esprit attend une nouvelle fécondation.

Aux époques où la création de la beauté se réduit à l'expression et à l'élaboration d'un matériel de pensées déjà fixé, les arts plastiques ont une valeur plus profonde que la littérature. Non toutefois pour les contemporains, car pour ceux-ci la pensée, bien qu'elle ait passé le temps de sa floraison, garde de l'importance et de l'actualité, si bien qu'il la goûte encore sous sa forme littéraire. Tous ces poèmes du XVe siècle, pour

1. Par exemple M. Fierens Gevaert, *La Renaissance septentrionale et les premiers maîtres des Flandres*, Bruxelles, 1905, et beaucoup d'autres critiques après lui.

nous si monotones et si superficiels, furent admirés des contemporains bien plus que la peinture.

La majeure partie de cette littérature a perdu pour nous toute saveur, tandis que la peinture nous émeut plus peut-être qu'elle n'a ému les gens du XVe siècle. Il serait trop facile d'en voir la raison dans une différence des talents, de dire que tous les peintres furent des génies tandis que les poètes n'étaient que des esprits creux et conventionnels. Non, la raison, il faut la chercher dans le fait que la parole et l'image ont une fonction esthétique tout à fait différente. Lorsque le peintre ne fait que rendre exactement, par la ligne et la couleur, l'aspect extérieur d'un objet, il ajoute pourtant toujours à cette reproduction purement formelle quelque chose de l'inexprimable. Le poète, par contre, s'il ne vise qu'à traduire un concept déjà énoncé ou à décrire une réalité visible, épuisera par son verbe tout le trésor de l'ineffable. À moins que le rythme ou l'accent ne le sauvent par leurs charmes propres, le poème n'aura d'effet que si la pensée est attachante pour le lecteur. Le contemporain vibre à la parole du poète autour de laquelle viennent se grouper une foule d'associations vivantes, car la pensée exprimée fait partie intégrante de sa vie ; si cette pensée est revêtue d'une forme brillante, elle lui semblera fraîche et nouvelle. Mais dès que la pensée ne répond plus aux préoccupations de l'âme, il ne reste au poème que sa forme. Et sans doute, celle-ci est d'extrême importance. Elle peut être belle et touchante au point de faire oublier l'insignifiance du contenu. Une nouvelle beauté de forme perce déjà dans la littérature du XVe siècle, mais dans la majeure partie de ses productions, la forme aussi est usée et les qualités de rythme et de sonorité sont faibles. Alors, sans pensée ni forme nouvelle, ce ne sera qu'un postlude interminable sur des thèmes vieillis, bref une poésie sans avenir.

Le peintre de même époque et de même mentalité

que le poète n'aura, lui, rien à redouter du temps. Car l'inexprimable qu'il a mis dans son œuvre se révélera toujours aussi neuf qu'au premier jour. Regardons les portraits de Jean Van Eyck. Voici la face un peu pointue et pincée de sa femme, la tête d'aristocrate, impassible et morose, de Bauduin de Lannoy, le visage souffreteux et résigné de l'Arnolfini de Berlin, la candeur énigmatique de *Leal souvenir*, l'affreux visage hermétique du chanoine Van de Paele. Dans chacune de ces figures, la personnalité a été sondée jusqu'au fond. Il n'est pas possible de pousser plus loin l'analyse des caractères : le peintre les a compris, il les a révélés par l'image. Il n'aurait pas pu les décrire à ce point par la parole, eût-il été le plus grand poète de son siècle. La peinture, même quand elle ne prétend rendre que le dehors des choses, garde son mystère pour tous les temps à venir.

Voilà la raison fondamentale pour laquelle, l'inspiration et l'esprit étant semblables, nous devons cependant nous attendre à une disproportion entre la valeur des arts plastiques et celle de la littérature au XVe siècle. Mais cette différence une fois reconnue, la comparaison de spécimens des deux expressions, plastique et verbale, révélera de nombreux traits communs.

Prenons les Van Eyck comme représentants les plus éminents de l'art de l'époque ; quels sont les écrivains à leur opposer pour comparer leur inspiration et leurs modes d'expression ? Nous ne les chercherons pas parmi ceux qui ont traité les mêmes sujets, mais, nous les chercherons dans les mêmes milieux, ceux de la cour, de la noblesse et de la riche bourgeoisie. C'est là qu'on peut présumer l'affinité des esprits. La littérature qui va de pair avec l'art des Van Eyck, c'est celle que protégeaient les mécènes de la peinture.

Au premier abord, une différence essentielle semble presque rendre vaine toute comparaison : la matière de la peinture est surtout religieuse, celle des lettres franco-bourguignonnes, surtout profane. Rappelons-nous toutefois que l'élément profane a tenu dans la peinture une place bien plus grande que ne le ferait supposer ce qui nous a été conservé. D'autre part, l'histoire littéraire a étudié surtout les genres profanes la chanson d'amour, les imitations du *Roman de la Rose*, les derniers représentants du roman de chevalerie, la nouvelle, la satire, les chroniques. La peinture de l'époque nous fait penser exclusivement à la sévérité des triptyques et des portraits ; la littérature, c'est d'abord, pour nous, le sourire lascif de la satire érotique et les monotones horreurs des chroniques. Il semble que ce siècle ait peint ses vertus et écrit ses vices. Mais là nous sommes victimes d'une illusion d'optique.

L'art et la littérature du XVe siècle ont en commun la qualité générale et essentielle de l'esprit du Moyen Âge à son déclin : tendance à préciser chaque détail, à développer jusqu'au bout chaque pensée et chaque image, à donner une figure concrète à chaque concept de l'esprit. Érasme raconte avoir entendu, à Paris, un prêtre prêcher pendant quarante jours sur la parabole de l'enfant prodigue. Afin d'y employer tout le carême, il décrivit ses voyages d'aller et de retour, le menu de ses repas dans les auberges, les moulins devant lesquels il passa, ses parties de jeu de dés, etc., torturant le texte des prophètes et des évangélistes pour y trouver le support de ces balivernes. « Et à cause de cela la multitude ignorante et les gros messieurs le tinrent pour quasi divin[1]. »

Pour nous rendre compte de la place qu'occupe chez les peintres l'exécution minutieuse du détail, examinons deux tableaux de Jean Van Eyck. Voici d'abord *La Madone au chancelier Rolin*, au Louvre. Chez tout autre que Van Eyck, l'exactitude laborieuse

1. Érasme, *Ratio seu Methodus compendio perveniendi ad veram theologiam*, éd. de Bâle, 1520, p. 146.

avec laquelle sont peintes les étoffes des vêtements ainsi que le marbre des dalles et des colonnes, les reflets des vitres, le livre d'heures du chancelier, ferait l'effet de pédantisme. Même chez lui, le fini exagéré des détails, comme dans la décoration des chapiteaux où est reproduite toute une série de scènes bibliques, ne laisse pas de nuire à l'ensemble. Mais c'est surtout dans la perspective merveilleuse qui se déroule derrière les figures de la Vierge et du donateur que se donne libre cours la passion du détail. Empruntons-en la description à M. Durand-Gréville[1] :

« Si, attiré par la curiosité, on a l'imprudence de l'approcher d'un peu trop près, c'est fini, on est pris pour tout le temps que peut durer l'effort d'une attention soutenue ; on s'extasie devant la finesse du détail ; on regarde, fleuron à fleuron, la couronne de la Vierge, une orfèvrerie de rêve ; figure à figure, les groupes qui remplissent, sans les alourdir, les chapiteaux des piliers ; fleur à fleur, feuille à feuille, les richesses du parterre ; l'œil stupéfait découvre, entre la tête de l'enfant divin et l'épaule de la Vierge, dans une ville pleine de pignons et d'élégants clochers, une grande église aux nombreux contreforts, une vaste place coupée en deux dans toute sa largeur par un escalier où vont, viennent, courent d'innombrables petits coups de pinceau qui sont autant de figures vivantes ; il est attiré par un pont en dos d'âne chargé de groupes qui se pressent et s'entrecroisent ; il suit les méandres d'un fleuve sillonné de barques minuscules, au milieu duquel, dans une île plus petite que l'ongle d'un doigt d'enfant, se dresse, entouré d'arbres, un château seigneurial aux nombreux clochetons ; il parcourt, sur la gauche, un quai planté d'arbres, peuplé de promeneurs ; il va toujours plus loin, franchit une à une les croupes des collines verdoyantes ; se

1. E. Durand-Gréville, *Hubert et Jean Van Eyck*, Bruxelles, 1910, p. 119.

repose un moment sur une ligne lointaine de montagnes neigeuses, pour se perdre ensuite dans l'infini d'un ciel à peine bleu, où s'estompent de flottantes nuées. »

Et voici le miracle : contrairement aux affirmations du disciple de Michel-Ange, l'unité et l'harmonie ne sont pas perdues. « Et quand le jour tombe, une minute avant que la voix des gardiens ne vienne mettre fin à votre contemplation, voyez comme le chef-d'œuvre se transfigure dans la douceur du crépuscule ; comme son ciel devient encore plus profond ; comme la scène principale, dont les couleurs se sont évanouies, se plonge dans l'infini mystère de l'Harmonie et de l'Unité… »

Une autre œuvre du maître qui se prête particulièrement à l'analyse du détail illimité, c'est *L'Annonciation*, autrefois à l'Ermitage de Saint-Pétersbourg. Si le triptyque dont ce tableau formait le volet droit a existé dans son entier, il a dû être une création superbe. Van Eyck a employé ici toute la virtuosité du maître qui se sent de force à triompher de tout. De toutes ses œuvres, c'est la plus hiératique et à la fois la plus raffinée. Il a suivi les règles iconographiques du passé en donnant pour cadre à l'apparition de l'ange l'ample espace d'une église, et non pas l'intimité d'une chambre à coucher, comme dans le rétable de l'Agneau (scène qui a été l'origine de toutes les peintures d'intérieurs). Les deux figures n'ont plus, dans leur tenue et l'expression de leurs visages, cette douce tendresse de l'Annonciation sur le rétable de l'Agneau. L'ange salue Marie par une révérence cérémonieuse ; il ne se présente pas avec une tige de lis, la tête ceinte d'un mince diadème ; il porte un sceptre, une riche couronne, et il a sur les lèvres le sourire raide des sculptures d'Égine. Par la splendeur des couleurs, l'éclat des perles, de l'or et des pierreries, il surpasse toutes les figures angéliques que Van Eyck a peintes. Sa robe est vert et or, son manteau de brocart est rouge et or, ses ailes sont couvertes de plumes de paon. Le livre de la Vierge, le coussin devant elle sont exécutés avec un soin pénétrant et minutieux. Dans l'église, c'est une prolixité de détails anecdotiques. Les dalles portent le signe du zodiaque, dont cinq sont visibles, et des scènes de la vie de Samson et de David. Le mur de l'abside est décoré des images d'Isaac et de Jacob, dans des médaillons entre les arcs, et dans un vitrail, de celle du Christ sur le globe avec deux séraphins ; puis d'autres peintures murales représentent l'enfant Moïse sauvé des eaux et le don des tables de la Loi, le tout expliqué par des inscriptions lisibles. Seule, la décoration du plafond de bois reste indistincte.

Et, de nouveau, le miracle se produit : l'unité de ton et d'expression ne se perd pas dans l'accumulation des détails. Dans *La Madone au chancelier Rolin*, c'était la joyeuse et claire lumière du dehors qui conduisait le regard des personnages principaux vers les espaces lointains ; ici, le crépuscule qui règne dans ce haut édifice enveloppe l'ensemble d'une ombre de mystère où l'œil ne parvient qu'avec peine à discerner les détails anecdotiques.

C'est le privilège du peintre de pouvoir donner libre cours à son besoin d'affiner les détails (peut-être faudrait-il dire plutôt : de pouvoir satisfaire aux exigences les plus impossibles d'un donateur inexpert) sans sacrifier l'effet général. La vue de cette multitude de détails ne nous fatigue pas plus que ne le fait la vue de la réalité même. On ne les remarque que si l'on est averti, et bientôt ils s'effacent ou ne font qu'aider à l'effet de couleur ou de perspective.

Quand la même passion du détail se manifeste dans la littérature, l'effet est tout différent. Cette littérature ne connaît pas encore le naturalisme qui se plaît à l'ample description de l'extérieur des choses. Les descriptions de personnes et d'objets sont encore faites avec les moyens simples dont dispose la poésie médiévale : les objets dont s'inspire le poète sont mentionnés, non décrits ; le substantif domine l'adjectif ; les qualités principales, couleur ou son par exemple, sont seule relevées. L'élaboration du détail est quantitative plutôt que qualitative ; elle consiste dans l'énumération. La plupart des écrivains du XVe siècle sont singulièrement prolixes ; ils ne connaissent pas l'effet du silence. Non seulement les images, mais les pensées elles-mêmes, communément très simples, qu'évoque le sujet, sont articulées dans leur parfaite intégrité. Le cadre entier de la composition est, tout comme un tableau, rempli de détails. D'où vient qu'en littérature l'effet produit est moins harmonieux ?

Cela provient en partie de ce que la relation du principal à l'accessoire n'est pas la même dans les deux arts. En peinture, il n'y a pas à proprement parler d'éléments principaux et d'éléments accessoires. Tout est essentiel. Un seul détail peut déterminer pour nous la parfaite harmonie de l'œuvre. À moins que le sentiment religieux ne prime l'appréciation esthétique, le spectateur du rétable de l'Agneau regardera avec autant — que dis-je, avec plus — d'émotion le champ fleuri de la scène principale, les cortèges des adorateurs de l'Agneau, les tours derrière les arbres au fond, que les figures centrales de la composition, dans leur auguste divinité. Ses regards se porteront des figures assez peu attachantes de Dieu, de la Vierge et de saint Jean-Baptiste, sur celles d'Adam et Ève, sur les portraits des donateurs, sur la perspective délicieuse de la rue ensoleillée et le petit chaudron de cuivre avec le torchon. Il se demandera à peine si le mystère de l'eucharistie a trouvé ici l'expression la plus appropriée, tant le raviront l'intimité touchante et la perfection incroyable de tous ces détails, purement accessoires pour ceux qui commandèrent ou qui exécutèrent le chef-d'œuvre.

Or, dans l'expression des détails, le peintre est absolument libre. Tandis qu'une convention sévère le lie quant à la composition de son thème principal — un tableau religieux a son code iconographique dont il ne peut s'écarter —, il peut, pour tout le reste, laisser la bride à son imagination. Il peut peindre les étoffes, la végétation, les horizons, les visages, tout comme le lui inspire son génie. La composition solide et fixe du tableau sacré supporte la richesse des détails comme une robe de femme supporte des fleurs : c'est un léger fardeau.

Dans la poésie du XVe siècle, la relation du principal à l'accessoire est l'inverse de ce qu'elle est en peinture. Le poète est libre quant au sujet principal ; ce qu'on attend de lui, c'est une pensée nouvelle. Pour les accessoires, au contraire, il est lié par la tradition. Il y a une façon conventionnelle d'exprimer chaque détail, dont il ne peut guère s'écarter. Les fleurs, la nature, les douleurs et les joies, tout a ses formes d'expression étalonnées que le poète ne pourra renouveler qu'en y ajoutant un peu de poli ou de couleur. Il polit et colore à l'infini car il ne subit pas, comme le peintre, la contrainte de la dimension. Il est libre de toute restriction quant aux moyens matériels, mais pour ne pas abuser de cette liberté il doit avoir, relativement, plus de génie que le peintre. Les peintres médiocres restent une joie pour la postérité, mais le poète médiocre tombe dans l'oubli.

Pour rendre sensibles les effets de l'abus du détail dans un poème du XVe siècle, il faudrait le suivre à la lettre dans son ensemble, et il sont tous bien longs ! Nous sommes donc forcés de nous contenter d'échantillons.

Alain Chartier était réputé, de son temps, grand poète. On le comparait à Pétrarque. Clément Marot le compte encore parmi les coryphées. Il est donc permis, en se plaçant au point de vue de l'époque, de comparer son œuvre à celle des plus grands peintres. Son poème, *Le Livre des quatre dames*, conversation entre quatre nobles dames dont les amants ont combattu à Azincourt, s'ouvre, comme il est de règle, par la description du paysage : ce sera l'arrière-plan du tableau[1]. Comparons ce paysage à celui de *L'Adoration de l'Agneau* : la merveilleuse prairie en fleurs à la végétation si minutieusement exécutée, les clochers d'églises derrière les sommets ombragés des collines.

Un matin de printemps, le poète va se promener pour chasser sa persistante mélancolie :

> Pour oublier melencolie,
> Et pour faire chière plus lie,
> Ung doulx matin aux champs issy,
> Au premier jour qu'amours ralie
> Les cueurs en la saison jolie…

Tout cela est purement conventionnel et sans grâce spéciale de rythme ni de sonorité. Vient ensuite la description du matin de printemps :

> Tout autour oiseaulx voletoient
> Et si très doulcement chantoient
> Qu'il n'est cueur qui n'en fust joyeulx.
> Et, en chantant, en l'air montoient
> Et puis l'un l'autre surmontoient
> À l'estrivée, à qui mieulx mieulx.
> Le temps n'estoit mie nueux,
> De bleu estoient vestuz les cieux,
> Et le beau soleil cler luisoit.

La simple mention de ces délices n'aurait pas manqué de charme, si l'auteur avait su se borner. Il y a de l'attrait dans la simplicité de ce poème sur la nature, mais il y manque une *forme*. Après avoir nommé les oiseaux chanteurs, le poète poursuit tout d'une haleine son énumération :

> Les arbres regarday flourir
> Et lièvres et connins courir.
> Du printemps tout s'esjouyssoit.

---

1. Alain Chartier, *Œuvres*, éd. Duchesne, p. 594.

La sembloit amour seignourir.
Nul n'y peult vieillir ne mourir,
Ce me semble, tant qu'il y soit.
Des erbes ung flair doulx issoit,
Que l'air sery adoulcissoit,
Et en bruiant par la valee
Ung petit ruisselet passoit
Qui les pays amoitissoit,
Dont l'eaue n'estoit pas salee.
Là buvoient les oysillons,
Après ce que des grésillons,
Des mouschettes et papillons
Ilz avoient pris leur pasture.
Lasniers, aoutours, esmerillons
Vy, et mouches aux aguillons
Qui de beau miel paveillons
Firent aux arbres par mesure.
De l'autre part fut la closture
D'ung pré gracieux où nature
Sema les fleurs sur la verdure,
Blanches, jaunes, rouges et perses.
D'arbres flouriz fut la ceinture,
Aussi blancs que se neige pure
Les couvroit, ce sembloit paincture,
Tant y eut de couleurs diverses.

Un ruisseau murmure sur les cailloux, des poissons y nagent, un bocage étend sur la rive son vert rideau. De nouveau une énumération d'oiseaux : canards, tourterelles, faisans, hérons : tous les oiseaux d'ici en Babiloine, dirait Villon.

Le peintre et le poète, cherchant tous deux à rendre la beauté de la nature, dominés tous deux par la tendance à s'attacher à chaque détail, arrivent cependant, par la diversité de leurs moyens, à des résultats tout différents. Unité et simplicité dans le tableau, malgré la masse des détails ; monotonie, amorphie dans la poésie, simple énumération de motifs conventionnels.

À ce point de vue, la prose se rapproche davantage de la peinture. Elle est moins astreinte à des motifs obligés. Elle vise souvent à reproduire plus minutieusement la réalité et, quand il s'agit de l'exécution, elle est plus libre dans le choix des moyens.

Un des traits fondamentaux de l'esprit du Moyen Âge déclinant est la prédominance du sens de la vue, prédominance qui semble être en rapport étroit avec l'atrophie de la pensée. On pense et on s'exprime par images visuelles. C'est parce que la notion visuelle suffisait à l'esprit de cette époque, qu'il a pu supporter la fadeur des allégories. C'est à cela aussi que tient l'excellence de la peinture : l'expression picturale était plus conforme à la tournure d'esprit du temps. Et c'est par là enfin que la qualité de la prose du XVe siècle en général est supérieure à celle de la poésie. La prose, comme la peinture, pouvait déjà s'essayer à un réalisme direct qu'interdisaient à la poésie son degré de développement et sa nature même.

Il y a notamment un auteur qui, par sa vision éminemment claire de l'extérieur des choses, rappelle Van Eyck ; c'est Georges Chastellain. Il était flamand, du pays d'Alost. Bien qu'il se nomme « léal françois », « françois de naissance », il est assez vraisemblable que le « thiois » fut sa langue maternelle. La Marche l'appelle « natif flameng, toutefois mettant par escript en langaige franchois ». Lui-même se plaît à accentuer sa rusticité ; il parle de « sa brute langue », s'appelle « homme flandrin, homme de palus bestiaux, ygnorant, bloisant de langue, gras de bouche et de palat et tout enfangié d'autres povretés corporelles à la nature de la terre[1] ». Ce naturel explique la lourdeur de son style fleuri, la grandiloquence qui le rend insupportable au lecteur français. C'est un style d'apparat qui a quelque chose d'éléphantesque. Un contemporain, parlant de lui, l'appelle « cette grosse cloche si haut sonnant[2] ». Pourtant, c'est peut-être à son origine flamande qu'il

1. Chastellain, I, p. 11-12 ; IV, p. 21 et 393 ; VII, p. 160 ; La Marche, I, p. 14 ; Molinet, I, p. 23.
2. Jean Robertet, dans Chastellain, VII, p. 182.

doit sa vision lucide et pénétrante et la succulence de sa couleur.

Il y a des affinités indéniables entre Chastellain et Jean Van Eyck. Chastellain dans ses meilleurs moments égale Van Eyck dans ses plus médiocres, et c'est déjà beaucoup. Qu'on se représente le groupe des anges chantants du rétable de l'Agneau. Ces lourds vêtements de brocart rouge et or, chargés de pierreries, ces grimaces trop expressives, la décoration un peu puérile du lutrin, tout cela, dans la peinture, est l'équivalent de la grandiloquence fastueuse de la prose bourguignonne. C'est la rhétorique transportée dans la peinture. Or, tandis que cet élément de rhétorique ne tient qu'une place subalterne dans la peinture, il est chose principale dans le style de Chastellain. Son observation nette et son réalisme vivant sont trop souvent noyés dans le flot des phrases ronflantes et des termes ampoulés.

Mais dès que Chastellain décrit un événement qui captive plus particulièrement son âme de Flamand, sa forte puissance d'imagination donne au récit une allure saisissante. Il n'est guère plus riche de pensées que ses contemporains ; c'est le vieil arsenal de lieux communs religieux, moraux et chevaleresques qui lui tient lieu d'idées. Toutes ses spéculations sont en surface, mais l'observation est alerte et vivante.

Le portrait qu'il a tracé du duc Philippe a presque la vigueur d'un Van Eyck[1]. Nouvelliste dans l'âme, il s'est plu à raconter avec une verve remarquable et force détails une querelle survenue au commencement de 1457 entre le duc et son fils Charles. Nulle part sa perception visuelle n'est si vive qu'ici ; toutes les circonstances extérieures de l'événement sont rendues avec une netteté parfaite. Il est indispensable d'en citer d'assez longs passages[2].

---

1. Chastellain, VII, p. 219.
2. *Ibid.*, III, p. 231 *sq.*

Le différend surgit à propos d'une charge de cour dans la maison du jeune comte de Charolais. Le vieux duc, contrairement à une promesse donnée, voulait accorder la place à un membre de la famille de Croy, alors en grande faveur. Charles, qui ne partageait pas les sentiments de son père pour cette famille, destinait la place à un de ses amis.

« Le duc donques par un lundy qui estoit le jour Saint-Anthoine[1], après sa messe, aiant bien désir que sa maison demorast paisible et sans discention entre ses serviteurs, et que son fils aussi fist par son conseil et plaisir, après que ja avoit dit une grant part de ses heures et que la cappelle estoit vuide de gens, il appela son fils à venir vers luy et lui dist doulcement : "Charles, de l'estrif qui est entre les sires de Sempy et de Hémeries pour le lieu de chambrelen, je vueil que vous y mettez cès et que le sire de Sempy obtiengne le lieu vacant." Adont dist le conte : "Monseigneur, vous m'avez baillié une fois votre ordonnance en laquelle le sire de Sempy n'est point, et monseigneur, s'il vous plaist, je vous prie que ceste-là je la puisse garder. — Déa, ce dit le duc lors, ne vous chailliez des ordonnances. C'est à moy à croistre et à diminuer ; je vueil que le sire de Sempy y soit mis. — Hahan ! ce dist le conte (car ainsi jurait tousjours), monseigneur, je vous prie, pardonnez-moy, car je ne le pourroye faire, je me tiens à ce que vous m'avez ordonné. Ce a fait le seigneur de Croy qui m'a brassé cecy, je le vois bien. — Comment, ce dist le duc, me désobéyrez-vous ? ne ferez-vous pas ce que je vueil ? — Monseigneur, je vous obéyray volentiers, mais je ne feray point cela." Et le duc, à ces mots, enfelly de ire, respondit : "Hà ! garsson, désobéyras-tu à ma volonté ? va hors de mes yeux", et le sang avecques les paroles lui tira à cœur, et devint pâle et puis à coup enflambé et si

1. 17 janvier.

espoentable en son vis, comme je l'oys recorder au clerc de la chapelle qui seul estoit emprès luy, que hideur estoit à le regarder... »

Le regard que le duc lance à son fils effraie la duchesse ; elle veut emmener le comte hors de l'oratoire pour le soustraire à cette colère. Mais il fallait tourner plusieurs coins pour arriver à la porte dont le clerc avait la clé. « Caron[1], ouvre-nous », dit la duchesse, mais le clerc tombe à ses pieds en la suppliant de décider son fils à demander pardon avant de quitter la chapelle. Elle se tourne suppliante vers Charles, mais celui-ci s'écrie à haute voix « : Déa, madame, monseigneur m'a deffendu ses yeux et est indigné sur moy, par quoy, après avoir eu celle deffense, je ne m'y retourneray point de si tost, ains m'en iray à la garde de Dieu, je ne sçay où. » Alors retentit la voix du duc, resté à sa place, paralysé par la colère... et la duchesse, dans un effroi mortel, dit au clerc : « Mon amy, tost, tost ouvre-nous, il nous convient partir ou nous sommes morts. »

Rentré dans ses appartements, Philippe tombe dans une espèce d'égarement sénile ; vers le soir, seul, à cheval, il sort de Bruxelles, insuffisamment vêtu et sans avertir personne. « Les jours pour celle heurre d'abord estoient courts, et estoit jà basse vesprée quand ce prince droit-cy monta à cheval, et ne demandoit riens autre fors estre emmy les champs seul et à par luy. Sy porta ainsy l'aventure que ce propre jour-là, après un long et âpre gel, il faisoit un releng, et par une longue épaisse bruyne qui avoit couru tout ce jour, la vesprée tourna en pluie bien menue, mais très-mouillant et laquelle destrempoit les terres et rompoit glasces avecques vent qui s'y entrebouta. » Suit la description de la course nocturne du duc errant par les champs et les bois. Dans cette description,

1. Ce Caron, clerc de la chapelle, apparaît comme conteur d'une des *Cent Nouvelles Nouvelles*.

Chastellain a mêlé à un naturalisme très vivant sa rhétorique pompeuse et moralisante, ce qui ne laisse pas de produire un effet assez bizarre. Affamé et las, le vieux duc, ayant perdu son chemin, appelle en vain au secours. Il manque d'entrer dans une rivière qu'il prend pour une route. Il se blesse en tombant avec son cheval. Il écoute en vain si le chant d'un coq ou l'aboiement d'un chien ne lui indiquera pas une habitation. Enfin, il aperçoit une lueur et cherche à s'en approcher ; il la perd de vue, la retrouve et à la fin l'atteint. « Mais plus l'approchoit, plus sambloit hideuse chose et espoentable, car feu partoit d'une mote d'en plus de mille lieux, avecques grosse fumière, dont nul ne pensast à celle heure fors que ce fust ou purgatoire d'aucune âme ou autre illusion de l'ennemy… » Sur quoi, il s'arrête, mais se souvient tout à coup que les charbonniers ont coutume d'allumer des brasiers au fond des bois. Cependant il ne trouve pas de maisons dans les environs. Après avoir erré encore, guidé par les aboiements d'un chien, il se dirige vers la chaumière d'un pauvre homme où il trouve repos et nourriture.

D'autres épisodes ont fourni à Chastellain le thème de descriptions frappantes : le duel judiciaire de deux bourgeois de Valenciennes, la rixe nocturne à La Haye entre les ambassadeurs frisons et les gentilshommes bourguignons dont ils troublent le sommeil en jouant aux barres, chaussés de sabots, à l'étage supérieur, le tumulte de Gand en 1467 lors de la joyeuse entrée du duc Charles, laquelle coïncida avec la kermesse de Houthem d'où le peuple avait l'habitude de rapporter en procession la châsse de saint Liévin[1]. Dans toutes ces pages, des détails notés inconsciemment prouvent la puissance visuelle de l'auteur. Le duc, faisant face à l'émeute, a devant lui « multitude de faces en bacinets

1. Chastellain, III, p. 46 ; cf. *ibid.*, 104 ; V, 259.

enrouillés et dont les dedans estoient grignans barbes de vilain, mordans lèvre. » Les cris portent de bas en haut. Le rustre qui se presse à la fenêtre, à côté du duc, porte un gant de fer verni de noir dont il frappe l'appui de la fenêtre pour commander le silence[1]. Le don de trouver le mot juste et simple pour décrire exactement les choses vues est, au fond, la même force visuelle qui permit à Van Eyck de donner à ses portraits leur expression parfaite. Mais en littérature, ce réalisme reste entravé par des formes conventionnelles et comme étouffé sous un amas de sèche rhétorique. À cet égard, la peinture est bien en avance sur la littérature. Elle dispose déjà d'une virtuosité complète pour rendre les effets de lumière. Ce sont surtout les miniaturistes qu'occupe le problème de fixer la lumière d'un moment. Dans le tableau, le clair-obscur est réalisé pour la première fois par Geertjen de Saint-Jean de Haarlem, dans sa Nativité. Les enlumineurs s'étaient déjà depuis longtemps essayés de rendre la lueur des torches se reflétant sur les cuirasses dans la scène de l'arrestation du Christ. Le maître qui enlumina le *Cuer d'amours espris* du roi René avait déjà réussi un lever de soleil ; celui des *Heures d'Ailly*, un soleil perçant les nues après un orage[2].

Par contre, les moyens littéraires pour rendre les effets de lumière sont encore primitifs. Il existe un goût très vif de l'éclat et du brillant ; on conçoit même la beauté, nous l'avons dit, en premier lieu comme lumière. Les écrivains et poètes du XVe siècle notent volontiers la lumière du soleil, la lueur des chandelles et des torches, les reflets des casques et des armes. Mais ce n'est qu'une simple mention ; il n'existe pas

1. *Ibid.*, V, p. 273, 269 et 271.

2. Voir les reproductions dans A. Michel, *Histoire de l'art [...]*, Paris, 1907, IV, 2, p. 711 et P. Durrieu, « Les belles heures du duc de Berry », *Gazette des beaux-arts*, 1906, t. XXXV, p. 283.

de procédé littéraire pour décrire la lumière. Peut-être faut-il chercher dans un autre domaine l'équivalent littéraire de cette faculté de fixer l'impression d'un moment. Je le verrais plutôt dans l'usage courant du discours direct dans la littérature des XIVe et XVe siècles. À aucune époque, on n'a recherché si avidement l'effet de la phrase directe : cet emploi dégénérera d'ailleurs en un fatigant abus. Les éternels dialogues dont se sert Froissart, même quand il s'agit d'élucider une question politique, sont souvent assez vides, voire ennuyeux ; parfois pourtant l'impression de l'immédiat et de l'instantané s'en dégage d'une manière frappante.

« Lors il entendi les nouvelles que leur ville estoit prise. "Et de quel gens ?" demanda-t-il. Respondirent ceulx qui a luy parloient : "Ce sont Bretons ! — "Ha, dist-il, Bretons sont mal gent, ils pilleront et ardront la ville et puis partiront. — Et quel cry crient-il ? dist le chevalier — Certes, sires, ils crient La Trimouille !" »

Pour accélérer le mouvement du dialogue, Froissart a quelque peu abusé du truc consistant à faire répéter avec étonnement par l'interpellé le dernier mot de l'interlocuteur.

« "Monseigneur, Gaston est mort. — Mort ? dist le comte. — Certes, mort est-il pour vray, monseigneur." »

En un autre endroit : « Si luy demanda, en cause d'amours et de lignaigne, conseil. "Conseil, respondi l'archevesque, certes beaux nieps [neveu] c'est trop tard. Vous voulés clore l'estable quant le cheval est perdu[1]." »

La poésie, elle aussi, s'est servie largement du procédé des courtes phrases alternantes :

1. Froissart, éd. Kervyn, XIII, p. 50 ; XI, p. 99 ; XIII, p. 4.

— Mort, je me plaing — De qui ? — De toy.
— Que t'ay je fait ? — Ma dame as pris.
— C'est vérité — Dy moy pour quoy.
— Il me plaisoit — Tu as mespris[1].

Ici le moyen est devenu la fin. La virtuosité de ces dialogues saccadés a été poussée à l'extrême dans la ballade de Jean Meschinot, où la France accuse Louis XI. Dans chacun des trente vers, les questions et les réponses alternent même plusieurs fois. Pourtant cette forme bizarre ne nuit pas à l'effet de la satire politique. En voici la première strophe :

— Sire… — Que veux ? — Entendez… — Quoy ? — Mon cas.
— Or dy. — Je suys… Qui ? — La destruicte France !
— Par qui ? — Par vous — Comment ? — En tous estats.
— Tu mens — Non fais — Qui le dit ? — Ma souffrance.
— Que souffres-tu ? — Meschief. — Quel ? — À oultrance.
— Je n'en croy rien. — Bien y pert. — N'en dy plus !
— Las ! si feray. — Tu perds temps. — Quelz abus !
— Qu'ay je mal fait ? — Contre paix[2]. — Et comment ?
— Guerroyant… — Qui ? — Vos amys et congnus. —
Parle plus beau. — Je ne puis, bonnement[3].

Voici une autre expression de ce naturalisme superficiel dans la littérature de cette époque. Bien que Froissart aime à décrire les exploits chevaleresques, il rend, malgré lui, à un haut degré, la prosaïque réalité de la guerre. Tout comme Commines qui, lui, se soucie peu de chevalerie, Froissart décrit particulièrement bien les fatigues, les vaines poursuites, les mouvements sans cohésion, l'impatience d'une nuitée. Il rend magistralement les attentes et les indécisions.

---

1. Auteur anonyme, imprimé avec Deschamps, *Œuvres*, X, nº 18 ; *cf. Le Débat du cuer et du corps de Villon* ; *cf.* aussi Charles d'Orléans, rondeau 192.
2. Variante : Monstré paix.
3. Éd. de 1522, fº 101, dans A. de La Borderie, *Jean Meschinot […]*, Bibl. de l'École des chartes, LVI, 1895, p. 301. *Cf.* les ballades

Chez Froissart, le récit sobre et exact des circonstances extérieures devient parfois d'une force tragique, justement parce qu'il omet toute spéculation psychologique, comme, par exemple, dans l'épisode de la mort du jeune Gaston Phébus, tué par son père dans un accès de colère[1]. L'âme de Froissart était une plaque photographique. Sous l'uniformité de son style personnel, on peut reconnaître les qualités des divers narrateurs qui lui communiquaient la masse de ses faits divers. Par exemple, tout ce que lui a raconté son compagnon de voyage, le chevalier Espaing du Lyon, est admirablement rendu. Toutes les fois que la littérature de l'époque s'inspire d'une observation directe, sans être gênée par la convention, elle se rapproche de la peinture, sans pourtant l'égaler. Cette remarque ne s'applique pas aux descriptions littéraires de la nature. La littérature du XVe siècle ne vise pas encore à la *description* de la nature. Sa faculté d'observation ne s'exerce que sur les événements qui inspirent de l'intérêt et dont on rend les circonstances extérieures comme les rendrait une plaque photographique. Il n'est pas question encore de procédé littéraire conscient. La description de la nature, qui est accessoire et par conséquent plus libre dans la peinture, est, en littérature, asservie à des formes fixes. Dans la peinture, les paysages ne concernent pas directement le sujet principal, ils ne participent pas du style hiératique ; c'est pourquoi les peintres du XVe siècle pouvaient y mettre une simplicité harmonieuse et naturelle que la sévère ordonnance du sujet leur défendait de mettre dans la scène principale. Dans l'art égyptien, nous voyons se produire le même phénomène : on abandonne, pour les figures d'esclaves,

---

de Henri Baude, éd. Quicherat, *Trésor des pièces rares ou inédites*, Paris, 1856, p. 26, 37, 55 et 79.

1. Froissart, éd. Luce, 1, p. 56, 66 et 71 ; XI, p. 13 ; éd. Kervyn, XII, p. 2 et 23 ; *cf.* aussi Deschamps, III, p. 42.

parce qu'elles n'ont pas d'importance, les conventions qui, en général, faussent les proportions humaines. Le résultat en est que, parfois, les personnages secondaires, comme les figures d'animaux, sont rendus avec une sobre fidélité à la nature.

Moins le paysage a de rapport de signification avec la représentation principale, plus la peinture en est harmonieuse et naturelle. Dans l'adoration des rois des *Très Riches Heures de Chantilly*[1], les figures du premier plan sont guindées et bizarres, la composition est trop mouvementée, tandis que dans le lointain, la ville de Bourges s'étale dans une tendresse de rêve, dans une atmosphère et un rythme parfaits.

En littérature, la description de la nature revêt encore la forme de la pastorale. Nous avons déjà mentionné la querelle courtoise pour ou contre la vie simple dans la nature. On affectait de fuir la cour pour aller aux champs se contenter de pain bis et des insouciantes amours des Robin et des Marion. C'était une réaction sentimentale contre le luxe, l'égoïsme orgueilleux de la réalité. Si ce sentiment de la nature est une attitude, son expression est purement conventionnelle : la beauté des fleurs et du chant des oiseaux est exprimée dans des formes prescrites.

En dehors de la pastorale et du motif obligé de la description d'un matin de printemps comme début du poème, on éprouve à peine le besoin de descriptions de la nature. Par hasard, quelques touches, comme les quelques mots par lesquels Chastellain peint le dégel ; mais c'est la pastorale qui reste le genre où nous pouvons suivre le développement du sentiment de la nature dans les lettres. À côté des vers d'Alain Chartier, cités plus haut, on peut mettre le poème *Regnault et Jehanneton* où le roi René chante sous forme bucolique ses amours pour Jeanne de Laval. Ici non plus,

1. P. Durrieu, *Les Très Riches Heures de Jean de France, duc de Berry*, 1904, pl. 38.

nous ne trouvons pas une vision cohérente de la nature ; pas d'unité, mais une enfilade de détails : les oiseaux qui chantent, un par un, les insectes, les grenouilles, puis les paysans au labour :

> Et d'autre part, les paisans au labour
> Si chantent haut, voire sans nul séjour,
>   Resjoyssant
> Leurs bœufs, lesquelx vont tout-bel charruant
> La terre grasse, qui le bon froment rent ;
> Et en ce point ilz les vont rescriant,
>   Selon leur nom :
> À l'un Frauveau et à l'autre Grison,
> Brunet, Blanchet, Blondeau ou Compaignon ;
> Puis les touchent tel foiz de l'aiguillon
>   Pour avancer[1].

Cela ne manque ni de fraîcheur ni de joie, mais ces vers sont bien maigres, comparés aux calendriers des livres d'heures. Le roi René nous donne les matériaux d'une description de la nature ; sa palette n'a qu'une ou deux couleurs. Plus loin, l'auteur a essayé, non sans succès, de rendre l'effet de la tombée du soir. Les oiseaux se sont tus, seule la caille pousse un cri, les perdrix regagnent leur gîte, les cerfs et les lapins sortent. Le soleil brille un moment sur la pointe d'une tour, puis l'air fraîchit, hiboux et chauves-souris commencent leurs rondes, et la cloche de la chapelle sonne l'angélus.

Le calendrier des *Très Riches Heures de Chantilly* nous permet de comparer l'expression du même motif dans l'art et dans la littérature. On se rappelle les châteaux glorieux qui garnissent le fond des miniatures des frères de Limbourg. Ils ont un pendant littéraire dans la poésie d'Eustache Deschamps. En sept courts poèmes, il a chanté les louanges de différents châteaux du nord de la France : Beauté, qui hébergera plus

1. *Œuvres du roi René*, éd. Quatrebarbes, II, p. 105.

tard Agnès Sorel, Bièvre, Cachan, Clermont, Nieppe, Noroy et Coucy[1]. Deschamps aurait dû être un poète de bien plus grande envergure pour atteindre à la délicate et fine exécution des frères de Limbourg. Sur la feuille de Septembre, le château de Saumur surgit comme un rêve derrière les vendanges : les flèches des tours avec leurs hautes girouettes, les pinacles, les élégantes cheminées, le tout s'élance comme de hautes fleurs blanches dans l'azur foncé du ciel[2]. Sur la feuille de Mars, c'est la majesté sérieuse du château princier de Lusignan ; sur celle de Décembre, les sombres tours de Vincennes se dressant menaçantes derrière le bois dépouillé[3]. Pour évoquer de telles visions, le poète ne disposait pas des mêmes moyens. La description architecturale de Bièvre ne produit aucun effet. Une énumération des délices qu'offraient ces châteaux : voilà à quoi en réalité se borne l'auteur. Par la force des choses, le peintre regarde du dehors vers le château, et le poète fait l'inverse. Voici Beauté :

Son fils ainsné, daulphin de Viennois,
Donna le nom à ce lieu de Beauté.
Et c'est bien drois, car moult est delectables :
L'en y oit bien le rossignol chanter ;
Marne l'ensaint, les haulz bois profitables
Du noble parc puet l'en veoir branler...
Les prez sont près, les jardins déduisables,
Les beaux preaulx, fontenis bel et cler,
Vignes aussi et les terres arables,
Moulins tournans, beaus plains à regarder.

Quelle différence entre l'effet produit par le poème et celui de la miniature ! Et pourtant, la matière et le procédé sont identiques : énumération de choses que

1. Deschamps, I, nos 61, 154, 483 et 524 ; IV, nos 617 et 636.
2. Le roi René compare un château de rêve, le Chastel de Plaisance, au château de Saumur, *Œuvres*, III, 146.
3. Durrieu, *op. cit.*, pl. 3, 9 et 12.

l'on voit, ou que l'on entend. Le regard du peintre embrasse un espace défini et limité, où il sait, non seulement entasser quantité de choses, mais les harmoniser et les fondre en un tout. Dans la miniature de Février, Paul de Limbourg a rassemblé toutes les particularités de l'hiver : les paysans se chauffant devant la cheminée, la lessive qui sèche, les corneilles sur la neige, la bergerie et les ruches, les tonneaux et la charrette et la perspective d'hiver avec le village tranquille et la ferme solitaire sur la colline. Cet amas de détails se résout dans l'harmonie paisible du paysage ; l'unité de l'image est parfaite. Le poète, au contraire, laisse ses regards errer à l'aventure sans les fixer ; est-ce l'absence de cadre ? en tout cas, l'œuvre manque d'unité.

À une époque d'inspiration éminemment visuelle, comme l'était le XVe siècle, l'expression picturale est facilement supérieure à l'expression littéraire. Tout en ne rendant que la forme visible des choses, la peinture exprime quand même un sens profond. Une littérature où domine le facteur visuel est déficiente.

La poésie du XVe siècle donne souvent l'impression d'être presque dépourvue d'idées nouvelles. L'impuissance à trouver des fictions neuves est générale. On ne fait guère que remanier, orner ou moderniser les vieilles matières. Il y a comme un arrêt de la pensée. On dirait que l'esprit, épuisé d'avoir achevé l'édifice spirituel du Moyen Âge, est tombé dans une sorte d'inertie. Il y a vide et sécheresse. On doute du monde, tout décline ; il règne un malaise général dont les poètes aussi se ressentent. Deschamps se lamente :

> Hélas ! on dit que je ne fais mès rien,
> Qui jadis fis mainte chose nouvelle :
> La raison est que je n'ay pas merrien [matériel]
> Dont je fisse chose bonne ne belle[1].

1. Deschamps, VI, p. 191, n° 1204.

Rien ne nous paraît témoigner davantage de stagnation et de décadence que la transposition des vieux romans rimés en prose monotone et prolixe. Toutefois, ce « dérimage » marquait la transition à un nouvel esprit en littérature. On donnait par là congé au style proprement médiéval. Dans les phases primitives de la littérature, le vers est le mode primaire de l'expression. Au XIIIe siècle, tout comme dans la littérature sanscrite par exemple, on pouvait encore mettre en vers n'importe quel sujet, même l'histoire naturelle et la médecine. Cette forme rimée prouve que l'ouvrage devait être récité à haute voix. Il ne s'agit pas d'une déclamation personnelle et expressive, mais d'une psalmodie, car dans les époques littéraires primitives, le vers est chantonné sur un air fixe. La préférence donnée désormais à la prose signifie que la lecture a remplacé la récitation. De là aussi l'habitude, datant de cette époque, de diviser la matière en petits chapitres avec sommaires, tandis qu'auparavant, on s'était moins soucié de la division des ouvrages. Au XVe siècle, la prose littéraire avait une tenue plus artistique que la poésie.

Les qualités supérieures de la prose, cependant, sont purement formelles ; elle manque de pensée neuve autant que la poésie. Froissart est le type du prosateur qui se sert de la parole presque exclusivement pour rendre les images faciles et superficielles qui n'exigent de la part du lecteur aucun effort de pensée. La simplicité de ses idées est étonnante. Il ne connaît que trois ou quatre motifs moraux ou sentiments : fidélité, honneur, cupidité, courage, et sous leur forme la plus simpliste. Il ne se mêle ni de théologie, ni d'allégorie, ni de mythologie, à peine de morale. Il ne fait que raconter, sans efforts, correctement, d'une manière adéquate à l'événement ; cependant, il est creux parce qu'il n'a qu'une exactitude toute mécanique. Ses spéculations sont d'une banalité sans égale : tout finit par ennuyer, dit-il ; rien n'est plus certain que la mort, parfois on gagne et parfois on perd. À certains concepts s'associent, chez lui, des jugements invariables. Il ne peut parler des Allemands sans mentionner leur cupidité et les mauvais traitements qu'ils infligent aux prisonniers[1]. Même les citations de Froissart que l'on présente comme piquantes n'ont pas toujours dans le contexte la pointe qu'on leur attribue. En lisant le jugement qu'il porte sur le premier duc de Bourgogne de la maison de Valois : « sage, froid et imaginatif, et qui sur ses besognes veoit au loin », on croit être en présence d'une analyse pénétrante et succincte de caractère. Or, Froissart s'est servi des mêmes termes pour peindre bien d'autres personnages[2]. Tout bien considéré, la fameuse phrase : « Ainsi ot messire Jehan de Blois femme et guerre qui trop luy cousta[3] » n'a pas dans le contexte la pointe qu'on croit y sentir.

Un élément du style de cette époque fait défaut à Froissart : la rhétorique. Et c'était justement la rhétorique qui, pour les contemporains, compensait le manque de nouveauté des idées. On prend plaisir à la pompe du style orné ; les pensées semblent neuves dans leurs vêtements d'apparat. Toutes ont de lourds accoutrements de brocart. Les concepts : honneur et devoir, portent la livrée de l'illusion chevaleresque. Le sentiment de la nature s'introduit dans la défroque de la pastorale, et l'amour dans le vêtement le plus gênant de tous, l'allégorie du *Roman de la Rose*. Il n'y a pas une seule idée qui reste nue et sincère. Elles ne peuvent se remuer qu'en avançant pompeusement, d'un pas mesuré, en une interminable procession.

L'ornement de la rhétorique ne fait pas défaut à la peinture. Dans l'œuvre des Van Eyck il y a bien des

---

1. Froissart, éd. Luce, V, p. 64 ; VIII, p. 5 et 48 ; XI, p. 110 ; éd. Kervyn, XIII, p. 14, 21, 84, 102 et 264.

2. *Ibid.*, XV, p. 54, 109 et 184 ; XVI, p. 23 et 52 ; éd. Luce, I, p. 394.

3. *Ibid.*, p. 13.

morceaux qu'on pourrait appeler rhétorique : par exemple, la figure de saint Georges présentant à la Vierge le chanoine Van de Paele. Le casque magnifique, l'armure dorée, où se révèle une tendance à imiter l'antique, le geste théâtral du saint, tout cela est très apparenté à la grandiloquence de Chastellain. On retrouve la même tendance dans la figure de l'archange Michel sur le petit triptyque de Dresde, et dans les groupes des anges musiciens du rétable de l'Agneau. On la retrouve encore dans la somptuosité bizarre dont Paul de Limbourg a affublé ses rois mages avec un visible effort pour arriver à l'expression de l'exotisme.

La poésie du XVe siècle n'est jamais plus heureuse que lorsqu'elle n'a pas la prétention d'exprimer une pensée importante, qu'elle ne se pique pas d'élégance et de style, et qu'elle évoque simplement une image, une impression. Son effet dépend des éléments de sa forme : l'image, la sonorité, le rythme. De là vient qu'elle réussit mal dans les œuvres d'envergure et de longue haleine où les qualités de rythme et de sonorité sont subordonnées, mais qu'elle peut avoir de la fraîcheur dans les genres où la forme extérieure est chose principale : le rondeau, la ballade, bâtis sur un thème léger.

La fin du XIVe siècle marque un tournant dans les relations de la musique et de la poésie lyrique. La chanson des périodes précédentes était intimement liée à la réaction musicale. Le type normal du poète lyrique au Moyen Âge est toujours le poète-compositeur. Guillaume de Machaut composait encore les mélodies de ses pièces. Il a aussi fixé les formes lyriques usitées de son temps : les rondeaux, les ballades, etc. Il a inventé le « débat ». Ses ballades et ses rondeaux sont très légers, simples de forme et de pensée ; ils ont peu de couleur ; ce sont là des qualités car le poème chanté ne doit pas être trop expressif. En voici un exemple :

Au departir de vous mon cuer vous lais
Et je m'en vois dolans et esplourés.
Pour vous servir sans retraire jamais,
Au departir de vous mon cuer vous lais.
Et par m'âme, je n'arai bien ne pais
Jusqu'au retour, einsi desconfortés.
Au departir de vous mon cuer ous lais
Et je m'en vois dolans et esplourés[1].

Eustache Deschamps est poète, non plus compositeur. Pour cette raison, ses ballades sont beaucoup plus vives et plus colorées que celles de Machaut, plus intéressantes par conséquent, bien que d'un style poétique inférieur.

Le rondel, par sa structure même, a gardé le caractère léger et flottant d'une pièce pour mélodie, même après que les poètes ont cessé d'être compositeurs.

M'aimerez-vous bien,
Dictes, par vostre ame ?
Mais que je vous ame
Plus que nulle rien,
M'aimerez-vous bien ?
Dieu mit tant de bien
En vous, que c'est blasme ;
Pour ce que me clame
Vostre. Mais combien
M'aimerez-vous bien[2] ?

Ces vers sont de Jean Meschinot. Le talent simple et pur de Christine de Pisan se prêtait à merveille à ces effets fugitifs. Elle versifiait avec la facilité propre à l'époque, variant peu la forme et la pensée, sans trop de couleur, d'une allure tranquille et avec une légère teinte de touchante mélancolie. Ce sont des poèmes

1. G. de Machaut, *Poésies lyriques*, éd. V. Chichmaref, Zapiski ist. fil. fakulteta imp. S. Petersb. universiteta, XCII, 1909, n° 60, I, p. 74.
2. La Borderie, *op. cit.*, p. 618.

complètement courtois de ton et de pensée. On pense, en les lisant, à ces plaques d'ivoire du XIVe siècle, qui, d'une manière toute conventionnelle, reproduisent toujours les mêmes motifs : scène de chasse, épisode de *Tristan et Yseult* ou du *Roman de la Rose*, gracieux, frais et charmants. Quand il arrive à Christine d'unir la douceur courtoise à la simplicité de la chanson populaire, elle écrit des pièces d'un accent très pur. Voici le dialogue de deux amants qui se retrouvent après une absence :

Tu soies le très bien venu,
M'amour, or m'embrace et me baise ;
Et comment t'es tu maintenu
Puis mon départ ? Sain et bien aise
As tu esté tousjours ? Ça vient,
Coste moy te sié et me conte
Comment t'a esté, mal ou bien,
Car de ce vueil savoir le compte.

Ma dame, à qui je suis tenu
Plus que aultre, à nul n'en desplaise,
Sachés que desir m'a tenu
Si court qu'oncques n'oz tel mesaise,
Ne plaisir ne prenoie en rien
Loings de vous. Amours, qui cuers dompte,
Me disoit : « Loyauté me tien,
Car de ce vueil savoir le compte. »

— Dont m'as tu ton serment tenu,
Bon gré t'en sçay, par saint Nicaise ;
Et puis que sain es revenu
Joye arons assez ; or t'apaise
Et me dis se scez de combien
Le mal qu'en as eu a plus monte
Que cil qu'a souffert le cuer mien,
Car de ce vueil savoir le compte.

— Plus mal que vous, si com retien,
Ay eu, mais dites sanz mesconte,

Quans baisiers en aray je bien ?
Car de ce vueil savoir le compte[1].

Voici les soupirs d'une amante :

Il a au jour d'ui un mois
Que mon ami s'en ala.
Mon cuer remaint morne et cois,
Il a au jour d'ui un mois.

À Dieu, me dit, je m'en vois ;
Ne puis a moy ne parla,
Il a au jour d'hui un mois[2].

Des paroles de consolation à l'adresse d'un amant :

Mon ami, ne plourez plus ;
Car tant me faittes pitié
Que mon cuer se rent conclus
À vostre doulce amistié.
Reprenez autre maniere ;
Pour Dieu, plus ne vous doulez,
Et me faitte bonne chiere :
Je vueil quanque vous voulez.
. . . .

Ce qui fait pour nous le charme de ces vers de femme, c'est leur tendresse spontanée, leur simplicité dénuée de toute pompe, de toute prétention, de toute parure allégorique. Ce n'est qu'une impression nouvellement reçue qui nous est offerte. Le theme a retenti un instant dans le cœur, puis a pris une forme poétique sans que la pensée ait eu à s'en mêler. C'est pourquoi cette poésie a si souvent le défaut, propre à la poésie et à la musique de toutes les époques d'inspiration faible, de ne réussir que dans les premiers vers. Que de pièces dont le thème est vigoureux et

1. Christine de Pisan, *Œuvres poétiques*, I, p. 276.
2. *Ibid.*, n° 30, p. 164.

frappant, qui commencent comme le chant du merle pour se perdre dans la rhétorique dès la fin de la première strophe ! Le poète (ou le compositeur), après avoir énoncé son thème, était au bout de son inspiration. Telle est la perpétuelle déception que nous réservent la plupart des poètes du XVe siècle. En voici un exemple pris dans les ballades de Christine de Pisan :

Quant chacun s'en revient de l'ost
Pour quoy demeures tu derrière ?
Et si csez que m'amour entiere
Vay baillee en garde et depost[1].

On attendrait le motif de l'amant mort qui reparaît. Il n'en est rien ; l'auteur n'avait rien d'autre à dire ; après deux couplets insignifiants, la pièce est terminée.

Quelle fraîcheur dans les premiers vers du *Débat dou cheval et dou levrier* de Froissart :

Froissart d'Escoce revenoit
Sus un cheval qui gris estoit,
Un blanc levrier menoit en lasse.
Las, dist le levrier, je me lasse,
Grisel, quant nous reposerons ?
Il est heure que nous mengons[2].

Après cela, le charme se perd ; le thème est vu, non pensé. Les motifs sont souvent d'une grandeur et d'une force suggestive incomparables, mais le développement reste des plus faible. Le thème de Pierre Michault dans sa *Danse aux aveugles* était magistral : le genre humain dansant éternellement autour des trônes des trois divinités aveugles, l'Amour, la Fortune et la Mort[3]. Il n'a réussi à en tirer qu'une exécution très médiocre. Une pièce anonyme, *Exclamacion*

1. *Ibid.*, n° 5, p. 275.
2. Froissart, *Poesies*, éd. Scheler, II, p. 216.
3. P. Michault, *La Danse aux aveugles […]*, Lille, 1748.

des os Sainct Innocent, commence par une exclamation des os dans le charnier du fameux cimetière :

Les os sommes des povres trespassez
Cy amassez par monceaulx compassez,
Rompus, cassez, sans reigle ne compas[1]...

Quelle matière à émouvante complainte ! On ne lit pourtant qu'un banal *memento mori*.

Tous ces thèmes n'ont été perçus que visuellement. Pour le peintre, une pareille vision peut fournir matière à une exécution très achevée ; pour le poète, elle est insuffisante.

1. *Recueil de poesies françoises des* XVe *et* XVIe *siècles*, éd. de Montaiglon, Bibliothèque elzévirienne, t. IX, p. 59.

CHAPITRE XXI

Le verbe et l'image. II

La supériorité d'expression de la peinture sur la littérature n'est toutefois que relative. Il existe des domaines où la littérature dispose de moyens d'expression plus riches et plus directs que les arts plastiques. Un de ces domaines est celui du comique. À moins de s'abaisser à la caricature, l'art ne peut exprimer le comique qu'à un faible degré. En peinture, le rire a tendance à redevenir sérieux. Là seulement où le comique n'est qu'un léger condiment dont la saveur n'est pas dominante, l'expression picturale peut rivaliser avec la parole. On peut l'observer dans ce qu'on appelle la peinture de genre, qui peut être considérée comme la forme la plus atténuée du comique.

Ici, la peinture est encore sur son propre terrain. L'élaboration minutieuse des détails, signalée plus haut comme la caractéristique de la peinture au XVe siècle, tend insensiblement à se changer en plaisir de raconter de menus faits curieux. Chez le maître de Flémalle, elle est devenue un « genre ». Son Joseph s'occupe à fabriquer des souricières[1]. Tous les détails,

1. Il est possible, toutefois, que cette souricière soit un symbole.

chez lui, sont genre. Entre la manière de Van Eyck de peindre un volet ouvert, un dressoir, une cheminée, et la manière de Robert Campin[1], il y a toute la différence entre une vision purement picturale et le « genre ».

Mais, dans ce domaine, voici qu'apparaît déjà une supériorité de la parole sur l'image : elle peut rendre des états d'âme explicitement. Revenons encore une fois aux ballades de Deschamps, vantant la beauté des châteaux, ballades que nous avons comparées et trouvées inférieures aux miniatures des frères de Limbourg. Ces poésies de Deschamps sont sans force et sans éclat. Mais qu'on lise la ballade où, dans un tableau de genre, il se peint lui-même, malade dans son petit château de Fismes[2]. Les étourneaux, les moineaux et les corneilles qui logent dans sa tour, le tiennent éveillé tout le jour :

> C'est une estrange melodie
> Qui ne semble pas grant déduit
> À gens qui sont en maladie.
> Premiers les corbes font sçavoir
> Pour certain si tost qu'il est jour :
> De fort crier font leur pouoir,
> Le gros, le gresle, sanz sejour ;
> Mieulx vauldroit le son d'un tabour
> Que telz cris de divers oyseaulx.
> Puis vient la proie, vaches, veaulx,
> Crians, muyans ; et tout ce nuit
> Quant on a le cervel trop vuit,
> Joint du moustier la sonnerie
> Qui tout l'entendement destruit
> À gens qui sont en maladie.

Pierre Lombard, « Sententiae », lib. 888, dist. 19, rappelle un dicton : « Dieu a fait une souricière pour le diable qu'il amorça de la chair humaine du Christ. »

1. On laisse de côté ici la question, reprise récemment, de savoir s'il a existé un « maître de Flémalle ».

2. Deschamps, VI, nº 1202, p. 188.

Le soir, les hiboux viennent l'effrayer de leurs cris sinistres qui lui font appréhender la mort :

> C'est froit hostel et mal réduit
> À gens qui sont en maladie.

Le procédé de la simple énumération de détails cesse d'être fatigant dès qu'il s'y mêle un soupçon de comique. Les descriptions des mœurs bourgeoises ou de la toilette féminine, si longues soient-elles, n'ennuient pas, parce qu'elles contiennent un élément satirique. Au milieu d'un long poème allégorique, *L'Espinette amoureuse*, Froissart nous divertit soudain par l'énumération d'une soixantaine de jeux auxquels il jouait dans son enfance, à Valenciennes[1]. Le démon de la gourmandise commence déjà à rendre des services. Les repas savoureux de Zola, de Huysmans, d'Anatole France ont leurs prototypes dans la littérature du Moyen Âge. Combien brille la gourmandise, quand Deschamps et Villon expriment leur désir de tendres morceaux ! Et de quelle manière savoureuse Froissart décrit les bons vivants bruxellois qui entourent le gros duc Wencelin à la bataille de Baesweiler ! Près d'eux se tiennent leurs domestiques qui portent à l'arçon de leurs selles de grandes bouteilles de vin, du pain et du fromage, des pâtés de saumon, des truites et des anguilles, le tout gentiment enveloppé dans des serviettes. C'est ainsi qu'ils s'opposent à l'ennemi[2].

Son aptitude pour le « genre » permet à la littérature du XVe siècle de mettre en vers les choses les plus plates. Deschamps peut, dans un poème, réclamer de l'argent sans descendre de son niveau ordinaire.

---

1. Froissart, *Poésies*, I, p. 91.
2. Froissart, éd. Kervyn, XIII, p. 22.

Dans une série de ballades, il mendie une robe promise, du bois de chauffage, un cheval, ses arriérés de salaire[1].

Il n'y a qu'un pas du « genre » au bizarre, au burlesque. Ici, la peinture peut égaler la littérature en force d'expression. Avant 1400, l'art possède déjà cet élément de verve et de puissance qui s'épanouira chez Pierre Breughel. On le trouve dans la figure de Joseph de la *La Fuite en Égypte*, de Broederlam, à Dijon, et encore dans les trois soldats endormis du tableau des *Trois Marie au sépulcre*, attribué, à tort probablement, à Hubert Van Eyck[2]. Des artistes de l'époque, nul ne s'est autant plu au bizarre que Paul de Limbourg. Un spectateur de *La Purification de Marie* porte un bonnet pointu d'une aune de long, et des manches d'une ampleur démesurée. Les fonts baptismaux portent trois masques monstrueux aux langues tirées. Dans l'encadrement de la Visitation, on voit un guerrier dans une tour qui combat une limace, un homme transportant sur une brouette un cochon qui joue de la musette[3].

La littérature de l'époque est bizarre dans presque toutes ses pages. Deschamps a une vision digne de Breughel dans sa ballade du guet de la tour de l'Écluse. Il voit se rassembler sur la plage des troupes destinées à l'expédition contre l'Angleterre ; elles lui paraissent une armée de rats et de souris :

— Avant, avant, tirez-vous çà.
Je voy merveille, ce me semble.
— Et quoy, guette, que vois-tu là ?
— Je voy dix mille rats ensemble

---

1. Deschamps, I, p. 196, n° 90, p. 192, n° 87, IV, p. 294, n° 788 ; V, n° 903, p. 919 ; VII, p. 220, n° 1375 ; *cf.* II, p. 86, n° 250, n° 247.

2. Friedländer, *Die Altniederländische Malerei*, I, p. 77, le range parmi les pièces « im frühen Eyck-stil ». Le tableau a appartenu à Philippe de Commines.

3. Durrieu, *Les Très Riches Heures*, pl. 38, 39, 60, 27 et 28.

Et mainte souris qui s'assemble
Dessus la rive de la mer…

Une autre fois, assis à table, distrait et triste, Deschamps remarque tout à coup la façon de manger des courtisans : il y en a qui mâchent comme des cochons, qui rongent comme des souris, qui se servent de leurs dents comme d'une scie, qui remuent leurs barbes de haut en bas ; en mangeant, ils ressemblent à des diables[1].

Dès que la littérature s'attache à peindre la vie populaire, elle atteint à ce réalisme plein de sève et de bonhomie qui se développera abondamment, mais plus tard seulement, dans la peinture. Le paysan qui reçoit chez lui le duc de Bourgogne égaré rappelle, dans le portrait qu'en fait Chastellain, les types de Breughel[2]. La pastorale s'écarte de son thème central, sentimental et romanesque, pour chercher dans la description des bergers qui mangent, dansent et font leur cour, la matière d'un naturalisme naïf de nuance comique.

À la même veine appartient l'intérêt porté à l'indigent dépenaillé, intérêt qui commence à se manifester dans l'art et la littérature du XVe siècle. Les miniatures des calendriers notent avec plaisir les genoux usés des moissonneurs ; la peinture, les guenilles des mendiants. Ici commence une tradition qui, passant par les eaux-fortes de Rembrandt et les petits mendiants de Murillo, aboutira aux types de la rue, de Steinlen.

La grande différence entre la conception picturale et la conception littéraire saute aux yeux. Tandis que la peinture voit le côté extérieur du mendiant, la littérature s'occupe surtout de sa signification : elle le plaint, l'estime ou le vitupère. Les prototypes de réalisme littéraire dans la description de la misère se

1. Deschamps, V, nº 1060, p. 351, nº 844 ; V, p. 15.
2. Chastellain, III, p. 256 *sq.*

trouvent précisément dans ces malédictions contre les mendiants. Ceux-ci, vers la fin du Moyen Âge, étaient devenus un vrai fléau. Ils fourmillaient dans les églises et troublaient le service par leurs cris et leurs rumeurs. Il se trouvait, dans leurs rangs, bien des malfaiteurs *validi mendicantes*. Le chapitre de Notre-Dame de Paris essaie en vain en 1428 de les refouler aux portes de l'église et ne réussit que plus tard à les chasser du chœur vers la nef[1]. Deschamps décharge toute sa haine contre eux, les traite tous d'hypocrites et de trompeurs ; qu'on les étrille, qu'on les pende, qu'on les brûle[2]. De là à la peinture de la misère dans la littérature moderne, le chemin est plus long que celui que devait parcourir la peinture. Dans la peinture, l'image exprimait d'elle-même un sentiment nouveau ; dans la littérature, un nouveau sentiment social devait naître et devaient se créer de nouvelles formes d'expression.

Partout où le regard suffit pour communiquer le sens du comique si léger soit-il, l'art est à même de l'exprimer aussi bien ou mieux que la littérature. Mais au-delà, les régions du comique demeurent à jamais inaccessibles à l'expression picturale. La littérature est incontestablement souveraine partout où le comique doit provoquer l'éclat de rire : dans la farce, la sottie, les fabliaux, bref, le bas comique.

La littérature est supérieure encore dans l'ironie, quand celle-ci atteint sa forme la plus élevée, quand elle s'exerce sur le sérieux de la vie, l'amour et ses souffrances. L'ironie, en se mêlant à la poésie érotique, l'a épurée et raffinée. Il est bon d'observer qu'en dehors de la poésie amoureuse, l'ironie reste encore lourde et gauche. Un Français du XIVe ou du XVe siècle, parlant par ironie, prend souvent le soin d'avertir son public.

---

1. *Journal d'un bourgeois de Paris*, p. 352.

2. Deschamps, nº 1229, 1230, 1233, 1259, 1300 et 1477 ; VI, p. 230, 232, 237 et 279 ; VII, p. 52 et 54 ; VIII, p. 182 ; *cf.* Gaguin. « *De validorum mendicantium astucia* », éd. Thuasne, II, p. 169 *sq.*

Deschamps loue son temps : tout va bien, paix et justice règnent partout :

L'en me demande chascun jour
Qu'il me semble de temps que voy,
Et je respons : c'est tout honour,
Loyauté, vérité et foy,
Largesce, prouesce et arroy,
Charité et biens qui s'advance
Pour le commun ; mais, par ma foy,
Je ne di pas quanque je pense.

Une autre ballade, de teneur identique, a pour refrain : « Tous ces poins a rebours retien[1]. » Et une troisième, au refrain : « C'est grand pechiez d'ainsy blasmer le monde », se termine par ces vers :

Prince, s'il est par tout generalment
Comme je say, toute vertu habonde ;
Mais tel m'orroit qui diroit : « Il se ment[2] »...

Un bel esprit de la fin du XVe siècle intitule une épigramme : « Soubz une meschante paincture faicte de mauvaises couleurs et du plus meschant peinctre du monde, par manière d'yronnie par maître Jehan Robertet[3]. »

Quand elle touche à l'amour, par contre, l'ironie est souvent d'une finesse remarquable. Elle s'amalgame alors avec la douce mélancolie et la tendresse languissante qui ont renouvelé la poésie amoureuse du XVe siècle. Le sécheresse du cœur se fond en un sanglot. Un son retentit, qu'on n'avait jamais entendu dans l'amour terrestre : celui du *De profundis*[4].

1. Deschamps, II, n° 219, p. 44, n° 2 ; I, p. 71.
2. *Ibid.*, IV, n° 786, p. 291.
3. Bibliothèque de l'École des chartes, 2e série, III, 1846, p. 70.
4. Proverbes, 14, 13.

Pour la première fois, on entend le poète s'attendrir avec un sourire sur son propre malheur, tel Villon se donnant l'air de « l'amant remis et renié », ou Charles d'Orléans chantant ses petites chansons de désillusion. Cependant l'image « Je riz en pleurs », n'est pas de l'invention de Villon. Bien avant lui, le mot biblique : *risus dolore miscebitur et extrema gaudii luctus occupat* avait reçu une acception amoureuse. Othe de Granson par exemple avait dit :

Veillier ou lit et jeuner à la table,
Rire plourant et en plaignant chanter.

Et encore :

Je prins congié de ce tresdoulz enfant,
Les yeux mouillez et la bouche riant.

Alain Chartier s'est servi du même motif de diverses manières :

Je n'ay bouche qui puisse rire
Que les yeulx ne desmentissent :
Car le cuer l'en vouldroit desdire
Par les lermes qui des yeulx issent.

Donnant plus d'extension au thème, il dit d'un amant attristé :

De faire chiere s'efforçoit
Et menoit une joye fainte
Et à chanter son cuer forçoit
Non pas pour plaisir, mais pour crainte.
Car toujours ung relaiz de plainte
S'enlassoit au ton de sa voix,
Et revenoit à son attainte
Comme l'oysel au chant du bois[1].

---

1. Alain Chartier, *La Belle Dame sans mercy*, p. 503 et 505. *Cf. Le Débat du réveille-matin*, p. 498; *Chansons du* XVe *siècle*,

Très apparenté au motif du rire en pleurs est celui du poète qui, à la fin de sa pièce, renie sa douleur, sur le ton de la poésie goliardique, comme par exemple Alain Chartier :

> C'est livret voult dicter et faire escripre
> Pour passer temps sans courage villain
> Ung simple clerc que l'en appelle Alain,
> Qui parle ainsi d'amours pour oyr dire[1].

Déjà Othe de Granson avait prétendu ne parler de l'amour secret que « par devinaille ». Le roi René a traité ce motif d'une manière fantaisiste à la fin de son *Cuer d'amours espris*. Son chambellan, une chandelle à la main, vient voir si le roi a réellement perdu son cœur, mais ne découvre pas de plaie au flanc :

> Sy me dist tout en soubzriant
> Que je dormisse seulement
> Et que n'avoye nullement
> Pour ce mal garde de morir[2].

Le sentiment nouveau donne une nouvelle fraîcheur aux anciennes formes conventionnelles. Personne plus que Charles d'Orléans n'a fait usage de l'habituelle personnification des sentiments. Il voit son cœur comme un double de lui-même :

> Je suys celluy au cueur vestu de noir[3]...

Dans l'ancienne poésie lyrique, même dans le *dolce stil nuovo*, ces personnifications étaient encore d'un

---

n° 73, p. 71 ; *L'Amant rendu cordelier à l'observance d'amours*, v. 371 ; Molinet, *Faictz et dictz*, éd. 1537, f° 172.

1. Alain Chartier, *Le Débat des deux fortunes d'amours*, p. 581.
2. *Œuvres du roi René*, éd. Quatrebarbes, III, p. 194.
3. Charles d'Orléans, *Poésies complètes*, p. 68.

sérieux impeccable. Dans les poésies de Charles d'Orléans, il est difficile de faire le départ entre le sérieux et la raillerie. Il charge légèrement la personnification, et le sentiment n'y perd rien. Parfois, l'effet ironique est prépondérant :

Un jour à mon cueur devisoye
Qui en secret à moy parloit,
Et en parlant lui demandoye
Se point d'espargne fait avoit
D'aucuns bien, quant Amours servoit :
Il me dist que très voulentiers
La vérité m'en compteroit,
Mais qu'eust visité ses papiers.
Quant ce m'eut dit, il print sa voye
Et d'avecques moy se partoit.
Après entrer je le véoye
En ung comptouer qu'il avoit :
Là, de çà et de là quéroit,
En cherchant plusieurs vieulx caïers
Car le vray monstrer me vouloit,
Mais qu'eust visitez ses papiers[1]...

Pas toujours cependant; dans les vers suivants, le comique a fait place au sérieux :

Ne hurtez plus à l'uis de ma pensée,
Soing et Soucy, sans tant vous travailler;
Car elle dort et ne veult s'esveiller,
Toute la nuit en peine a despensée.

En dangier est, s'elle n'est bien pansée;
Cessez, cessez, laissez la sommeiller;
Ne hurlez plus à l'uis de ma pensée,
Soing et Soucy, sans tant vous travailler[2]...

---

1. *Op. cit.*, ballade nº 19, p. 88.
2. *Ibid.*, chanson nº 62.

La tendre mélancolie du poème amoureux était rehaussée, pour l'homme du XVe siècle, par l'addition d'une légère dose de profanation. Le travesti religieux de l'amour a créé autre chose que les obscénités et les grossiers blasphèmes des *Cent Nouvelles Nouvelles*; il a fourni la forme du poème d'amour le plus tendre qu'ait produit cet âge : *L'Amant rendu cordelier à l'observance d'amour*, d'un auteur inconnu[1]. Déjà, dans le cercle poétique de Charles d'Orléans, on avait eu l'idée d'une confrérie littéraire dont les membres, par analogie avec les religieux de l'observance, s'appelaient « les amoureux de l'observance ». Ce motif a été développé dans *L'Amant rendu cordelier*. Le pauvre amant déçu vient renoncer au siècle dans le couvent étrange où l'on ne reçoit que « les amoureux martyrs ». Il fait au prieur le récit touchant de son amour dédaigné; celui-ci l'exhorte à oublier. Sous la forme médiévale, on croit apercevoir déjà le genre de Watteau et le culte de Pierrot; il n'y manque que le clair de lune. « N'avait-elle pas l'habitude, demande le prieur, de vous jeter un doux regard ou de dire "Dieu gart" en passant ? — Je n'étais pas aussi avancé dans ses faveurs, répond l'amant, mais la nuit je me tenais debout devant la porte de sa maison, et levais les yeux vers la gouttière :

> Et puis, quant je oyoye les verrières
> De la maison qui clicquetoient,
> Lors me sembloit que mes prières
> Exaussées d'elle sy estoient.

— Étiez-vous bien sûr qu'elle vous remarquât ? demande le prieur. »

---

1. *L'Amant rendu cordelier à l'observance d'amour*, poème attribué à Martial d'Auvergne, publié d'après les manuscrits et les anciennes éditions, par A. de Montaiglon, 1881, Société des anciens textes français. Cette attribution est erronée ainsi que l'a démontré M. P. Champion, *Histoire poétique du XVe siècle*, I, p. 365.

— Se m'aist Dieu, j'estoye tant ravis
Que ne savoye mon sens ne estre,
Car, sans parler, m'estoit advis
Que le vent ventoit sa fenestre
Et que m'avoit bien peu congnoistre
En disant bas : « Doint bonne nuyt »,
Et Dieu scet se j'estoye grant maistre
Après cela, toute la nuyt[1].

Alors, il dormait délicieusement :

— Tellement estoie restauré
Que, sans tourner ne travailler [me tourmenter]
Je faisoie un somme doré
Sans point la nuit me resveiller ;
Et puis, avant que m'abiller,
Pour en rendre à Amours louanges,
Baisoie troys fois mon orillier,
En riant à par moy aux anges.

À sa réception solennelle dans l'ordre, la dame qui l'avait dédaigné s'évanouit, et un petit cœur d'or émaillé de larmes, qu'il lui avait donné, tombe de ses vêtements :

Les autres, pour leur mal couvrir,
À force leurs cueurs retenoient,
Passans temps à clorre et rouvrir
Les heures qu'en leurs mains tenoient,
Dont souvent les feuilles tournoient
En signe de devocion ;
Mais les deulz et pleurs que menoient
Monstroient bien leur affection.

Le prieur lui énumère ses nouveaux devoirs, l'avertissant de ne jamais écouter le chant du rossignol, de

1. *Cf.* Alain Chartier, p. 549 : « Ou se le vent une fenestre boute Dont il cuide que sa dame d'escoute, S'en va coucher joyeulx… »

ne jamais dormir sous « églantiers et aubespines », et surtout de ne jamais regarder une femme dans les yeux. L'exhortation se termine par une longue série de huitains, où se succèdent des variations sur le thème « Doux yeux ».

Doulx yeulx qui tousjours vont et viennent ;
Doulx yeulx eschauffans le plisson
De ceulx qui amoureux deviennent...

Doulx yeux a cler esperlissans,
Qui dient : C'est fait quant tu vouldras,
À ceulx qu'ils sentent bien puissans[1]...

Le ton doux et languissant de la mélancolie pénètre peu à peu la littérature amoureuse du XVe siècle. L'ancien thème du mépris de la femme se raffine : dans *Les Quinzes Joyes de mariage*, l'intention hostile et grossière est tempérée par une sentimentalité mélancolique. Par la sobriété de son réalisme, par l'élégance de sa forme et la finesse de sa psychologie, cette œuvre fait pressentir le roman de mœurs moderne.

Pour tout ce qui concerne l'expression de l'amour, la littérature profitait des modèles et de l'expérience des siècles passés. Des maîtres d'esprit aussi divers que l'étaient Platon et Ovide, les troubadours et les clercs vagants, Dante et Jean de Meung, lui avaient laissé un instrument parfait. L'art, au contraire, n'ayant ni modèles ni tradition, se trouvait être, à l'égard de l'expression érotique, « primitif » au sens strict du mot. Ce n'est pas avant le XVIIIe siècle que la peinture rejoindra la littérature pour la finesse de l'expression de l'amour. La peinture du XVe siècle ne savait encore être ni frivole ni sentimentale. Un panneau d'un maître inconnu, antérieur à 1430, représente une dame noble de Hollande, Lysbet Van Duvenvoorde : figure d'une

1. *Ibid.*, huitains, 51, 53, 57, 167, 188 et 192.

sévère dignité que l'on a prise pour la donatrice d'un rétable. Mais sur la banderole qu'elle tient d'une main, se lisent les mots : *Mi verdriet lange te hopen, Wie is hi die syn hert hout open ?* « Un long espoir me pèse. Qui est-ce qui m'ouvrira son cœur ? » C'est un art qui connaît le chaste et l'obscène mais qui n'a pas d'expression pour le risqué, le fripon, l'espiègle. Ce qu'il nous dit de la vie amoureuse de l'époque, il le dit en des formes naïves et innocentes. Il faut cependant se rappeler que la plupart des œuvres profanes ont disparu. Il serait du plus haut intérêt de pouvoir comparer le nu de Van Eyck, dans son *Bain de femmes* (œuvre décrite par Fazio), avec le nu d'Adam et d'Ève, dans le rétable de Gand. Quant à l'Ève de Gand, ne nous figurons pas que l'élément érotique en soit tout à fait absent : suivant le code de beauté féminine de son temps, l'artiste a fait les seins petits et trop hauts, les bras longs et minces, le ventre proéminent. Mais il l'a fait ingénument, sans aucune intention de plaire. La séduction, au contraire, est l'élément essentiel dans un petit tableau du musée de Leipzig[1], désigné parfois comme « école de Van Eyck » et qui représente une scène d'enchantement Dans une chambre, une jeune fille, nue comme l'exigent les pratiques de magie, contraint par des sorcelleries son amant à paraître. Ici, il y a intention de plaire : le nu a cette lascivité discrète qui émane des nus de Cranach.

Si la peinture s'essayait si rarement à la séduction sensuelle, ce n'était pas par pudibonderie. La fin du Moyen Âge accuse à la fois un sentiment profond de la pudeur et une extrême licence. De cette licence, il est inutile de citer des exemples : elle s'étale à chaque page. Quant à la pudeur, nous la constatons, par exemple, dans le trait suivant. Dans les massacres et les pillages les plus atroces, on laisse aux victimes leurs

1. Musée de Leipzig, n° 509.

chemises et leurs brayes. Le bourgeois de Paris est violemment indigné que cette règle soit enfreinte : « et ne volut pas convoitise que on leur laissast neis [même] leurs brayes, pour tant qu'ilz vaulsissent 4 deniers, qui estoit un des plus grans cruaultés et inhumanité chrestienne à aultre de quoy on peut parler[1]. »

Il est bien remarquable que le nu féminin, peu cultivé dans l'art, ait eu une si grande place dans les tableaux vivants. Les « personnages », représentations de déesses ou de nymphes nues, manquaient rarement aux entrées des princes. Ces exhibitions avaient lieu sur des estrades, parfois même dans l'eau, comme celle des sirènes qui nageaient dans la Lys, « toutes nues et échevelées ainsi comme on les peint », près du pont où devait passer le duc Philippe à son entrée à Gand en 1457[2]. Le jugement de Pâris en était le sujet favori. Il ne faut voir là ni sens esthétique développé ni grossière obscénité, mais plutôt une sensualité naïve et populaire. Jean de Roye décrit en ces termes des sirènes qu'on voyait, pas très loin d'un calvaire, lors de l'entrée de Louis XI à Paris en 1461 : « Et si y avoit encores trois bien belles filles, faisans personnages de seraines toutes nues, et leur veoit on le beau tetin droit, séparé, rond et dur, qui estoit chose bien plaisant, et disoient de petits motets et bergerettes ; et près d'eulx jouoient plusieurs bas instrumens qui

---

1. Le professeur Hesseling a attiré mon attention sur la possibilité d'une autre interprétation que celle de la pudeur : les morts ne pourront paraître sans suaire au Jugement dernier, comme l'indique un texte grec du VIIe siècle (Jean Moschus, c. 78, Migne, « *Patrol. graeca* », t. LXXXVII, p. 2933 D), qu'il faudrait appuyer par des textes tirés des littératures occidentales. Toutefois, remarquons que dans les Résurrections des miniatures et des tableaux, les morts sortent nus des tombeaux. Ni l'art, ni la théologie n'étaient fixés sur cette question. Voir G. C. Coulton, *Art and the Reformation*, Oxford, 1925, p. 255-258. Au portail nord de la cathédrale de Bâle, on voit les ressuscités s'habillant pour le jugement.

2. Chastellain, III, p. 414.

rendoient de grandes mélodies[1].» Molinet, de son côté, nous apprend le plaisir qu'éprouvèrent les Anversois à l'entrée de Philippe le Beau, en 1494, à regarder le jugement de Pâris; «mais le hourd [estrade] où les gens donnoient le plus affectueux regard fut sur l'histoire des trois déesses que l'on veoit au nud et de femmes vives[2]». Que nous voilà éloignés du sens grec de la beauté avec la parodie qui fut faite de ce thème lors de l'entrée de Charles le Téméraire à Lille en 1468; on y voyait une corpulente Vénus, une maigre Junon et une Minerve bossue, chacune portant sur la tête une couronne d'or[3]!

Ces spectacles nus sont restés en usage pendant le XVIe siècle. Dürer en a vu à Anvers à l'entrée de Charles-Quint en 1521[4]. Quand le duc de Bretagne, fils de François Ier, entra à Rennes en 1532, il y avait, comme tableau vivant, une Cérès et un Bacchus nus[5]. Enfin, Guillaume d'Orange, à son entrée à Bruxelles le 18 septembre 1578, fut régalé d'une Andromède, «une jeune fille, attachée par des chaînes, et aussi nue qu'elle était sortie du sein de sa mère; on aurait dit que c'était une statue de marbre». Telles sont les paroles de Jean-Baptiste Houwaert qui avait arrangé les tableaux[6].

L'infériorité de l'expression picturale par comparaison à l'expression littéraire ne se borne pas aux domaines du comique, du sentimental et de l'érotique. La puissance d'expression de l'art fait défaut dès qu'elle n'est plus soutenue par cette extraordinaire faculté visuelle qui fait sa supériorité. Aussitôt

---

1. *Chronique scandaleuse*, I, p. 27.
2. Molinet, V, p. 15.
3. Lefebvre, *Théâtre de Lille*, p. 54, dans Doutrepont, p. 354.
4. J. Veth et S. Muller, Fz., *A. Dürer's Niederländische Reise*, Berlin-Utrecht, 1918, 2 vol., I, p. 13.
5. Th. Godefroy, *Le Cérémonial françois*, 1649, p. 617.
6. J. B. Houwaert, *Declaratie van die triumphante Incompst van den [...] Prince van Oraingnien [...]*, t'Antwerpen, Plantyn, 1579, p. 39.

qu'il faut quelque chose de plus que la vision directe et exacte de la réalité, la supériorité de l'expression picturale disparaît et l'on sent alors la justesse de la critique de Michel-Ange : cet art veut parfaire plusieurs choses à la fois dont une seule aurait assez d'importance pour qu'on y consacrât toutes ses forces. Considérons encore un tableau de Van Eyck. Tant que suffit l'observation exacte, on pourrait dire microscopique, son art est parfait, notamment dans les traits du visage, les étoffes, les joyaux. Dès qu'il lui faut ramener la réalité en quelque sorte à un schéma, comme c'est le cas quand il s'agit de peindre des édifices et des paysages, des faiblesses apparaissent. Malgré le charme intime de ses perspectives, il y a une certaine incohérence, une disposition défectueuse. Plus le sujet exige une composition spéciale, intentionnelle et la création d'une forme nouvelle, plus la facture est en défaut.

On ne saurait nier que, dans les livres d'heures enluminés, les feuilles du calendrier ne surpassent en beauté celles qui représentent les sujets sacrés. Pour figurer le paysage et les occupations du mois, il suffisait d'observer et de reproduire exactement. Mais, pour ordonner une scène importante et mouvementée avec beaucoup de personnages, il eût fallu ce sens de la construction rythmique et de l'unité qu'avait possédé Giotto et que retrouvera Michel-Ange. Or, l'essence de l'art du XVe siècle était la pluralité. Là seulement où la pluralité se fondait dans l'unité, l'harmonie était atteinte, comme dans *L'Adoration de l'Agneau*. Ici en effet il y a un rythme, le rythme fort et triomphant de tous ces cortèges s'avançant vers l'autel. Mais l'effet n'a été obtenu, pour ainsi dire, que par une coordination purement arithmétique. Van Eyck évite les difficultés de la composition en ne présentant son sujet qu'au repos ; il atteint à une harmonie statique, non dynamique.

La grande distance qui sépare Van Eyck de Roger

de La Pasture tient à ce que ce dernier a toujours cherché le rythme de la composition ; il s'est borné afin de trouver l'unité ; il ne réussit pas toujours, mais il est conscient du problème.

Il existait une tradition vénérable et sévère pour la représentation des sujets sacrés les plus importants. Le peintre n'avait pas à inventer l'ordonnance de son tableau[1]. Pour quelques-uns de ces sujets, l'ordonnance rythmique s'imposait en quelque sorte d'elle-même : pietà, descentes de croix, adoration des bergers. Que l'on pense à la pietà de Roger de La Pasture à Madrid, aux pietà de l'école d'Avignon au Louvre et à Bruxelles, à celles de Petrus Cristus, de Gérard Saint-Jean, des *Belles Heures d'Ailly*. La nature même du sujet impliquait une ordonnance simple et sévère.

Dès que la scène à représenter est plus mouvementée, comme dans les outrages au Christ, le Christ portant sa croix, l'adoration des Rois mages, les difficultés de la composition croissent et il en résulte souvent un certain désordre et un manque d'harmonie. La tradition iconographique de l'Église donne une norme, mais cette tradition vient-elle à manquer, l'artiste du XVe siècle se trouve presque au dépourvu. Il suffit de remarquer la faiblesse de la composition dans les tableaux de jugements de Thierry Bouts et de Gérard David, alors que pourtant la solennité de l'action contenait le principe d'une ordonnance sévère. La composition devient d'une gaucherie troublante dans des scènes comme le martyre de saint Érasme, à Louvain, et celui de saint Hippolyte écartelé par des chevaux, à Bruges.

Lorsqu'il faut créer de toutes pièces, à l'aide de l'imagination, l'art de l'époque tombe dans le ridicule. La grande peinture en a été préservée par la sévérité des sujets, mais l'art des enlumineurs ne pouvait se

1. Nous pouvons ici laisser de côté la thèse de M. Émile Mâle concernant l'influence des représentations théâtrales sur la peinture.

soustraire à la tâche de représenter les figures mythologiques et allégoriques dont abondait la littérature. L'illustration que fit Jean Miélot pour l'*Épître d'Othea à Hector*, fantaisie mythologique de Christine de Pisan, peut servir de type[1]. C'est tout ce qu'on peut imaginer de plus maladroit. Les dieux grecs portent de larges ailes par-dessus leurs manteaux d'hermine ou leurs robes de brocart. Minos, Saturne dévorant ses enfants, Midas décernant le prix, sont tous aussi ridicules les uns que les autres. Toutefois, dès que l'enlumineur voit le moyen d'égayer une perspective par une petite scène de bergerie ou par une colline avec roue et gibet, il se montre d'une habileté normale[2]. On touche ici à la limite des facultés créatrices de ces artistes. Dès qu'il s'agit de créer par l'imagination des motifs nouveaux, ils sont à peu près aussi limités que les poètes.

La représentation allégorique avait mené la fantaisie dans une impasse. Par l'allégorie, l'image et la pensée s'enchaînent mutuellement. L'image ne se crée plus librement, parce qu'elle doit s'appliquer exactement à la pensée; celle-ci est limitée dans son essor par l'image. L'aspiration à décrire exactement la soi-disant vision allégorique fait perdre de vue toutes les exigences du style artistique. La vertu cardinale, la Tempérance, doit porter une horloge pour figurer la règle et la mesure. On la voit avec cet attribut sur un tombeau, œuvre de Michel Colombe, dans la cathédrale de Nantes, et sur celui des cardinaux d'Amboise, à Rouen. L'enlumineur de l'*Épître d'Othéa*, pour satisfaire à cette règle, lui mit simplement sur la tête une horloge semblable à celle dont il avait orné la chambre de Philippe le Bon[3].

---

1. Christine de Pisan, *Épître d'Othéa à Hector*, ms. 9392 de Jean Miélot, éd. J. van den Gheyn, Bruxelles, 1913.
2. *Ibid.*, pl. 5, 8, 26, 24, 25.
3. Van den Gheyn, *Épître d'Othéa*, pl. 1 et 3; Michel, *Histoire*

La figure allégorique ne peut se justifier que par une tradition vénérable. Inventée de toutes pièces, elle est rarement heureuse. Plus l'esprit qui la crée est réaliste, plus sa forme sera bizarre et factice. Chastellain, dans l'introduction à son audacieux poème politique *Le Dit de vérité*[1], voit quatre dames qui viennent l'accuser. Elles s'appellent Indignation, Réprobation, Accusation, Vindication. Voici comment il décrit la seconde[2] : « Ceste dame droit-cy se monstroit avoir les conditions seures [aigres], raisons moult aguës et mordantes ; grignoit les dens et mâchoit ses lèvres ; niquoit de la teste souvent ; et monstrant signe d'estre arguëresse, sauteloit sur ses pieds et tournoit l'un costé puis çà, l'autre costé puis là, portoit manière d'impatience et de contradiction ; le droit œil avoit clos et l'autre ouvert ; avoit un sacq plein de livres devant lui, dont les uns mit en son escours comme cheris, les autres jetta au loin par despit ; deschira papiers et feuilles ; quayers jetta au feu félonnement ; rioit sur les uns et les baisoit ; sur les autres cracha par vilennie et les foula aux pieds ; avoit une plume en sa main, pleine d'encre, de laquelle roioit maintes écritures notables [...] ; d'une esponge aussy noircissoit aucunes ymages, autres esgratinoit aux ongles [...] et les tierces rasoit toutes au net et les planoit comme pour les mettre hors de mémoire ; et se monstroit dure et felle ennemie a beaucoup de gens de bien, plus volontairement que par raison. » Ailleurs, il voit Dame Paix ouvrir son manteau et se transformer en quatre nouvelles dames : Paix de cœur, Paix de bouche, Paix de semblant, Paix de vray effet[3]. Dans une autre de

---

de l'art, IV, 2, p. 603 ; Michel Colombe, tombeau de la cathédrale de Nantes ; *ibid.*, p. 616 ; la Tempérance sur le tombeau des cardinaux d'Amboise dans la cathédrale de Rouen.

1. Voir mon article « Uit de voorgeschiednis van ons national besef », dans *Studien*, ou dans *Wege der Kulturgeschichte*.

2. *Exposition sur vérité mal prise*, Chastellain, VI, p. 249.

3. *Le Livre de paix, Chastellain*, VII, p. 375.

ses allégories apparaissent des figures féminines qu'il appelle : « Pesanteur de tes pays, Diverse condition et qualité de tes divers peuples, L'envie et haine des François et des voisines nations » ; un article politique pouvait donc prendre une forme allégorique[1]. Que ces figures n'aient pas été vues, mais simplement conçues par la réflexion, c'est ce qu'indique le fait qu'elles portent leurs noms sur des banderoles ; l'auteur ne les a pas tirées vivantes de son imagination ; il les a vues comme des figures de tapisseries, de tableaux ou de spectacles.

Dans *La Mort du duc Philippe*, *mystère par manière de lamentation*, Chastellain se figure le duc comme une fiole pleine d'onguent précieux pendant du ciel par un fil ; cette fiole s'est remplie aux mamelles de la terre[2]. Molinet représente le Christ comme un pélican (lieu commun allégorique) ; non seulement il nourrit ses petits de son sang, mais il efface de son sang le miroir de la mort[3].

Il n'y a ici plus trace d'inspiration. C'est le jeu faux d'un esprit épuisé. Les auteurs ont beau donner comme cadre à l'action un songe, leurs fantasmagories ne ressemblent jamais à de véritables songes comme ceux qu'ont décrits Dante et Shakespeare. Les poètes ne conservent même pas toujours l'illusion d'avoir vu leurs fantaisies en rêve. Chastellain se dit naïvement « l'inventeur ou le fantasieur de cestte vision[4] ».

Seule, la note ironique peut encore faire refleurir le champ desséché de l'allégorie. Dès qu'il s'y mêle une nuance humoristique, l'allégorie exerce encore un effet. Deschamps demande au médecin comment vont Vertu et Droit :

---

1. « Advertissement au duc Charles », *ibid.*, p. 304 *sq.*
2. *Ibid.*, p. 237 *sq.*
3. Molinet, *Le Miroir de la mort*, fragment dans *ibid.*, VI, p. 460.
4. *Ibid.*, VII, p. 419.

— Phisicien, comment fait Droit ?
— Sur m'âme, il est en petit point…
— Que fait Raison ?…
— Perdu a son entendement,
Elle parle, mais faiblement,
Et justice est toute ydiote[1]…

Toutes les sphères de la fantaisie se mêlent, sans souci de style. Le produit le plus bizarre est, à coup sûr, le pamphlet politique sous forme de pastorale. L'auteur inconnu qui, sous le pseudonyme de Bucarius, a écrit *Le Pastoralet*, a déversé, sous prétexte de bergerie, toute la haine des Bourguignons pour les Orléans. Orléans, Jean sans Peur, leur suite fière et farouche sont habillés en bergers ; leur cotte est parsemée de fleurs de lis et de lions rampants ; des « bergiers à long jupel » représentent le clergé[2]. Le berger Tristifer (entendez : Orléans) dérobe aux autres leur pain et leur fromage, leurs pommes et leurs noix, leurs pipeaux et les clochettes de leurs moutons ; il menace les bergers récalcitrants de sa grande houlette, jusqu'à ce qu'à la fin, il tombe lui-même sous les coups. Le poète, perdant de vue la portée sinistre de son poème, s'égaie parfois à cette douce pastorale ; mais bientôt les injures politiques reviennent troubler cette étrange bucolique[3]. Rien encore de la mesure ni du goût de la Renaissance.

Les tours de force qui valurent à Molinet la réputation d'excellent rhétorique et poète nous semblent plutôt l'ultime décadence d'une forme littéraire. Il se plaît aux jeux de mots les plus insipides : « Et ainsi demoura l'Escluse en paix qui lui fut incluse, car la guerre fut d'elle excluse plus solitaire que ren-

1. Deschamps, I, p. 170.
2. *Le Pastoralet*, v. 501, 7240 et 5768.
3. Pour le mélange de pastorale et de politique, *cf.* Deschamps, III, n° 344, p. 62, n° 359, p. 93.

cluse[1]. » En plusieurs endroits, notamment dans l'introduction de sa rédaction en prose du *Roman de la Rose* moralisé, il joue sur son nom, Molinet : « Et affin que je ne perde le froment de ma labeur, et que la farine que en sera molue puisse avoir fleur salutaire, j'ay intencion, se Dieu m'en donne la grace, de tourner et convertir soubz mes rudes meulles le vicieux au vertueux, le corporel en l'espirituel, la mondanité en divinité, et souverainement de la moraliser. Et par ainssi nous tirerons le miel hors de la dure pierre, et la rose vermeille hors des poignans espines, où nous trouverons grain et graine, fruict, fleur et feuille, très souefve odeur, odorant verdure, verdoyant floriture, florissant nourriture, nourrissant fruit et fructifiant pasture[2]. »

Quand on ne joue pas sur les mots, on joue sur les idées. Olivier de La Marche rime :

Là prins fièvre de souvenance
Et catherre de desplaisir,
Une migraine de souffrance,
Colicque d'une impascience,
Mal de dens non à soustenir.
Mon cuer ne porroit plus souffrir
Les regretz de ma destinée
Par douleur non accoustumée[3]...

Meschinot est, comme La Marche, esclave de la fade allégorie. Il donne pour verres à ses *Lunettes des princes* Prudence et Justice, pour monture, Force ; Tempérance est le clou qui rive le tout ensemble. Le poète reçoit lesdites lunettes de Raison, avec la manière de s'en servir. Envoyée par le ciel, Raison

---

1. Molinet, *Chronique*, IV, p. 307.
2. Cité par E. Langlois, *Le Roman de la Rose*, Société des anciens textes français, 1914, I, p. 33.
3. *Recueil des chansons [...]*, Société des bibliophiles belges, III, p. 31.

entre dans son esprit et veut y faire son festin ; mais elle n'y trouve rien « pour disner bonnement », car Désespoir a tout gâté[1].

Tout cela semble abâtardissement, décadence. Et pourtant, c'est l'heure où l'esprit nouveau de la Renaissance souffle déjà, où il veut. Où est la grande et jeune inspiration ? Où s'élabore la forme nouvelle et pure ?

---

1. La Borderie, *op. cit.*, p. 603 et 632.

CHAPITRE XXII

L'avènement de la forme nouvelle

La relation entre l'humanisme naissant et le déclin du Moyen Âge est bien moins simple que nous ne sommes enclins à nous la représenter. Habitués à voir ces deux cultures comme nettement séparées, il nous semble que l'aspiration vers la raison, la beauté antique et l'abandon du système usé de pensées et d'expressions médiévales doivent s'être produits comme une soudaine révélation. Il semble que les esprits, mortellement las d'allégories et de style flamboyant, aient dû subitement y renoncer, que l'harmonie classique doive s'être présentée à eux comme un salut et qu'ils doivent s'être attachés à l'Antiquité avec l'enthousiasme de ceux qui trouvent leur voie.

Il n'en est rien cependant. Dans le jardin de la pensée médiévale, parmi les exubérantes végétations, croissait peu à peu le classicisme. D'abord, ce ne fut qu'une forme ; cela ne devint une inspiration que plus tard ; l'esprit et les moyens d'expression que nous avons coutume de considérer comme surannés, médiévaux, ne meurent pas tout d'un coup.

Pour nous en rendre compte, il faudrait pouvoir observer en détail l'avènement de la Renaissance, non en Italie, mais dans le pays où s'est développé ce que le Moyen Âge a produit de plus fort et de plus beau : la France. Quand on considère le *quattrocento* italien dans sa glorieuse antithèse avec les formes médiévales qui prévalaient dans les autres pays, l'impression dominante est celle d'harmonie, de liberté, de sonorité et d'allégresse. Ce sont les qualités qui sont pour nous comme la signature de la Renaissance. Mais, de cette manière, on oublie que, dans l'Italie du XVe siècle encore, le véritable fond de la culture est resté purement médiéval et que, dans l'esprit de la Renaissance même, les traits médiévaux sont bien plus enracinés qu'on ne se le figure. Dans l'idée que nous nous faisons, la note Renaissance est dominante.

Si, au contraire, nous embrassons d'un regard le monde franco-bourguignon du XVe siècle, voici l'impression qui se dégage : la gravité mélancolique, faste barbare, formes bizarres et surchargées, imaginations usées, toutes les caractéristiques de la décadence de l'esprit médiéval. Nous oublions cette fois qu'ici aussi, la Renaissance arrive ; elle ne domine pas encore, elle n'a pas encore changé l'attitude fondamentale.

Ce qu'il y a de remarquable, c'est que la Renaissance est d'abord une *forme extérieure* avant de devenir un esprit nouveau.

En littérature, les formes classiques s'introduisent sans que l'esprit lui-même ait changé. Un groupe de lettrés apporte un peu plus de soin à la pureté du style latin et à la syntaxe classique : et voilà l'humanisme qui naît. Ce cercle de lettrés fleurit en France vers l'an 1400 ; il comprend quelques ecclésiastiques et magistrats : Jean de Montreuil, chanoine de Lille et secrétaire du roi, Nicolas de Clemanges, le célèbre dénonciateur des abus de l'Église, Pierre et Gontier Col, le Milanais Ambroise de Miliis, secrétaires de princes. Les élégantes et graves épîtres qu'ils échangent ne le cèdent en rien, ni pour la généralité creuse de la pensée, ni pour l'affectation d'importance, ni pour les phrases tourmentées, ni mêmes pour l'amour des balivernes savantes, aux produits du genre épistolaire des humanistes postérieurs. Jean de Montreuil se répand en longues dissertations sur l'orthographe de *orreolum* et de *scedula* avec ou sans h, sur l'usage du k dans les mots latins. « Si vous ne me venez en aide, cher maître et frère, écrit-il à Clemanges, j'aurai perdu ma réputation et serai comme coupable de mort. Je viens de m'apercevoir que, dans ma dernière lettre à mon seigneur et père, l'évêque de Cambrai, au lieu du comparatif *proprior*, j'ai mis *proximior*, tant est négligente ma plume. Veuillez donc rectifier, autrement nos censeurs en feront libelles diffamatoires[1]. » Comme on voit, ce sont des lettres ouvertes, des dissertations savantes. En véritable humaniste, Jean de Montreuil réprimande son ami Ambroise qui avait accusé Cicéron de contradiction, et avait mis Ovide au-dessus de Virgile[2].

Dans une de ses lettres, il fait une description du couvent de Charlieu près Senlis, et, reproduisant simplement ce qu'il voit, à la manière médiévale, il devient de ce fait beaucoup plus lisible. Les moineaux, dit-il, viennent manger dans le réfectoire, si bien qu'on peut se demander si le roi a institué la prébende pour les moines ou pour les oiseaux ; le roitelet prend des airs d'abbé ; l'âne du jardinier prie l'auteur de ne pas l'oublier dans sa lettre. Tout est frais et charmant ; mais ce n'est pas spécifiquement un récit d'humaniste[3]

Il suffit de se rappeler que nous avons rencontré Jean de Montreuil et les Col parmi les zélateurs du *Roman de la Rose* et parmi les membres de la cour d'amour de 1401, pour se convaincre que ce pré-

1. N. de Clémanges, *Opera*, éd. Lydius, Lugd. Bat., 1613 ; Joh. de Monasteriolo, « *Epistolae* », Martène et Durand, *Amplissima collectio*, II, col. 1310, Ep. 69, c. 1447, ép. 15, c. 1338.
2. Ep. 59, c. 1426, 58, c. 1423.
3. Ep. 40, col. 1388 et 1396.

humanisme français n'a été qu'un élément secondaire de leur culture, un fruit de l'érudition scolaire, analogue à la renaissance de la latinité classique qui s'était déjà produite au temps d'Alcuin et dans les écoles françaises du XIIe siècle. Il disparaît avec les hommes qui l'avaient cultivé et qui n'eurent pas de continuateurs immédiats. Cependant, il se rattache incontestablement au grand mouvement international. Pétrarque avait été pour Jean de Montreuil et ses amis un initiateur illustre, tandis que Coluccio Salutati, le chancelier florentin qui, dans la seconde moitié du XIVe siècle, avait introduit la nouvelle rhétorique latine dans les actes d'État, ne leur était pas non plus inconnu. En France, l'œuvre de Pétrarque fut, pour ainsi dire, incorporée dans la pensée médiévale. Luimême avait connu personnellement les esprits dirigeants d'une génération antérieure : le poète Philippe de Vitri, Nicolas Oresme, philosophe et homme politique, qui avait été précepteur du Dauphin et même, semble-t-il, Philippe de Mézières. Tous ces hommes, malgré ce qu'avaient de moderne les idées d'Oresme, n'étaient pas des humanistes.

Rappelons-nous *Le Livre du voir-dit* de Machaut, dans lequel Péronne d'Armentières désire et obtient un commerce amoureux avec un poète. Si, comme le croyait Paulin Paris[1], Péronne suit en cela, non seulement l'exemple d'Héloïse, mais aussi celui de Laure, cela prouverait que l'inspiration d'une œuvre où nous reconnaissons surtout l'avènement de l'esprit nouveau, pouvait produire une création purement médiévale.

D'ailleurs, ne sommes-nous pas enclins à exagérer l'élément moderne dans Pétrarque et Boccace ? Nous les considérons, et avec raison, comme des novateurs. Mais nous aurions tort de penser que, premiers

1. *Le livre du voir-dit*, p. XVIII.

humanistes, ils ne se sentirent plus en accord avec leur siècle. Leur œuvre entière, malgré le souffle de renouvellement qui l'anime, appartient à la civilisation du XIVe siècle. De plus, Pétrarque et Boccace, à la fin du Moyen Âge et en dehors de l'Italie, ne durent pas leur célébrité à leurs écrits en langue vulgaire, qui pourtant leur assureront l'immortalité, mais à leurs œuvres latines. Pétrarque, pour les contemporains, était une sorte d'Érasme avant la lettre, esprit universel, élégant écrivain de traités de morale, auteur épistolaire, romancier de l'Antiquité dans son *De viris illustribus* et son *Rerum memorandum libri*. Les thèmes qu'il a traités étaient ceux du Moyen Âge : *De contemptu mundi*, *De otio religiosorum*, *De vita solitaria*. Seuls, la forme et le ton, chez lui, diffèrent et se sont raffinés. Sa glorification de la vertu antique correspond plus ou moins au culte des neuf preux. Il n'y a rien d'étrange à le trouver en rapport avec Geert Groote, le fondateur des Frères de la vie commune, ni à voir le fanatique Jean de Varennes invoquer son autorité pour se disculper du soupçon d'hérésie[1] et lui emprunter le texte d'une nouvelle prière : « *Tota caeca christianitas.* » Ce que Pétrarque représentait pour son siècle, Jean de Montreuil l'a dit en l'appelant « philosophe moral très dévot, catholique et très célèbre[2] ». Denis le Chartreux lui emprunte des lamentations sur la perte du Saint Sépulcre, sujet tout médiéval. « Mais, dit-il, puisque le style de Pétrarque est rhéto rique et difficile, je citerai plutôt le sens que la forme même de ses mots[3]. »

Pétrarque avait affirmé qu'en dehors de l'Italie, il n'y avait ni orateur ni poète. Ces paroles suscitèrent le zèle des premiers humanistes français : Nicolas de

1. Gerson, *Opera*, I, p. 922.
2. Ep. 38, col. 1385.
3. Denis le Chartreux, t. XXXVII, p. 495.

Clemanges et Jean de Montreuil s'élevèrent ardemment contre cette assertion[1].

Sur un terrain plus restreint, Boccace a exercé une influence pareille à celle de Pétrarque. On l'honorait, non comme l'auteur du *Décaméron*, mais comme « le docteur de patience en adversité », auteur du *De casibus virorum illustrium* et du *De claris mulieribus*. Par ces étranges compilations sur l'inconstance de la destinée, « messire Jehan Bocace » s'était posé comme une sorte d'imprésario de la Fortune. C'est comme tel que Chastellain le conçoit et l'imite[2]. Il intitule *Le Temple de Bocace* un traité très bizarre, dans lequel il entreprend de consoler la reine Marguerite, chassée d'Angleterre, en lui faisant le récit de toutes sortes de cas tragiques de son temps. On ne peut pas dire que Boccace ait été mal compris par ces Bourguignons du XVe siècle, à l'esprit si médiéval. Ils ont compris en lui le côté médiéval, très prononcé, que nous risquons, nous, d'oublier.

La différence entre l'humanisme français et l'humanisme italien tient surtout à une différence d'érudition, d'habileté et de goût plutôt que de ton ou de tendance. Pour imiter les modèles antiques, les Français avaient à surmonter bien des obstacles, si on les compare aux hommes nés sous le ciel de Toscane ou à l'ombre du Colisée. En France, des clercs, écrivant en latin, purent de bonne heure s'élever à la hauteur du style épistolaire. Mais les auteurs profanes étaient encore peu initiés aux finesses de la mythologie et de l'histoire. Machaut qui, malgré sa culture intellectuelle, n'est pas un savant, défigure pitoyablement les noms des sept sages. Chastellain confond Peleus et Pelias ; La Marche, Proteus et Pirithous. L'auteur du

---

1. Pétrarque, *Opera*, éd. de Bâle, 1581, p. 847 : Clémanges, *Opera*, Ep. 5, p. 24, J. de Monstr., Ep. 50, col. 1428.
2. Chastellain, VII, p. 75-143 ; *cf.* V, p. 38-40 ; VI, p. 80 ; VIII, p. 358 ; *Le Livre des trahisons*, p. 145.

Pastoralet parle du « bon roi Scypion d'Afrique ». Les Auteurs du *Jouvencel* dérivent « pollitique » de πολυσ et d'un prétendu mot grec « *icos*, gardien, qui est à dire gardien de pluralité [1] ».

Mais, au milieu des allégories médiévales, perce de temps à autre une vision classique. Le poète du *Pastoralet* donne une description du dieu Silvanus et une prière à Pan où l'on saisit un reflet du *quattrocento* ; après quoi, il reprend les sentiers battus [2]. De même que Jean Van Eyck introduit des formes d'architectures classiques dans ses paysages médiévaux, les écrivains cherchent des modèles antiques, mais d'une manière toute formelle encore, et uniquement en guise d'ornements. Les chroniqueurs s'essaient déjà aux *contiones*, dans le genre de Tite-Live, et à l'instar de l'historien latin, ils font mention de prodiges [3]. Moins la manière classique leur réussit, et plus cela nous aide à comprendre la transition du Moyen Âge à la Renaissance. L'évêque de Chalons, Jean Germain, s'efforce de décrire le congrès d'Arras de 1435 dans la manière latine. Avec des phrases courtes, une allure vivante, il cherche visiblement à imiter Tite-Live. Il en résulte une véritable caricature de la prose antique, aussi guindée que naïve [4]. La vision de l'Antiquité reste bizarre. Au service funèbre de Charles le Téméraire à Nancy, son vainqueur, le jeune duc de Lorraine, vient rendre les honneurs au corps de l'ennemi, vêtu « à l'antique », c'est-à-dire portant une longue barbe d'or qui lui descend jusqu'à la ceinture. Ainsi affublé pour représenter un des neufs preux, il prie pendant un quart d'heure [5].

---

1. Machaut, *Le Livre du voir-dit*, p. 230 ; Chastellain, VI, p. 194 ; La Marche, III, p. 166 ; *Le Pastoralet*, v. 2806 ; *Le Jouvencel*, I, p. 16.
2. *Le Pastoralet*, v. 541 et 4612.
3. Chastellain, III, p. 173, 117, 359, etc. ; Molinet, II, p. 207.
4. J. Germain, *Liber de virtutibus Philippi ducis Burgundiae* ; Chronique relative à l'histoire de Belgique sous la domination des ducs de Bourgogne, III.
5. *Chronique scandaleuse*, II, p. 42.

Vers l'an 1400, le mot « antique », dans l'acception française, rentrait dans le même ordre d'idées que « rhétorique, orateur, poésie ». La perfection des anciens, tant admirée, on croit la trouver dans une forme artificielle. Les poètes de ce temps sont capables d'exprimer simplement les choses touchantes, mais lorsqu'ils visent à la grande beauté, ils appellent la mythologie à leur aide et emploient de prétentieux latinismes. Alors, ils se sentent « rhétoriciens ». Christine de Pisan distingue expressément de ses œuvres ordinaires une pièce mythologique qu'elle nomme « balade pouétique[1] ». Eustache Deschamps, envoyant ses œuvres à son confrère et admirateur Chaucer, les fait accompagner de l'apostrophe suivante, salmigondis classique des plus détestable :

Ô Socrates plains de philosophie,
Seneque en meurs et Anglux en pratique,
Ovide grans en ta poéterie,
Briés en parler, saiges en rhétorique,
Aigles très haulz qui, par ta théorique,
Enlumines le regne d'Eneas,
L'Isle aux Geans, ceuls de Bruth, et qui as
Semé les fleurs et planté le rosier,
Aux ignorans de la langue, Pandras[2],
Grant translateur, noble Geffroy Chaucier !
. . . .
À toy pour ce de la fontaine Helye [Helicon]
Requier avoir un buvraige autentique,
Dont la soys [le conduit] est du tout en ta baillie,

Pour rafrener d'elle ma soif éthique,
Qui en Gaule seray paralitique
Jusques a ce que tu m'abuveras[3].

---

1. Christine de Pisan, *Œuvres poétiques*, I, nº 90, p. 90.
2. Deschamps, II, nº 285, p. 138.
3. Il s'agit sans doute de Pandarus, l'entremetteur que Chaucer met en scène dans le récit de *Troïlus et Cressida* ; de ce nom propre vient le mot anglais *pander*.

C'est le commencement, modeste encore, de la latinisation ridicule, du langage noble que flétriront Villon et Rabelais[1]. Cette manière insupportable apparaît toutes les fois que les auteurs s'efforcent d'être brillants : dans les dédicaces, dans les discours, dans les correspondances littéraires. Dans ces cas, Chastellain dira « vostre très humble et obéissante serve et ancelle, la ville de Gand », « la viscérale intime douleur et tribulation » ; La Marche, « nostre francigène locution et langue vernacule » ; Molinet, « abreuvé de la doulce et melliflue liqueur procedant de la fontaine caballine », « ce vertueux duc scipionique », « gens de mulièbre courage[2] ».

Cette rhétorique alambiquée n'est pas seulement un idéal de style ; elle représente surtout un idéal de conversation littéraire. L'humanisme entier est, comme l'avait été la poésie des troubadours, un jeu de société, une forme de relations sociales, un effort vers une forme de vie plus noble. Les correspondances savantes du XVe et du XVIe siècle même n'ont pas encore renoncé à cet élément. Sous ce rapport, la France est moins avantagée que l'Italie. Ici, la pensée et la langue étaient moins éloignées de la pure latinité, le milieu social et la tournure d'esprit étaient beaucoup plus conformes aux tendances de l'humanisme. La langue italienne pouvait, sans se faire violence, absorber un afflux de latinisme, l'esprit de cercle des humanistes correspondait aux mœurs sociales. L'humaniste italien, comme type social, sortit, pour ainsi dire, naturellement de l'urbanisme des villes indépendantes d'Italie. Dans les pays bourguignons, au contraire, l'esprit et la forme de la vie sociale

1. Villon, éd. Longnon, p. 15 ; Rabelais, *Pantagruel*, I, 2, ch. VI.
2. Chastellain, V, p. 292 *sq.* ; La Marche, *Parement et triumphe des dames*, Prologue ; Molinet, *Faictz et dictz*, Prologue et *Chronique*, I, p. 72, 10 et 54.

appartenaient encore tellement au Moyen Âge, que l'effort vers une expression plus neuve devait aboutir à cette chose surannée : les chambres de rhétorique. Comme sociétés, elles ne sont que la continuation des confréries du Moyen Âge, et l'esprit qu'elles représentent ne s'est renouvelé qu'à la surface. C'est l'humanisme biblique d'Érasme qui, dans ces pays, inaugure la culture moderne.

En dehors de ses provinces septentrionales, la France ne connaît pas ce système vieillot des chambres de rhétorique, mais ses « nobles rhétoriciens », quoique plus personnels, ne ressemblent pas aux humanistes italiens. Ils conservent encore beaucoup de la forme et de l'esprit du Moyen Âge.

Quels sont les vrais modernes dans la littérature française du XVe siècle ? Ceux, sans doute, dont l'œuvre se rapproche de ce que le siècle suivant devait produire de plus beau. Ce ne sont pas, assurément, quels qu'aient été leurs mérites, les représentants graves et pompeux du style bourguignon : Chastellain, La Marche, Molinet. Les nouveautés de forme qu'ils affectionnaient étaient trop superficielles, le fond de leur pensée trop essentiellement médiéval, leurs velléités de classicisme trop naïves. Faut-il chercher l'élément moderne dans le raffinement de la forme ? Parfois, cette forme, quoique recherchée, a tant de grâce que la douce mélodie fait oublier le vide de sens :

Plusieurs bergiers sont en lacz mortels telz
Heurtez, boutez que peu leur deduit duyt.
Et leurs moutons en maux fortunez nez,
Venez, vanez, de fers mal parez rez [rasés de fer mal [aiguisés]
Leurs blés emblez [volez] ayans sauf conduit vuyd,

La nuit leur nuit, la mort qui destruit ruit,
Leur fruit s'en fuit, venant aperte perte :
Mais Pan nous tient en asseurance experte.

Ces vers sont de Jean Lemaire de Belges. De toute évidence, ce n'est pas de ce côté qu'est orienté l'avenir. Si l'on entend par modernes ceux qui ont le plus d'affinité avec le développement ultérieur de la littérature française, les modernes, ce sont Villon, Charles d'Orléans et l'auteur de *L'Amant rendu cordelier*, c'est-à-dire ceux qui se tiennent le plus à l'écart du classicisme et ne s'appliquent pas à la recherche de formes savantes et précieuses. Le caractère médiéval de leurs motifs ne leur enlève pas leur air de jeunesse et de promesse. C'est la spontanéité de leur parole qui les rend modernes.

Un poète de second ordre, Jean Robertet (1420-1490), secrétaire de trois ducs de Bourbon et de trois rois de France, voyait dans les vers de Georges Chastellain la fleur de la poésie noble. Cette admiration engendra une correspondance qui illustre ce que nous avons dit plus haut quant à l'idéal de conversation littéraire. Pour entrer en rapport avec Chastellain, Robertet se sert de l'entremise d'un certain Montferrant qui vivait à Bruges où il était gouverneur d'un jeune Bourbon élevé à la cour de Bourgogne. Robertet lui remit à l'adresse de Chastellain deux épîtres, l'une en français et l'autre en latin, et un pompeux panégyrique. Comme le chroniqueur et poète résistait, Montferrant se servit du vieux moyen de l'allégorie. Il évoqua les « douze Dames de rhétorique » : Science, Éloquence, Gravité de sens, Profondité, etc. Ces dames lui étaient apparues et lui avaient dit de s'intéresser à la correspondance désirée. Chastellain succomba à cette séduction et autour des douze Dames de rhétorique se groupèrent les épîtres des trois auteurs[1]. Mais Chastellain ne tarda pas à s'en lasser et à rompre toute correspondance.

---

1. Extraits dans *Œuvres*, éd. Kervyn, Chastellain, VII, p. 145-186 ; voir P. Durrieu, « Un barbier de nom français à Bruges », *Académie des inscriptions et belles-lettres, Comptes rendus 1917*, p. 542-558.

Chez Robertet, nous voyons le latinisme dans sa plus sotte expression. « J'ay esté en aucun temps en la case nostre en repos, durant une partie de la brumale froidure », écrit-il. Entendez qu'il a eu un rhume[1].

Tout aussi ridicule est l'expression hyperbolique de son admiration. Après la réception d'une lettre poétique de Chastellain, il écrit à Montferrant :

Frappé en l'œil d'une clarté terrible,
Attaint au cœur d'éloquence incrédible
À humain sens difficile à produire,
Tout offusquié de lumière incendible
Outre perçant de ray presqu'impossible
Sur obscur corps qui jamais ne peut luire,

Ravi, abstrait me trouve en mon déduire,
En extase corps gisant à la terre,
Foible esperit perplex à voye enquerre
Pour trouver lieu et oportune yssue
Du pas estroit où je suis mis en serre,
Pris à la rets qu'amour vraye a tissue.

Et, continuant en prose : « Où est l'œil capable de tel objet visible, l'oreille pour ouyr le haut son argentin et tintinabule d'or ? » Qu'en pense Montferrant, « amy des dieux immortels et chéri des hommes, haut pis Ulixien, plein de melliflue faconde ? » ; « N'est-ce resplendeur équale au curre Phoebus ? » Chastellain ne surpasse-t-il pas la lyre d'Orphée, « la tube d'Amphion, la Mercuriale fleute qui endormyt Argus ? », etc., etc.[2]

De pair avec cette extrême boursouflure marche une humilité d'écrivain par laquelle ces poètes restent fidèles aux préceptes du Moyen Âge. Et ils ne sont pas les seuls. La Marche espère que ses Mémoires seront les fleurettes d'une couronne ; il compare son labeur au ruminement du cerf. Molinet prie tous les « ora-

1. Chastellain, VII, p. 146.
2. *Ibid.*, p. 180.

teurs » d'élaguer de son œuvre le superflu. Commines espère que l'archevêque de Vienne, pour qui il écrit, pourra faire entrer dans son œuvre un écrit latin[1].

Dans la correspondance poétique de Robertet, Chastellain et Montferrant, nous voyons la dorure du néo-classicisme plaquée sur une image purement médiévale. Et, remarquons-le, ce Robertet était allé en Italie, « en Ytalie, sur qui les respections du ciel influent aorné parler, et vers qui tyrent toutes douceurs élémentaires pour la fondre harmonie[2] ». Mais, de cette harmonie du *quattrocento*, il n'avait vraisemblablement pas rapporté grand-chose. L'excellence de l'Italie consistait, pour ces esprits, purement dans l'« aorné parler », dans l'élaboration du style artificiel.

Au milieu de ces épanchements grandiloquents, une nuance d'ironie vient changer l'effet. Votre Robertet, disent les Dames de rhétorique à Montferrant[3], « il est exemple de Tullian art, et forme subtilité Térencienne [...] qui succié a de nos seins notre plus intérieure substance par faveur ; qui outre la grâce donnée en propre terroir se est allé rendre en pays gourmant pour réfection nouvelle [en Italie], là où enfans parlent en aubes à leurs mères, frians d'escole en doctrine sur permission de eage ». Chastellain fit preuve d'un peu de scepticisme à l'égard de cet enthousiasme délirant. Il en eut bientôt assez et verrouilla la porte si longtemps ouverte à « Dame Vanité ». « Robertet m'a surfondu de sa nuée, et dont les perles, qui en celle se congréent comme grésil, me font resplendir mes vestements ; mais qu'en est mieux au corps obscur dessoubs, lorsque ma robe déçoit les voyans ? » Qu'il cesse donc d'écrire de la sorte, sinon Chastellain jettera ses

1. La Marche, I, p. 15 et 184-186 ; Molinet, I, p. 14 ; III, p. 99 ; Chastellain, VI, *Exposition sur vérité mal prise*, VII, p. 76, 29, 142, 422 ; Commines, I, p. 3. *Cf.* Doutrepont, p. 24.

2. Chastellain, VII, p. 159.

3. *Ibid.*

lettres au feu sans les lire. S'il consent à parler comme il convient entre amis, l'affection de Georges lui demeurera assurée.

Tant que les humanistes français du XVe siècle écrivent en latin, le fond médiéval de leur culture n'apparaît guère. Dans ce cas, la compréhension imparfaite de l'Antiquité ne se trahit pas par une adaptation maladroite ; le lettré imite ; il imite à s'y méprendre. Un humaniste comme Robert Gaguin (1435-1501) nous semble, dans ses lettres et dans ses discours, presque aussi moderne qu'Érasme, qui lui dut sa première célébrité. En effet, Gaguin, à la suite de son *Compendium d'histoire de la France*, le premier ouvrage d'histoire plus ou moins scientifique en France (1495), inséra une lettre d'Érasme qui se vit, de cette manière, imprimé pour la première fois[1]. Bien que Gaguin connût aussi mal le grec que Pétrarque[2], il n'en est pas moins un vrai humaniste. Et pourtant, parallèlement, nous voyons en lui une survivance de l'esprit du Moyen Âge. Il emploie son éloquence latine à de vieux thèmes médiévaux comme la diatribe contre le mariage[3] ou encore le mépris de la vie de cour, car il retraduit en latin le *Curial* d'Alain Chartier. Il traite, en français cette fois, de la valeur sociale des différents états dans la forme usitée du débat, *Le Débat du laboureur, du prestre et du gendarme*. Dans ses œuvres françaises, Gaguin, latiniste consommé, dédaigne les effets de rhétorique : pas de formes savantes, pas de tournures hyperboliques, pas de mythologie. Comme poète de langue française, il se range à côté de ceux qui, dans leur forme médiévale, avaient conservé leur naturel et, partant, leur lisibilité.

La forme humaniste n'est qu'un vêtement qu'il endosse et qui lui sied tout en l'empêchant un peu

1. Thuasne, R. Gaguini, *Ep. et Or.*, I, p. 126.
2. *Ibid.*, p. 20.
3. *Ibid.*, p. 178 ; II, p. 509.

dans ses mouvements. La Renaissance ne fait encore que recouvrir, sans s'y appliquer complètement, l'esprit français du XVe siècle.

On a souvent tenu pour un critérium certain de l'avènement de la Renaissance l'apparition d'expressions ou de divinités païennes. Mais ce paganisme littéraire était bien plus ancien. Quand les humanistes appellent Dieu «*princeps superum*», et la Vierge «*genitrix tonantis*», ils ne sont pas sans précédents. Au XIIe siècle déjà, on employait des termes mythologiques pour exprimer les concepts de la foi chrétienne sans qu'il y eût là rien d'irreligieux. Déjà l'Archipoète rime hardiment, dans sa spirituelle confession :

> Vita vetus displicet, mores placent novi;
> Homo videt faciem, sed cor patet *Jovi*.

Alain de Lille nommera les anges *proceres Tomantis* ou *Cives superi*, la sainteté *numen Olympi*.

Deschamps parlant de «Jupiter venu du Paradis[1]», Villon appelant la Vierge «haulte déesse[2]» ne sont ni païens ni modernes.

La pastorale exigeait une nuance d'innocent paganisme, dont personne n'était dupe. L'auteur du *Pastoralet* qui appelle le couvent des Célestins à Paris «temple au hault bois pour les diex prier[3]», déclare pour dissiper toute équivoque : «Se pour estrangler ma Muse, je parle des dieux des païens, sy sont les pastours crestiens, et moy[4].» De même Molinet s'excuse d'avoir introduit Mars et Minerve en alléguant «Raison et Entendement» qui lui ont dit : «Tu le dois faire non pas pour adjouter foy aux dieux et déesses, mais pour ce que Notre Seigneur seul inspire les gens

1. Deschamps, I, nº 63, p. 158.
2. Villon, *Le Testament*, éd. Longnon, v. 899, p. 58.
3. *Le Pastoralet*, v. 2094.
4. *Ibid.*, v. 30, p. 574.

ainsi qu'il lui plaist, et souventes fois par divers inspirations[1]. »

Plus significatifs pour la pénétration de l'esprit nouveau sont les vers suivants, où se fait jour un certain respect des cultes païens, et notamment des sacrifices :

Des dieux jadis les nations gentilles
Quirent l'amour par humbles sacrifices,
Lesquels, posé que ne fussent inutiles,
furent nientmoins rendables et fertiles
De maint grant fruit et de haulx bénéfices,
Monstrans par fait que d'amour les offices
Et d'honneur humble, impartis où qu'ils soient
Pour percer ciel et enfer suffisoient[2].

C'est un couplet du *Dit de vérité*, la meilleure poésie de Chastellain, inspirée par sa fidélité au duc, où il oublie un peu sa grandiloquence ordinaire pour se laisser aller à son indignation politique.

Quelquefois, en plein Moyen Âge, la Renaissance se fait entendre. À un pas d'armes à Arras, en 1446, Philippe de Ternant dédaigne de porter selon la coutume « une bannerole de devocion », « laquelle chose je ne prise point », dit La Marche qui raconte cette impiété. Mais plus impie encore est la devise que porte Ternant : « Je souhaite que avoir puisse de mes desirs assouvissance et jamais aultre bien n'eusse[3]. » C'est une devise digne du libertin le plus déclaré du XVIe siècle.

Il n'était pas nécessaire de puiser le paganisme dans la littérature classique. Il s'étalait largement, pour les esprits de la fin du Moyen Âge, dans leur trésor encyclopédique : le *Roman de la Rose*. Ce n'était pas dans quelques locutions mythologiques que se trouvait le danger d'un véritable paganisme ; c'était

1. Molinet, V, p. 21.
2. Chastellain, *Le Dit de vérité*, VI, p. 221 ; *cf. Exposition sur vérité mal prise*, p. 297 et 310.
3. La Marche, II, p. 68.

dans l'inspiration et les formes de la culture érotique. Là, depuis des siècles, Vénus et Amour avaient trouvé un refuge. Le grand païen, c'était Jean de Meung. Non pas en citant d'une haleine les noms des divinités païennes et ceux de Jésus et de Marie, rhétorique innocente, mais en mêlant aux conceptions chrétiennes du salut éternel l'éloge le plus hardi de la volupté, il avait enseigné à de nombreuses générations le mépris de la foi. On ne saurait imaginer paroles plus blasphématoires que celles où il travestit le texte de la Genèse : alors le Seigneur se repentit d'avoir créé l'homme sur la terre. Nature, qui fait figure de démiurge, se plaint des hommes parce qu'ils négligent son commandement de procréer :

Si m'aïst Diex li crucefis,
Moult me repens dont homme fis[1].

On s'étonne encore que l'Église, qui réprima si sévèrement les moindres écarts en fait de spéculations sur le dogme, ait laissé se propager impunément dans les esprits les enseignements de ce bréviaire de l'aristocratie que fut le *Roman de la Rose*.

Au XVe siècle, en France, une forme nouvelle de la pensée se crée de toutes parts. Mais, à y bien regarder, la forme et l'esprit ne se recouvrent pas. L'esprit reste orienté vers les idées directrices du Moyen Âge ; il garde l'empreinte médiévale. La forme classique peut servir à exprimer les vieux concepts : tel humaniste choisit la strophe saphique pour énumérer les reliques d'un lieu saint. D'autre part, les signes précurseurs d'un esprit nouveau se cachent parfois sous les formes anciennes. Rien n'est plus faux que d'assimiler classicisme et culture moderne.

Le diapason de la vie n'a pas encore changé. Le

1. *Roman de la Rose*, v. 20141.

fonds des âmes du XVe siècle reste pessimiste et mélancolique. L'harmonie de la Renaissance ne se fera que lorsqu'une génération nouvelle aura appris, tout en faisant usage des formes de l'Antiquité, à s'approprier son esprit : d'abord, la pureté, l'exactitude de la conception et de l'expression, puis l'ampleur de la pensée, l'intérêt vif et direct pour l'homme et pour la vie. Question captivante s'il en fut que celle de rechercher quel a été, à ce tournant de siècle, le rôle de l'Antiquité dans le renouvellement du monde. Il n'est plus personne aujourd'hui qui la tienne pour le seul et unique moteur, ni même pour le principe fécondant de la Renaissance. C'est de l'âme du Moyen Âge même que sont sortis les temps nouveaux, et, on le reconnaît maintenant, l'Antiquité n'aurait joué, dans leur venue, qu'un rôle analogue à celui des flèches de Philoctète, heureuses et funestes.

Mais ici, le problème se déplace. Tournant le dos aux choses qui meurent, à une haute et forte culture qui penche vers son déclin, on contemple ce qui naît dans le même temps et le même lieu. Ce n'est plus le problème du Moyen Âge à son déclin, c'est celui de la Renaissance.

TABLE

Imprimé par CPI (Barcelona) en mai 2015
Dépôt légal : juin 2015

Imprimé en Espagne